입재집

이 책은 2017～2018년도 정부(교육부)의 재원으로 한국고전번역원의 지원을 받아
수행된 '권역별거점연구소협동번역사업'의 결과물임.
This work was supported by Institute for the Translation of Korean Classics - Grant funded by the Korean Government.

한국고전번역원 한국문집번역총서 / 경북대학교 영남문화연구원

입재집 7

立齋集

정종로 지음 김승호 옮김

鄭宗魯

일러두기

1. 이 책의 번역 대본은 한국고전번역원에서 간행한 한국문집총간 제253~254집에 실린 《입재집(立齋集)》으로 하였다. 번역 대본의 원문 텍스트와 원문 이미지는 한국고전종합DB(http://db.itkc.or.kr)에서 확인할 수 있다.
2. 내용이 간단한 역주는 간주(間註)로, 긴 역주는 각주(脚註)로 처리하였다.
3. 한자는 필요한 경우 이해를 돕기 위하여 넣었으며, 운문(韻文)은 원문을 병기하였다.
4. 맞춤법과 띄어쓰기는 한글 맞춤법과 표준어 규정을 따랐다.
5. 이 책에서 사용한 부호는 다음과 같다.

( ) : 번역문과 음이 같은 한자를 묶는다.
〔 〕: 번역문과 뜻은 같으나 음이 다른 한자를 묶는다.
" " : 대화 등의 인용문을 묶는다.
' ' : " " 안의 재인용 또는 강조 문구를 묶는다.
「 」: ' ' 안의 재인용을 묶는다.
『 』: 「 」 안의 재인용을 묶는다.
《 》: 책명 및 각주의 전거(典據)를 묶는다.
〈 〉: 책의 편명 및 운문・산문의 제목을 묶는다.
□ : 글자의 자리를 비워둠을 나타낸다.
▨ : 마멸 또는 삭제된 원문 글자의 자리를 나타낸다.

차례

입재집 제26권

서序

입재집 제27권

서序

입재집 제28권

서序

입재집 제29권

기記

입재집

제26권

序서

서 序

계문필적첩서
溪門筆蹟帖序

아, 성현(聖賢)이 돌아가셨으니 그 모습을 볼 수 없고, 그 말씀을 들을 수 없도다. 그러나 백세(百世) 뒤에도 그 시를 외우고 그 글을 읽으며 그 마음을 상상해 보니 마음과 정신으로 이해하는 즈음에 마치 혹 만나 보고 듣는 듯하며, 심지어 꿈속에 나타나 마치 혹 기억나게 해 주는 듯하다. 대저 사모함이 이같이 간절하기 때문에 이런 때에는 비록 미미한 글씨라도 진실로 그 손길에서 나온 것이 있어 완상할 수 있다면, 그 기이하고 다행함이 어찌 직접 얼굴을 뵙는 것과 다르겠는가.

옛날에 내가 어떤 선비의 집에서 공자가 남긴 전서(篆書)를 보았고, 또 집안에 보관한 옛 서첩(書帖)에서 주자(朱子)의 행초서를 보았다. 비록 어리석고 무지하여 그 자체(字體)와 획법(畫法)에 대해서는 모두 알 수가 없었으나 오직 마음에 대해서는 대략 사모하는 바가 있었다. 때문에 그 필적을 봄에 어슴푸레하게 주형(珠衡)과 옥두(玉斗)[1]가 비추고 심의(深衣)와 폭건(幅巾)[2]이 엄연히 임한 것과 다름이 없었고, 엎드려 자세히 살핌에 또 글씨 쓰는 책상 아래에서 직접 시중들면서 절린(絶麟)[3]의 붓을 잡고 획사(畫沙)[4]의 기미를 운용함을 보는 것과 다름이 없었다. 천년 뒤에도 이에 아침저녁으로 만나는 격[5]이라고 누가 말했던가. 다만 한스러운 것은 두 가지 필적이 모두 인본(印本)이고 친묵(親墨)이 아니며, 성인의 필적에 이르러서는 인본조차도 또한 가질 수 없음이 항상 마음속에 남아 있는 것이었다.

지금 우리 고을의 조사휴(趙士休)[6] 군이 우리 퇴계 선생 및 급

1 주형(珠衡)과 옥두(玉斗) : 당(唐) 왕발(王勃)은 〈익주부자묘비(益州夫子廟碑)〉에서 "주형(珠衡)과 옥두(玉斗)는 떳떳한 하늘 도수에 따라 상징한 것이다.〔珠衡玉斗, 徵象緯於天經.〕"라고 하여 공자를 비유하였다. 주형(珠衡)은 눈두덩이 구슬을 꿰어 놓은 것처럼 생긴 골상(骨相)으로, 옛날에 관상가(觀相家)들이 성현(聖賢)의 상으로 여겼다.

2 심의(深衣)와 폭건(幅巾) : 유가에서 입는 옷과 두건으로, 여기서는 성현을 상징한다.

3 절린(絶麟) : 《춘추(春秋)》 애공(哀公) 14년 조(條)의 "서쪽으로 사냥을 나가 기린을 잡았다.〔西狩獲麟〕"라는 대목에서 공자가 절필(絶筆)하였는데, 이에서 나온 말로 여기서는 생애에서 마지막으로 쓰는 글을 말한다.

4 획사(畫沙) : 높은 경지의 필법(筆法)을 뜻하는 말이다. 서예 공부를 할 때 송곳으로 모래 더미 위에 글씨를 쓰는 것처럼 공을 들여야〔以錐畫沙〕 비로소 강건하고 묘한 필법이 나온다고 한다. 송(宋)나라 황정견(黃庭堅)의 시 〈서선(書扇)〉에 "안진경(顔眞卿)의 부드러운 옥루우(屋漏雨) 필법이, 결코 모래에 송곳으로 쓴 듯한 왕희지의 추획사 필법만 못하지 않네.〔魯公筆法屋漏雨, 未減右軍錐畫沙.〕" 하였다.

5 천년……격 : 《장자》 〈제물론(齊物論)〉에 "만세 뒤에 그 해답을 아는 큰 성인을 한번 만난다 하더라도 아침저녁으로 만나는 것과 같은 것이다.〔萬世之後而一遇大聖知其解者是旦暮遇之也〕"라고 하였다. 여기서는 만나기 어려운 인연이 같은 기운끼리 감응하여 천년 만에 만나게 되었으니 그 시간을 뛰어넘어 아침저녁에 만난 것과 다름없음을 감탄한 것이다.

6 조사휴(趙士休) : 자세하지 않다.

문(及門) 여러 선배들의 친묵(親墨)을 얻어 서첩(書帖)으로 꾸미고 그 위에 종이 몇 장을 비워 두고 나에게 서문을 부탁했다. 나는 사휴 군이 은거하여 독서하며 외물에 대한 사모함이 전혀 없음을 알기 때문에 진실로 사모하는 바가 별도로 있을 것이라 생각했으나 그 사모함의 독실함이 이런 경지에 이르렀을 줄은 생각지 못했다. 지금 사람들은 대부분 선배들의 필적에 대해 어루만지면서 감탄하는 것은 모두 이러하지만 대부분 한때의 감정에서 나온 것이어서 그 성실하지 않은 까닭으로 시간이 지나면 곧 그만두고, 이미 가 버리면 다시 연연해 하지 않는다. 더구나 필적을 두루 구하고 합하여 첩으로 만들어 장차 죽을 때까지 보배처럼 완상하고자 함에 누가 사휴만 한 사람이 있겠는가.

내 관점으로 말해 보면, 공자와 주자의 친묵에 대해서는 진실로 상고(上古)의 것이며 중국의 것이어서 천하에 매우 희귀한 것이니 가질 수 없는 것이 괴이할 것이 없다. 노선생〔퇴계〕 이하 여러 글씨의 경우는 세대가 매우 멀리 떨어진 것도 아니고 지역도 또한 서로 가까우니 구하면 구할 수 있는데도 어찌하여 나는 아직 하지 않았던가. 사휴 같은 사람은 나보다 현명함이 뛰어나도다. 이에 삼가 그 필첩을 받아 공경히 읽어 보니 노선생의 수간(手簡)은 겨우 한 편이고 여러 선배들의 수간 또한 서너 편에 지나지 않았으며 또 모두 일상의 안부 편지였다. 때문에 그 글씨에 별로 마음 씀이 없어서 법첩 가운데 자획보다 못하지만, 먹빛이 찬연하고 손길이 아직 새로워 남은 향기가 백 년이 지나도 아직 그날 같았으니 대개 사휴가 취한 것도 또한 이 때문이리라.

내가 현인을 사모하는 정성에 그 독실함은 진실로 사휴에게 미치지 못하지만 최근 도산서원(陶山書院)에서 한 번 노닐면서 상덕사(尙德祠)[7]를 배알하고, 물러나 암서헌(巖棲軒)[8]에서 쉬면서 개연히 노선생과 그 당시 여러 선배들의 덕 있는 모습과 풍류 있는 범절을 생각해 보며 오랫동안 서성거린 적이 있다. 비록 한가하게 지내는 날 옛 현인을 자나 깨나 생각하며, 갠 달이 오동나무에 있고 화창한 바람이 불어 목란주를 띄울[9] 때마다 남긴 시편을 읊조리며 그 분의 속마음을 우러러 사모하지 않은 적이 없었으니, 바로 지금 노선생의 옥색(玉色)과 금성(金聲)[10]이 또 몇 줄의 글씨에 완연하고, 벌려 서서 모시던 여러 선배들의 온화하고 강직한 기상과 평소 편지를 왕복하던 광경도 또한 마치 하나의 서첩 안

7 상덕사(尙德祠) : 안동시 도산면 토계리 소재의 도산서원에서 퇴계 이황(李滉, 1501~1570)의 위패를 모시고 제사를 드리는 공간으로, 1615년(광해군7) 제자인 월천 조목(趙穆, 1524~1606)의 위패도 함께 봉안되었다. 저본에는 '상(尙)' 자가 '상(象)'으로 되어 있어 바로잡았다.

8 암서헌(巖棲軒) : 이황이 벼슬에서 물러나 토계리에 거처를 정하고 도산서당(陶山書堂) 3칸을 지었는데, 그 가운데 동쪽 한 칸이다. 《퇴계집》 권3 〈도산잡영병기(陶山雜詠幷記)〉에 "동쪽 한 칸은 암서헌(巖棲軒)이라 하였으니, 그것은 운곡(雲谷 주희)의 시에, '자신을 오래도록 가지지 못했으니 바위에 깃들여 작은 효험 바라노라.〔自信久未能, 巖栖冀微效.〕'라는 말을 따온 것이다."라고 하였다.

9 목란주를 띄울 : 목란주는 목란(木蘭)이란 나무로 만든 배를 말한다. 소식(蘇軾)이 46세 때인 송 신종(宋神宗) 원풍(元豐) 5년(1082) 7월 16일에 적벽강(赤壁江)에서 배를 타고 논 것을 읊은 〈전적벽부(前赤壁賦)〉에 나오는 표현으로, 풍류를 즐김을 뜻한다.

10 옥색(玉色)과 금성(金聲) : 그 안색이 온유(溫柔)하여 마치 옥(玉)의 빛과 같이 변하지 않고, 소리가 널리 퍼져 나가 마치 금(金), 석(石), 사(絲), 죽(竹), 포(匏), 토(土), 혁(革), 목(木) 여덟 악기 중 금(金)의 소리처럼 끊어지지 않는 것을 가리킨다.

에서 볼 수 있는 듯하니 어찌 그리도 다행스러운가.

어떤 이는 여러 선배들의 필법도 또한 응당 노선생을 본받았다고 생각하지만 지금 보니 같지 않았다. 그러나 여러 선배들이 노선생을 본받은 것은 심법(心法)일 뿐이다. 심법이 같으면 필법이 같지 않은 것은 해롭지 않으며, 심법이 같지 않으면 필법이 같은 것을 귀하게 여길 것이 없으니, 이것은 진실로 여러 선배들이 급하게 여긴 것이 아니었다. 그러나 지금의 관점으로 보자면 그 별로 마음 씀이 없는 가운데서도 또한 함부로 쓴 적이 없으니, 정자(程子)의 '글씨를 쓸 때 매우 공경한다'[11]라고 한 것이나, 주자(朱子)의 '전일한 마음이 그 가운데 있다'[12]라고 한 것도 또한 여기서 벗어나지 않는 듯하다. 대개 같지 않은 것은 필법이요, 같은 것은 심법이다. 그런 까닭으로 덕업의 성취는 모두 이것으로 말미암아 기초로 삼으면, 이것이 노선생을 잘 본받는 것이 아니겠는가.

대저 후학(後學)이 전현(前賢)에 대해 어떤 점인들 존경하여 사모하지 않겠는가. 그러나 장강과 한수에 씻고 가을 햇볕에 말린 것 같은 사모함[13]은 오래될수록 더욱 독실함이 절로 존재함이 있

11 글씨를……공경한다 : 《심경》 권2 〈악기예악불가사수거신장(樂記禮樂不可斯須去身章)〉 부주에 명도(明道) 선생이 말하기를, "내가 글씨를 쓸 때 매우 공경히 하니, 이는 글자를 아름답게 쓰려는 것이 아니다. 다만 이것이 배움이며 다만 이것이 방심(放心)을 찾는 일이다.〔某書字甚敬, 非是欲字好. 只此是學, 只此求放心.〕"라고 하였다.

12 전일한……있다 : 《주자대전》 권66 〈서자명(書字銘)〉 에 "붓대를 잡아 붓을 적시고 종이를 펴서 글씨를 쓸 때, 전일한 마음이 그 가운데 있어야 한다. 점을 찍고 획을 긋는 데 마음을 놓아 버리면 황폐하고 곱게 쓰려 하면 의혹된다.〔握管濡豪, 伸紙行墨, 一在其中. 點點畫畫, 放意則荒, 取姸則惑.〕"라고 하였다.

으니 곧 여러 선배들의 마음도 또한 어찌 이와 다르겠는가.

지금 사휴가 이미 이 서첩을 꾸미고 또 자못 노선생의 필법에 뜻을 두니 그 또한 본받는 바를 알겠다. 그러나 이것은 같을 수도 있고 같지 않을 수도 있으니, 어찌 또 여러 선배들이 잘 본받은 것에서 더욱 힘써 그 반드시 같아지기를 생각하지 않겠는가. 이에 서문을 짓는다.

13 장강과……사모함 : 도덕이 밝게 드러나 빛나고 깨끗함을 비유한 것이다. 《맹자》 〈등문공 상(滕文公上)〉에 공자의 삼년상을 마친 제자들이 유약(有若)이 공자와 비슷하게 생겼다 해서 그를 공자 대신으로 섬기려 하자, 증자(曾子)가 불가함을 말하면서 공자의 도덕은 "장강과 한수에 씻고 가을 햇볕에 말린 것처럼 깨끗하다.〔江漢以濯之, 秋陽以暴之.〕"라고 하였다.

수운정[14] 서애 유 선생 유액서
水雲亭西厓柳先生遺額序

단양(丹陽) 운암(雲巖)의 수운정(水雲亭)은 바로 서애 선생이 지은 것이며 그 편액의 수운정(水雲亭)이란 세 글자는 곧 선생의 필적이다. 선생이 돌아가시고 나서 정자가 허물어지고 필적이 없어진 지 오래되었다. 지금 시랑(侍郎) 오공(吳公)[15]이 젊어서부터 이름난 산을 사랑하고 전현을 사모하여 온 집안이 운암(雲巖)에 은거하였다. 정자의 옛터에 나아가 중건하니, 정자는 옛 모습 그대로였으나 글씨는 얻을 수 없었다. 중년에 중앙과 지방의 여러 관직을 거치고 만년에 물러나 다시 정자로 돌아와 쉬었다.

무릇 오공은 산수의 빼어난 경치 가운데 구곡(九曲)[16]을 뽑아

14 수운정(水雲亭) : 충북 단양군 대강면(大崗面) 직티리 소재의 정자로, 운선구곡(雲仙九曲) 중 삼곡(三曲)에 속한다. 유성룡이 은퇴하여 단양(丹陽)의 운암장(雲巖莊)에 살면서 그 정자를 '수운정'이라고 명명하고 편액을 직접 썼다.

15 오공(吳公) : 《다산시문집(茶山詩文集)》 권14 〈발수운정첩(跋水雲亭帖)〉에 의거하면, 오대익(吳大益, 1729~1803)이다. 본관(本貫)은 동복(同福), 자는 경삼(景參), 호는 운암(雲巖)이다. 1774년(영조50) 증광시에 합격하여 벼슬길에 올라 참판(參判)을 역임하였다. 작품으로 〈이요루기(二樂樓記)〉와 〈운선구곡가(雲仙九曲歌)〉가 전한다.

16 구곡(九曲) : 충청북도 단양군 대강면을 흐르는 남조천을 따라 펼쳐지는 9곳의 경승지로, 운선구곡(雲仙九曲) 또는 운암구곡(雲岩九曲)이라 한다. 제1곡에서 제9곡까지 차례대로 대은담(大隱潭), 황정동(黃庭洞), 수운정(水雲亭), 연단굴(鍊丹窟), 도광벽(道光壁), 사선대(四仙臺), 사인암(舍人巖), 도화담(桃花潭), 운선동

모두 이름을 붙이고 돌에 새겼다. 자주자(子朱子)의 〈무이도가(武夷櫂歌)〉[17] 시 10수에 따라 화운하여 그곳이 선령동부(仙靈洞府)임을 밝혔는데, 선생의 글씨가 이에 나타났다. 대개 이 글씨는 처음에 선생의 외손인 조씨(趙氏)의 소유였다가 얼마 후 그 집의 서적이 화재로 인해 싹 없어졌으나 글씨만 외손인 황씨(黃氏)가 얻어 보배로이 간직한 것이 오래되었다.

이조 판서 해좌(海左) 정공(丁公)[18]은 평소 고적(古蹟)을 좋아하는데, 마침내 이 글씨를 구하게 되어 책상 위에 두고 아침저녁으로 공경히 완상하며 천금으로도 남에게 넘겨주지 말게 하였다. 오공이 이 정자를 짓고 이 정자에 거한다는 것을 가상히 여기고 또 정자가 다시 주인을 만난 것을 기이하게 여겨 즉시 선생이 손수 쓴 편액을 보내 주었다. 오공이 이에 더욱 크게 감동하고 스스로 다행으로 여긴 바가 있어 그 맏아들 현(玹)에게 모사해서 정자에 걸도록 하였다. 그 본래 필첩은 장정하여 정자 가운데 영원히 보존할 기이한 보배로 삼고자 하여 나에게 그 일에 대해 서문을 부탁하였다.

(雲仙洞)을 말한다. 《입재집》 권3에 〈차운암오시랑기증운, 병보기구곡십절봉정(次雲巖吳侍郎寄贈韻, 並步其九曲十絶奉呈)〉에서 이 구곡을 시로 읊었다.

17 무이도가(武夷櫂歌) : 주자가 복건성(福建省) 숭안현(崇安縣) 남쪽에 있는 무이산(武夷山)에 정사(精舍)를 짓고 여기에 지내면서 학문을 강론했는데 무이산 구곡(九曲)의 경치를 따라 서곡을 포함하여 매 곡마다 시를 지어 7언 절구(絶句) 10수를 남긴 것을 말한다.

18 해좌(海左) 정공(丁公) : 정범조(丁範祖, 1723~1801)로, 본관은 나주(羅州), 자는 법세(法世), 해좌는 그의 호이며, 시호는 문헌(文憲)이다. 벼슬은 이조 판서에 이르렀다. 저서에 《해좌집》이 있다.

나는 생각건대 단구(丹丘 단양)가 진실로 신선굴(神仙窟)이니, 그 가운데 신령하고 기이한 자취를 다 낱낱이 셀 수 없으나 이는 말할 만한 것이 못 된다. 오직 수운정은 서애 어른이 세운 것으로 더욱 뒷 사람들이 사랑하여 완상하는 바가 되었다. 비록 산수 사이에 지팡이 짚고 거닐던 남은 흔적에도 오히려 손가락으로 가리키며 감탄하거늘 하물며 수묵(手墨)과 심획(心畫)이 완연히 선생의 전체 참형상을 띠고 있음에랴. 점(點) 하나 필획 하나도 광악(光岳)[19]의 정기에서 나오지 않음이 없으며, 당시에 드러남에 옥색금성(玉色金聲)[20]이 되고 발현함에 보불문장(黼黻文章)[21]이 되고 시행함에 이정(彝鼎)[22]에 새길 만한 공훈이 되는 까닭도 또한 용이 꿈틀거리며 범이 누워 있는 듯한 필세의 사이에서 볼 수 있는 듯하다.

19 광악(光岳) : 삼광(三光) 오악(五岳)을 말한다. 광(光)은 해, 달, 별을 가리키고, 악(岳)은 태산(泰山), 숭산(嵩山), 형산(衡山), 화산(華山), 항산(恒山)을 가리키는데, 곧 천지(天地)와 같은 말이다.

20 옥색금성(玉色金聲) : 금성옥색(金聲玉色)이라고도 하며, 인품이 맑고 지조가 곧음을 형용한 말이다. 《상서대전(尙書大傳)》에 보인다. 주희(朱熹)의 〈정명도화상찬(程明道畫像贊)〉에 "양기가 만물을 기르듯 하고 산처럼 우뚝 섰으며, 옥빛처럼 아름답고 종소리처럼 쟁쟁했다.〔揚休山立, 玉色金聲.〕"라고 하였다.

21 보불문장(黼黻文章) : 임금이 예복으로 입는 곤룡포에 놓은 여러 가지 모양의 수이다. 보는 흰 빛깔과 검은 빛깔로 자루 없는 도끼 모양을, 불은 검은 빛깔과 푸른 빛깔로 아(亞) 자 모양을, 문은 푸른 빛깔과 붉은 빛깔로, 장은 붉은 빛깔과 흰 빛깔로 수놓은 것이다.

22 이정(彝鼎) : 종묘(宗廟) 제사에 쓰는 제기(祭器)로 이는 술잔이고 정은 솥이다. 옛날에는 큰 공을 세우면 그 일을 잔이나 솥에 새겨 길이 나타내었다. 구양수(歐陽脩)의 〈화금당기(畫錦堂記)〉에 '이정에 새기고 현가(絃歌)에 올렸다'는 말이 있다.

설령 이 글씨가 아무 탈 없이 정자의 문미(門楣) 위에 본디 있었더라도 이미 지극히 뒷 사람들이 흠모하는 것[23]이 되었을 것인데, 하물며 이리저리 떠돌아 여러 사람을 거쳤으나 끝내 부서지거나 문드러져 알아볼 수 없는 지경이 되지 않고 지금 수백여 년이 되었으나 원기(元氣)가 스며 있고 신광(神光)이 밝게 빛나 어슴푸레하게 마치 선생의 손에서 막 나온 것 같음에랴. 만약 조물주가 도와줌이 있고 큰 화재와 어지러운 세상 가운데서 귀신이 호통쳐 보호한 것이 아니라면 그 어찌 이와 같이 완전할 수 있겠는가. 이것은 그 기이함이 진실로 평범함에서 매우 벗어나 그 반드시 오늘을 기다림이 있었다고 말할 수 있다. 해옹(海翁 해좌(海左))의 현명함 때문에 그 친필을 사사로이 소유하지 않고 끝내 오공의 소유가 되게 했으니, 또 어찌 우연이겠는가.

오공이 이 글씨를 얻음으로부터 한 구역의 풍물은 문득 빛나고 구곡의 시문은 명성과 가치가 배나 더하였다. 굽어보고 우러르며 읊조리는 즈음에 거의 궤안(几案)에서 가까이 모시고 붓을 잡아 글씨를 쓸 때에 거동을 직접 보는 것과 다름이 없다. 대저 이와 같다면 그 글씨에 크게 감동하여 스스로 다행으로 여김이 어떠하겠는가. 그러나 오공은 선생에게 그 원하는 바가 다만 그 필적을 얻는 데만 있을 뿐이 아니었으니, 이로부터 이후 노년에 스스로 분발하여 그 덕업을 따르려고 기필한 것을 생각함이 어찌 오늘의

23 뒷……것 : 원문은 '갱장(羹墻)'으로, 《후한서(後漢書)》 권63 〈이고열전(李固列傳)〉에, "순(舜)이 요(堯)를 사모하여, 앉아 있을 적에는 요 임금을 담에 뵙는 듯하고, 밥 먹을 적에는 요 임금을 국에서 뵙는 듯했다."라는 데서 유래하였다.

첫 번째 뜻이 아니겠는가. 듣자니 오공은 읊조리고 완상하는 여가에 빈번히 못에 임하는 홍취[24]를 발하여 병풍과 편액의 해서(楷書)와 초서가 아울러 그 묘함에 이르렀다고 하였다. 뒷사람 가운데 오공의 글씨를 보는 사람이 보배처럼 중하게 여기기를 선생의 글씨처럼 하는 것도 공에게 달렸고, 선생의 글씨보다 못하게 하는 것도 또한 공에게 달렸으니, 공은 힘쓸지어다.

24 못에 임하는 홍취 : 서법(書法)을 배워 익히거나 글씨를 쓰는 것을 말한다. 《진서(晉書)》 권36 〈장지열전(張芝列傳)〉에 "한(漢)나라가 일어난 뒤로 초서(草書)가 있게 되었다.……홍농(弘農) 장백영(張伯英)으로 말미암아 더욱 공교해졌다. 장백영은 집 안에 있는 모든 의복에 반드시 글씨를 쓴 뒤 빨았으며, 못가에서 글씨를 익혀서 못물이 모두 검어졌다."라고 한 데서 유래하였다.

정신당 선생 실기[25]서

鄭新堂先生實紀序

성현이 제시한 학문하는 방법은 서책에 갖추어 실려 있으니, 선배들 가운데 도에 나아가 덕을 이룬 사람은 모두 이것으로 말미암았다. 그러나 학업을 시작하여 죽을 때까지 가슴속에 간직한 경우 각자 하나의 지결을 가지지 않음이 없었으니, 예를 들면 유병산(劉屛山)[26]의 '불원복(不遠復)'[27]과 이연평(李延平)[28]의 '아직 발하

25 정신당 선생 실기 : 신당 정붕(鄭鵬, 1467~1512)의 행적을 기록한 책이다. 그의 본관은 해주(海州), 자는 운정(雲程)이며, 신당은 그의 호이다. 가학(家學)을 계승하였으며, 길재(吉再)와 김숙자(金叔滋)의 학통을 잇고 김굉필의 가르침을 받아 성리학을 깊이 연구하였고, 이황(李滉)이 일찍이 그의 학문이 깊다고 칭찬하였다. 선산의 금오서원(金烏書院), 개령의 덕림서원(德林書院)에 봉향되었다.

26 유병산(劉屛山) : 송나라 학자 유자휘(劉子翬, 1101~1147)로, 자는 언충(彦沖), 시호는 문정(文靖)이며, 병산은 그의 호이다. 복건성 숭안(崇安) 사람이며, 주희(朱熹)의 스승이다.

27 불원복(不遠復) : 《주역》 〈복괘(復卦)〉 초구(初九)에, "초구는 머지않아서 회복함이라, 뉘우침에 이르지 않으니, 원하고 길하니라.〔初九, 不遠復. 无祇悔, 元吉.〕" 한 데서 온 말이다. 주희(朱熹)의 초년 시절 스승인 병산(屛山) 유자휘(劉子翬)가 주희에게 "내가 《주역》에서 입덕(入德)의 문을 얻었으니, 이른바 '불원복(不遠復)'이란 것이 바로 나의 삼자부이다.〔吾於易, 得入德之門焉. 所謂不遠復者, 乃吾之三字符也.〕"이라 하였다. 《心經 卷1》

28 이연평(李延平) : 송나라 학자 이통(李侗, 1093~1163)으로, 연평은 호이고 자는 원중(愿中), 시호는 문정(文靖)이며 검남(劍南) 사람이다. 나종언(羅從彦)이 양시(楊時)에게 낙학(洛學)을 전수받았다는 이야기를 듣고 나종언에게 가서 배워 양시와 나종언과 함께 '검남 삼 선생(劍南三先生)'으로 불렸다. 이정(二程)의 학문이 주희

지 않았을 때의 기상을 체인함'[29] 등과 같은 것이 이것이다. 이에 나아가 보자면 내면에 온축된 것과 외부로 발현되는 것을 모두 미루어 알 수 있다. 그런 까닭으로 후대에 옛사람들을 상론(尙論)하는[30] 선비는 다만 몸을 단속하고 일에 대처한 자취를 상고할 뿐만 아니라 반드시 이것에 대해 중하게 뜻을 둔다. 만약 하나의 지결을 두고 그 분명한 것을 지극히 한다면 비록 그 언어와 문장이 혹 후세에 전해지지 않더라도 학자들이 존경하고 사모함은 진실로 이의가 없을 것이다. 그러나 이른바 '언어・문장'이란 것은 도덕의 정화(精華)에 불과하다. 도덕이 내면에 가득 차 성대하면 정화는 진실로 외부로 발현되니, 이 두 가지도 또한 본말(本末)과 경중(輕重)의 구분이 있다. 본이면서도 중한 것을 이미 보존하면 말이면서 가벼운 것은 비록 없더라도 또한 무엇을 상심하겠는가.

에게 이어지는 교량적 역할을 하였다. 저서에 주희가 편찬한 《이연평집》이 있다.

29 아직……체인함 : 주자(朱子)가 하호(何鎬)에게 답한 편지에 "연평(延平) 이 선생(李先生)이 사람을 가르칠 적에 '대체로 고요한 가운데에 대본(大本)인 미발(未發)일 때의 기상을 체인(體認)하기를 분명하게 하면 일을 처리하고 사물에 응함에 자연 절도에 맞는다.'라고 하셨으니, 이는 바로 양시(楊時)의 문하에서 서로 전해 온 지결(旨訣)이다.〔李先生敎人, '大抵令於靜中, 體認大本未發時氣象分明, 卽處事應物, 自然中節.' 乃龜山門下相傳旨訣.〕"라고 하였다. 《心經附註・中庸天命之謂性章》

30 옛사람들을 상론(尙論)하는 : 《맹자》 〈만장 하(萬章下)〉에 "한 고을의 훌륭한 선비일 경우에는 한 고을의 훌륭한 선비를 벗으로 사귀고, 한 나라의 훌륭한 선비일 경우에는 한 나라의 훌륭한 선비를 벗으로 사귀고, 천하의 훌륭한 선비일 경우에는 천하의 훌륭한 선비를 벗으로 사귄다. 천하의 훌륭한 선비를 벗으로 사귀는 것이 만족스럽지 못할 경우에는 또 거슬러 올라가 옛사람을 논한다.〔以友天下之善士爲未足, 又尙論古之人.〕"라는 말에서 나온 것이다.

또 군자의 도는 담박하되 싫증나지 않으며, 그 덕은 소리와 빛을 크게 드러내지 않아도 그윽하고 깊으며 현묘하고 원대하여 외부에서 보면 이미 지극히 맛도 없고 지극히 특이함도 없다. 싫증나지 않으면서 그윽하고 깊으며 현묘하고 원대함에 이르러서도 또 다만 해당한 사람의 마음에만 있어 타인이 볼 수 있는 바가 아니며, 타인이 볼 수 있는 바가 아닐 뿐만 아니라 또한 자신이 형용할 수 있는 바가 아니다. 성인이 어찌 가볍고 쉽게 우리에게 이러이러하다고 말한 적이 있겠는가. 이것은 성인이 이 점에 또한 가볍고 쉽게 형용한 적이 없는 것인데도 도리어 언어와 문자로 구하고자 하니, 또 어찌 식견이 얕은 사람이 도덕을 알려고 하는 것이 아니겠는가. 이런 까닭으로 군자는 항상 남몰래 스스로 닦고 담박하게 마음으로 따르며 묵묵히 공부를 더하고 말로 설명함은 없는데도 학자들의 존경함과 사모함이 더욱 이런 점에 있다. 이것은 무엇 때문인가. 도덕의 진면목을 더욱 이 점에서 상상해 볼 수 있기 때문이다.

우리 동방의 이학(理學)은 포은(圃隱) 선생에게서 창도되고, 그 뒤 한훤(寒暄)과 일두(一蠹) 두 선생이 또 계승하여 일어나 그 남은 아름다움〔餘徽〕[31]을 이었다. 이 세 선생은 모두 후대에 전하여 남긴 문집이 없어 그 언어와 문자를 알 수가 없다. 다만 실기만 각 한 권씩 있어 그 업적과 행실을 간략히 기록하였다. 그

31 남은 아름다움〔餘徽〕 : 여휘(餘徽)는 전인이 남긴 풍화(風化), 곧 도덕의 규범이다. 포은은 비록 죽었지만 남긴 공업과 교화는 없어지지 않아서 그 덕행과 언론이 오히려 한훤과 일두에게 영향을 끼쳤다는 말이다.

러나 세 선생의 도덕의 진면목은 절로 언어와 문장의 밖에 있어 지금 수백 년 뒤에 이르러서도 학자들의 존경함과 사모함이 그 당시와 같으니, 본(本)이 있는 것은 그 말(末)을 기다릴 것이 없음이 이와 같도다.

신당(新堂) 정 선생(鄭先生)은 한훤당의 문하에서 배워서 위기(爲己)의 학문[32]에 독실하고 상경(尙絅)[33]에 한결같이 뜻을 두었다. 도가 이미 통하자 나아가 조정에서 벼슬하였다. 연산군(燕山君) 때는 직언으로 유배 갔다가 중종(中宗) 반정 때 대신으로 천거되니, 신야(莘野)[34]와 위천(渭川)[35]의 원로를 초빙하여 임금의 자리를 돕게 하였다고 생각하였으나, 선생은 임인(壬人 간인(奸人))이 좌복(左腹)[36]에 들어간 것을 보고 곧 밖에서 기미를 알았으나

32 위기(爲己)의 학문 : 남이 알아주기를 바라면서 공부하는 위인지학(爲人之學)에 상대되는 말로, 오직 자신의 덕성을 닦기 위해 공부하는 것을 말한다. 《논어》 〈헌문(憲問)〉에, "옛날의 학자들은 자신을 위한 공부를 하였는데, 지금의 학자들은 남을 위한 공부만 한다.〔古之學者爲己, 今之學者爲人.〕"라는 말이 나온다.

33 상경(尙絅) : 《중용장구(中庸章句)》 제33장에 "《시경》에 말하기를 '비단옷을 입고 홑옷을 걸친다.〔衣錦尙絅〕' 하였으니, 그 문채가 드러남을 싫어한 것이다." 하였다. 자기의 재능을 안으로 갈무리하여 남에게 드러내지 않는다는 뜻으로 사용된다.

34 신야(莘野) : 유신국(有莘國)의 들로 이윤(伊尹)을 가리킨다. 그는 일찍이 유신의 들에서 농사를 짓다가 탕(湯) 임금의 초빙을 받고 상(商)나라를 도와 왕업을 이루었다.

35 위천(渭川) : 황하(黃河)의 상류로 강태공(姜太公)을 가리킨다. 주(周) 나라 때 강태공이 위천에서 낚시질을 하고 있다가 문왕(文王)을 만나서 기용되었고, 또 무왕(武王)을 도와 천하를 평정하였다.

36 좌복(左腹) : 소인(小人)이 높은 관직에 있으면서 유순(柔順)하고 사벽(邪辟)한 방법으로 임금의 깊은 신임을 받는 것을 뜻한다. 《주역》 〈명이괘(明夷卦) 육사(六

〔色擧〕[37] 얼마 지나지 않아 졸하였다. 그러나 선생이 박송당(朴松堂)[38]에게 참된 냉산(冷山)[39]을 한 번 말한 적이 있는데, 송당은 드디어 터득함이 있었다. 이것은 선생이 위로는 계승한 바가 있고 아래로는 전수한 바가 있는 것이니, 그 도학의 연원이 대개 분명

四)〉에 "좌복(左腹)에 들어가 밝음을 상실한 인군의 신임을 얻어서 문정(門庭)에 나온다."라고 하였는데, 정이천(程伊川)의 전(傳)에 "간사한 신하가 암군(暗君)을 섬길 때에는 반드시 그 마음을 먼저 고혹시킨 뒤에야 밖에서 행할 수 있다."라고 하였다.

37 기미를 알았으나 : 원문은 색거(色擧)로, 색사거의(色斯擧矣)의 준말이며, 사람이 어떤 기미를 보고서 신속하게 행동을 취해 자신의 안전을 도모하는 것을 말한다. 《논어》 〈향당(鄕黨)〉의 "새가 사람의 기색이 좋지 않은 것을 보면 날아올라 빙빙 돌며 살펴보고 나서 내려앉는다.〔色斯擧矣, 翔而後集.〕"라는 말에서 유래한 것이다.

38 박송당(朴松堂) : 박영(朴英, 1471~1540)으로, 송당은 그의 호이다. 자는 자실(子實), 본관은 밀양(密陽), 시호는 문목(文穆)이다. 본래는 무인이었으나 뒤에 고향인 선산(善山)으로 돌아가 정붕(鄭鵬)의 문하에서 학문에 힘썼다.

39 참된 냉산(冷山) : 냉산은 태조산(太祖山)으로도 불리는데, 구미시 해령면 속곡리에 있다. 《송당집》 권3 〈일선지(一善誌)〉에 다음과 같은 내용이 있다. 박영이 벼슬을 버리고 돌아와 두문불출하며 독서에 빠져 있다는 말을 인근에 사는 정붕(鄭鵬)이 듣고는 박경(朴耕)과 함께 찾아왔다. 정붕이 박영에게 "그대는 무인(武人)인데 독서를 해서 무엇하겠는가?" 하고 묻자, 박영이 "지난날 잘못된 길을 걸은 것이 후회되어 독서를 통해 앞으로의 나아갈 방향을 알고자 해서입니다." 하고 대답했다. 정붕이 또 "읽고 있는 책이 무슨 책인가?" 하고 물으니, 《대학(大學)》이라고 대답하였다. 정붕이 느닷없이 손을 들어 냉산(冷山)을 가리키며, "저 산 너머는 어떠하던가?" 하니, 박영이 모르겠다고 대답하자 "아직 《대학》을 읽지도 않았군." 하고는 돌아갔다. 박영이 그 말을 들은 후로 《대학》 한 책만을 파고들어 몇 년 동안 연구를 한 후 정붕을 찾아갔더니, 정붕이 또다시 "그대는 냉산 너머를 보았는가?" 하고 물었다. 박영이 "산 너머의 모습은 바로 앞에 보는 모습과 같으니 어찌 피차에 차이가 있겠습니까." 하고 대답하자, 정붕이 "이제야 그대가 독서한 보람이 있구나." 하고는 함께 학문을 연구하였다고 한다.

하다. 돌아보건대, 그 언어와 문장 또한 후대에 전해지는 것이 없고, 지금 다만 〈안상도(案上圖)〉 한 편, 시 네 수, 글 몇 구절만 있을 뿐이어서 무릇 평소의 아름다운 행실과 모습을 모두 자세히 알 수 없다. 그런 까닭으로 선생의 10세손 유성(維城) 씨가 향사(鄕士) 권사한(權思漢)과 더불어 동방의 여러 문적, 예를 들면 《사우연원록(師友淵源錄)》, 《기묘록(己卯錄)》, 《국조잡록(國朝雜錄)》, 《숭선지(嵩善誌)》, 《일선지(一善誌)》 등을 두루 고찰하여 만약 선생에 대해 언급한 것이 있으면 한 조각 말과 한 단어라도 채집하지 않은 것이 없었다. 또 숙종이 하사한 제문[40] 및 행장, 묘갈명(墓碣銘) 같은 것을 덧붙이고 합하여 작은 책자로 만들었다. 그런 뒤에 선생의 학문의 정미함과 출처의 올바름, 강하고 굳세어 굽히지 않는 지조와 명철함으로 몸을 지킨 지혜, 그리고 도학의 단전밀부(單傳密符)[41]로 당세에 일컬어질 만한 까닭은 여기에서 비로소 개괄하여 볼 수 있게 되었다. 그러나 이것 또한 대략일 뿐이니 어찌 선생을 다 알 수 있겠는가.

생각건대, 이른바 〈안상도〉라는 것은 《대역(大易)》의 경직의방

40 숙종이 하사한 제문 : 숙종 2년(1676) 5월, 덕림서원(德林書院)에 편액(扁額)을 하사하면서 문간공(文簡公) 김종직(金宗直)과 고(故) 교리(校理) 정붕(鄭鵬)과 문숙공(文肅公) 정경세(鄭經世)를 제사 지내게 하고 부제학 이당규(李堂揆)에게 명하여 제문을 짓게 하였는데, 그 내용이 《우복집》 별집 권12 〈숙종 임금의 사제문(賜祭文)〉에 실려 있다.

41 단전밀부(單傳密符) : 단전이나 밀부는 말이나 문자에 의거하지 않고 한 사람 한 사람 심법(心法)으로 전해 온 도통(道統)을 말한다. 원래 선종(禪宗)의 용어인데, 단전심인(單傳心印) 또는 단전밀인(單傳密印)이라고도 한다.

(敬直義方),[42] 《대기(戴記 예기)》의 구용(九容),[43] 《노론(魯論 논어)》의 구사(九思),[44] 《단서(丹書)》의 승태욕(勝怠欲),[45] 《추전(鄒傳 맹자)》의 물조망(勿助忘)[46] 그리고 기타 뭇 성현들의 요체가 되는 말을 나열하여 쓴 것이 질서정연하게 배치되고 찬연하게 조리가 있다.

42 경직의방(敬直義方) : 《주역》 〈곤괘 문언〉에 "경(敬)하여서 마음을 곧게 하고, 의(義)하여서 일을 바르게 한다.〔敬以直內 義以方外〕"라고 하였는데, 이 말을 네 글자로 줄인 것이다.

43 구용(九容) : 군자가 가져야 할 아홉 가지 몸가짐인 구용(九容)에 속하는 것으로, 《예기》 〈옥조(玉藻)〉에 보인다. 즉, 발은 진중하고〔足容重〕, 손은 공손하고〔手容恭〕, 눈은 단정하고〔目容端〕, 입은 무겁고〔口容止〕, 목소리는 고요하고〔聲容靜〕, 머리는 곧고〔頭容直〕, 기운은 엄숙하고〔氣容肅〕, 서 있는 모습은 덕스럽고〔立容德〕, 얼굴빛은 장엄하게〔色容莊〕 해야 한다는 것이다.

44 구사(九思) : 군자가 염두에 두어야 할 아홉 가지 생각인데, 《논어》 〈계씨(季氏)〉에 나온다. 즉, 볼 때는 밝게 볼 것을 생각하고〔視思明〕, 들을 때는 밝게 들을 것을 생각하고〔聽思聰〕, 얼굴빛은 온화할 것을 생각하고〔色思溫〕, 용모는 공손할 것을 생각하고〔貌思恭〕, 말은 진실할 것을 생각하고〔言思忠〕, 일은 경건할 것을 생각하고〔事思敬〕, 잘 모르는 것은 묻기를 생각하고〔疑思問〕, 분할 때에는 어려움 당할 것을 생각하고〔忿思難〕, 이득 될 일이 있으면 정의를 생각해야〔見得思義〕 한다는 것이다.

45 승태욕(勝怠欲) : 〈단서(丹書)〉는 주나라 때에 붉은 새가 물고 왔다는 글인데, 그 글에 "경(敬)이 태(怠)를 이기는 자는 길하고, 태가 경을 이기는 자는 망한다. 의(義)가 욕(欲)을 이기는 자는 일이 순조롭고, 욕이 의를 이기는 자는 흉하다.〔敬勝怠者吉, 怠勝敬者滅, 義勝欲者從, 欲勝義者凶.〕"라는 내용이다. 무왕은 제위(帝位)에 오른 뒤 태공(太公)에게 단서의 이런 내용에 대해서 묻고, 주변의 온갖 기물에 명(銘)을 지어 새겨 경계로 삼았다고 한다. 《心經附註 卷一》

46 물조망(勿助忘) : 사람이 의리를 쌓는 데 있어 급하게 서두르지 말고 하나하나 차근차근 쌓아 가라는 뜻으로, "반드시 하는 일이 있어야 하되, 결과를 미리 기약하지 말아서, 마음에 잊지도 말고 빨리 자라도록 돕지도 말라.〔必有事焉而勿正, 心勿忘勿助長也.〕" 한 데서 온 말이다. 《孟子 公孫丑上》

천고의 남은 뜻〔遺旨〕을 개괄하여 하나의 진결(眞訣)을 만든 것에 이르러서는 그 독창적인 견해의 묘함이 또한 선배들이 한 적이 없는 것인데도 선생은 한마디 말도 자득의 뜻이라고 언급한 적이 없었다. 오늘부터 그 실마리라도 찾고자 하지만 막연하여 영향(影響)의 털끝만큼도 비슷한 것이 없으니 의당 한스러워할 만하다. 그러나 이것은 선생이 그 그림에서 글자마다 체인하고 구절마다 힘을 붙여 마음이 곧 이 그림이고, 이 그림이 곧 이 마음이었음을 자못 알지 못하는 것이다. 그런 까닭으로 방촌(方寸)의 가운데 남들이 보지 못하는 곳을 남몰래 스스로 닦고 담박하게 마음을 운용하여 소리도 없고 냄새도 없는 지극함에 이르기를 기약하는 것이 우연히 절로 여기에서 드러나 현주(玄酒)와 대갱(大羹)[47]의 지극한 맛과 주현(朱絃)과 소월(疏越)[48]의 희귀한 음악은 사람으로 하여금 세 번 반복하여 마지않게 함이 있다.

아, 선생의 공부의 조예(造詣)가 여기에서 지극하도다. 선생 같은 이는 어찌 내면에 마음 씀을 오로지하면서도 남에게 알려지기

47 현주(玄酒)와 대갱(大羹) : 현주는 제사에 쓰이는 물이며, 대갱은 국이다. 《예기》 〈악기(樂記)〉에 "대향의 예에 있어서는 현주를 최상으로 치고 생선을 조에 올려놓으며, 국에 양념을 넣지 않아서 맛이 없으나, 이는 선왕의 밥상이었기 때문에 존중되는 것이다.〔大饗之禮, 尙玄酒而俎腥魚, 大羹不和, 有遺味者矣.〕"라는 말이 있다.

48 주현(朱絃)과 소월(疏越) : 주현이란 누인 실을 사용한 거문고의 줄인데, 실이 익어서 소리가 탁하다. 월(越)은 거문고 아래에 있는 구멍이고 소(疏)는 통한다는 뜻으로 구멍을 크게 틔우는 것인데, 구멍이 크면 소리가 느리다. 《예기(禮記)》 〈악기(樂記)〉에 "청묘의 비파는 붉은 현으로 되어 있고 소리가 느릿하여서 한 사람이 선창하면 세 사람이 화답하여 여음(餘音)이 있다.〔淸廟之瑟, 朱絃而疏越, 壹倡而三嘆, 有遺音者矣.〕"라고 한 말에서 유래하였다. 상대방의 글을 높여서 이르는 말이다.

를 구하지 않고, 묵묵히 지극한 도에 계합하여 백세 뒤의 사람으로 하여금 말하지 않는 가운데서 그 드러나지 않은 덕을 생각하고 사모하게 하는 것이 아니겠는가. 나는 이에 선생의 참모습을 알았도다.

대저 근본이 있음이 이미 이와 같다면 그 밖으로 발현하여 당세에 칭술(稱述)된 바가 또한 어찌 저와 같지 않고 오히려 아름다운 말이 없어진 것을 한으로 여길 수 있겠는가. 이 기록은 마땅히 세 선생의 실기와 함께 세상에 유행할 것이며, 이 〈안상도〉에 이르러서는 선생만 이와 같이 수용했을 뿐만 아니니, 무릇 학자들은 모두 이 뜻을 몰라서는 안 된다. 그런 까닭으로 참람되고 비루함을 잊고 책머리에 위와 같이 써서 우리 유학의 선비들에게 고한다.

칠봉유집[49]서

七峯遺集序

칠봉(七峯) 김 선생(金先生)은 과거에 급제하여 명종조에 벼슬하여 영화롭고 현달한 관직을 두루 거치며 바야흐로 장차 당시에 치택(致澤)[50]하려 했으나 얼마 뒤 세도가 어렵고 위태로움을 보고 곧 초연(超然)히 멀리 떠나 강호의 사이에 자취를 숨겼다. 만년에 비록 마지못해 목민관으로 부름[51]에 나아가 맡았으나 처음부터 끝까지 세상사에 뜻을 끊어 명리와 권세를 피하였으니, 세상에서 이른바 '화복'이란 것이 선생을 더럽힐 수 없었다. 그런 까닭으로 세상에서 그 절의를 높이고 그 풍모를 우러르지 않음이 없었다. 천곡서원(川谷書院)의 향현사(鄕賢祠)의 끝에 향사하여 존숭하며 보답하기에 이르렀으나 오직 그의 남긴 글만 흩어져 전하는 것이 없었다. 선생의 후손 소암공(素菴公) 진동(鎭東)[52]이 선대에 수집

49 칠봉유집 : 김희삼(金希參, 1507～1560)의 시문집으로, 1권이다. 그의 본관은 의성(義城), 자는 사로(師魯), 호는 칠봉(七峯) 또는 진재(進齋)이다. 성주에 살았으며, 이황(李滉), 조식(曺植), 김인후(金麟厚)와 도의로 교유하였다. 벼슬에서 물러나 임금이 내린 칠봉산 아래 진재(進齋)란 집을 지으니, 학자들이 칠봉 선생이라 칭하였다. 성주 천곡서원(川谷書院)의 향현사(鄕賢祠)에 봉향되었다.

50 치택(致澤) : 치군택민(致君澤民)의 준말로 임금을 요순(堯舜) 같은 성군(聖君)으로 만들고 백성에게 은택(恩澤)을 끼치는 것을 말한다.

51 목민관으로 부름 : 원문은 자목지기(字牧之寄)로, 삼척부사(三陟府使)로 나간 것을 말한다.

52 진동(金鎭東) : 김진동(金鎭東, 1727～1807)으로, 본관은 의성(義城), 자는 정

한 것을 인하여 또 두루 찾아 보충한 것이 겨우 시 8수, 부(賦)와 지(誌) 각 두 편, 서(書)와 책(策) 각 한 편뿐이었다.

지금 범동(範東)[53] 씨와 여러 후손들이 도모하여 드러내 밝혀 후세에 물려주고자 하여 드디어 선생의 세계(世系)를 상권에 편집하고, 또 선생의 넷째 아들인 동강(東岡) 선생[54]이 지은 언행록 및 유사(遺事) 가운데 산견(散見)된 기록, 그리고 당시의 명현들이 보낸 만사, 뇌문, 기타 칭술한 문자를 하권에 편집하고 합하여 한 권을 만들어 판각하면서 그 집안의 젊은 사람 김희분(金熙奮)[55]을 보내 나에게 서문 짓기를 부탁하였다. 나는 사양했으나, 받아들여지지 않아 이에 절하고 삼가 다음과 같이 말한다.

무릇 군자의 출처와 거취에 대해서 시의(時宜)에 합당하여 명철함으로 그 몸을 보존할 수 있는 자가 절로 성덕(盛德)의 지극

지(定之), 호는 소암(素菴) 또는 소암(素巖)이며 봉화 해저(海底)에 거주하였다. 출사를 단념하고 학문에만 정진하며 후학을 양성하였다. 저서로 《소암집(素巖集)》, 《문소세고(聞韶世稿)》가 있다.

53 범동(範東) : 자세하지 않다.

54 동강(東岡) 선생 : 김우옹(金宇顒, 1540~1603)으로, 본관은 의성(義城), 자는 숙부(肅夫), 호는 동강(東岡) 또는 직봉포의(直峰布衣), 시호는 문정(文貞)이다. 경상북도 성주(星州) 출신이며, 조식(曺植)의 문인이다. 저서로는 《동강집(東岡集)》, 《속자치통감강목(續資治通鑑綱目)》 등이 있으며, 편서로는 《경연강의(經筵講義)》가 있다. 이조판서에 추증되고, 성주의 회연서원(檜淵書院), 청천서원(晴川書院) 등에 제향되었다.

55 김희분(金熙奮) : 1760~1817. 본관은 의성(義城), 자는 순수(舜叟), 호는 백산(白山)이다. 봉화 해저 출신으로 이상정(李象靖)의 제자이며 유장원(柳長源)과 김종덕(金宗德)에게도 배웠다. 저서로는 《백산집》과 《성리통변(性理通辨)》이 있다.

한 것이다. 지금 언행록과 유사에 근거하여 살펴보면 선생의 국량이 넓으면서도 두터움과 성도(性度)가 간략하면서도 무거움과 기욕(嗜欲)에 시원스레 벗어남은 진실로 이미 품부받은 성품에서 얻었다. 학생이 된 때로부터 사우들과 종유하면서 강론하고 절차탁마한 것도 또 구이지학(口耳之學)[56] 이외의 것을 담론함이 있었다. 평소 효우돈목(孝友敦睦)함과 충신공검(忠信恭儉)함은 가는 곳마다 그 분수를 각각 다하지 않음이 없었고, 본원을 함양하는 공부도 혹 게으름이 있었던 때가 없었으며 편안하고 한가롭게 있을 때나 홀로 거처할 때도 더욱 삼감을 지극히 하였다. 한밤중마다 일어나 앉아 엄연(儼然)히 엄숙하여 성현의 훈계하신 말을 외우며 의리로 무젖은 것이 대부분 《주역》과 사서 등의 책이었다. 그런 까닭으로 출사하여 중앙과 지방에 벼슬함에 명철함은 간사한 기미를 밝힐 수 있었고, 강직함은 공사를 잡아 세울 수 있었고, 인자함은 백성들 보기를 다친 사람 같이 하여 청렴한 지조와 고상한 마음은 날마다 상달(上達)하려는 가운데서 힘을 얻지 않음이 없었다. 대저 이와 같다면 그 진퇴와 행장(行藏)[57]에 대해

56 구이지학(口耳之學) : 귀로 듣고 입으로만 전한다는 말로, 근거가 없고 수준이 낮은 공부를 가리킨다. 《순자(荀子)》 〈권학(勸學)〉의 "소인의 학문은 귀로 들어왔다가 곧장 입으로 나간다.〔小人之學也 入乎耳出乎口〕"라고 한 데서 유래하였다. 주희는 불교를 비판하며 "이른바 선(禪)이라는 것은 귀로 듣고 입으로 전하는 데서 나와 근거할 만한 문자가 없다. 이 때문에 사람마다 그 설을 끌어다가 덧붙여도 상고하여 증명할 수가 없다."라고 말하였다. 《朱子大全 別集 卷8 釋氏論下》

57 행장(行藏) : 용행사장(用行舍藏)의 준말로, 자신의 도를 펼 수 있느냐 없느냐에 따라 거취를 결정하여 조정에 나아가기도 하고 은퇴하기도 하는 것을 말한다. 《논어》 〈술이(述而)〉의 "써 주면 나의 도를 행하고 써 주지 않으면 숨는다.〔用之則

어찌 다만 내가 하고자 하는 바대로 해도 막을 사람이 없을 뿐만이 아니라 움직임이 시의에 합당하여 끝내 위태롭고 어지러운 세상에 그 몸을 보존할 수 있었겠는가.

이 때문에 남긴 글이 비록 많지 않으나 요컨대 모두 성대한 덕 가운데서 흘러나온 말이니, 여러 명현들이 보낸 만사와 뇌문 가운데 기대하고 허여한 성대함에서 또한 공의 대략을 볼 수 있다.

아, 이 한 권이 어찌 천년토록 전해지고도 남기에 부족하겠는가. 또 나는 여기에 또 감동한 것이 있다. 처음에 선생이 장차 물러나려 함에 마침 입시(入侍)할 때를 당하였다. 임금이 여러 신하에게 각각 원하는 바를 진술하게 하였다. 선생이 대답하기를, "신은 다른 바람은 없습니다. 신이 사는 곳에 칠봉이 고리처럼 둘러 있으니, 돌아가 그 사이에 살면서 남은 생을 마치고자 합니다."라고 하니, 임금이 "내가 칠봉을 그대에게 주면 되겠느냐."라고 하였다. 선생이 이미 물러남에 드디어 '칠봉산인(七峯山人)'이라 자호하였으니, 이것은 당나라 사명(四明)이 감호(鑑湖)에 객이 된 고사[58]와 서로 비슷하다. 그러나 저 풍류 일절(一節)의 사람에 불과할 뿐이었으니, 어찌 선생의 진퇴가 세도에 관련된 것과 견줄 수 있겠는가.

行 舍之則藏〕"라는 말에서 유래하였다.

58 당나라……고사 : 당(唐)나라 때 하지장(賀知章)이 벼슬을 버리고 고향인 회계(會稽)로 돌아가는데 임금이 회계에 있는 감호(鑑湖)의 한 구비〔一曲〕를 주었다. 이때 감호는 즉 경호(鏡湖)이다. 이백(李白)의 〈대주억하감(對酒憶賀監)〉 시에 "조칙으로 경호의 물을 하사하시어, 그대의 대소에 영광이 되게 하셨도다.〔勅賜鏡湖水, 爲君臺沼榮.〕"라는 구절이 있다. 하지장(賀知章)의 자는 계진(季眞)이며, 만년에 사명산(四明山)에 은퇴하여 사명광객(四明狂客)이라 자호했다.

나는 강을 따라 남으로 가서 선생의 남긴 자취를 완상할 수 없었다. 그러나 상상해 보건대 칠봉은 모두 신령하고 빼어나며 넓고 커서 세속의 티끌 밖에 멀리 서 있으리니, 선생의 그 당시 기상도 또한 여기에서 볼 수 있을 듯하다. 나는 이 산이 무너지지 않고 선생의 이름도 사라지지 않을 줄 알겠으니, 또 어찌 이 문집이 멀리 전해지지 않음을 걱정하겠는가. 《시경》에 "높은 산을 우러러보며 큰 길을 걸어간다.〔高山仰止 景行行止〕"[59]라고 하였는데, 내가 오늘 또한 그렇게 말한다.

59 높은……걸어간다 : 《시경》 〈거할(車舝)〉에 나온 것으로, 높은 산은 고상한 덕행을 가리키고 큰 길은 정대하고 광명한 행위를 가리킨다.

우졸재 박공 실기[60]서
迂拙齋朴公實紀序

예로부터 하늘이 사람에게 보답함을 논하는 자들은 반드시 정(定)과 미정(未定)[61]으로 말한다. 대개 군자이면서 복을 받고 소인이면서 화를 입는 것은 정이며, 군자이면서 화를 입고 소인이면서 복을 받는 것은 미정이다. 그러나 군자이면서 화를 입은 사람은 끝내 그를 군자로 되돌리며, 소인이면서 복은 입은 사람은 끝내 그를 소인으로 되돌린다. 나는 그 이른바 '미정'이란 것이 과연 하늘의 뜻이 아직 정해지지 않은 것인지 모르겠다.

대저 복은 만세토록 군자가 되는 것보다 큰 것이 없고, 화는 만세토록 소인이 되는 것보다 큰 것이 없으니, 군자나 소인이 된 때부터 화와 복이 이미 정해졌다. 그들은 한때의 만난 바에 의해

60 우졸재 박공 실기 : 박한주(朴漢柱, 1459~1504)의 행적을 기록한 것이다. 그의 본관은 밀양(密陽), 자는 천지(天支)이며, 우졸재는 그의 호이다. 김종직(金宗直)의 문인으로, 1498년 무오사화 때 평안북도 벽동(碧潼)으로 유배되고 1504년 갑자사화 때 처형당하였으나, 1506년 중종반정으로 신원되었다. 밀양 예림서원(禮林書院) 등에 배향되었다. 저서로는 《우졸재집(迂拙齋集)》이 있다.

61 정(定)과 미정(未定) : 하늘의 뜻이 이미 오래전에 정해진 것과 하늘의 뜻이 아직 정해지지 않은 것을 말한다. 소식(蘇軾)의 〈삼괴당명(三槐堂銘)〉에 "도척과 같은 흉악한 인간이 오래 살고 공자와 안회 같은 훌륭한 인물이 재난을 당한 것은 모두 하늘의 뜻이 아직 정해지지 않은 것〔盜跖之壽, 孔顔之厄, 此皆天之未定者也.〕"이라는 말과, "선악의 응보가 자손에게까지 이르는 것을 보면 하늘의 뜻이 이미 오래전에 정해진 것〔善惡之報, 至於子孫則其定也久矣.〕"이라는 말이 나온다.

현달하고 영화로움, 곤궁하고 위태로움의 다름이 있음을 보고 문득 미정이라고 생각하는 자이니, 어찌 미혹된 것이 아니겠는가. 또 만세토록 군자가 되는 사람은 남들이 사모하여 군자가 되고자 하지 않는 이가 없고, 만세토록 소인이 되는 사람은 남들이 미워하여 오직 소인이 될까 두려워하지 않는 이가 없다. 이는 천하 사람들로 하여금 취사선택하여 정(定)을 얻게 한 것으로, 하늘이 정한 바는 바로 이에 있으니 또한 어찌 한때의 보답 때문에 갑자기 그것이 미정(未定)이라고 말할 수 있겠는가. 내가 이 말을 외운 지 오래되었는데, 지금 우졸재(迂拙齋) 박공(朴公)의 일에서 더욱 믿겠다.

공은 세조 6년(1459)에 태어나 성종 14년(1483)에 생원시에 입격하고 3년이 지나 또 문과에 등제(登第)하여 중앙과 지방의 관직을 두루 맡았다. 지방으로 나가 주현(州縣)에서 정사를 할 때 아전들은 두려워하고 백성들은 마음에 품었으며, 많은 선비들이 흥기하여 공을 부모처럼 사랑하고 신명처럼 공경하였다. 조정에서 간관 벼슬을 하고 있을 때를 당하여는 주상이 가상히 여겨 그를 "경상도 방언으로 바른말하는 사람이 또 왔구나."라고 말하는 것이 거의 정 상서(鄭尙書)의 신발 끄는 소리를 아는 것[62]과 다름이 없다.

62 정……것 : 한(漢)나라 정숭(鄭崇)이 상서 복야(尙書僕射)로 발탁된 뒤에 아무도 못하는 말을 감히 직간하곤 하였는데, 그가 가죽 신발을 끌고 오는 소리〔曳革履〕를 들으면 애제(哀帝)가 "정 상서(鄭尙書)가 신발 끌고 오는 소리인 줄을 내가 알겠다.〔我識鄭尙書履聲〕"라면서 웃었다는 고사가 전한다. 《漢書 鄭崇傳》

이 때를 당하여 그 밝은 시대에 높은 벼슬을 한 것은 세속의 관점으로 보자면 또한 복이라 부르지 않을 수 없다. 대개 명철한 임금과 어진 신하의 만남은 이치가 진실로 마땅히 이와 같아야 한다. 연산조를 만나서도 또한 오직 강직함을 잡아 변치 않고 반복하여 간절히 간언하기를 도가 있는 임금에게 하는 것 같이 하여 권력 있는 간사한 이를 논척(論斥)함에 조금도 두려워 피하지 않았다. 끝내 이 때문에 역린(逆鱗)[63]을 건드리고 물여우〔蜮〕[64]에 쏘여 쫓겨나고 처형당하는 죄를 취하였으니, 세속의 관점으로 보자면 그 재앙은 다함이 없다고 말할 수 있겠으나 하늘의 정(定)과 미정(未定)은 알 수 없을 듯하다. 그러나 선생이 태어나 군자가 됨으로부터 곧바로 자신에게 군자의 복이 있었으니, 스승으로 섬김에 점필(佔畢)[65]이 있었고, 동문으로 한훤(寒暄)[66]과 일두(一

63 역린(逆鱗) : 임금의 뜻을 정면으로 거역하여 노여워하게 하는 것을 말한다. 용의 턱 아래에 거꾸로 서 있는 비늘〔逆鱗〕 하나가 있는데, 사람이 그것을 건드리면 성을 내며 사람을 죽인다고 한다. 《韓非子 說難》

64 물여우 : 일명 '단호(短狐)'라 하는데, 모래를 머금어 사람에게 쏘아 해를 입힌다 하여, 몰래 사람을 해치는 사악한 무리를 비유한다. 육덕명(陸德明)의 〈석문(釋文)〉에 "물여우는 모양이 자라와 같고 발이 세 개인데 일명 '사공'이라고 하며 세속에서 '수노(水弩)'라고 부르니, 물속에서 모래를 머금었다가 사람을 향해 쏘므로 일명 '석인영(射人影)'이라고도 한다.〔蜮, 狀如鼈, 三足. 一名射工, 俗呼之水弩. 在水中含沙射人, 一云射人影.〕" 하였다.

65 점필(佔畢) : 김종직(金宗直, 1431~1492)으로, 본관은 선산, 자는 계온(季昷), 호는 점필재(佔畢齋), 시호는 문충(文忠)이다. 무오사화로 부관참시(剖棺斬屍)를 당하였으며 중종반정으로 신원되었다. 밀양의 예림서원(藝林書院), 선산의 금오서원(金烏書院) 등에 제향되었다. 저서에 《점필재집》, 《청구풍아(青丘風雅)》 등이 있다.

66 한훤(寒暄) : 김굉필(金宏弼, 1454~1504)로, 본관은 서흥(瑞興), 자는 대유

蠹)[67]가 있었고, 뜻이 같은 이로 추강(秋江)[68]과 탁영(濯纓) 같은 여러 군자가 있었다. 서로 강마(講磨)하고 경계하여 바로잡는 사이 정신이 밝게 통한 바와 의기가 계합(契合)한 바가 환하게 녹아들고 기쁘게 흡족함이 곧 백아(伯牙)와 종자기(鍾子期)[69]가 금석(金石)의 연주를 만난 것과 같다. 설령 한 세대의 즐거움을 다하더라도 반드시 이와 바꿀 수 없을 것이니, 이것이 이미 복이다. 또 게다가 높은 벼슬 보기를 영광스럽게 여기지 않고 형벌 보기를 두렵게 여기지 않아 하늘에서 받은 깨끗하고 깨끗한 한 조각 붉은 마음이 처음부터 끝까지 출처와 환난(患難)의 가운데서 온

(大猷), 호는 사옹(簑翁) 또는 한훤당(寒暄堂), 시호는 문경(文敬)이다. 김종직(金宗直)의 문인이며, 평생 《소학》에 심취하여 스스로 '소학동자'라 일컬었다. 갑자사화 때 극형에 처해졌다. 정여창(鄭汝昌), 조광조(趙光祖), 이언적(李彦迪), 이황(李滉)과 함께 오현(五賢)으로 문묘에 종사되었다. 저서에 《경현록(景賢錄)》, 《한훤당집》, 《가범(家範)》 등이 있다.

67 일두(一蠹) : 정여창(鄭汝昌, 1450~1504)의 호이다. 본관은 하동(河東), 자는 백욱(伯勗)이고, 시호는 문헌(文獻)이다. 김종직(金宗直)의 문인이며, 저서로는 《일두집(一蠹集)》이 있다.

68 추강(秋江) : 남효온(南孝溫, 1454~1492)으로, 본관은 의령(宜寧), 자는 백공(伯恭), 호는 추강(秋江)·행우(杏雨)·최락당(最樂堂)·벽사(碧沙)·둔옹(遯翁) 등이 있으며, 시호는 문정(文貞)이다. 김종직(金宗直)의 문인이다. 저술로는 《육신전(六臣傳)》, 《추강냉화(秋江冷話)》, 《사우 명행록(師友名行錄)》 등이 있으며, 문집으로 《추강집(秋江集)》이 있다. 장홍의 예양서원(汭陽書院), 함안의 서산서원(西山書院) 등에 배향되었다.

69 백아(伯牙)와 종자기(鍾子期) : 거문고의 명인(名人)인 백아가 고산(高山)에 뜻을 두고 연주하면 그의 지음(知音)인 종자기가 "좋구나, 아아(峨峨)하여 태산(泰山)과 같도다." 하였고, 유수(流水)에 뜻을 두고 연주하면 "좋구나, 양양(洋洋)하여 강하(江河)와 같도다."라고 평했다는 일화가 있다. 《列子 湯問》

전할 수 있었다.

대개 하늘에 부끄럽지 않고 세상에 부끄럽지 않은 것이 있으니, 복을 받는 근원이 곧 이에 있어서 비록 천백 겁(劫)을 지나더라도 그 군자가 됨은 변함없다. 그런 까닭으로 성주(聖主 중종)가 반정을 함에 성은이 우레와 비처럼 곧 세차게 내렸으니, 관직의 품계가 더해지고 서원에 제사함을 허락함이 모두 메아리처럼 이에 응답하여 당시와 후대의 명현들이 서로 이어 일컫고 기술하여 이제 수백 년 뒤에 이르러서도 선생의 이름이 해와 별처럼 밝게 빛난다. 지난날 선생을 물어뜯고 선생을 해하던 자들이 구름처럼 흩어지고 안개처럼 없어졌으며, 사람들이 그들을 보기를 개돼지만도 못하게 여겼다. 혹 이른바 '군자는 끝내 그를 군자로 되돌리고, 소인은 끝내 그를 소인으로 되돌린다'는 것을 이에 이르러 또 어찌 더욱 믿지 않겠는가. 하늘이 정한 바는 아마 이에 있는 듯하다.

선생의 후손인 이주(履周)가 실기(實記)에 한마디 말을 구하기에 감히 비루한 견해를 위와 같이 쓴다.

휘찬여사[70] 서
彙纂麗史序

《휘찬여사(彙纂麗史)》라는 것은 우리 목재(木齋) 홍 선생(洪先生)[71]이 지은 바이다. 대개 역사를 서술하는 법은 장차 그 사실을 기록하고 그 명분을 바르게 함으로 사람들이 그 글을 재밌게 보며 권면하고 징계하는 바탕으로 삼게 하려는 것이다. 그런 까닭으로 비록 외국이라도 이미 중국과 서로 관련이 있으면, 곧 복종하여 섬긴 바 외에도 무릇 천하 대세가 안위에 달려 있는 것과 천왕(天王)의 정통에 분열이 있는 것은 모두 마땅히 삼가 써서 참

70 휘찬여사 : 홍여하가 지은 고려의 사서(史書)로, 《목재가숙휘찬여사(木齋家塾彙纂麗史)》라고도 한다. 이 책은 기전체에 의거해 역사를 서술하고 있어 조선 후기의 역사 서술 경향을 이해하는 데 참고가 된다. 이 책 이후 조선 후기의 학자들이 강목체(綱目體)로 역사를 서술하기 시작했다. 총 48권 22책으로 권1~6은 세가(世家), 권7~19는 지(志), 권20~46은 열전(列傳), 권47~48은 외이부록(外夷附錄)으로 구성되어 있다. 이 구성은 입재의 서문에서 언급한 내용과는 차이가 있다. 입재는 1808년(순조8) 산택재(山澤齋)에서 《휘찬여사》를 교감하였다.

71 목재(木齋) 홍 선생(洪先生) : 홍여하(洪汝河, 1620~1674)로, 본관은 부림(缶林), 자는 백원(百源), 호는 목재 또는 산택재(山澤齋)이다. 39세 되던 해에 올린 상소가 송시열(宋時烈)을 비방했다는 모함을 받아 함경도 영변 판관(寧邊判官)으로 좌천되고, 이듬해에 충청도 황간(黃澗)으로 유배되었다. 그 무렵 효종의 죽음으로 해배(解配)된 이후 관직을 버리고 고향 율리로 돌아와 저술과 강학활동에 매진하였다. 저서로는 《목재집(木齋集)》 12권을 비롯하여 《휘찬여사(彙纂麗史)》, 《동사제강(東史提綱)》 등이 있다. 입재의 생모가 목재의 증손녀이니, 목재는 입재의 외고조부가 된다.

고에 대비하고 향배(向背)를 드러낸다. 사실을 기록함에 간결하게 하고자 하면서도 누락되지 않으며, 말을 기록함에 일상의 말을 쓰고자 하면서도 비속하지 않은 그런 뒤라야 비로소 사가의 체제를 이루어 명산에 보관하고 후세에 전할 수 있다. 그러나 옛 역사서는 그렇지 않았고, 또 동국의 선비들은 중국의 역사는 말하기 좋아하면서도 동국의 역사에는 도리어 어두웠다. 이는 마치 사람이 남의 집안 족보만 오로지 말하고 도리어 자기 집안의 족보에는 어두운 것과 같은 것이니, 옳겠는가. 이 또한 반드시 말한 것이 문채가 나지 않은 것[72]이 그렇게 만든 것이리라.

이 때문에 선생이 깊이 병통으로 여겨 드디어 옛 역사를 가져와 그 빠진 것을 보충하고 그 허탄(虛誕)한 것을 깎아 내어 책을 만드니 무릇 50권으로 세가 32편, 지론(志論) 12편, 열전 186편이다. 국가의 치란과 성쇠, 제도의 연혁과 득실, 신하의 현우(賢愚)와 순역(順逆)에 대해 정밀하고 명백하게 다 기록하지 않음이 없으며 더욱 명분과 기미의 즈음에 뜻을 다하여 상하 500년의 사적(事蹟)이 분명하여 손바닥을 가리키는 듯하게 하여 고려 시대의 역사가 이에 환하게 한번 새롭게 되었으니, 어찌 그리도 성대한가.

선생이 이미 이 책을 편찬하고 돌아가심에 문인 자제들이 겨우 몇 본을 전사(傳寫)하여 책상자에 갈무리할 수 있었을 뿐, 판각할 겨를이 없었던 것이 지금 거의 100년이 되었다. 지난번 고을의

72 말한……것 : 《춘추좌씨전(春秋左氏傳)》 양공(襄公) 25년에 공자가 "말한 것이 문채가 나지 않으면 멀리 전해질 수 없다.〔言之不文, 行而不遠.〕"라고 하였는데, 문장이 아름다워야 함을 말한다.

인사들이 재물을 모아 판각의 일을 하고자 논의를 발하고, 나에게도 또한 여러 이름 있는 교감자들의 말석에 참여케 하고 서문을 지어 줄 것을 부탁하였다. 스스로 생각건대 매우 어리석고 보잘것없으니 어찌 감히 이 일을 감당할 수 있겠는가. 그러나 욕되게 외손의 반열에 있으니 의리상 또한 사양치 못하여 드디어 곧 일을 마치고 공경히 절하고 다음과 같이 말한다.

아, 역사를 어찌 쉽게 짓겠는가. 강직하게 쓰면 선과 악이 그 실상을 숨길 수 없고, 사실 그대로 모사하면 숨겨진 것과 드러난 것이 그 형체를 숨길 수 없다. 곤월(袞鉞)[73]이 한 글자에서 판가름 나니 제왕은 그 벌주거나 상 주는 권한을 잃으며, 단청(丹靑)[74]이 만고에 빛나니 조물주도 그 부여하는 재능의 능력을 사양한다. 그런 까닭으로 논하는 자들은 재주〔才〕, 학문〔學〕, 식견〔識〕 세 가지에 모두 뛰어난 뒤라야 비로소 함께 역사에 대해 말할 수 있다고 하였다. 그러나 만약 옛날을 상고해 보면, 우(虞), 하(夏), 은(殷), 주(周)의 역사 같은 경우 비록 지은 사람이 누구인지 알 수 없으나 그 벽경(壁經)[75]에 드러나 맑고 순수하며 넓고

73 곤월(袞鉞) : 화곤(華袞)과 부월(鈇鉞)의 약칭으로, 곧 포폄을 뜻하는 말이다. 범녕(范寧)의 《춘추전(春秋傳)》 서(序)에 "한 글자의 칭찬이 화곤보다 낫고, 한 글자의 꾸지람이 부월보다 엄하다."고 한 데서 인용한 말이다.

74 단청(丹靑) : 초상화란 뜻인데, 공신으로 영원히 칭송받을 것이라는 말이다. 한 선제(漢宣帝)가 곽광(霍光), 병길(丙吉), 소무(蘇武) 등 공신 11명의 초상화를 그려서 기린각(麒麟閣)에 걸어 놓은 고사에서 유래하였다. 《漢書 李廣蘇建傳》

75 벽경(壁經) : 공자 구택의 벽 속에서 발견된 경전을 말한다. 《한서(漢書)》 권30 〈예문지(藝文志)〉에 "한 무제(漢武帝) 말년에 노공왕(魯共王)이 집을 넓히려고 공

엄숙한 것은 오래되어 말할 것도 없다. 공자(孔子)가 《춘추(春秋)》를 지을 때, 자유(子游)나 자하(子夏)의 무리가 한마디 말도 도울 수 없었고, 주자(朱子)가 《자치통감강목(資治通鑑綱目)》[76]을 지을 때 문인 가운데 참여하여 들은 사람도 또한 매우 적었다. 이는 대성현의 저울과 잣대가 정밀하고 미묘하여 일반인의 감정이 헤아릴 수 있는 바가 아님이 있었던 것이니, 앞서 이른바 재(才), 학(學), 식(識) 세 가지로는 또 말하기 부족하다.

이 밖에 지은 사람이 어지러이 일어나지 않음이 없다는 것은 역대에 고찰해 보면 알 수 있으나, 모두 손꼽을 만한 것은 없었다. 오직 사마천(司馬遷)과 반고(班固)는 비록 바른 학문을 듣지 못해 그 시비를 따짐에 자못 성인을 그르치게 한 점이 있으나, 그 글이 밝으면서도 고상하여 사람들로 하여금 손이 춤추고 발이 구르게 하니, 과연 무엇 때문인가. 이것은 반드시 그 큰 문장가가 된 그런 뒤라야 또한 우주의 사이에 유행할 수 있는 것이니, 졸렬한 장인들이 말할 수 있는 것이 아니다.

아, 역사를 어찌 쉽게 짓겠는가. 중국의 큼과 사해의 넓음과 인물의 성대함으로 이 위아래 수천 년간에 그 일과 말 가운데 기록

자의 옛집을 헐다가 《고문상서(古文尚書)》 및 《예기》, 《논어》, 《효경》 등 수십 편을 얻었는데, 모두 고자(古字)였다." 하였다.

76 자치통감강목(資治通鑑綱目) : 중국 송나라의 사마광(司馬光)이 지은 《자치통감(資治通鑑)》을 주희(朱熹)가 《춘추(春秋)》의 형식에 따라 역사적 사실에 대하여 큰 제목으로 강(綱)을 따로 세우고 기사는 목(目)으로 나누어 기술한 것으로 59권이다. 주희는 대요만을 썼고, 그의 제자 조사연(趙師淵)이 세목을 완성하였다. 줄여서 《통감강목(通鑑綱目)》, 《강목(綱目)》이라고도 한다.

할 만한 것이 의당 얼마나 많겠는가만 모두 망라하고 빗질하여 거의 남은 감정이 없게 함이 오히려 이와 같다. 지금 동방은 사해의 밖에 있으니 곧 탄환과 같이 조그만 나라일 뿐이지만, 단군에서부터 신라에 이르는 수천 년간 상대(上代)는 이미 아득하고 황탄하여 결승(結繩)의 시대[77]와 같고, 그 아래 시대도 또 문헌을 고증할 수 없으니, 이른바 《동국통감(東國通鑑)》[78]이나 《동국사략(東國史略)》[79] 등의 서적이 비록 세상에 유행하지만 그 문장은 모두 읽을 만한 것이 못 된다. 오직 《고려사》가 자세하게 갖추어져 있다고 겨우 말하나 그 기록된 사적과 일은 중국에 비해 겨우 100분의 1일 뿐이다. 또 읽을 만한 것이 못 됨도 저와 같으니 이

77 결승(結繩)의 시대 : 문자가 없던 태고 시대에 노끈으로 매듭을 맺어 부호를 삼았던 것을 말한다. 신농씨(神農氏)가 이 결승의 정사를 행하다가, 복희씨(伏羲氏) 때에 이르러 팔괘를 긋고 나무에 새긴 최초의 문자를 만들어서 서계(書契)의 정사를 행했다는 기록이 《주역》 〈계사전 하(繫辭傳下)〉와 《사기(史記)》 권1 〈오제본기(五帝本紀)〉에 보인다.

78 동국통감(東國通鑑) : 서거정(徐居正, 1420~1488) 등이 왕명을 받아 편찬한 편년체 역사서이다. 1458년(세조4)에 편찬 사업이 시작되었으며, 1485년(성종16)에 최종 완성되었다. 구성은 단군조선으로부터 삼한까지는 책머리에 외기(外紀)로 다루었고, 삼국의 건국부터 신라 문무왕 9년(669)까지를 삼국기, 669년에서 고려 태조 18년(935)까지를 신라기, 935년부터 고려 말까지를 고려기로 구분하여 서술했다. 삼국 이전을 외기로 처리한 것은 자료 부족으로 인하여 체계적인 서술이 불가능하였기 때문이다.

79 동국사략(東國史略) : 1402년(태종2) 6월에 왕명에 따라 권근(權近, 1352~1409)을 중심으로 하륜(河崙), 이첨(李詹) 등이 편찬에 착수하여 이듬해 8월에 완성한, 단군~삼국 말에 이르기까지의 역사를 강목체(綱目體)로 기술한 역사서이다. 일명 《삼국사략(三國史略)》이라고도 한다.

는 그 까닭이 또 무엇인가. 설명하는 사람은 구역에 한정되고 풍기(風氣)에 얽매여 그렇다고 한다. 그러나 천하에 가장 숭상할 것은 오도(吾道 유학의 도)이니, 동국의 포은(圃隱)과 퇴도(退陶) 두 선생이 중국 하도(河圖)와 낙서(洛書)[80]의 계통을 받았는데, 역사만 도리어 유독 이와 같은가.

선생은 넓고 고아한 학문으로 일찍 수민(洙閩)이 역사서를 찬술한 뜻[81]을 들었고, 또 재주〔才〕와 식견〔識〕의 두 가지 장점을 겸하여 수천 년 뒤 남다른 식견은 천고를 꿰뚫고도 남음이 있으며, 훌륭한 문장은 온갖 부류를 형상화하는 데 어긋남이 없었다. 그런 까닭으로 이보다 먼저 이미 《동사제강(東史提綱)》[82]을 저술하여 개요를 보였고, 고려의 역사에 대해서도 또다시 수집 편찬한 것이 이와 같다.

80 하도(河圖)와 낙서(洛書) : 하도는 복희씨(伏羲氏) 때 황하에서 나온 용마(龍馬)의 등에 새겨진 무늬인데, 1에서 10까지의 숫자가 배열되어 있다. 복희씨는 이를 보고 《주역》의 팔괘(八卦)를 그렸다고 하며, 역리(易理)의 근원으로 알려져 있다. 낙서는 하나라 우왕(禹王) 때 낙수(洛水)에서 나온 거북의 등에 1에서 9까지 나열된 반점인데, 우왕이 이를 보고 《서경》의 홍범구주(洪範九疇)를 지었다 하며, 역(易)의 원리와 함께 천지 만물의 중요한 원리로 간주되어 왔다.

81 수민(洙閩)이……뜻 : 수(洙)는 흔히 수사(洙泗)로 병칭되며 중국 산동성(山東省) 곡부(曲阜)를 지나는 두 개의 강물 이름으로, 이곳에서 공자가 제자를 가르쳤다. 민(閩)은 민중(閩中)으로, 주희(朱熹)가 강학한 곳이다. 공자가 《춘추》를 편찬하고 주희가 《자치통감강목(資治通鑑綱目)》을 수찬한 것을 가리킨다.

82 동사제강(東史提綱) : 임자년(1672, 현종13)에 복천에서 율리로 돌아와 서거정이 찬한 《동국통감(東國通鑑)》에다 수정을 가하고 주자(朱子)의 《강목(綱目)》의 예에 따라 편찬하였다. 범례(凡例)를 두었는데 《고려사》의 범례와 대동소이했지만, 중국의 일을 기록하여 사체(史體)를 보전하였다.

좌구명(左丘明)[83]은 사학(史學)에 깊고, 공곡(公穀)[84]은 이학(理學)에 깊으며, 호안국(胡安國)[85]과 윤씨(尹氏)[86]는 과감하면서도 바르다. 선생은 이 모두를 겸하여 가졌으나 그 간략하며 우아함은 도리어 저들보다 낫다. 장차 학자들로 하여금 힘써 읽어도 권태로움을 알지 못하게 하니, 이에 나라의 귀감으로 삼아 경계할 것은 경계하고 개혁할 것은 개혁하게 하였다. 그 취할 만한 것에 이르러서는 진실로 거의 없지만 또한 간간히 취하는 것에 해롭지 않을 것이니, 그 후세의 다스림에 보탬이 있는 것이 어찌 얕거나 적겠는가.

83 좌구명(左丘明) : 노(魯)나라 태사(太史)로서, 공자(孔子)와 동시대의 인물인데, 《논어》에 나오는 글로 보아 공자가 존경한 인물이었던 듯하다. 《사기(史記)》 십이제후 연표(十二諸侯年表)에 의하면, 공자가 《춘추》를 지은 뒤에 공문(孔門)의 제자들이 그 진의(眞意)를 후세에 정하지 못할 것을 염려하여 좌구명이 《춘추좌씨전(春秋左氏傳)》을 지었다고 하였다.

84 공곡(公穀) : 공양고(公羊高)와 곡량적(穀梁赤)을 합칭한 말이다. 모두 자하(子夏)의 제자로 《춘추》의 전(傳)을 지었다. 이들의 주해는 특히 《춘추》의 경문(經文)에 매우 충실했다고 한다.

85 호안국(胡安國) : 1074~1138. 자는 강후(康侯), 호는 무이(武夷), 시호는 문정(文定)이며, 복건성(福建省) 숭안(崇安) 사람이다. 정이(程頤)의 학문을 사숙하고 사양좌(謝良佐), 양시(楊時), 유작(游酢)과 교유하였다. 왕안석이 《춘추》를 학관(學官)에서 폐지함으로써 춘추학이 쇠퇴하였다고 여겨 20여 년간 《춘추》를 정밀히 연구해 《춘추호씨전(春秋胡氏傳)》을 저술하였다.

86 윤씨(尹氏) : 송나라 하남(河南) 사람 윤돈(尹焞, 1071~1142)을 가리키는 듯하다. 낙양(洛陽) 태생으로, 자가 언명(彦明) 또는 덕충(德充)이며, 정이(程頤)의 문인이다. 정강(靖康) 연간에 황제가 그에게 '화정 처사(和靖處士)'라는 아호를 내렸다. 저서로는 《논어해(論語解)》, 《화정집(和靖集)》이 있다. 《춘추》와 관련된 단독 저술은 없으나, 명나라 호광(胡廣, 1370~1418) 등이 황명으로 찬한 《춘추집전대전(春秋集傳大全)》의 주석가 명단에 윤씨로는 오직 그만 제시되어 있다.

대개 《춘추》와 《자치통감강목》 이후에 동국에서는 오직 목재 선생의 이 역사서가 필삭(筆削)의 바름을 얻었다. 그러나 가만히 보건대 처음과 끝의 체제는 바로 반고(班固)를 모방한 것 같은데, 반고는 사마천(司馬遷)의 《사기》에서 한 것처럼 그 끝에 총론을 붙여서 지은 뜻을 천명하였다. 그러나 선생은 그렇게 하지 않았으니, 어쩌면 선생이 미치지 못한 것인가, 아니면 범례에서 이미 말했기 때문에 다시 번거롭게 할 필요가 없었기 때문인가.

대저 한 번 다스려지고 한 번 혼란해지는 것은 천도의 떳떳한 이치이니, 혼란이 오래되면 치세도 오래간다. 그런 까닭으로 긴 밤의 어둠 끝에는 반드시 긴 낮의 밝음이 있고, 매서운 추위 뒤에는 반드시 무더운 여름의 열기가 있다. 동국은 단군 이래로 중간에 오직 기자(箕子)가 와서 다스리면서 비로소 한 번의 치세가 있었고, 그 밖에는 전혀 말할 것이 없다. 고려의 경우에 이르러서는 왕업을 열어 후손에게 전하는 것이 이미 옛 제왕의 도와는 거리가 멀었고, 후세로 내려와서는 급속히 오랑캐나 금수(禽獸)의 영역으로 들어가게 되었다. 대개 수천 년간에 혼란이 더욱 극심해짐이 이 같은 데 이르렀으니, 하늘이 우리 조선(朝鮮)의 억만년간 밝고 아름다운 치세를 열어 주는 것이 또한 마땅하지 않은가. 나는 이에 또 여러 번 읽어 보고 감탄하지 않을 수 없으니, 천도가 사람을 속이지 않음을 믿겠다.

무민당집[87]서

無悶堂集序

남명(南冥) 조문정공(曺文貞公)[88]은 방장산(方丈山 지리산)의 아래에서 우뚝 일어나 천 길의 벼랑 같은 기상으로 만종(萬鍾)[89]을 티끌처럼 보았으니, 그 빼어난 자태와 위대한 의논, 고상한 풍모와 우뚝한 절의는 백세 뒤의 선비들도 또한 사모하여 흥기하지 않음이 없게 하였다. 하물며 당시와의 시대가 멀지 않은 사람이야 말할 것이 있겠는가. 이런 까닭으로 산해(山海)의 사이에 왕왕 호방하고 준걸한 현인이 나와 공리(功利)를 가벼이 여기고 학문에 돈독하며, 명분과 의리를 중히 여기고 작록을 가벼이 여겨 그 발뒤꿈치까지 따라간 이가 있으니, 무민당 선생 박공이 곧 그 가운데 한 사람이다.

87 무민당집 : 조선 중기의 학자 박인(朴絪, 1583~1640)의 시문집으로, 9권 5책(본집 7권 4책, 별집 2권 1책)이다. 그의 본관은 고령(高靈), 자는 백화(伯和), 호는 임헌(臨軒) 또는 무민당(无悶堂)이다. 정인홍(鄭仁弘)의 문인이다. 《무민당집》에 의하면 이 글은 1798년(정조22) 5월 상한(上澣)에 지어졌다.

88 남명(南冥) 조문정공(曺文貞公) : 조식(曺植, 1501~1572)으로, 본관은 창녕(昌寧), 자는 건중(楗仲)이며, 남명은 그의 호, 문정은 그의 시호이다. 출사를 마다하고 일생을 강학과 학문에 전념하여 산림으로 추앙되었다. 그는 경상 좌도의 거유(巨儒) 이황과 같은 시대에 살면서 경상 우도를 대표하는 대유학자로 쌍벽을 이루었다. 저서로는 《남명집》, 《학기유편(學記類編)》 등이 있다.

89 만종(萬鍾) : 많은 녹(祿), 종은 용량(容量)의 단위로서 6곡(斛) 4승(升)이다. 매우 부귀한 사람을 가리키는 말로 쓰이기도 한다.

살펴보건대 그는 젊어서부터 공령(功令)에 종사하여 여러 차례 향시에 입격하였고 과거 보기를 분수에 맞는 일로 여겼다. 어느 날 아침 남명의 시 "티끌이 혹시라도 오장에 생긴다면, 지금 당장 배를 갈라 물에 흘려보내리.〔塵土倘能生五內 直今刳腹付歸流〕"[90]라는 구절에 부합하는 바가 있어 곧장 과거시험을 헌신짝처럼 끊어버리고 날마다 성현의 글을 취하여 문을 닫고 읽었다. 의리가 그 마음을 기쁘게 함이 추환(芻豢)[91]이 입을 기쁘게 하는 것과 같을 뿐만이 아니었다. 마음을 잡아 보존하고 단정하게 삼가 아는 바를 힘써 행하고, 효우돈목(孝友敦睦)을 한결같이 지극한 정성으로 하였다. 학규(學規)를 세워 후진을 인도하고 향약(鄉約)을 설치하여 한 지방을 규제(規制)하여 훌륭한 말과 돈독한 논의는 일마다 굳세고 발라 빼앗을 수 없는 식견이 확실하게 있었으니, 이것은 이미 보통 사람이 하기 어려운 것이다.

광해군의 정사가 어지러움을 당하여 야정(倻鄭)[92]이 산림재상

90 티끌이……흘려보내리 : 이 시는 《남명집(南冥集)》 권1에 있는 〈욕천(浴川)〉의 전구와 결구이다. 저본에는 '能'이 '令'으로, '今'이 '須'로 되어 있는데, 원집에 의거하여 번역하였다. 시는 제주(題注)에 "기유년(1549) 8월 초에 우연히 감악산 아래에서 노닐었는데, 함양의 문사인 임희무와 박승원이 듣고서 달려와 함께 목욕했다.〔己酉八月初, 偶遊於紺岳山下, 咸陽文士林希茂朴承元聞而馳到, 侍與之同浴焉.〕"라고 되어 있다.

91 추환(芻豢) : 《맹자》 〈고자 상〉에, "이(理)와 의(義)가 내 마음을 즐겁게 함이 소·양고기와 개·돼지고기가 내 입을 즐겁게 함과 같다." 하였다. 추(芻)는 풀을 먹는 소·양, 환(豢)은 곡식을 먹는 개·돼지이다. 즉 학문이나 이(理)·의(義)의 참맛이 고기가 내 입을 즐겁게 하는 것과 같다는 뜻이다.

92 야정(倻鄭) : 정인홍(鄭仁弘, 1535~1623)이 가야산 아래 살았기 때문에 '야정'

(山林宰相)으로 멀리서 조정의 권력을 잡아 권세의 불길이 하늘을 태우고, 위복(威福)[93]을 마음대로 하니 사람들이 감히 조금도 그의 노여움에 접근함이 없었고, 선생 또한 그와 더불어 외가의 절친[94]이었기 때문에 평소 스승으로 섬긴 것이 또한 이미 오래되었다. 그가 대북(大北)의 윤리를 무너트리는 논의를 주장하여 장차 영창대군(永昌大君)을 죽이고 인목대비(仁穆大妃)를 폐위하려 하니 붓을 떨쳐 편지를 보내 대의(大義)로 꾸짖고는 절교하였다.[95] 늠연히 가을 서리와 뜨거운 태양 같은 기상이 있어 생사와 화복을 도외시하고 돌아보지 않았으니, 마음을 보존한 바가 우뚝하고 빼어남이 있는 사람이 아니라면 또 누가 이런 경지에 이를 수 있겠는가. 그런 까닭으로 선조 문장공(文莊公 정경세(鄭經世))과 석담(石潭) 이공(李公)[96]이 번갈아 조정에 천거하니, 재랑(齋郞)

이라고 한다. 그의 본관은 서산(瑞山), 자는 덕원(德遠), 호는 내암(來菴)이다. 조식의 문인이다. 1613년(광해군5) 계축옥사를 일으켜 영창대군을 제거하고, 1618년 인목대비 유폐사건에 가담하였다. 그러나 1623년 인조반정으로 참형되고 가산이 적몰(籍沒)당했다. 저서로는 《내암집》이 있다.

93 위복(威福) : 벌(罰)과 상(賞)을 뜻한다. 원래는 군주만이 상벌을 행할 수 있는데, 후대에는 집권자가 마음대로 권력을 휘둘러 내치기도 하고 벼슬을 주기도 하는 것을 이른다. 《서경》 〈홍범(洪範)〉에 "오직 군주만이 복을 짓고 오직 군주만이 위엄을 지을 수 있다.〔惟闢作福, 惟闢作威.〕" 하였다.

94 외가의 절친 : 무민당의 어머니가 서산 정씨(瑞山鄭氏) 정건(鄭健)의 딸로, 정인홍과는 집안의 종형제가 된다.

95 편지를……절교하였다 : 《무민당집》 권2 〈여정인홍(與鄭仁弘) 계축(癸丑)〉을 말한다.

96 석담(石潭) 이공(李公) : 이윤우(李潤雨, 1569~1634)로, 본관은 광주(廣州), 자는 무백(茂伯)이며, 석담(石潭)은 그의 호이다. 정구(鄭逑)의 문인으로, 정구의

으로 제수한 것이 두 번이었으나 공은 끝내 나아가지 않았다.

야정이 죄를 받아 죽은 뒤, 입을 닫고 정인홍의 일을 다시는 말하지 않았다. 일시의 여러 명유들과 적막한 물가에서 경전의 뜻을 강론하여 서로 절차탁마함으로 적셔 주면서 여유롭게 노닐었다. 거할 때는 항상 남명의 글을 외우고 말하며 공경히 감복해 마지않았다. 《산해사우연원록(山海師友淵源錄)》[97]을 지어 후인들에게 남겨 주어 그 유풍과 여운을 오래되어도 더욱 드러나도록 했으니, 그 뜻이 또 어찌 그리 정성스러운가. 논하는 자들은 혹 공의 절의는 동한(東漢)을 사모하고[98] 학문은 관민(關閩)[99]을 사모한

부산 동래 온천욕을 수행하여 《봉산욕행록(蓬山浴行錄)》을 남겼다. 정인홍(鄭仁弘)의 비위 사실을 직서하다 탄핵을 받아 사퇴하였다. 관직이 공조 참의에 이르렀다. 저술로 《석담집》이 있다.

97 산해사우연원록(山海師友淵源錄) : 남명의 전기 자료와 종유한 사람 20명, 문인 53명 등을 기록한 것으로, 1636년(인조14)에 완성하였으며 필사본 9권 4책이다. 《무민당집》 권4에 〈산해사우연원록서(山海師友淵源錄序)〉가 있다.

98 절의는 동한(東漢)을 사모하고 : 동한(東漢) 때에는 절의(節義)를 숭상하여 선비들이 조정의 인물을 평론하고 정사를 비판하였다. 이에 정권을 잡고 있는 대신과 환관들에게 미움을 받아 명사로 알려진 이응(李膺)·범방(范滂) 등이 당고(黨錮)의 화(禍)에 걸리니, 여기에 연루되어 죽거나 금고당한 자가 무수히 많았으며, 결국 이로 말미암아 국가가 멸망하는 빌미가 되었다. 이에 대하여 주희는 다음과 같이 그 문제점을 지적하였다. "동한이 절의를 숭상할 때에 이미 청담(淸談)의 요소가 내포되어 있었다. 대개 당시 절의를 지킨 사람들은 온 세상을 거만하게 내려다보고 조정에 들어가 벼슬하는 것을 수치스럽게 생각하니 저절로 천하를 우습게 여기는 마음을 가지게 된다. 그러다 보면 잠깐 사이에 청담으로 흘러들게 되는 것이다." 《朱子語類 卷34 論語16 子謂顔淵曰章》

99 관민(關閩) : 염락관민(濂洛關閩)의 줄임말로, 염계(濂溪)의 주돈이(周敦頤), 낙양(洛陽)의 정호(程顥)와 정이(程頤) 형제, 관중(關中)의 장재(張載), 민중(閩

다고 여겼으나, 동한과 관민 또한 시대가 머니 공 같은 이는 남명을 사모하여 흥기하여 거의 그 발꿈치까지 따라간 사람이 아니겠는가. 또한 나도 이에 또 느낌이 있다.

지금 천하가 건잡을 수 없이 흘러가 목숨을 걸고 부귀를 탐하지 않는 이가 적으니, 비록 뜻이 있다고 불리는 부류라도 또한 모두 휩쓸리듯 쏠려 떨쳐 일어나지 못하여 완악한 자는 청렴해질 수 없고 나약한 자는 설 수 없다. 그런 까닭으로 우리 성주(聖主)께서 이를 근심하여 그 폐단을 바로잡으려고 생각함이 있어 지난해에 특별히 명하여 문정공을 제사 지내게 하고 그 세상에 드문 뜻을 지극히 하여 말하기를, "만약 경을 일으켜 살아오게 한다면, 나라를 다스림은 손바닥 뒤집듯 쉬울 것이다.〔如起卿來, 運掌之易.〕"라고 하였다.[100]

아, 남명은 살아날 수 없으니, 가령 공 같은 사람이 있어 지금 무리지어 나온다면 또한 무너진 풍속을 격려하여 이와 같은 심한 지경에 이르지 않을 수 있을 것이나, 어찌 그렇게 될 수 있겠는가. 공이 세속을 피해 은둔하여 생을 마치니, 그 학문이 온축된 바를 별도로 드러내어 보인 것이 없다. 그러나 어떤 벗의 물음에 답하여 "나를 병조나 호조에 시험한다면 병력을 넉넉하게 하고 식량을 풍족하게 할 수 있다. 언관의 지위에 있으면 임금을 이끌어

中)의 주희(朱熹)를 말하는데, 여기서는 정주학(程朱學)을 가리킨다.

100 지난해에……하였다 : 1796년(정조20) 정조가 사제문(賜祭文)을 친히 지어 사제(賜祭)하였다. 친히 지은 제문은 《홍재전서(弘齋全書)》 권24의 〈문정공조식치제문(文貞公曺植致祭文)〉이다.

도를 감당하게 하며, 인사행정을 맡으면 인재를 선발하는 것도 또한 혹 거의 도에 가까울 것이다."라고 하였다.

공의 현명함으로 그 반드시 스스로 앎이 분명하여 세상을 이롭게 할 기량(器量)을 품고 있었으나 시험하여 쓸 뜻이 거의 없었고, 무민(无悶)[101]으로 자호함에 이르렀으니, 이에서 그가 즐거워하는 바가 별도로 있음을 또 상상해 볼 수 있다.

공의 6세손 용전(龍田)이 공의 유집 약간 권을 가지고 와서 나에게 보여 주고 한마디 말로 그 머리에 서문을 써 줄 것을 부탁하였다. 사양했으나 받아 주지 않아 드디어 공의 큰 절의를 뽑아서 쓰고, 아울러 느낀 바를 위와 같이 쓴다.

101 무민(无悶) : 《주역》 〈건괘 문언〉에 공자가 잠룡(潛龍)에 대해 설명하면서 "세상을 피해 숨어 살면서도 근심이 없고 남의 인정을 받지 못해도 근심이 없다.〔遯世无悶, 不見是而无悶.〕"라고 말한 데서 따온 것이다.

청대집[102]서

청대집서(淸臺集序)

퇴도(退陶) 노선생이 동방에서 도를 창도하여 위로 낙민(洛閩)[103]의 학통을 계승하니, 당시 문하에 나아온 선배들이 모두 차근차근 이끌어 주시는 가르침을 입어 덕을 이루고 재주를 이룬 자를 다 기록할 수 없다. 송소(松巢) 권공(權公)[104] 또한 경서를 잡고 공부한 제자의 반열에 있었다. 비록 그 조예의 실상을 쉽게 엿보아 헤아릴 수 없으나, 대저 분명한 지결(旨訣)을 종신토록 가슴에 간직하고 또 그 후손에게 전하여 일맥연원(一脈淵源)이 더욱 오래되어도 끊이지 않았으니, 이는 그 선대의 빛이 배태(胚胎)한 바이며 집안의 모범이 적신 바이다. 진실로 세상에 이름난 현인이 그

102 청대집 : 권상일(權相一, 1679~1759)의 문집으로, 원집(原集) 16권, 연보(年譜) 2권 합 9책이다. 《청대집》에 의하면 이 글은 1797년(정조21) 3월에 지어졌다. 권상일의 본관은 안동(安東), 자는 태중(台仲), 시호는 희정(僖靖)이며, 청대(淸臺)는 그의 호이다. 상주의 근암리(近嵒里)에서 출생했다. 이황(李滉)을 사숙해 〈사칠설(四七說)〉을 지어 이(理)와 기(氣)를 완전히 둘로 분리하고, 이는 본연의 성이며 기는 기질의 성이라고 주장했다. 저서로는 《청대집》 18권, 《관서근사록집해(觀書近思錄集解)》과 《일기(日記)》 30여 권이 있다. 죽림정사(竹林精舍), 근암서원(近嵒書院)에 향사되었다.

103 낙민(洛閩) : 앞의 주 99 '관민(關閩)' 참고.

104 송소(松巢) 권공(權公) : 권우(權宇, 1552~1590)로, 본관은 안동, 자는 정보(定甫)이며 송소는 그의 호이다. 퇴계 이황과 월천(月川) 조목(趙穆) 문하에서 수학하였다. 저서로는 《송소집(松巢集)》이 있다. 권상일의 5대조이다.

집안에서 나오는 것은 마땅하다. 또 이때 우리 영남의 적막함이 매우 오래되어 노선생의 법문(法門)을 찾아 좇을 수가 거의 없었다. 천운을 헤아려 봄에 또한 응당 점점 순환하여 돌아오는 이치가 그 사이에 깃들어 있었다. 그런 까닭으로 위로는 규벽(奎璧)[105]이 광채를 내려 주고, 아래로는 상락(商洛)[106]이 신령함을 모아서 우리 청대 선생을 낳아 주었다.

선생이 이에 집안의 가르침에 나아가 우리 유학을 알고, 타고난 자질로 인하여 이 유학의 도에 들어갔다. 책을 읽음에 참 앎을 귀하게 여기고 범범히 널리 보는 것에 힘쓰지 않으며, 자신을 반성함에 실천을 주로 하고 항상 명성을 가까이하는 것을 부끄럽게 여겼다. 연구와 체험이 모두 지극히 정밀하면서도 간략하고, 은미(隱微)하거나 그윽이 홀로 있을 때에도 더욱 성찰함을 더하였다. '경(敬)' 한 글자에 깊이 힘을 써서 평소 생활할 때도 정제엄숙(整齊嚴肅)[107]하여 낮에는 부지런히 힘쓰고 저녁에는 경계하며 두려

105 규벽(奎璧) : 28수(宿)에 속하는 별자리인 규수(奎宿)와 벽수(壁宿)의 병칭으로 문운을 주관한다고 한다. 규수는 28수 중 15번째로서 9개의 별자리로 구성되어 있다. 천시(天豕)라고도 하며 문운(文運)을 주관한다. 이 중 수거성(宿距星)인 규성(奎星)이 밝으면 천하가 편안해지고, 움직이면 병란이 일어난다고 한다. 벽수는 28수 중 14번째 별자리로서 5개의 별자리로 구성되어 있으며, 그중에서 수거성(宿距星)인 벽성은 도서를 맡고 있는데, 벽성이 밝으면 서적이 집대성되거나 총명한 사람들이 많이 나와 바른 도가 행해지게 되어, 소인배가 물러나고 군자가 벼슬을 하게 된다고 한다.

106 상락(商洛) : 상주(尙州)의 옛 이름인 상산(商山)과 낙동강을 말한다.

107 정제엄숙(整齊嚴肅) : 이천(伊川) 정이(程頤)가 말하기를, "하나를 주장함을 경이라 이르고, 마음이 다른 곳으로 가지 않음을 일(一)이라 이른다.〔主一之謂敬,

워하여〔日乾夕惕〕[108] 방달하고 혼매한 때가 있은 적이 없었다.

선생으로부터 말하자면 대개 분수에 따라 공부하고 차례에 따라 나아가는데 불과했으나, 함양함이 오래되고 충적(充積)함이 두터움에 이르러서는 본래 난곡(鸞鵠) 같은 자태[109]와 더욱 드러난 금옥(金玉)[110] 같은 빛이 수면앙배(睟面盎背)[111]하고 겉과 속으로 통하니, 그 위엄 있는 거동을 바라보면 또한 도 있는 군자가 됨을

無適之謂一.〕"라고 하고, 또 "정제하고 엄숙하면 마음이 절로 한결같아지니, 한결같아지면 그르거나 나쁜 생각의 범함이 없을 것이다.〔整齊嚴肅則心自一 一則無非僻之干矣〕"라고 하여 '주일무적(主一無適)'·'정제엄숙(整齊嚴肅)' 등의 설로써 경(敬) 공부 방법을 제시한 바 있다.

108 낮에는……두려워하여 : 《주역》 〈건괘(乾卦) 구삼(九三)〉의 "군자가 종일토록 건실히 하여 저녁까지 두려워하는 마음으로 조심하면, 비록 위태로운 지경을 당할지라도 허물이 없게 될 것이다.〔君子終日乾乾, 夕惕若, 厲無咎.〕"라고 한 데서 유래하였다.

109 난곡(鸞鵠) 같은 자태 : 한유(韓愈)의 〈전중소감마군묘명(殿中少監馬君墓銘)〉에, 당(唐)나라 때 명가(名家)의 후예로서 37세를 일기로 운명한 마계조(馬繼祖) 일가 삼대(三代)와의 인연을 술회하고 있는데, 마계조의 조부가 바로 태사북평장무왕(太師北平莊武王)으로 추증된 마수(馬燧)이고, 마계조의 부친인 소부감(少府監) 마창(馬暢)의 인품을 형용하면서 "푸른 대 푸른 오동에 난새나 고니가 우뚝 서 있는 것과 같아 능히 가업을 잘 지킬 분이더라.〔翠竹碧梧, 鸞鵠停峙, 能守其業者也.〕" 하였다. 《古文眞寶後集 殿中少監馬君墓銘》

110 금옥(金玉) : 《시경》 〈역복(棫樸)〉에서 주(周)나라 문왕(文王)의 덕을 찬양하여 "잘 다듬은 그 문장이요 금옥 같은 그 바탕이로다.〔追琢其章, 金玉其相.〕"라고 하였는데 이를 원용한 표현이다.

111 수면앙배(睟面盎背) : 덕이 있는 자의 자태를 말한다. 《맹자》 〈진심 상(盡心上)〉에 "군자는 타고난 본성인 인의예지의 덕이 마음에 뿌리박혀 있어서 그 드러나는 빛이 맑고 윤택하게 얼굴에 나타나고 넉넉하며 두텁게 등에 나타난다.〔君子所性仁義禮智, 根於心, 其生色也, 睟然見於面, 盎於背.〕" 하였다.

알 수 있다. 일상생활에서 볼만한 행실에 이르러서는 집에 거하여 효도를 다하니 정성과 사랑이 빛나고 법도가 삼엄하며, 조정에 서서 계책을 진술하니 고하여 경계함이 절실하고 경술이 빛났다. 벼슬에 나가 백성을 대할 때는 은혜로운 정사와 빛나는 교화가 모두 넉넉하고, 집에서 생활하며 남을 대할 때는 충고와 잘 이끎이 모두 지극하였다.

무릇 그 밖으로 발현하는 것은 하나도 전범이 되는 학문의 힘이 아님이 없으니, 그 태극의 동정을 논하여 '이가 기를 낳음〔理生氣〕', '이가 먼저이고 기가 뒤〔理先氣後〕'라는 것은 결코 바뀔 수 없음을 밝혀 '섞이지 않는다〔不雜〕'라는 설을 편벽되게 주장하는 자들로 하여금 이를 기라고 인식하는 병통을 알아 후대에 폐단을 끼치지 않게 하였으니, 그 견해가 또 독창적으로 도달하였고 고원하게 이르렀다. 대개 앞 사람이 다 발명하지 못한 것을 발명함이 있어 학자들에게 크게 공이 있다. 대저 이미 성리학의 대두뇌(大頭腦)에 이것을 터득함이 마땅히 이와 같다면 그 존덕성(尊德性) 도문학(道問學)[112]하고, 자기를 이루고 타인을 이루어〔成己成物〕[113] 고명광대(高明光大)한 경지에 이르게 하는 것이 어찌 저 《중용장구》에서 한 것처럼 하지 못하겠는가. 노선생의 법문이 여

112 존덕성(尊德性) 도문학(道問學) : 군자는 덕성을 높이며 묻고 배우는 길을 말미암는다는 뜻이다. 여기 도(道)는 동사로써 '길을 밟는다'의 뜻이다. 《중용장구》 27장에 '군자존덕성이도문학(君子尊德性而道問學)'이라고 한 구절이 있다.

113 자기를……이루어 : 자기의 덕을 완성하고 그 덕으로 남을 교화시킴을 뜻한다. 《중용장구》 제25장에 "성(誠)은 자기만 이룰 뿐 아니라 남을 이루어 주니, 자기를 이룸은 인(仁)이고 남을 이루어 줌은 지(智)이다."라고 하였다.

기에 해와 같이 걸려 있으니, 그 사람들이 찾아 들어갈 수 있다.

아, 선생이 태어난 것이 그 어찌 우연이겠는가. 우리 영남이 선생과 같은 분을 가질 수 있었던 것은 과연 우리 유학이 다시 밝아질 한 번의 기회가 아니었겠는가.

돌아보건대 그의 평소 뜻은 벼슬에 나가는 것을 즐기지 않았으나, 만년에 때를 만난 것은 또한 성대하다고 말할 수 있다. 그러나 한두 번 등대(登對)한 것 외에는 애초에 뜻을 접고 편안히 물러나지 않음이 없었으니, 비록 임금이 돌아봄이 점점 융성해져 높은 벼슬이 거듭 내려졌으나 선생의 몸은 이미 초연히 청대의 수석이 있는 구역에서 고상하게 거닐며 책에 지극한 즐거움을 부치고 갈매기와 해오라기에 은거할 맹세에 의탁하여 더 이상 세상에 나갈 뜻이 없었다. 이는 그가 평소 마음에 쌓아 둔 것을 끝내 당시에 크게 펴지 못한 것이니, 진실로 유림의 바람에 어긋났으나 절의를 보존하고 이름을 완전히 하여 생을 마쳤다. 위로는 밝은 시대에 삶을 잘 마감한 명신으로 예우받았고 아래로는 한 지방이 의지하여 귀의할 종사(宗師)로 여겼다.

선생이 돌아가심으로부터 이제 40여 년이 되도록 성스런 조정에서 시호(諡號)를 내려 준[114] 은전(恩典)과 많은 선비들이 사모함을 부친 향사(享祀)가 차례대로 또 그 포창하여 숭상함을 지극

114 시호(諡號)를 내려 준 : 원문은 절혜(節惠)로, 《예기(禮記)》 〈표기(表記)〉에 "선왕이 시호로써 이름을 높이고 한 가지 선으로써 요약했다.〔先王諡以尊名, 節以壹惠.〕"라고 한 데서 유래하였다. 이는 아름다운 시호를 내려 그 이름을 높이되 여러 가지 선행을 다 들기 어려우므로 가장 큰 것으로 요약함을 이른다.

히 하였으니, 사방에서 보고 듣는 사람을 용솟음치게 하고 백대(百代) 뒤에도 공경하여 감탄함을 일으키게 한 까닭은 대개 근세에 비길 사람이 없었기 때문이다. 이는 우리 유학의 도에 다행함이 또 어찌 적겠는가.

선생의 유집(遺集)은 모두 약간 권이니, 금상(今上) 병진년(1796, 정조20)에 마을의 인사(人士)와 선생의 고제(高弟) 조석철(趙錫喆)[115] 씨와 선생의 증손 준(遵)과 종질 후경(煇經)이 모여서 판각할 것을 의논하고, 나 또한 교감의 일에 참여하여 들은 적이 있다는 것으로 한마디 말로 책머리에 서문을 쓰게 하였다. 스스로 생각건대 아득한 끝의 후생이 어찌 감히 이 임무를 감당하겠는가. 오직 평소 공경하며 우러르는 정성이 실로 남에게 뒤지지 않는 까닭으로 이에 감히 끝내 사양하지 못해 삼가 비루한 견해를 위와 같이 써서 구구한 나의 마음을 붙인다. 선생의 시(詩)와 문(文)은 참된 의미에서 넘쳐나고 바른 이치에서 발현하여 절로 일가(一家)의 법칙이 됨 같은 것은 이 문집을 읽는 사람이 마땅히 스스로 터득할 것이니 나의 군말이 필요 없을 것이다.

115 조석철(趙錫喆) : 1724~1799. 본관은 풍양(豊壤), 자는 명중(明仲), 호는 정와(靜窩)이며, 상주에 거주하였다. 권상일의 문인이며, 저서에 《정와집(靜窩集)》 8권 4책이 있다.

화재유집[116]서

華齋遺集序

옛날 공자가 일컫기를, “자공은 통달하고, 자로는 과단성이 있고, 염유는 재능 좋으니 정사에 참여하는 데 무슨 문제가 있겠는가.”[117] 라고 하였고, 또 증석(曾晳 증점(曾點)) 이하 네 사람에게 각각 그 뜻을 말하게 하였는데, 깊이 감탄하며 “나는 증점을 인정한다.”라고 하였다.[118] 그러나 이 세 사람의 일에 대해서도 인정하지 않은 적이 없다. 대개 학문은 실제 적용함이 있음을 귀하게 여김이 이와 같았으니, 또 공자 문하의 빼어난 재주로도 오히려 온전한 재

116 화재유집 : 황익재(黃翼再, 1682~1747)의 문집으로, 7권 3책이다. 그의 본관은 장수(長水), 자는 재수(再叟), 호는 백화재(白華齋)이다. 저서로는 《화재집》, 《서행일록(西行日錄)》이 있으며, 상주의 봉산사(鳳山祠)에 제향되었다. 《순암집》 권26 〈통정대부종성도호부사백화재황공행장(通政大夫鍾城都護府使白華齋黃公行狀)〉이 있다.

117 자로는……있겠는가 : 《논어》 〈옹야〉에 공자가 “자로는 과단성이 있으니 정사에 참여하는 데 무슨 문제가 있겠는가. 자공은 통달하였으니 정사에 참여하는 데 무슨 문제가 있겠는가. 염유는 재주가 좋으니 정사에 참여하는 데 무슨 문제가 있겠는가.〔由也果, 於從政乎何有? 賜也達, 於從政乎何有? 求也藝, 於從政乎何有?〕”라고 한 것을 말한다.

118 증석(曾晳)……하였다 : 《논어》 〈선진(先進)〉에 공자가 자로(子路), 증점(曾點), 염유(冉有), 공서화(公西華) 등의 제자에게 각각 자기의 뜻을 말해 보라고 했을 때, 증점은 “늦은 봄에 봄옷이 다 되어서 성인(成人) 5, 6명, 아이 6, 7명과 기수(沂水)에서 몸을 씻고 무우(舞雩)에서 바람을 쐬고 읊조리며 돌아오는 것입니다.” 하니 공자가 깊이 감탄하며 “나는 증점을 인정한다.〔吾與點也〕”라고 한 일을 말한다.

주를 갖춘 사람이 될 수 없어 각각 한 분야만 잘하는 바가 있었다. 더구나 이제 천년 뒤에 인재(人才)를 얻기 더욱 어려우니, 학문에 돈독히 하여 온전한 재주를 이루어 오직 그 지향하는 바는 사용함에 두루 하지 않음이 없어 경황없고 위급한 상황에도 오직 의리만 따르는 것을 또 어찌 쉽게 말할 수 있겠는가.

내가 들은 바로는 백화재(白華齋) 황공(黃公) 같은 사람이 아마 거의 비슷할 것이다. 공은 빼어나고 남다른 자질과 특별하고 통달한 지식에다 학문의 힘을 더하여 명철함은 이치를 밝힐 수 있었고 강직함은 일을 결단할 수 있었고 능력은 공을 세울 수 있었다. 대개 벼슬에 나간 뒤로 많은 업무를 처리하는 사이에 시험한 것이 하나도 이에 근본하지 않음이 없었다. 또한 비근(卑近)한 효과에 급급해 하지 않고 반드시 원대함을 경영하는 도모를 하였으니, 백성을 기르고 선비를 양성하는 것은 논할 것도 없고 무릇 그 백성의 삶이 펴지지 않으며 풍교(風敎)가 떨쳐지지 않으면 항상 모두 즉시 폐단의 근원을 살펴서 일에 따라 다스리고 개혁하여 혜택이 오래도록 사람들에게 미친 것은 다 기록할 수가 없다. 그러나 그 큰 것을 예로 들면, 사창(社倉)과 학재(學齋) 두 가지를 설치한 것[119]은 어찌 백성을 풍족게 하고 예를 일으킨 근본이 아니겠는가. 이것을 미루어 보자

119 사창(社倉)과……것 : 1716년(숙종42) 10월 순천(順天) 부사(府使)가 되었는데, 그 이듬해 3월 사창(社倉)을 세우고 절목을 정해 향약(鄕約)을 시행한 것과 1711년(숙종37) 1월 무안(務安) 현감(縣監)이 되었는데, 그 이듬해에 사마재(司馬齋)와 양사재(養士齋)를 세우고 생도들을 모아 학업을 익히도록 한 것을 말한다.

면 비록 나라를 다스리게 하더라도 또한 반드시 넓고 넓어 여유가 있을 것이다.

또 공이 평소 마음에 품은 것은 한결같이 오직 충신(忠信)에 의지하는 것이었으니, 관직을 맡아 일을 처리함에 비록 이해관계 때문에 낭패를 보는 처지를 당하더라도 털끝만큼도 스스로 속여 요행히 벗어나려는 뜻이 전혀 없었다. 무신지란(戊申之亂)[120]에 이르러 임금의 명을 받들어 위급한 때에 병사를 불러 모으니, 몸을 떨치고 일어나 반역의 무리에 대적한 성절(誠節)이 우뚝하고 남달랐다. 오직 그 기이하고 빼어난 책략은 항상 기미와 마땅함에 합치될 뿐만 아니라 의로운 기상이 격동하는 바는 사람들이 모두 감동하여 눈물 흘렸으니, 무사(撫使)가 위에서 무릎을 치며 감탄하고[121] 사민(士民)이 아래에서 바람에 쏠리듯 감화되었다. 비록 관군이 적을 소탕함에 문득 곧 순무사의 일을 그만두고 돌아갔으

120 무신지란(戊申之亂) : 1728년(영조4) 무신년에 소론(少論) 과격파들과 남인(南人)이 영조(英祖)와 노론을 제거하고 밀풍군(密豊君) 탄(坦)을 왕으로 추대하기 위해 일으킨 난으로, 충청도에서는 이인좌(李麟佐)가 중심이 되었기 때문에 이인좌의 난이라고도 한다. 안성(安城)과 죽산(竹山)에서 관군에게 대파당하고 이인좌 등 수뇌부가 체포되어 평정되었다.

121 무사(撫使)가……감탄하고 : 이인좌의 난 당시 오명항(吳命恒) 공이 도순무사(都巡撫使)에 임명되고 박사수(朴師洙) 공이 영남 안무사(嶺南安撫使)에 임명되어 남쪽으로 내려가는 중이었는데, 박사수가 평소 백화재의 재주와 국량을 알고 있었기 때문에 그를 천거하니, 소모사(召募使)로 임명하였다. 정찰하는 사람들을 널리 배치하고 적의 정세를 정탐해서 도순무사와 안무사에게 몰래 보고함으로써 요해지를 지켜 막고 적의 세력을 군색하게 만든 데에는 공의 계획이 많았다. 이로 인하여 오공(吳公), 이공(李公)이 백화재를 더욱더 훌륭한 인재로 여겼다.

나 그 충의를 고무시켜 격동케 하여 나라의 권위를 씩씩하게 하고 반역의 무리에게 바람을 바라보고도 넋이 빼기게 한 것은 그 공(功)이 또한 위대하지 않겠는가.

옛사람이 이른바 "서린 뿌리와 엉킨 마디에서 예리한 연장이 구별되며, 난리 속에서 충성스러운 신하를 알 수 있다.〔盤錯而別利器, 板蕩而識誠臣.〕"[122]라는 것을 이에서 더욱 볼 수 있다. 이 때문에 명망이 당시에 쏠려 공보(公輔 재상(宰相))로 기약하지 않음이 없었으나 불행하게 처비(萋斐)의 교묘함 가운데 덫과 함정이 뒤따라 이르러 7년 동안 멀고 황량한 곳에서 매우 고생을 겪었으나,[123] 또한 오직 한결같이 운명에 맡겨 두고 하늘을 원망하거나

122 서린……있다 : 어려움 속에서도 절의가 변치 않는 사람을 비유하는 말로, 우후(虞詡)의 말과 당 태종(唐太宗)의 시구를 변용하여 병칭한 것이다. 《후한서(後漢書)》 〈우후열전(虞詡列傳)〉에 "쉬운 것을 구하지 않고 어려운 일을 피하지 않는 것이 신하의 직분이니, 이리저리 감긴 뿌리가 뒤엉킨 곳을 만나지 않으면 어떻게 예리한 기구를 구별하겠는가.〔志不求易, 事不避難, 臣之職也. 不遇盤根錯節, 何以別利器?〕"라고 하였다. 이 말은 변용되어 '반착이별이기(盤錯而別利器)' 또는 '반근이별이기(盤根而別利器)' 등으로 사용된다. 《구당서(舊唐書)》 〈소우열전(蕭瑀列傳)〉에 당 태종이 소우(蕭瑀)를 칭찬하면서 하사한 시에 "질풍 속에서 굳게 버티는 초목을 알 수 있고, 난리 속에서 충성스러운 신하를 알 수 있다.〔疾風知勁草, 板蕩識誠臣.〕"라고 하였다.

123 처비(萋斐)의……겪었으나 : 처비(萋斐)는 《시경》 〈항백(巷伯)〉에, "조그만 무늬로 이 자개 무늬를 비단같이 이뤘도다. 저 사람을 참소하는 자여 또한 이미 너무 크도다.〔萋兮斐兮, 成是貝錦. 彼譖人者, 亦已大甚.〕"라고 한 데서 유래한 것으로, 남의 작은 허물을 꾸며서 큰 죄를 만든다는 비유이다. 여기서는 문사랑(問事郎) 조명익(趙明翼)이 묵은 원한으로 죄목을 꾸미고 대신(臺臣) 박필균(朴弼均), 이수항(李壽沆)을 사주하여 백화재를 유배시킬 것을 청하게 하니, 결국 평안도 구성(龜城)에 유배된 것을 말한다.

사람을 원망함이 조금도 없었고, 날마다 여러 성리서를 가져다가 더욱 완색(玩索)의 공부를 더하였다. 사면되어[124] 전원으로 돌아옴에 미쳐 오직 일과(日課)로 공부하고 농업을 밝히는 데만 종사하며 여유롭게 거닐고 시를 읊조리며 그 생을 마쳤으나 공의 붉은 마음과 평소 생활은 죽은 뒤에 더욱 밝았다. 금상(今上) 무신년(1788, 정조12)에 특별히 관직을 회복시키니,[125] 동읍(桐邑)과 승평(昇平 순천(順天)) 그리고 우리 고을의 사림들이 또 그를 위하여 차례대로 향사를 지냈다. 이는 그 한 번 고난받고 한 번 신원(伸寃)되는 것이 비록 공에게 무슨 상관이 있겠는가만 또한 어찌 천도가 좋게 돌아가고 세도(世道)가 지극히 다행함이 아니겠는가.

오호라, 공은 재주의 온전함과 학문의 독실함으로 만약 공자의 문하에 나갔더라면 아마 성인이 칭찬하고 허여한 바가 됨이 어찌 앞에서 언급한 공자의 제자들보다 특출하지 않았겠는가. 그러나 시대가 망극함을 만나 세상에 뜻을 펼칠 수 없었던 것과 아울러 도에 깊이 나아가 자득(自得)한 의취가 있으나 더 이상 알아주는 사람이 없었던 것과 함께 더욱 개탄할 만할 뿐이다. 공의 유집(遺集)은 겨우 약간 권인데, 지난 번 공의 증손 태희(泰熙)[126] 씨가

124 사면되어 : 원문은 '사환(賜環)'으로, 《순자(荀子)》 〈대략(大略)〉에 "임금이 조정을 떠난 신하에 대해서 용서하지 않고 결별하는 뜻을 보일 때에는 한쪽이 떨어진 패옥을 보내고, 다시 조정으로 불러들일 때에는 고리가 완전히 이어진 옥환을 보낸다.〔絶人以玦, 反絶以環.〕"라는 말에서 유래하였다.

125 금상(今上)……회복시키니 : 1788년(정조12) 11월, 영남 유생들의 상소로 복관(復官)되었는데, 이 일을 말한다.

126 태희(泰熙) : 백화재의 증손인 황태희(黃泰熙, 1735~1793)로, 자는 유안(幼

임종할 때 나에게 교감하고 한마디 말로 서문을 써 줄 것을 부탁하였다. 나는 차마 사양하지 못하고 이듬해에 비로소 그 일을 잘 끝내고 인하여 위와 같이 쓰노라.

安)이며 입재의 둘째 딸이 황태희의 아들 황석로(黃錫老)에게 시집갔으니, 서로 사돈관계가 된다. 《입재집》 권31에 〈제황유안문(祭黃幼安文)〉이 있다.

우헌유집[127]서

愚軒遺集序

아, 이것은 돌아가신 필선(弼善)[128] 우헌(愚軒) 채공(蔡公)의 문집이다. 공의 세대에 영남지방의 훌륭한 선배로는 오직 목재(木齋 홍여하(洪汝河)) 선생과 남악옹(南岳翁)[129]이 있었다. 공은 대개 그들을 스승으로 섬겨 종유하였으나 얼마 되지 않아 모두 돌아가셨다. 이에 공의 벗들과 이름난 선비들은 또 멀리 혹 낙동강 왼쪽 수백 리 밖에 있었고, 오직 이 낙동강 오른쪽 지역에서는 공이 우뚝이 노(魯)나라 영광전(靈光殿)[130] 같이 유가의 큰 논의를 주장하였으니, 우리 유학자들이 공경하여 본받을 분은 공이 아니면 그

127 우헌유집 : 채헌징(蔡獻徵, 1648~1726)의 문집으로, 3책이다. 그의 본관은 인천(仁川), 자는 문수(文叟), 호는 우헌(愚軒) 또는 여물헌(與物軒)이다. 용궁(龍宮) 출신이며, 홍여하(洪汝河), 이현일(李玄逸)의 문인이다. 1675년(숙종1) 사마시에 합격하고, 1678년 식년문과에 을과로 급제, 사헌부지평, 시강원필선 등을 역임하였다.

128 필선(弼善) : 세자시강원(世子侍講院)의 정4품관으로 조선 초기 좌·우 필선(弼善)의 2인이 있었으나, 《경국대전(經國大典)》에는 1인으로 축소되어 규정되었다.

129 남악옹(南岳翁) : 이현일(李玄逸, 1627~1704)로, 본관은 재령(載寧), 자는 익승(翼升), 호는 갈암(葛庵) 또는 남악(南嶽)이다.

130 노(魯)나라 영광전(靈光殿) : 마지막 남은 원로 석학(碩學)을 뜻한다. 한 경제(漢景帝)의 아들인 노공왕(魯恭王)이 산동성 곡부(曲阜)에 영광전(靈光殿)을 건립하였는데, 후한(後漢) 왕연수(王延壽)가 지은 〈노영광전부서(魯靈光殿賦序)〉에 "서경(西京)의 미앙(未央)과 건장(建章) 등 궁전이 모두 파괴되어 허물어졌는데도, 영광전만은 우뚝 홀로 서 있었다.〔靈光巋然獨存.〕"라는 글이 있다.

누구겠는가. 이런 까닭으로 당시에 크게 우러러 존경하고 사모함이 더욱 절로 특별한 바가 있었으나 돌아가신 지 겨우 70여 년 만에 풍화(風化)의 아름다움은 점점 멀어지고 명성의 빛은 점점 희미해져 후생 만학이 그가 남긴 학문을 엿보고 찾을 길이 거의 없었다. 그런 까닭으로 항상 그것 때문에 마음이 안타까웠다. 지금 공의 오대손 하규(夏圭)와 하구(夏九)가 공의 연보와 행장을 나에게 보여 주고 인하여 한마디 말로 그 유집에 서문을 써 줄 것을 부탁하였다. 드디어 공의 생애를 받들어 열람해 보니, 그 두터운 덕과 무거운 명망은 과연 크게 남들보다 뛰어난 것이 있었다. 나는 이에 근세에 공을 아는 사람이 적음을 더욱 한스럽게 여겼다.

대개 공은 이름난 선조[131]의 후손으로, 태어나면서 남다른 자질이 있어서 어릴 때부터 기동(奇童)으로 일컬어졌다. 선생이 잘 이끌어 주는 가르침을 받음에 이르러서는 더욱 스스로 감발하고 단련하여 비록 그 도회(韜晦 재주와 덕을 숨김)함을 힘써 학문(學問)으로 자부하지 않았으나 마음을 잡고 몸을 삼감에 한결같이 옛사람의 도(道)에 의거하여 널리 듣고 많이 알아 그 덕을 기르니, 재야

131 이름난 선조 : 채수(蔡壽, 1449~1515)를 염두에 두고 한 말인 듯하다. 그의 본관은 인천(仁川), 자는 기지(耆之), 호는 난재(懶齋), 시호는 양정(襄靖)이다. 1469년(예종1) 추장문과(秋場文科)의 초시(初試)·복시(覆試)·전시(殿試)에 장원함으로써 이석형(李石亨)과 함께 조선 개국 이래 삼장(三場)에서 연이어 장원한 두 사람 중의 한 사람이다. 만년에 벼슬을 버리고 경상도 함창(咸昌)에 쾌재정(快哉亭)을 짓고 은거하며 독서와 풍류로 여생을 보냈다. 저서에 《난재집(懶齋集)》 2권과 고전소설 《설공찬전(薛公贊傳)》이 있다.

에 있을 때부터 훌륭한 명성이 이미 아름답게 드날렸다.

태평성대에 벼슬[132]하여 긴 벼슬길을 시작함에 미쳐서는 중앙과 지방에 벼슬하며 명성과 공적이 기록될 만한 지위에 있게 되면, 평소 온축한 학문을 펼치고 뛰어난 실력을 드러내어 당세에 크게 능력을 발휘한 것은 잘될 조짐이었다. 그러나 어찌된 일인지 세상의 도가 바뀌고 변하여 현자의 길이 기구하니, 공의 현명함으로도 조정에 오래 있을 수 없었고, 전후로 마음을 거두어들인 것이 거듭 이르러 다만 수민(壽民)[133]의 마음으로 영남지방의 바닷가 고을에 은혜 베풀기만 오로지 하였다. 이는 시대의 명(命)의 어긋남이 다만 공에게 불행이 될 뿐만 아니었다. 오직 공이 하늘에서 보답받은 것은 대질(大耋)[134]의 장수를 누리고, 지위는 3품에 오르며, 존귀는 삼달덕(三達德)[135]을 겸할 수 있어서 엄연히 한 시대

132 벼슬 : 원문은 '책명(策名)'으로, 간책(簡策)에다 신하들의 이름을 기입한다는 말로 벼슬살이하는 것을 말한다. 《춘추좌씨전(春秋左氏傳)》 희공(僖公) 2년 조에 '책명위질(策名委質)' 주(注)에 "옛사람들은 벼슬할 때에 죽간(竹簡)에다 자기의 이름을 써서 임금에게 바침으로써 신하의 절의를 다할 것을 밝혔다." 하였다.

133 수민(壽民) : 백성을 인수지역(仁壽之域)으로 인도한다는 뜻으로, 태평성대를 구가하는 것을 말한다. 《한서(漢書)》 권22 〈예악지(禮樂志)〉에 "한 세상의 백성들을 몰아서 인수의 지역으로 인도한다면, 풍속이 어찌 성강 때처럼 되지 않을 것이며, 수명이 어찌 고종 때처럼 되지 않겠는가.〔驅一世之民, 濟之仁壽之域, 則俗何以不若成康, 壽何以不若高宗?〕"라는 말이 나온다.

134 대질(大耋) : 나이 80세를 이르는 말이다. 채헌징은 79세까지 살았다.

135 삼달덕(三達德) : 지(智), 인(仁), 용(勇)을 이른다. 《중용장구》 제20장의 "천하에 공통된 도(道)가 다섯 가지이고 이를 행하는 수단이 세 가지이니, 군신(君臣), 부자(父子), 부부, 형제, 붕우 간의 도리 등 다섯 가지가 천하의 공통된 도이고, 지, 인, 용 세 가지가 천하에 통행되는 덕이다.〔天下之達道五, 所以行之者三, 曰君臣也

의 모범이 된 것이다. 그래서 성인이 돌아가시고 세대가 멀어진 시대의 사람으로 하여금 모두 귀의할 바가 있어 서로 덕을 고찰하고 학업을 묻게 한 것과 선배들이 그 덕택으로 드러나고 밝아져 끝내 없어지지 않게 한 것이 또 적지 않다. 그러니 이런 점이 있구나, 공이 태어남이 당시에 크게 영향이 있음이여.

공자가 말하기를, "덕이 있는 사람은 반드시 훌륭한 말이 있다.〔有德者必有言〕"[136]라고 하였는데, 지금 그가 남긴 글을 읽어 보니, 거의 모두 가슴에서 흘러나와 애초 아름답게 꾸미는 데 애쓴 뜻이 없었고 여유 있는 운치가 넉넉히 갖추어지고 말의 이치가 모두 넉넉하였으니, 그 충후(忠厚)하고 관대(寬大)한 기상을 또한 이에서 볼 수 있는 듯하였다. 참으로 그 덕이 있는 사람의 말은 후대에까지 전해진다는 것에 의심이 없도다. 어찌 늦게 태어난 나의 말을 기다려 문장의 경중을 따질 것이 있겠는가. 그러나 하규(夏圭) 등의 요청이 매우 정성스럽고, 공은 또 나의 막내 숙모[137]의 증조부이니 의리상 또한 사양할 수 없는 점이 있어 드디어 비루한 견해를 위와 같이 쓰노라.

父子也夫婦也昆弟也朋友之交也五者, 天下之達道也. 知仁勇三者, 天下之達德也.〕"라는 말에 기초한 표현이다.

136 덕이……있다 : 《논어》 〈헌문(憲問)〉에 나온다.

137 막내 숙모 : 입재의 계부(季父) 정지모(鄭智模)의 아내가 채보(蔡寶)의 딸이다.

남야집[138]서

南野集序

남야 선생의 유집 6권은 그의 맏아들 침랑(寢郎)[139] 한동(漢東) 씨가 예천(醴泉)의 사림들과 모여 판각하여 장차 세상에 반포하기를 모도하고 나에게 한마디 말로 서문을 써 줄 것을 부탁하였다. 스스로 생각건대 어리석은 나는 매우 보잘것없으니, 진실로 감히 망녕되이 하고자 해서 불위(不韙)의 죄[140]를 범할 수 없다.

오직 생각건대 선생이 살아 있을 때, 세상에서 선생의 문장을

138 남야집 : 박손경(朴孫慶, 1713~1782)의 문집으로, 10권 5책이다. 그의 본관은 함양(咸陽), 자는 효유(孝有)이며, 남야는 그의 호이다. 학문적으로 이름이 높아 대산(大山) 이상정(李象靖, 1710~1781), 백불암(百弗庵) 최흥원(崔興遠, 1705~1786)과 함께 '영남삼로(嶺南三老)'로 칭송됐다. 입재의 중부(仲父)인 정의모(鄭義模, 1709~1756)의 처남이다. 입재가 40세에 그를 배알하고 가르침을 청하였다.

139 침랑(寢郎) : 조선 시대 종묘·능·원(園)의 영(令) 및 참봉을 말한다. 침은 능침이란 뜻이다.

140 불위(不韙)의 죄 : 옳지 못한 죄라는 말인데, 여기서는 자신의 분수를 돌아보지도 않고 서문을 쓰는 잘못이라는 뜻으로 쓰였다. 《춘추좌씨전(春秋左氏傳)》 은공(隱公) 11년에, 식(息)나라가 정(鄭)나라와 말다툼을 하다가 전투를 벌여 대패(大敗)한 사건과 관련하여 "식나라는 자신의 덕을 헤아리지도 않았고, 역량을 헤아리지도 않았고, 친한 이를 친하게 여기지도 않았고, 사실에 근거하여 자기의 말을 따져보지도 않았고, 누구에게 허물이 있는지 살피지도 않았다. 이 다섯 가지 옳지 못한 죄를 범하고서 남을 공격하였으니 패전한 것이 또한 당연하지 않겠는가.〔不度德, 不量力, 不親親, 不徵辭, 不察有罪. 犯五不韙而伐人, 其喪師也, 不亦宜乎?〕"라고 한 데서 온 말이다.

사모하는 사람은 다만 그 노련하고 아건(雅健 우아하고 굳셈)한 문채와 근량(斤量 저울로 잼)한 격력(格力 격조)이 풍기(風氣)에 얽매이지 않음만 알고, 그 범위와 보취(步驟 진보가 빠름)가 곧장 옛 철인(哲人)과 함께 치달리는 것이 한결같이 경술(經術)의 이취(理趣)에 근본하여 만년이 될수록 더욱 순정해졌음은 알지 못한다. 선생의 품행과 도의를 사모하는 사람은 다만 힘을 다해 어버이를 섬기고 정성을 다해 아우를 사랑하여[141] 양생상사(養生喪死)[142]함에 곡진하지 않음이 없음은 억지로 힘을 다해 수고롭게 애쓰는 바가 있었던 것이라고 의심할 줄만 알 뿐, 그 날마다 생활하는 사이에 천리가 유행함이 절로 《소학(小學)》 가운데 있으며, 광풍제월(光風霽月)[143]의 기상이 각 방면에 상쾌하였음은 알지 못한다. 선생의 학문을 사모하는 사람은 다만 마음을 잡아 지켜 실천하여 그 몸에 체득한 것이 안정되고 견고하여 행동할 때 마땅함에 합치됨을 구하지 않더라도 절로 법도에서 벗어나지 않았음만 알 뿐,

141 정성을……사랑하여 : 박손경은 아우 민경(民慶)을 한양에 거주하는 먼 일족에게 빼앗겼다. 두 형제는 눈물로 이별했는데, 아우를 데려갔던 그 집안이 역모에 연루되어 온 가족이 노비가 되는 처지에 이르렀다. 박손경은 아우를 위해 백방으로 힘을 쏟았고, 영조가 이들의 우애를 알고 동생을 본가로 돌려보내도록 한 일이 있다.

142 양생상사(養生喪死) : 양생은 산 이를 봉양하는 것이고, 상사는 죽은 이를 장송(葬送)하는 것이다. 《맹자》 〈양혜왕 상(梁惠王上)〉에 "산 이를 봉양하고 죽은 이를 장송(葬送)함에 유감이 없게 하는 것이 왕도(王道)의 시작이다.〔養生喪死, 無憾, 王道之始也.〕"라고 한 내용이 보인다.

143 광풍제월(光風霽月) : 황정견(黃庭堅)이 〈염계시서(濂溪詩序)〉에서 "주무숙은 속이 시원스러워 비가 갠 뒤의 화창한 바람이나 밝은 달과 같다.〔胸中灑落, 如光風霽月.〕"라고 한 데서 온 말로, 인품이 매우 훌륭하고 속이 시원스레 트인 것을 말한다.

천하의 이치에 대해 묵묵히 잠심하여 연구하여 환하게 이해해야만 그만두었기에 평소 박문(博文)[144]의 공부가 높고 밝음에 지극한 것은 반드시 알지는 못한다. 그 선생의 덕을 사모하는 사람은 다만 강하고 굳세며 우뚝하고 단정하여 법도가 가슴속에 삼엄함은 알지만, 관대하고 충후(忠厚)하며 측은히 여기고 간절함이 지극하여 성대하게 인애(仁愛)가 떳떳이 보존됨 같은 것은 반드시 알지는 못한다.

선생이 단정히 앉아 도를 음미함에 책 상자를 지고 스승을 따른 일이 없었으니, 이것을 두고 위로 계승한 바가 없었다고 생각하지만, 또 누가 그 마음과 정신으로 이해할 즈음에 묵묵히 옛 성현들과 서로 계합하여 절로 아침저녁으로 만남이 있었음을 알겠는가. 선생이 임천(林泉)에서 고상히 생활하며 높은 관직을 티끌처럼 보아서 임금의 부름이 두 번 내려왔으나 명에 응하지 않았으니, 이것을 두고 자신의 뜻을 굳게 지켰을 뿐이라고 생각하지만, 또 누가 그 재주와 기량은 평소 온축(蘊蓄)된 바가 한 시대를 경륜할 수 있는 것이 있음을 알겠는가.

대개 선생은 도체(道體)는 다함이 없어 이 학문을 쉽게 말할 수 없음을 알았기에 비록 그 충양(充養)함이 오래되고 조예(造詣)가 매우 깊었으나 항상 스스로 물러나 도체를 보지 못한 듯하였고, 한결같이 도회(韜晦 재주와 덕을 숨김)에 뜻을 두어 있어도 없

144 박문(博文) : 널리 글을 배우고 익히는 것으로, 안연(顏淵)이 공자를 두고 말하기를, "부자(夫子)께서는 나를 문으로 넓혀 주고 예로써 요약하여 주셨다.〔博我以文, 約我以禮.〕" 한 데서 온 말이다. 《論語 子罕》

는 듯 차도 빈 듯하였다. 후생이나 친구로 선생의 집을 들르는 사람의 경우, 만약 선생의 마음에 맞는 사람이 아니면 가벼이 맞이하고 이끌어 함께 강설한 적이 없었다. 그런 까닭으로 세상에서 선생을 깊게 알 수 있는 사람이 이와 같이 드물다.

구고(九皐)에서 우는 학의 울음이 만년이 된 후에야 비로소 하늘에 들려[145] 일명(一命)의 관직[146]이 내려지니 겨우 공의가 끝내 사라지지 않음을 드러낼 수 있을 뿐이니, 이는 실로 유림이 함께 개탄할 바였다. 그러나 선생의 성대한 덕이 넉넉히 있는 학업에 있어서 도리어 무슨 손상이 있겠는가. 오직 그 내면의 정화(精華)가 밖으로 드러난 것이 위로는 임금의 계책을 아름답게 꾸미고 아래로는 유학의 도를 천양할 수 있었다. 그럼에도 선생은 이미 봉필(蓬蓽)[147]의 아래에서 곤궁하게 늙었고, 또 저술로 자처하지 않아 비록 간간히 지은 바가 있더라도 곧바로 그 원고를 찢어 버렸으니, 대개 또한 글 짓는 것은 실천의 나머지 일로서 귀하게 여길 만하지 않다고 생각했기 때문이다.

145 구고(九皐)에서……들려 : 은거하는 군자의 덕이 멀리까지 알려지는 것을 비유하는데, 이는 《시경》 〈학명(鶴鳴)〉에 "학이 구고의 늪에서 우니, 그 소리가 하늘에 들린다.〔鶴鳴于九皐, 聲聞于天.〕"라고 한 데서 유래하였다.

146 일명(一命)의 관직 : 주관(周官)의 9명(命)에서 나온 것으로, 최하위 품계인 종9품의 관직을 말하는데, 보통 처음으로 관직에 출사하는 것을 말한다. 여기서는 선생의 덕이 만년에서야 조정에 알려졌다는 것을 말한다.

147 봉필(蓬蓽) : 오두막의 사립문을 뜻하는 봉문필호(蓬門蓽戶)의 준말인데, 여기서는 여건이 너무나 열악해서 과거에 급제하기가 무척 어려운 지방 출신이라는 뜻으로 쓰였다.

이제 그 판각하는 바는 다만 자제들이 개인적으로 수집하고 기록한 데서 나온 것이나 시와 문을 논할 것 없이 편(篇)들이 모두 천고토록 썩지 않을 것이니, 선생이 문장으로 다 드러내어 후인에게 은혜를 베풀지 못한 것이 어찌 한스러운 점이 아니겠는가. 그러나 선생의 학덕과 보존한 바가 이미 그 가운데 절로 개괄적으로 드러나 있다. 훗날 선생을 사모하는 자가 만약 외우고 읽으면서 깊이 터득한 바가 있다면, 또한 이에서 남긴 향기를 실컷 맛보고 여운(餘韻)을 느낄 수 있을 것이니, 또 어찌 많을 필요가 있겠는가. 구구한 나의 견해는 이 같음이 있다.

또 가만히 생각건대 선생은 내 중모(仲母)[148]의 동생이며, 중부(仲父) 창주공(滄洲公 정의모(鄭義模))과 도의(道義)로 사귀었고, 혼인의 인연(賁緣)으로 평소에 덕을 봄이 있었다. 혼인을 맺은 집안의 후손이면서 크게 우러르는 사사로움을 겸하였으니, 의리상 또한 사양하지 못할 점이 있다. 그런 까닭으로 삼가 한두 마디를 위와 같이 써서 남야선생집서로 삼는다.

148 중모(仲母) : 중부(仲父) 창주(滄洲) 정의모(鄭義模)의 부인으로, 함안 박씨(咸安朴氏) 성옥(成玉)의 딸이다.

강좌집[149] 서

江左集序

옛날 호걸(豪傑)한 선비로 한 번 변하여 도에 이를 수 있었던[150] 자는 다만 그 본성이 선해서 그럴 뿐만 아니라, 그 하늘에서 받은 빼어난 기상도 본래 절로 남들보다 훨씬 뛰어남이 있었기 때문이다. 총명에 대해 말하자면 쓰지 않는 바가 있을지언정 쓰기만 하면 통하지 못하는 바가 없고, 재력(才力)에 대해 말하자면 하지 않는 바가 있을지언정 하기만 하면 능하지 못하는 바가 없다. 그런 까닭으로 바야흐로 그 기가 분방해서 마음대로 달려가면 제어할 수가 없다. 호방함이 넘쳐 마음에 어려운 일이 없으니, 많은 책을 두루 보아 지극히 안 것은 초(楚)나라 의상(倚相)[151]의 팔색

149 강좌집 : 권만(權萬, 1688~1749)의 문집으로 초간본은 10권 5책이며, 정범조(丁範祖)가 지은 서문(序文)만 있다. 권만의 본관은 안동(安東), 자는 일보(一甫)이며, 강좌는 그의 호이다. 충재(冲齋) 권벌(權橃)의 6세손이며, 이재(李栽)의 문인(門人)이다. 김성탁(金聖鐸), 이상정(李象靖) 등과 교유하였다. 1728년(영조4)에 이인좌(李麟佐)의 난에 의병장이 되어 진압하는 데에 공을 세웠다. 1746년(영조22) 문과 중시(重試)에 급제하여 병조 정랑 등을 역임하였다. 저술로는 〈역설(易說)〉과 〈중용의의(中庸疑義)〉 등이 있다.

150 한……있었던 : 《논어》 〈옹야(雍也)〉에 "제나라가 한 번 변하면 노나라 경지에 이르고, 노나라가 한 번 변하면 도에 이를 것이다.〔齊一變, 至於魯; 魯一變, 至於道.〕"라고 하였는데, 실추된 것만 회복하면 곧바로 선왕의 도에 이를 수 있다는 말이다.

151 초(楚)나라 의상(倚相) : 의상은 초나라 좌사(左史)의 이름이다. 좌사는 임금의 좌측에서 모시던 사관(史官)으로서 특히 임금의 말을 기록하였는데, 의상은 삼분

(八索) 구구(九丘) 같고, 세상을 희롱함은 동방삭(東方朔)[152]의 근거 없이 단서가 많음과 같고, 뜻이 우주보다 큰은 사마자장(司馬子長)[153]이 멀리 유람하여 두루 봄과 같다. 또 우(虞 순(舜) 임금), 하(夏), 은(殷), 주(周)의 고문자와 창주(蒼籒)[154] 우비(禹碑)[155]의 옛 전서(篆書) 같은 것은 모두 한 번 뛰어올라 발걸음을 나란히 하여 함께 달렸고, 애쓰지 않아도 신령스럽게 이해하여 천부적으로 이루어질 것 같이 하였다. 비록 세상에서 이른바 탁이(踔弛)[156]

(三墳), 오전(五典), 팔색(八索), 구구(九丘)를 모두 읽었다고 한다. 삼분(三墳)은 복희(伏羲), 신농(神農), 황제(黃帝)의 글이고, 오전(五典)은 소호(少昊), 전욱(顓頊), 고신(高辛), 당요(唐堯), 우순(虞舜)의 글이고, 팔색(八索)은 팔괘(八卦)에 대한 설을 기록한 글이고, 구구(九丘)는 구주(九州)의 토지에서 생산하는 물건과 그 지방 풍속들을 모아 기록한 글이다. 그러나 지금은 모두 전하지 않는다.

152 동방삭(東方朔) : 한 무제(漢武帝) 때의 낭관(郎官)으로, 자는 만청(曼淸)이며 특히 해학과 변설이 뛰어나서 풍간(諷諫)을 많이 했던 인물이다. 《한서(漢書)》 권65 〈동방삭전(東方朔傳)〉의 찬(贊)에 그를 일컬어 '골계지웅(滑稽之雄)'이라고 하였다. 하늘나라의 반도(蟠桃) 3개를 훔쳐 먹어 3천 년을 살았다고 한다.

153 사마자장(司馬子長) : 자장은 사마천(司馬遷)의 자(字)이다. 그가 20세 때부터 남쪽의 회계(會稽)와 우혈(禹穴)과 구의(九疑)로부터 북쪽의 문사(汶泗)에 이르기까지 중국 각지를 거의 빠짐없이 종횡무진 유람하면서 비범한 기상을 길러 두었기 때문에 뒤에 가서 마침내 《사기(史記)》라는 불후의 명작을 남기게 되었다는 고사가 전한다. 《史記 太史公自序》

154 창주(蒼籒) : 창힐(蒼頡)과 사주(史籒)가 만들었다는 전서(篆書)의 한 가지 문자를 말한다.

155 우비(禹碑) : 우(禹) 임금이 홍수를 다스린 뒤 명산의 높이를 석벽에 새긴 것이라고 전하는데, 〈구루비(峋嶁碑)〉라고도 한다. 구루봉(峋嶁峯)에 있었다고도 하며 호남성(湖南省) 형산현(衡山縣) 운밀봉(雲密峯)에 있었다고도 한다. 《升菴集 卷47 禹碑》

하고 비범해서 재주가 많은 사람이라도 모두 그 뜻에는 충분하지 않아 혹 어린아이들을 보는 것처럼 눈에 차지 않는다. 하루아침에 개연히 지난날의 행위가 유자의 업(業)이 아님을 깨달음이 크게 있어서 실로 저 성현의 도가 참으로 몸을 편안히 하고 명을 세우는 바탕이 됨을 봄이 있다면 허물 벗듯 내버리고 세차게 달려갈 수 있어 전혀 털끝만큼도 이끌리는 잘못이 없어 단번에 강하(江河)의 물길을 터서 흐르는 형세가 있게 되는 것은 곧 잠깐 사이의 일일 뿐이다.

또 장횡거(張橫渠 장재(張載))와 여동래(呂東萊 여조겸(呂祖謙))로 말해 보면, 저들이 손·오(孫·吳)와 불로(佛老)를 좋아하고,[157] 집안 살림을 때려 부술 때[158]는 그 학문의 잘못과 성격의 조급함

156 탁이(跅弛) : 남이 시키는 대로만 따르지 않는 자유로운 정신의 소유자를 뜻하는 말인데, 《한서(漢書)》 〈무제 본기(武帝本紀)〉의 "수레를 엎어 버리는 말이나 법도대로 따르지 않는 사람들도 어떻게 잘 다루느냐에 달려 있을 뿐이다.〔夫泛駕之馬, 跅弛之士, 亦在御之而已.〕"라고 하였다.

157 손·오(孫·吳)와 불로(佛老)를 좋아하고 : 《주자전서(朱子全書)》 권66 〈횡거선생화상찬(橫渠先生畫像贊)〉에 "초년에 《손자(孫子)》와 《오자(吳子)》 같은 병서(兵書)를 즐겼으며, 만년에는 노불(老佛)에서 벗어났네.〔早悅孫吳, 晩逃佛老.〕"라고 하였다. 장재(張載)는 처음에 병법(兵法)을 좋아하였는데 나이 18세 때 범중엄(范仲淹)의 권유로 《중용》을 읽고, 이정(二程)을 만나 보고는 크게 변하여 도(道)에 이르렀다는 말이 있다. 《宋史 張載傳》

158 집안……때 : 여조겸의 고사로, 주희가 말하기를 "지난번에 여백공을 만났더니, 말하기를 '젊었을 때에 성품과 기질이 거칠고 포악해서 음식이 뜻에 맞지 않음을 혐오하여 집안 살림살이를 때려 부수곤 하였는데, 후일에 오랫동안 병을 앓으면서 다만 《논어》 한 책을 가지고 아침저녁으로 익숙하게 보다가 「몸소 자책함은 후하게 하고 남에게 책함은 적게 한다.」라는 부분에 이르러서 갑자기 의사가 일시에 화평해

을 마땅히 변화시킬 수 없는 것인 듯하였다. 오직 그 빼어난 기운의 훌륭함은 남들보다 뛰어남이 매우 큰 그런 까닭으로 용감히 고비(皐比)를 거두고[159] 한번 변하여 문득 전환하니 이로부터 이후로 그 나아감에 막힘이 없어 마침내 유학의 가운데 선철(先哲)에 참여할 수 있었다. 진용천(陳龍川)[160] 같은 경우에 이르러서는 또한 한때의 훤칠하고 호걸스런 사람이었다. 위대한 말과 웅장한 변론은 기세가 동류배를 압도하였으니 만약 그 수명을 연장하여 회암 부자(晦菴夫子 주희(朱熹))의 문하에서 오랫동안 가르침을 받

짐을 깨달아 마침내 종신토록 갑작스럽게 분노하는 일이 없었다.' 하였으니, 이는 기질을 변화시키는 법으로 삼을 만하다.〔向見呂伯恭, 說"少時, 性氣粗暴, 嫌飮食不如意, 便打破家事, 後日久病 只將一冊論語 早晩閑看, 至'躬自厚而薄責於人', 忽然覺得意思一時平了, 遂終身無暴怒." 此可爲變化氣質法.〕" 하였다. 《心經附註 卷1》 여백공은 여조겸(呂祖謙, 1137~1181)의 자이다.

159 용감히 고비(皐比)를 거두고 : 스승의 자리를 사양한다는 말이다. 고비는 호피(虎皮)를 가리키는 말로, 횡거 장재(張載)가 스승의 자리에서 호피를 깔고 《주역》을 강론한 데서 유래하였다. 《송사(宋史)》 〈장재열전(張載列傳)〉에, "장재(張載)가 일찍이 호피에 앉아 《주역(周易)》을 강하니, 듣고 좇는 자가 매우 많았다. 어느 날 저녁에는 정호(程顥)와 정이(程頤)가 와서 그들과 《주역》을 논하였는데, 그다음 날 사람들에게 말하기를, '두 정자를 뵈니, 역도(易道)에 아주 밝아 내가 미칠 바가 아니었다. 너희들은 그분들을 스승으로 삼는 것이 좋을 것이다.' 하고는, 곧 자리를 거두고 강의를 그만두었다."라고 하였다.

160 진용천(陳龍川) : 중국 남송(南宋)의 사상가이자 문학가인 진량(陳亮, 1143~1194)으로, 자는 동보(同甫), 시호는 문의(文毅)이며, 용천(龍川)은 그의 호이다. 이학(理學)의 공리공담을 반대하고 사공(事功)과 실질적인 효용을 중시하여 주희(朱熹)와 황제 왕패(皇帝王霸)의 학문에 대해 토론을 벌이기도 하였는데, 왕도와 패도를 겸용해야 한다는 주장을 하였다. 주희가 동의하지는 않았지만 또한 그의 뜻을 뺏지 못했다는 일화가 전해 온다. 《宋元學案 卷56》

아 단련될 수 있었다면, 그 머리와 몸을 돌려 곧장 바른 길로 달려가 편안히 피안(彼岸)[161]에 올라간 것이 반드시 마땅히 분수를 지키고 평상을 따르는 무리보다 열 배가 되었을 것이다. 그런 까닭으로 나는 선비가 매우 얻기 어려운 것은 빼어난 기상이니, 또한 그 깨달음이 늦음에 구애됨이 없다고 여겼다. 진실로 만약 빼어난 기상이 있으면서 참으로 깨달은 바가 있다면 설령 늦었다 하더라도 다른 사람이 여러 해 만에 비로소 알고 비로소 잘하는 것도 쉽게 바로 알고 또 잘할 수 있었다. 비유하자면 천 리 길을 노둔한 말은 열 번 멍에를 씌우더라도 미치지 못하지만 기기(騏驥 천리마)는 하루 만에 만 리의 공간을 이를 수 있으며, 평범한 새는 백 번 날아올라도 이르지 못하지만 홍곡(鴻鵠)은 한 번 떨쳐 오르면 건널 수 있는 것과 같다. 이것으로 말해 보면, 대저 성인의 도는 비록 그것이 매우 고아하고 또 심원하지만 선비는 빼어난 기상이 없음을 근심할 뿐이다. 만약 그것이 있다면 어찌 깨달음이 늦기 때문에 도를 들음에 참여할 수 없다고 말할 수 있겠는가.

강좌(江左) 권공(權公)은 충정공(忠定公)[162]의 후손으로 하당(荷塘)[163] 창설(蒼雪)[164] 두 어른의 가문에서 태어났다. 어려서부

161 피안(彼岸) : 불교 용어로, 죽고 사는 경계를 차안(此岸)이라 하고 생사를 초월한, 즉 열반(涅槃)의 경지를 피안이라 한다. 여기서는 유학의 대진리를 말한다.
162 충정공(忠定公) : 권벌(權橃, 1478~1548)로, 본관은 안동(安東), 자는 중허(仲虛), 호는 충재(冲齋)·훤정(萱亭)·송정(松亭) 등이며, 충정(忠定)은 시호이다. 1547년 양재역 벽서 사건에 연루되어 유배지에서 세상을 떠났다. 독서를 좋아하여 《자경편(自警篇)》과 《근사록(近思錄)》을 항상 품속에 지니고 다녔으며, 저서로는 《충재문집》이 있다. 삼계서원(三溪書院)에 제향되었다.

터 뜻이 크고 기개가 있어 얽매이지 않으며 우뚝이 무리보다 뛰어나 자잘하게 썩은 선비를 본받은 적이 없고 법도를 곡진하게 따라갔으니, 곧 앞서 말한 호걸의 선비이다.

평소의 생활에서도 진실로 오직 민이물칙(民彝物則)[165]상에서 그 직분을 다하기에 힘썼으니, 효우돈목(孝友敦睦)의 행실이 하나도 순수하고 또 돈독하지 않음이 없었다. 오직 그 빼어난 기상의 훌륭함이 남보다 훨씬 뛰어났기 때문에 천하에 애초 알 수 없고 할 수 없는 일이 없는 것으로 보았다. 시험 삼아 그 대략을 예로 들면, 책을 보기만 하면 외우지 못하는 것이 없었으니 그 배움에 들어감으로부터 이후 한결같이 공부에 힘쓴 적이 없는 듯했으나 가슴속에 갈무리된 바가 이미 만 권뿐만이 아니었다. 무릇 지은 바가 있는데, 붓을 댄 것이 도도하여 잠시 사이 수천 마디를 썼으나 연원이 넓어 다함이 없을 뿐만 아니라 안목과 솜씨도 송명(宋明) 이하 여러 작가에 전혀 뒤지지 않았고, 선진(先秦)과 양한(兩

163 하당(荷塘) : 권두인(權斗寅, 1643~1719)의 호이다. 본관은 안동(安東), 자는 춘경(春卿)이며, 권만의 7촌 당숙이다. 벼슬에 뜻을 두지 않고 학문에 전념하여 학행으로 효릉 참봉이 되었다. 장원서 별제(掌苑署別提), 공조 좌랑을 역임하였다. 저서로는 《하당집》이 있다.

164 창설(蒼雪) : 권두경(權斗經, 1654~1725)의 호이다. 본관은 안동, 자는 천장(天章)이며, 권만의 백부(伯父)이다. 이현일(李玄逸)의 문인이다. 형조 좌랑, 성균관 직강 등을 역임하였다. 저서로는 《창설집》이 있다.

165 민이물칙(民彝物則) : 사람의 떳떳한 도리와 사물의 법칙을 말한다. 《시경(詩經)》 〈증민(烝民)〉에 "하늘이 백성을 내시니 물(物)마다 법이 있도다. 백성이 떳떳함을 지켜 이 아름다운 덕을 좋아하네.〔天生蒸民, 有物有則. 民之秉彝, 好是懿德.〕"라는 말에서 유래하였다.

漢)의 말이 아니면 입에서 내려 하지 않았다. 시(詩)는 위진(魏晉) 이하를 따랐으나 또한 이두(李杜 이백(李白)과 두보(杜甫))와 서로 겨루어 풍신(風神)과 운격(韻格)이 대개 티끌 세상을 끊고 하늘로 가는 것이 있었다. 필법(筆法)이 옛스러움에 이르러서도 또한 전주(篆籒) 서예가의 삼매(三昧)를 얻었다.

돌아보건대, 빼어난 재주를 품고 작은 나라에 사는 것을 답답해 견디지 못하여 항상 나막신 신고 우산 메고 북으로 중국에 들어가 널리 구주(九州)를 보려는 뜻으로 무리들과 함께 있을 때 주미(麈尾)를 휘두르며[166] 거침없이 담론함에 간간이 기이하고 웅대한 농담을 하면 가슴속의 기상이 시원하게 트이고 크게 넓어지니, 사방에 앉은 사람들이 모두 감복하였다.

무릇 원근의 여러 현명하고 호방하며 원로인 사람 가운데 그의 문장을 보고 그의 언론을 들을 수 있었던 사람들은 추존하여 일대의 재준(才俊) 가운데 가장 뛰어나다고 여기지 않음이 없었다. 그러나 하늘이 내려 준 자질이 본디 선을 좋아하고 허물을 고침에 인색한 바가 없어 도학 군자가 규계하고 풍간하는 말을 듣는데 이르게 되면, 비록 그가 후생 소년일지라도 반드시 그를 위해 용모를 단속하고 옷깃을 단정히 하여 기꺼이 듣고 마음을 비우고 받아들이며, 또 좇아서 칭송하고 인정하며 포창하여 드러내어 마

166 주미(麈尾)를 휘두르며 : 주미는 고라니 꼬리털〔麈尾〕을 매단 총채의 일종으로, 위진(魏晉) 시대 도사나 청담가들이 휘두르던 것이다. 고라니는 사슴보다 몸집이 훨씬 크고, 고라니의 꼬리가 움직이는 대로 뭇 사슴들이 따라간다고 해서 사슴 중의 왕으로 간주된다. 이 때문에 모임의 지도자 격의 선승이나 청담가들이 주미를 쥐고 설법하였다고 한다.

음과 정성으로 공경하고 사랑함을 그치지 않았다.

그 만년에 이르러 문득 깨달은 바가 크게 있어 곧바로 옛 악습을 모두 버리고 뜻을 전일하게 하고 마음을 수렴하여 성리(性理)의 학문에 정밀하게 연구하고 깊이 생각하며, 또 여러 이름난 선비나 뜻이 같은 사람들과 서로 절차탁마해서 지극히 합당함으로 귀결되기를 구하였다. 이 때문에 마음을 잡아 실천하는 것이 날로 더욱 견고해지고 지식과 견해가 날로 더욱 정미해졌다. 대개 그 공부한 것이 얼마 되지 않았으나 그 조예의 경지는 이미 용력(用力)이 축적된 노숙한 선비들과 대적할 수 있었다. 만약 공이 하루라도 일찍 이에 종사해서 너무 뛰어나고 예리한 기상을 눌러 감추며 마음을 수렴하고 요약해서 규범의 가운데로 들어와 변화하여 진실하고 순수하며 곧고 굳어서 그 본래의 영발(英發)한 진면목을 다스릴 수 있었다면, 공의 재주와 기량으로 그 성취함을 어찌 다 헤아릴 수 있었겠는가.

지금 그의 유집을 보니 무릇 20여 권인데, 시와 문을 논할 것 없이 모두 말을 함에 문장을 이루어 크고 넓으면서도 중요하고 오묘하니, 비록 그 젊은 시절에는 종횡으로 치달리는 뜻으로 간간히 발현하지 않음이 없었으나 요컨대 절로 대체는 합당하여 도에서 벗어나지는 않았다. 가만히 생각건대 저 동방삭과 사마천의 무리가 유학의 도에 참여하여 들은 바가 없어 혹 뒤에서 눈을 휘둥그레 뜨고 볼 일[167]에 해당하지만, 장재와 여조겸 두 사람이 일찍

167 뒤에서……일 : 상대방의 능력을 따라갈 수 없어 그저 경탄할 따름이라는 말이다. 《장자(莊子)》 〈전자방(田子方)〉에 안회(顔回)가 "부자께서 걸으면 저도 걷고

이 근심으로 여긴 바 같은 것은 또 애초에 강좌에게는 없었다. 그 정연한 병진(兵陣)과 당당한 깃발[168]에 이르러서는 동보(同甫 진량(陳亮))에게 있어 다만 지력(智力)으로 잡아 유지한 것일 뿐이니, 또 어찌 공의 씀이 인의(仁義)를 군사(軍師)로 삼은 것과 같음에 비하겠는가.

공은 성리(性理)의 글에 강구하여 체인하지 않은 바가 없었고, 더욱 《주역》과 《중용》의 뜻에 더욱 깊이 연구하여 발명하고 따진 것은 전인이 이르지 못한 곳이 많았다. 지극한 이치가 마음에 맞음이 있고 지극한 의미가 심중에 다함이 없음에 대해서는, 마음속으로 반드시 종사함도 늦었고 남은 시간도 짧은 것으로 한스럽게 여겼으리라 생각한다. 그러나 오부자(吾夫子 공자(孔子))는 "아침에 도를 들으면 저녁에 죽어도 좋다.〔朝聞道夕死可〕"[169]라고 말하지 않았던가. 대저 공자 문하의 여러 제자들이 하루 혹은 한 달에 한 번 인에 이르지만[170] 바야흐로 그 인에 이를 수 있는 때는 문득

부자께서 빠르게 걸으면 저도 빠르게 걸으며 부자께서 뛰면 저도 뛰어서 따라갑니다. 그런데 부자께서 먼지도 나지 않을 정도로 빨리 달리면 저는 그저 멍하니 뒤에 처져서 눈만 휘둥그레 뜨고 바라볼 뿐입니다.〔夫子奔逸絶塵, 而回瞠若乎後矣.〕"라고 하여 공자(孔子)에 미칠 수 없음을 말하였다.

168 정연한……깃발 : 건장하고 가지런함을 형용하는 말로, 학문이 광명정대함을 비유한다.

169 아침에……좋다 : 《논어》 〈이인(里仁)〉에 에 나오는 말이다. 이에 대해 주자(朱子)는 "도라는 것은 사물의 당연한 이치이다. 만일 그것을 들을 수 있다면, 살아서는 이치에 순(順)하고 죽어서도 여한이 없을 것이다."라고 하여, 구도(求道)에 대한 열정으로 해석하였다.

170 여러……이르지만 : 공자가 "안회는 그 마음이 석 달 동안 인(仁)을 어기지 않

도를 들을 수 있는 경지이다. 그런 까닭으로 잠시 사이라도 오히려 마땅히 '저녁에 죽는 것'을 좋다고 여겼는데, 하물며 공과 같이 다만 하루 혹은 한 달에 한 번 인에 이를 뿐만이 아닌 사람임에랴. 비록 그 인에 이른 지 얼마 되지 않아 죽었으나, 대저 이미 인에 이를 수 있었으니 또한 다시 무엇이 유감이겠는가. 다만 공의 이같이 빼어난 기상으로 그 발분(發憤)하여 도를 들음이 또 이와 같았으나 도리어 이에 때를 만나지 못했다. 이미 거듭 과거에 합격하여 장도의 벼슬길을 출발하여 명망이 성대했으나 도리어 불우하여 침울함을 면치 못하여 낭서(郎署)의 하급 관료[171]로 배회하고 영남의 바닷가 하읍(下邑)[172]에서 노닐었다. 평소 온축한 바는 임금의 계획을 보불(黼黻)로 찬란하게 하고 성왕(聖王)의 치세를 생용(笙鏞 생황(笙簧)과 대종(大鐘))으로 찬미하고자 한 것이었으나, 만에 하나도 시행하지 못하고 다만 광천(廣川)[173]의 대

았고, 나머지 사람은 하루 혹은 한 달에 한 번 인에 이를 따름이다.〔回也, 其心三月不違仁, 其餘則日月至焉而已矣.〕"라고 하였다. 《論語 雍也》

171 낭서(郎署)의 하급 관료 : 1746년(영조22) 봄에 중시(重試) 제이인(第二人)으로 합격하였는데, 그해 가을에 병조 좌랑에 제수되고, 이어 성균관 직강을 거쳐 병조 정랑에 이른 것을 말한다.

172 영남의 바닷가 하읍(下邑) : 1747년(영조23) 여름에 양산(梁山) 군수(郡守)가 된 것을 말한다.

173 광천(廣川) : 광천에 살았던 동중서(董仲舒)를 말한다. 한 무제(漢武帝) 때 현량으로 천거되어 삼대책(三對策)을 올려 유학을 존중하고 백가 사상을 배척할 것을 주장하였다. 그 대책문(對策文)이 무제의 신임을 얻어 경학의 지위를 높이는 데 큰 영향을 끼쳤다. 강도 상(江都相)과 교서 상(膠西相)을 역임하였다. 영조 23년(1747) 여름에 양산(梁山) 군수(郡守)가 되었는데, 수영수사의 모함으로 파면되자 이에 권

책(對策)을 바치고 발해(渤海)[174]의 법도를 다스리는 데 구구(區區)하였다. 나라를 위한 적개심으로 충성을 다하여 한 조각 붉은 마음으로 나라를 근심하는 정성을 드러낸 것도 또 황소(黃巢)[175]에게 한 번 격문을 보내 그치게 한 것에 불과하니, 공이 당시에 개연(慨然)함이 없을 수 없었다. 그 임종할 즈음에 '악양루 아래 매어 둔 말로 출발하였으나, 우주 사이에서 외로이 휘파람 불지는 못하였네.〔發繫馬岳陽樓下, 孤嘯宇宙間不得〕'라는 탄식을 한 것은

만은 상소하여 복직하고자 했다. 상소의 내용은 부패한 정치와 관원의 가렴주구(苛斂誅求), 군대징소집(軍隊徵召集)의 흑막 등 민생들의 고충과 관련된 양산의 실정이 담겨 있었다. 본문은 이 일을 말한다.

174 발해(渤海) : 발해 태수는 공수(龔遂)를 가리킨다. 한 선제(漢宣帝) 때 발해군에 흉년이 들어 도적이 출몰하자, 공수가 발해 태수가 되어 그 고을을 다스리게 되었다. 공수는 부임하자마자 도적들을 모조리 평정하고, 백성들에게 도검(刀劍)을 팔아서 소와 송아지를 사도록 유도하여 농상(農桑)을 권장하니, 백성들이 모두 풍요롭게 되어 발해군이 태평해졌다. 나중에 공수는 내직으로 불려와서 수형도위(水衡都尉)가 되었다. 《漢書 龔遂傳》 권만이 양산 군수 재직 당시 양산은 오봉산(五封山)〔하북의 영축산, 상부의 천성산·석장산, 물금의 어곡산, 원동의 내포산〕 설치로 여러 가지 폐단을 겪고 있어 고을을 떠나는 군민이 많았다. 권만은 이러한 사실을 조정에 건의하여 오봉산 중 사봉산(四封山)을 즉시 해제하게 하고 내포산만 남게 하여 군민의 생활을 안정시켰다. 본문은 이 일을 말한다.

175 황소(黃巢) : 황소는 당(唐)나라 말기에 난을 일으켜 장안을 함락시키고 제위(帝位)에 올라 국호를 대제(大齊)라 하였는데, 도통사(都統使) 고변(高騈)이 황소를 칠 때, 최치원(崔致遠)은 고변의 종사(從事)로서 그를 대신하여 황소에게 보내는 격문을 지었다. 황소는 이극용과 싸워 패한 뒤 자살하였다. 여기서는 강좌가 영조 4년(1728) 이인좌(李麟佐)의 난 당시 유승현(柳升鉉)과 함께 의병을 일으켰고, 부수(副帥)로 추대되어 격문(檄文)을 짓고 사곡(私穀) 100여 곡(斛)을 내어 군비를 돕는 등 군무(軍務)를 강획(講劃)한 일을 말한다.

진실로 또한 까닭이 있다. 빼어난 기상이 죽을 때까지 다 사라져 없어지지 않은 것을 백세(百世) 뒤에도 오히려 상상해 볼 수 있을 듯하니, 아, 그 슬퍼할 만하도다. 공의 방손(傍孫) 정랑(正郎) 사호(思浩)[176] 씨가 나에게 책에 한마디의 서문 지어 줄 것을 부탁하기에 드디어 이렇게 써서 돌려보낸다.

176 사호(思浩) : 권사호(權思浩, 1733～1806)로, 본관은 안동(安東), 자는 사천(泗川) 또는 기천(其天), 호는 유양(酉暘)이며, 봉화 유곡(酉谷)에 거주하였다. 1783년(정조7)에 생원시에 합격하여 정랑과 현감을 역임하였다. 《입재집》 권7에 〈만권사천(輓權泗川)〉이 있다.

철성연방집[177] 서

鐵城聯芳集序

우리 동방 문명(文明)의 운수는 고려 말에 비로소 열렸고 조선에 이르러 더욱 크고 빛났다. 그런 까닭으로 규벽(奎璧)[178]의 정기가 왕왕 한 집안에 모여 길러져 걸출한 인물의 탄생이 그치지 않았으니, 예를 들면 이가정(李稼亭)과 목은(牧隱),[179] 김강호(金江湖)와 점필(佔畢)[180] 같은 여러 공들을 손꼽아 헤아릴 수 있을 정도

177 철성연방집 : 철성 이씨(鐵城李氏) 세고(世稿)로, 행촌(杏村) 이암(李嵒, 1297~1364)과 아들 용헌(容軒) 이강(李岡), 손자 평재(平齋) 이원(李原) 그리고 이원의 증손인 이주(李胄)의 시문을 엮은 것이다. 초간본은 이원의 손자인 이육(李陸)이 이강과 이원의 시문을 모아 1476년 처음으로 간행하였으며, 서거정(徐居正)의 서문이 있다. 후에 여러 차례 간행되면서 이암과 이주를 추가하였다. 철성(鐵城)은 고성의 고호이다.

178 규벽(奎璧) : 28수(宿)에 속하는 별자리인 규수(奎宿)와 벽수(壁宿)의 병칭으로 문운을 주관한다고 한다.

179 이가정(李稼亭)과 목은(牧隱) : 이곡(李穀, 1298~1351)과 그의 아들 이색(李穡, 1328~1396)을 말한다. 이곡의 본관은 한산(韓山), 초명은 운백(芸白), 자는 중부(中父), 시호는 문효(文孝)이며, 가정은 그의 호이다. 이색의 본관은 한산, 자는 영숙(穎叔)이며 목은은 그의 호이다. 이제현(李齊賢)의 문인이다. 모두 문장에 뛰어나 이곡은 원나라에 들어가 과거에 응시하여 대책(對策)에서 시관(試官)에게 크게 칭상(稱賞)을 받아 제2갑(甲)에 뽑혔다. 한림국사원 검열관(翰林國史院檢閱官)에 제수되었다. 이색 역시 원나라에 들어가 대책(對策)하였는데, 시관 구양현(歐陽玄)이 크게 칭찬하고 목은을 제2갑(甲)으로 뽑았다. 한림 지제고(翰林知制誥)에 제수되었다. 《高麗史 卷74 選擧志2 科目2 制科》

180 김강호(金江湖)과 점필(佔畢) : 김숙자(金叔滋, 1389~1455)와 그의 아들 김종

이다. 지금 《철성연방집(鐵城聯芳集)》을 보니, 할아버지, 아들, 손자 삼대가 또 어찌 그리도 찬란하게 번갈아 홍성하였던가.

대개 평재(平齋)[181] 휘(諱) 강(岡)은 문정공(文貞公)[182] 휘 암(嵒)의 아들인데, 문정공의 문장이 비록 전해지는 것이 없으나 또한 한때에 이름이 있었다. 용헌(容軒)[183] 휘 원(原)은 곧 평재(平齋)의 아들이요, 망헌(忘軒)[184] 휘 주(胄)는 곧 용헌(容軒)의 증손이다. 각각 시 한 권과 사(詞), 부(賦), 유록(遊錄) 약간 편이

직(金宗直, 1431~1492)을 말한다. 김숙자의 본관은 선산(善山), 자는 자배(子培), 호는 강호(江湖), 시호는 문강(文康)이다. 김종직의 본관은 선산(善山), 자는 계온(季昷), 시호는 문충(文忠)이다. 사후인 1498년(연산군4) 무오사화에 연루되어 부관참시를 당했으나 중종반정 이후 복관되었다. 정몽주(鄭夢周), 길재(吉再)의 학통을 이어서 김굉필, 조광조에게 전수해 준 조선 도학(道學)의 연원으로 평가받고 있다.

181 평재(平齋) : 이강(李岡, 1333~1368)으로, 자는 사비(思卑), 호는 평재(平齋)이며, 시호는 문경(文敬)이다. 1361년(공민왕 10) 경상도 안렴사(慶尙道按廉使)가 되었을 때 홍건적의 침략으로 왕이 남쪽으로 피난 오자 잘 대응하였으며, 서울로 돌아와 관리의 인사를 관장하는 등 상하를 유지하고 각기 바라는 바를 채워 공을 이루었다.

182 문정공(文貞公) : 이암(李嵒, 1297~1364)으로, 자는 고운(古雲), 초명(初名)은 군해(君侅), 시호는 문정(文貞)이다. 진서(眞書), 초서(草書), 행서(行書) 세 서법(書法)은 조자앙(趙子昂)과 서로 비견할 만하고, 문장은 고고(高古)하고 간결하여 원(元)나라의 여러 한림학사들로부터 대단한 칭송을 들었다.

183 용헌(容軒) : 이원(李原, 1368~1430)으로, 자는 차산(次山), 호는 용헌(容軒), 시호는 양헌(襄憲)이다. 정몽주(鄭夢周)의 문인이다. 고려 말기부터 문명이 알려져 조선 초기에 국기를 다지고 제도를 확립하는 데 많은 공헌을 한 중신이다.

184 망헌(忘軒) : 이주(李胄, 1468~1504)로, 자는 주지(胄之), 호는 망헌(忘軒), 시호는 충원(忠元)이다. 김종직(金宗直)의 문인이다. 1498년(연산군4) 무오사화 때 김종직의 문인으로 몰려 진도로 귀양 갔다가, 1504년 갑자사화 때 전에 궐내에 대간청을 설치할 것을 청한 일이 있다는 이유로 김굉필(金宏弼) 등과 함께 사형되었다.

있을 뿐이었다. 그러나 그 시는 혹 평담(平澹)하면서도 온순(溫淳)하고 혹 아려(雅麗)하면서도 청신(淸新)하며 혹 고고(高古)하면서도 기건(奇健)하니 성조(聲調)와 격력(格力 격조와 기세)이 모두 훌륭한 문장가를 본받아 거의 〈대아(大雅)〉의 풍모를 떨쳤다. 본디 운수에 응해 태어나고 시대에 감응하여 문학으로 표출한 것이 아니라면 어찌 한 집안에만 특별히 성대함이 이와 같을 수 있겠는가.

이에 나아가 그 세계(世系)를 고찰해 보니, 평재(平齋)는 공민왕(恭愍王)을 섬겨 벼슬이 밀직부사(密直副使)에 이르렀으며 경륜하여 제민(濟民)한 그릇으로 일컬어졌다. 용헌(容軒)은 우리 조선의 태조(太祖), 태종(太宗), 세종(世宗)을 섬겨 지위가 영의정에 이르렀으며 청백리로 일컬어졌고, 또 그 공명과 업적이 모두 당시에 크게 드러났다. 망헌(忘軒)은 연산군 때 간관(諫官)으로 직언을 하다 화를 입었으나 풍모와 절의가 오히려 늠연하였다.

생각건대 그 평소 문장으로 드러낸 것이 모두 일과 서로 짝이 되어 반드시 마땅히 넓음은 강하(江河)와 같고 중후함은 산악과 같고 강경함은 금석과 같음이 있었을 것이니, 한 시대를 진동시키고 빛냄에 무슨 한계가 있었겠는가. 애석하게도 모두 흩어지고 거의 사라져 지금 그 전하는 바는 다만 이 몇 권만 있을 뿐이니 적막함이 심하다고 할 수 있다. 그러나 위엄 있는 봉황은 깃털 하나로도 또한 다섯 가지 무늬가 갖추어짐을 볼 수 있으니, 대개 많이 남아 있는 것에 의미가 있는 것은 아니다. 또 그 삼대의 맑은 향이 아름다움을 아우르고 빛을 가지런히 하여 천년이 지나더라도 물거품처럼 사라지지 않을 것이니, 저 왕균(王筠)[185] 집안의 칠대〔七葉〕에는 진실로 미치지 못할 것이나, 미산(嵋山) 부자[186]와 두릉(杜陵) 조손(祖孫)[187] 같은 경우는 이에 견주더라도 오히려 마땅히 그 하나도 양보하지 않으리라.

뒷날 이 문집을 보는 사람은 마땅히 멀리 사모하는 생각을 일으켜 동국 문명의 성대함이 이미 이에서 조짐이 있었음을 징험할 수 있을 것이다. 아, 아름답도다. 처음 용헌(容軒)의 증손 청파공(靑坡公) 육(陸)이 평재와 용헌 두 사람의 원고를 모으고 그의

185 왕균(王筠) : 남조(南朝) 양(梁)나라의 문인으로 당세에 문명(文名)을 떨쳤으며 7대(代)에 걸쳐 사람들마다 문집을 간행하여 세천조룡(世擅雕龍)으로 일컬어진 최씨(崔氏)의 가문을 훨씬 능가하는 면모를 보여 주기도 하였다. 자제들과 글을 논하다가 "안평(安平) 최씨(崔氏)에 대해서 범울종(范蔚宗)은 그 가문에서 대대로 문장을 독점했다고 말했지만 그것은 부자(父子) 등 2, 3대를 전한 데에 불과하니, 일곱 세대를 거듭 빛낸 우리의 가문과는 아예 비교할 것이 못 된다."라고 평한 기록이 있다. 《梁書 卷33 王筠列傳》 안평 최씨는 후한(後漢)의 최인(崔駰)을 가리키는데, 《후한서(後漢書)》 〈최인전찬(崔駰傳贊)〉에는 '최위문종, 세선조룡(崔爲文宗, 世禪雕龍)'이라고 되어 있다.

186 미산(嵋山) 부자 : 소순(蘇洵, 1009~1066)과 그의 두 아들인 소식(蘇軾, 1036~1101)과 소철(蘇轍, 1039~1112) 삼부자를 말한다. 삼부자를 함께 '삼소(三蘇)'라고 일컬으며, 모두 당송팔대가(唐宋八大家)에 꼽혔다. 소순의 자는 명윤(明允)이며, 호는 노천(老泉)이다. 소식의 자는 자첨(子瞻)이며, 호는 동파(東坡)이다. 지금의 사천성 미산현(眉山縣)에서 태어났다. 저서로 《동파전집(東坡全集)》이 남아 있다. 소철의 자는 자유(子由)이다. 저서로 《춘추집해(春秋集解)》, 《노자해(老子解)》, 《난성집(欒城集)》 등이 있다.

187 두릉(杜陵) 조손(祖孫) : 두릉에 살았던 당(唐)나라 시인 두심언(杜審言, 648?~708)과 그의 손자 두보(杜甫, 712~770)를 말한다. 두심언은 한남(河南) 공현(鞏縣) 사람으로, 자는 필간(必簡)이다. 5언시를 잘 지었고, 서한(書翰)에 능했으며, 이교(李嶠), 최융(崔融), 소미도(蘇味道)와 함께 '문장사우(文章四友)'로 불린다. 습성위(隰城尉)와 낙양승(洛陽丞)을 지냈다. 두보의 자는 자미(子美)이며, 두릉포의(杜陵布衣), 두릉야로(杜陵野老), 두릉야객(杜陵野客) 등으로 자칭하였다.

표형(表兄) 상국(相國) 윤호(尹壕)[188]에게 부탁하여 판각하여 전하게 하였다. 그러나 판본은 세월이 오래되어 이미 훼손된 까닭으로 이제 그 후손 의수(宜秀)가 종중 사람들과 도모하여 망헌의 원고를 병합해서 한 질로 만들고 판각하여 선열을 모두 밖으로 드러내어 유감이 없게 하였고, 정자(正字) 주정(周楨)이 또 잘 도왔다. 나에게 이와 같이 서문을 요청하니 그 또한 아름답게 여길 따름이다.

188 윤호(尹壕) : 1424~1496. 본관은 파평(坡平), 자는 숙보(叔保), 시호는 평정(平靖)이다. 어머니가 이원(李原)의 딸이다. 1480년 성종이 그의 딸을 왕비로 삼자 국구(國舅)로서 영원부원군(鈴原府院君)에 봉하여졌다. 1494년 우의정으로서 기로소(耆老所)에 들어가 궤장(几杖)을 하사받았다. 저서로는 《파천집(坡川集)》이 있다.

운계유고[189]서
雲溪遺稿序

공자(孔子)가 말하기를, "나는 강한 사람을 아직 보지 못했다.〔吾未見剛者〕"[190]라고 하였는데, 주자(朱子)가 해석하기를, "'강(剛)'은 굳세고 강하여 굽히지 않는다는 뜻이니, 사람이 가장 능하기 어려운 것이다. 그런 까닭으로 공자의 시대에도 오히려 그 아직 보지 못함을 탄식했다."라고 하였으니 하물며 후세에 있어서야 말할 것이 있겠는가. 나의 견해로 보건대, 만약 그 부귀와 빈천에서 시원히 벗어나 영향을 받는 것이 없고 항상 스스로 체득한 바가 있다면 그 강함은 지극할 것이니, 고 운계(雲溪) 전공(全公) 같은 사람이 어찌 진실로 그런 사람이 아니겠는가.

대개 공의 사적은 간략하고 그 문사 또한 후세에 크게 전해지지 않아 평소 생활할 때의 언행이 어떠한지를 진실로 상세히 알 수 없다. 그러나 공은 일찍이 나의 선조 우복(愚伏 정경세(鄭經世)) 선생에게 배워서 이미 학문하는 방도를 듣고 배움을 향한 뜻을 돈독히 하였다. 벼슬에 나아가 중앙과 지방에 벼슬함에 미쳐 한결같이 오직 조용히 물러남을 숭상하고 맑은 절의를 지켰다. 바야흐

189 운계유고 : 전이성(全以性, 1577~1645)의 문집으로, 2권 1책이다. 그의 본관은 용궁(龍宮), 자는 성지(性之)이며, 운계는 그의 호이다. 정경세(鄭經世)와 정구(鄭逑)의 문인이다. 병자호란 때에는 의병을 일으켰으나 강화가 성립되어 해산하였고, 뒤에 고성과 합천의 군수를 지냈다.

190 나는……못했다 : 《논어》 〈공야장(公冶長)〉에 나오는 말이다.

로 권세와 지위가 있는 사람들이 요로(要路)를 차지하고 이권(利權)을 주무르면서 당시의 선비들을 영화롭게도 하고 욕되게 하였으나, 선비 가운데 이익에 빠져 부끄러움을 모르는 자들은 그들의 눈치만 살피며[191] 그들의 집으로 분주히 달려가 안부를 살펴서 요행히 낮은 관직을 얻으려 하는 것이 당시의 도도히 흘러가는 풍조였다. 공만 홀로 초탈하여 장차 자신을 더럽힐 것 같이 여겨 평생 조정에 벼슬하면서도 오후(五侯)[192]의 집에 방문할 줄을 몰랐다. 그들도 또한 공을 알아보고 문하에 두고자 하지 않음이 없어 사람을 시켜 슬며시 타이르고 은근히 회유한 것이 한두 번에 그치지 않았으나 처음부터 끝까지 초연히 멀리 피하여 담박하고 한적한 곳에 스스로 생활함을 달게 여겨 전혀 털끝만큼도 더러움에 물듦이 없었다. 비록 평소 서로 종유하던 벗들에게라도 만약 그들이 아첨하여 달려가고 교묘하게 벼슬하는 행태를 보면 곧 절교하고 다시는 서로 사귀지 않았다. 시비(是非)가 있는 바에 우뚝이 서서 스스로 지조를 세워 삼공의 높은 벼슬로도 그 절의를 바꿀 수 없었으니, 그 누가 이에 이를 수 있겠는가. 앞서 말한 '굳세고

191 그들의 눈치만 살피며 : 원문은 '앙기비식(仰其鼻息)'으로, 남이 숨 쉬는 것만 바라본다는 뜻인데, 주체성 없이 남의 눈치만 살피거나 남의 비위를 맞추는 것을 말한다. 《後漢書 袁紹列傳》

192 오후(五侯) : 동시에 후(侯)에 봉해진 다섯 사람을 말한다. 한 원제(漢元帝)의 후비인 왕 왕후(王王后)의 오라비 왕담(王譚), 왕상(王商), 왕립(王立), 왕근(王根), 왕봉(王逢)이 성제(成帝)가 즉위하자마자 동시에 후에 봉해져 권력을 독점하였다. 당시 사람들이 이들을 오후라 불렀는데, 전하여 부귀와 권세가 막강한 사람을 비유한 말로 쓰인다. 《漢書 元后傳》

강하여 굽히지 않는 것'이면서 '만물의 위에 자신의 뜻을 펼칠 수 있는 것'[193]은 공이 과연 그 사람이 아니겠는가.

이런 까닭으로 그가 터득한 바를 대략 이기(利器)로 시험할 수 있었던 것은 하읍(下邑)의 목민관이 되어 어진 정치를 하는 것 외에 전쟁의 와중에 힘을 다하고 능력을 다하여 군량미를 수송하여 군대의 싸우는 데 궁핍하게 하지 않았으니, 또한 그의 전체 행적을 알 수 있는 일이다. 그러나 국가에서 공로가 있는 사람에게 보상한 것도 또 공의 생전에 미치지 못했으니, 비유하자면 편남(楩枏)과 예장(豫章)[194] 같은 좋은 재목이 장석(匠石)[195]의 정원에 크게 필요치 않았으며, 천구(天球)와 홍벽(弘璧)[196] 같은 보배가 끝내 먼지와 모래 가운데 버려진 것과 같다. 민자건(閔子騫)의 뜻[197]을 품고 진무기(陳無己)의 지조[198]에 힘써 우뚝이 후세에 스

193 만물의……것 : 공자가 "나는 아직 강한 자를 보지 못하였다."라고 한 것에 대한 사씨(謝氏)의 주(註)에 "외물(外物)을 이길 수 있는 힘을 강(剛)이라고 한다. 그러므로 만물의 위에 자신의 뜻을 펼칠 수가 있는 것이다.〔能勝物之謂剛. 故常伸於萬物之上.〕"라는 내용이 나온다. 《論語集註 公冶長》

194 편남(楩枏)과 예장(豫章) : 모두 크고 훌륭한 재목이 될 만한 나무로, "경(梗)·남(楠)·여(櫲)·장(章)을 베어 다듬어서 혹은 관곽(棺槨)을 만들고 혹은 기둥과 들보를 만든다.〔梗楠櫲章而剖梨之 或爲棺槨 或爲柱梁〕"라는 말에서 나왔다. 《淮南子 齊俗訓》

195 장석(匠石) : 옛날의 유명한 장인(匠人)의 이름으로, 다른 사람의 코끝에 발라진 백토를 도끼를 휘둘러 깎아 내도 코가 다치지 않았다고 한다. 《莊子 徐无鬼》

196 천구(天球)와 홍벽(弘璧) : 모두 옥으로 만든 진귀한 구슬로, 《서경》〈고명(顧命)〉에 "옥을 오중으로 하며 보물을 진열하니, 적도와 대훈과 홍벽과 완염은 서서에 있고 대옥과 이옥과 천구와 하도는 동서에 있다.〔越玉五重陳寶, 赤刀大訓弘璧琬琰在西序, 大玉夷玉天球河圖在東序.〕"라고 하였다.

197 민자건(閔子騫)의 뜻 : 민자건은 공자의 제자인 노(魯)나라 민손(閔損)으로,

승이 될 만함에 이르러서도 또한 다시 가려지고 없어져 일컬음이 없으니 어찌 개탄스럽지 않겠는가. 그러나 공의 사적이 비록 간략하지만 그 마음을 세워 나아가고 물러난 절의는 이와 같음이 있었다. 그 문장이 비록 크게 전해지지 않았으나 그 맑고 분명하며 시원스레 세속을 벗어난 형상이 자연스럽게 언사(言辭)의 밖으로 넘쳐서 읽어 보면 그 사람됨을 상상해 볼 수 있으니 또한 어찌 많을 필요가 있겠는가.

공의 6세손 명채(明采) 씨가 우리 두 집안의 세의(世誼)가 평범하지 않다는 것으로 이미 나에게 공의 묘지(墓誌)[199]를 부탁하고 또 한마디 말로 공의 문집에 서문을 써 줄 것을 구하였다. 사양했으나 받아주지 않아 드디어 비루한 견해를 위와 같이 쓴다.

덕행으로 유명하였다. 공자가 그의 효성을 칭찬하였고, 공자보다 15세가 적다. 계씨(季氏)가 민자건을 비(費) 땅의 수령으로 삼으려 하자, 민자건이 "다시 한번 나를 부르러 온다면, 나는 필시 노(魯)나라를 떠나 제(齊)나라의 문수(汶水) 가에 있게 될 것이다.〔吾必在汶上矣〕"라고 말한 고사가 있다. 《論語 雍也》

198 진무기(陳無己)의 지조 : 자신의 뜻과 맞지 않은 사람이 부를 때는 벼슬에 나가지 않는 지조를 말한다. 무기는 송(宋)나라 진사도(陳師道, 1053~1101)의 자로, 증공(曾鞏)을 사사(師事)하여 시문에 능하였고 지조가 높은 인물이었다. 당시 소인(小人)으로 알려진 장돈(章惇)이 재상으로 있으면서 진관(秦觀, 1049~1100)을 통하여 그를 초청하자, 〈여진소유서(與秦少游書)〉를 써서 예의를 갖춰 초빙해 준 뜻은 고맙지만 선비가 폐백을 올려 신하가 되지 않았을 때는 왕공(王公)을 만나 보지 않는다는 예법을 도외시할 수 없다는 이유로 정중히 거절하였다. 소유(少游)는 진관의 자이다. 《宋史 陳師道列傳》

199 공의 묘지(墓誌) : 《입재집》 권41 〈종부정증도승지운계전공묘지명(宗簿正贈都承旨雲溪全公墓誌銘)〉을 말한다.

가암유고[200]서

可菴遺稿序

가암(可菴) 전공(全公)은 평민의 신분으로 궁궐에 글을 올려 당시 정치의 득실과 백성의 행불행을 논하여 성군이 되는 학문을 더욱 권면함으로 다스림을 마련하고 나라를 보전하는[201] 근본으로 삼았다. 그 말은 명확하게 이치에 맞아 모두 세상에 쓸 만했으나, 조정에서는 번번이 들어주지 않고 파기해 버렸다. 공은 마침내 뜻을 접고 돌아와 은거하다가 생을 마쳤다.

대개 공은 곧 운계옹(雲溪翁 전이성(全以性))의 맏아들이며, 운계공은 곧 나의 선조 문장공(文莊公)의 문인이니, 그 가학의 연원이 이미 유래한 바가 있다. 나의 고조 무첨당(無忝堂)[202] 및 외고조

200 가암유고 : 전익구(全翼耈, 1615~1683)의 시문집이다. 그의 본관은 용궁(龍宮), 자는 명수(明叟), 호는 가암(可庵)이다. 경상북도 상주시 화서면에 우거하면서 홍여하(洪汝河, 1620~1674), 김계광 등과 교유하였다. 전이성(全以性, 1577~1645)의 아들이며, 노석명(盧碩命)의 사위이니, 우복 정경세의 외손녀사위가 된다.

201 다스림을……보전하는 : 세상이 혼란해지기 전에 미리 성덕을 닦아 나라를 보전함을 말한다. 《서경》 〈주관(周官)〉에 "옛날 대도(大道)가 행해지던 세상에는 혼란하지 않을 때 잘 다스림을 마련하고 위태하지 않을 때 나라를 보전했다.〔若昔大猷, 制治于未亂, 保邦于未危.〕" 하였다.

202 무첨당(無忝堂) : 정도응(鄭道應, 1618~1667)으로, 본관은 진주(晉州), 자는 봉휘(鳳輝), 호는 무첨(無忝)이며, 정경세의 손자이다. 좌의정 이경석(李景奭)이 연소하나 사행(士行)이 있다고 하여 조정에 천거하였다. 저서로는 《국조명신록》, 《소대명신행적(昭代名臣行蹟)》, 《소대수언(昭代粹言)》 등이 있다.

홍목재(洪木齋 홍여하(洪汝河)) 선생과 도의로 교유하였다. 젊어서부터 그들에게 젖어 들고 절차탁마함에 무리들보다 크게 뛰어났다. 그런 까닭으로 비록 은둔하여 생활하였으나 보잘것없이 생을 마치려 하지 않았다. 개연히 정숙자(程叔子 정이(程頤))와 장횡거(張橫渠 장재(張載))의 풍모[203]를 사모하여 상소(上疏)로 훌륭한 대책을 바쳐 태평시대를 이룰 수 있다고 생각했으니 그 뜻과 기상이 어찌 그리도 위대한가. 예로부터 고기를 먹는 자는 비루하여[204] 은둔하여 살며 계획이 큰 선비 보기를 없는 것 같이 하는 것은 본디 그러하다. 그러나 천년 뒤에 그 글을 외우면서 세 번 무릎 치고 감탄하지 않을 사람이 있겠는가. 아, 군자의 본성은 분수가 정해져 있으니,[205] 세상이 이미 나를 쓰지 않으면 자연에서 가난하게 살면서 그 생을 마치더라도 애초 털끝만큼의 손상됨도 없다.

203 정숙자(程叔子)와 장횡거(張橫渠)의 풍모 : 치국평천하(治國平天下)를 위한 여러 가지 대책을 올린 것을 말하는데, 《근사록》 권8 〈치체(治體)〉에 구체적인 내용이 보인다.

204 고기를……비루하여 : 고기를 먹는 자는 보통 벼슬아치들을 낮춰 부를 때 쓰는 말이다. 《춘추좌씨전》 장공(莊公) 10년에 제(齊)나라가 공격해 왔다. 장공이 응전하려 하자 조귀(曹劌)가 알현을 청하였다. 마을 사람이 묻기를, "고기를 먹는 자들이 잘 알아서 할 텐데, 또 무엇 때문에 끼어드는가.〔肉食者謀之, 又何間焉?〕" 하자, 조귀가 대답하기를, "고기를 먹는 자는 비루하여 멀리 꾀하지 못하니까.〔肉食者鄙, 未能遠謀.〕"라고 하였다.

205 군자의……있으니 : 《맹자》 〈진심 상(盡心上)〉에 "군자의 본성은 비록 크게 뜻을 펴더라도 더 보태지지 않고 비록 곤궁하게 살더라도 줄어들지 않으니, 그 분수가 정해져 있기 때문이다.〔君子所性, 雖大行不加焉, 雖窮居不損焉, 分定故也.〕" 하였다.

하물며 공 같은 사람은 위로 아버지와 스승의 가르침이 있고 곁으로 어진 벗이 경계하고 깨우쳐 주는 이로움이 있어 평소 생활하는 사이에 반드시 스스로 즐거워하며 외부의 영향을 잊어버릴 것이 별도로 있음에랴. 그런 까닭으로 지금 그 유고를 봄에 함께한 여러 이름난 선비들이 서로 따르며 읊조린 시와 주고받은 글에서 대략 징험할 수 있는 것이 이와 같다. 그러니 경륜의 뜻을 쌓아 놓고 시험할 수 없었던 것도 또한 공의 한스러운 바는 아니다. 나는 다만 세도(世道)를 주장하고 인재를 등용하는 사람을 위하여 말하니, 이 점을 범범히 보지 말고 또 공 같은 이가 시대를 만나지 못한 것으로 끝내 개탄케 하고자 한다.

홍양 이씨[206] 족보서

興陽李氏族譜序

나는 일찍이 선조 문장공(文莊公)께서 창석(蒼石)[207] 선생이 지은 홍양이씨가첩(興陽李氏家牒)에 쓴 발문[208]을 삼가 읽고 그 세덕(世德)과 가풍이 매우 평범하지 않음에 감탄하였다. 시험 삼아 대략 몇 가지를 꼽아 보면, 위위공(衛尉公)[209]이 힘써 싸워 충절에 죽은 것과 찬성공(贊成公)[210]이 아름다운 명망으로 높은 지위에

206 홍양 이씨 : 홍양은 전라남도 고흥군 일원의 옛 지명이다. 시조 이언림(李彦林)은 고려 의종 때에 병부 상서(兵府尙書), 공부 상서(工部尙書), 상서우복야(尙書右僕射) 등 요직을 역임했다. 그 후 홍양에 낙향하여 살면서 후손들이 본관을 홍양으로 하였다.

207 창석(蒼石) : 이준(李埈, 1560~1635)의 호이다. 본관은 홍양(興陽), 자는 숙평(叔平), 시호는 문간(文簡)이다. 유성룡(柳成龍)의 문인으로, 1582년(선조15) 생원시를 거쳐 1591년(선조24) 별시 문과에 병과로 급제하였다. 1634년 대사간을 거쳐 이듬해 부제학에 임명되었다. 상주의 옥성서원(玉城書院)과 풍기의 우곡서원(愚谷書院)에 제향되었다. 저서로는 《창석집》을 남겼으며, 〈형제급난지도(兄弟急難之圖)〉를 편찬하였다.

208 홍양이씨가첩(興陽李氏家牒)에 쓴 발문 : 《우복집》 권15 〈홍양이씨가첩발(興陽李氏家牒跋)〉을 말한다.

209 위위공(衛尉公) : 이양승(李陽升, ?~1216)으로, 시조 이언림(李彦林)의 손자이며, 1216년(고종3) 거란의 유종(遺種)인 금산왕자(金山王子)와 금시왕자(金始王子)가 몽고에게 쫓겨 고려를 침공하자 장군으로서 이들을 장흥역(長興驛)에서 격파하였다. 그러나 적이 다시 서경(西京)으로 침공해 오자 이를 위주성(渭州城) 밖에서 맞아 싸웠으나 패전하여 1,000여 명과 함께 전사하였다.

210 찬성공(贊成公) : 이서원(李舒原)을 말한다. 시조 이언림(李彦林)의 7세손으

오른 것과 대헌공(大憲公)[211]이 성대한 재주로 빼어난 행동을 한 것과 전주 부윤공(全州府尹公)[212]이 청렴한 지조로 은혜로운 정사를 편 것과 집의공(執義公)[213]이 유일(遺逸)로 천거되고 풍재(風裁 풍도(風度))를 지녔음 같은 경우는 어찌 그리도 크게 빛나고 융성하게 드러났던가.

대저 그 세덕(世德)이 이미 이와 같으니, 이에 신령하고 빼어난 기운을 기르고 잉태하여 우리 월간(月澗)[214]·창석(蒼石) 두 선생을 낳았다. 그 도학이 이른 바의 덕행과 학업, 문장과 풍모가 성대하게 백세(百世) 뒤에 흠모하게 될 것이 또 어찌 저같이 성대하지 않을 수 있겠는가. 대개 나의 선조 문장공(文莊公)은 두 선생과 도의로 교유하여 서로 성(姓)은 달라도 형제라 일컫는 정

로 숭정대부 의정부 좌찬성을 지냈다.

211 대헌공(大憲公) : 이은(李垠, 1436~1498)으로, 이서원(李舒原)의 아들이며 초명은 치(致)이다. 사헌부 대사헌을 지내고 경주 부윤 재임 시 세상을 떠났다.

212 전주 부윤공(全州府尹公) : 이언(李堰)으로, 자는 심원(深源), 호는 낙빈(洛濱)이며, 이은(李垠)의 아들이다. 성품이 청렴하고 강직하였다. 문과에 급제하여 집의(執義)를 역임하였다. 일찍이 전주 부윤(全州府尹)이 되었는데, 치적이 가장 우수하다 하여 세조가 교지를 내려 승직(陞職)을 포상하였다. 임기가 만료되자 물러나 선산(善山)에서 지내다가 세상을 떠났다. 의흥(義興)의 나계서원(羅溪書院)에 배향되었다.

213 집의공(執義公) : 이수천(李壽川)으로, 성종 때 유일(遺逸)로 천거되었고, 사헌부 집의(司憲府執義)를 지냈다.

214 월간(月澗) : 이전(李㙉, 1558~1648)으로, 자는 숙재(叔載)이다. 창석 이준(李埈)의 형이며, 유성룡(柳成龍)의 문인이다. 임진왜란 때 왜적에 포위된 동생을 데리고 탈출에 성공하였는데, 이를 그린 〈형제급난지도〉가 전해 온다. 상주의 옥성서원(玉城書院)에 배향되었다.

도에 이르렀다. 그런 까닭으로 이 발문을 지어 이미 그 선대의 아름다움을 일컫고 서술하였으며, 추허(推許)하고 권면하는 뜻으로 이은 것이 매우 정성스러웠고, 또 이제부터 이씨의 경사가 다하지 않아 흥양(興陽) 이씨의 가첩(家牒)이 만들어지는 것이 장차 이 편(編)에 그칠 뿐만이 아닐 것이라고 하셨다. 과연 월옹(月翁 이전(李堧))의 후손으로는 사축공(司畜公) 형제,[215] 삼휴당(三休堂),[216] 생원공(生員公),[217] 해남공(海南公)[218] 같은 이가 있으며, 창옹(蒼翁 이준(李埈))의 후손으로는 통례공(通禮公) 형제,[219] 신와공(新窩公) 조손(祖孫)[220] 그리고 유간공(酉澗公)[221]이 있으니 모두 빼어

215 사축공(司畜公) 형제 : 사축공은 월간의 맏아들인 이일규(李一圭, 1592~1651, 자 경여(敬與))이며, 그 아우인 이덕규(李德圭, 1598~1671, 자는 여윤(汝潤), 호는 오곡(午谷)), 이신규(李身圭, 1600~1681, 자는 용빈(用賓), 호는 유계(酉溪)) 등을 말한다. 모두 정경세의 문인이다.

216 삼휴당(三休堂) : 일규(一圭)의 2남인 이재박(李在博, 1614~1694)으로, 자는 이학(以學)이며, 삼휴당은 그의 호이다.

217 생원공(生員公) : 덕규(德圭)의 2남인 이재용(李在容, 1619~1671)으로, 자는 이능(爾能)이며, 1651년(효종2)에 생원시에 입격하였다.

218 해남공(海南公) : 이증록(李增祿, 1658~1727)으로, 자는 천여(天與), 호는 무하당(無何堂)이며, 월간의 현손이다. 1708년(숙종34)에 문과에 급제하고 해남(海南) 현감을 지냈다.

219 통례공(通禮公) 형제 : 통례공은 통례원 우통례(通禮院右通禮) 지제교(知製敎)를 지낸 창석의 2남 이원규(李元圭, 1597~1661, 자는 기성(器成), 호는 서곡(鋤谷))이며, 그 형인 이대규(李大圭, 1586~1654, 자는 혼성(混成))와 아우인 이문규(李文圭, 1600~?, 자는 이승(理勝)), 이광규(李光圭, 1607~1652, 자는 울장(蔚章)) 등을 가리킨다.

220 신와공(新窩公) 조손(祖孫) : 신와공은 이재관(李在寬, 1620~1689)으로, 자는 휘언(徽彦)이며, 신와는 그의 호이다. 대규(大圭)의 아들이며 통덕랑(通德郞)을

나고 남다른 자질과 고매(高邁)한 행실로 혹 어버이와 스승의 기대하는 바가 되거나 혹 이름난 선비들이 칭찬하는 바가 되어 찬란하게 선대의 아름다움을 답습하여 집안의 명성을 이었다. 비록 근세(近世)로 말하더라도 그 효행(孝行)과 의범(懿範)이 우리 유림에서 일컬어지는 것을 손가락으로 꼽을 수 있으니, 동복공(同福公)[222]이 정사(政事)에 통달했으며, 지금 상사(上舍) 승배(升培)[223] 군과 지헌(持憲),[224] 경(坰) 형제[225]가 문학에 우수함 같은 것에서도 또 모두 모범이 아직 남아 있음을 보기에 충분하다.

나의 선조가 이른바 '경사가 다하지 않았다'라는 것이 여기에

지냈다. 손자는 이증엽(李增曄, 1674~1742)으로, 자는 회백(晦伯), 호는 칠와(漆窩)이다.

221 유간공(酉澗公) : 이성지(李性至, 1663~1743)로, 자는 중약(仲若), 유간은 그의 호이다. 광규(光圭)의 손자이며, 창석의 증손이다. 저본에는 '西'로 되어 있으나, 족보에는 '酉'로 되어 있고, 홍양 이씨가 임진왜란 이후 유천(酉川, 달내)으로 옮겨와 세거하였기 때문에 '酉'로 고쳤다.

222 동복공(同福公) : 이화국(李華國, 1728~1787)으로, 초명은 인원(仁遠), 자는 유기(由己)이며, 유간공의 손자이다. 1765년(영조41) 생원시에 합격하고 호조좌랑과 동복(同福) 현감을 지냈다.

223 승배(升培) : 이승배(李升培, 1768~1852)로, 자는 대언(大彦), 호는 수계(修溪)이며 월간의 7세손이다. 상주(尙州) 청리면에 거주하였으며, 정종로의 문인이다. 1834년(순조34)에 생원에 입격하여 학행으로 참봉을 제수받았다.

224 지헌(持憲) : 조선 시대에 시정(時政)을 논집(論執)하고 백관(百官)을 규찰하고 풍속을 바로잡고 원억(冤抑)을 풀어 주는 일 등을 맡았던 사헌부(司憲府)에 소속된 지평(持平)의 다른 이름이다.

225 경(坰) 형제 : 이경(1765~1815)과 그 아우 이연(李埏, 1772~?)으로, 월간의 8대손이다. 이경의 자는 시응(時應), 호는 서고(西皐)이며, 1789년(정조13)에 과거에 합격하고 정자(正字)를 지냈다.

이르렀으니 어찌 더욱 믿지 않겠는가. 유독 그 가첩(家牒)을 계속 만드는 것을 오래도록 할 겨를이 없었으나 지금 이씨가 또 번성하여 그 세보(世譜)를 편찬하여 세 권으로 만들 수 있었으니, 무릇 족파(族派) 가운데 먼 곳에 사는 사람도 또한 수록하지 않음이 없었다.

그 집안의 어른인 요복(堯福)[226] 씨가 단정한 선비인 학배(學培)[227]를 보내 나에게 서문 한마디 말을 구하였다. 스스로 생각건대 보잘것없고 또 문장에도 익숙지 않으니, 그 감히 맡을 수 없음을 잘 알고 있다. 그러나 돌아보면 선대의 정의(情誼)가 지극히 두텁고 여러 세대 동안의 교제가 즐거웠으니, 그 부탁받음이 이와 같음에 의리상 사양하지 못할 점이 있어 드디어 절하고 삼가 다음과 같이 쓴다.

천하에 가장 숭상할 것이 도학이다. 그런 까닭으로 우리 동방의 사대부 집안에 혹 덕행과 학업으로 이름난 사람도 있고, 혹 문장과 절의로 이름난 사람도 있다. 세상에서 더욱 중시하는 바가 반드시 도학 명현의 집안에 있는 것은 저 도학이 운수에 대한 것을 겸하여 가질 수 있고 그 보존한 바를 따라 모두 선을 완전히 다할 수 있기 때문이 아니겠는가.

지금 우리 영남으로 말하자면, 퇴도 부자(退陶夫子)의 집안 같

226 요복(堯福) : 이요복(李堯福, 1744~1783)으로, 자는 응삼(膺三), 호는 매애(梅厓)이며, 월간의 6세손이다.

227 학배(學培) : 이학배(李學培, 1759~1831)로, 자는 이열(而悅), 호는 천제(川濟)이며, 창석의 7세손이다.

은 경우는 오래되어 말할 것도 없고, 그 밖에는 모두 퇴계 문인의 집안인데, 두 선생은 실로 사숙(私淑)한 어진 이가 되니 그 집안은 세상에서 중시하는 바가 됨을 알 수 있다. 그러나 오직 그 중시함이 다른 집안과 다른 까닭으로 그 완비되기를 요구하는 것도 또한 다른 집안과 다르다. 조금이라도 불선(不善)함이 있으면 "그 집안사람이 이와 같다."라고 하며 시끄럽게 비판하니 이는 어찌 매우 두려워할 만한 것이 아니겠는가. 옛말에 "평범한 사람의 후손이 되기는 쉬우나 어진 사람의 후손이 되기는 어렵다."라고 하였는데, 바로 이 때문이다.

이제 이씨 집안에 두 선생의 유풍(遺風)과 여운(餘韻)이 지금까지 세상에 전해짐에 대하여 사람들이 이의를 제기할 수 없다. 그러나 또한 이미 지난 일을 믿고 더욱 그 정성을 지극히 하지 않으면 안된다. 원컨대 이씨들은 오직 두 선생의 모범과 가르침을 따르고 학문에 종사하여 실제로 자신에게 체득할 수 있다면 오직 남들이 이의를 제기할 수 없을 뿐만 아니라 앞서 이른바 '운수'라는 것에 대해서도 또 겸하여 가질 수 있어 더욱 세상이 중시하는 바가 될 것이다. 훗날 족보에 나열되어 기록될 사람이 또 장차 이 세 권에 실린 것에 그칠 뿐만 아닐 것이니, 이씨들은 힘쓸지어다.

대저 두 선생 이전의 세덕과 가풍으로 또 두 선생의 도학이 후손들에게 넉넉함을 드리운 것과 여러 후손들이 선조를 닮지[228] 않

228 선조를 닮지 : 원문은 '식곡사언(式穀似焉)'인데, 《시경》 〈소완(小宛)〉에 "언덕에 콩이 있거늘, 서민들이 거두도다. 명령이 새끼를 두니 과라가 업어 간다. 네 아들을 잘 가르쳐 선으로써 너와 같게 하라.〔中原有菽, 庶民采之. 螟蛉有子, 蜾蠃負之.

음이 없음을 아울렀기 때문에 그 덕의 쌓임이 더욱 두터울수록 그 흐름이 더욱 멀리 갈 것이니, 이는 그 상서로움이 모인 바가 반드시 다시 세상에 이름난 사람을 배출하여 선조의 덕을 계승하여 조술함을 잘하게 될 것임에 의심이 없다. 그러니 어찌 아름답지 않겠는가. 이에 만약 족보를 본다면 효도와 공손함의 행실을 돈독히 함은 선조의 자취를 잇는[229] 것 중 한 가지 일이 됨에 불과한 까닭으로 이에 생략하고 다만 비루한 견해를 위와 같이 쓴다.

敎誨爾子, 式穀似之.〕"라고 하였다.

229 선조의 자취를 잇는 : 원문은 '승무(繩武)'로, 선조의 발자취를 계승하는 것을 말한다. 《시경》 〈하무(下武)〉에 "선조의 도가 이렇게 밝으니, 후세에 선조의 발자취를 계승한다면, 아, 만년토록 하늘의 복을 받으리라.〔昭玆來許, 繩其祖武, 於萬斯年, 受天之祜.〕"라 한 데서 유래하였다.

봉성 금씨[230] 족보 중간서

鳳城琴氏族譜重刊序

봉성(鳳城) 금씨(琴氏)의 족보는 상세하지만 번거롭지 않고, 간략하지만 법이 있으며, 고증이 정밀하고 넓어 남은 흠이 없음은 밀암(密菴) 이공(李公)[231]의 서문에서 이미 언급하였으며, 내외(內外)의 경계를 분명히 하고 적서의 구분을 엄격히 하여 질서정연하고 차례가 있음은 눌은(訥隱) 이공(李公)[232]의 서문에서 또 언급하였다. 소목(昭穆)[233]의 순서를 매기고 돈목(敦睦)을 강론하는 것을 그림과 해설로 만들어 책머리에 두고 규약을 세워 오래도록 전함에 이르렀으니, 또 다른 족보에는 아직 없는 바이다. 내가 이

230 봉성 금씨 : 시조는 고려 초의 삼한공신(三韓功臣)인 태사(太師) 금용식(琴容式)으로 일찍이 기자(箕子)와 함께 우리나라에 온 금응(琴應)의 후손이라고 한다. 봉화의 옛 이름이 봉성(鳳城)인 까닭에 봉성 금씨(鳳城琴氏)라고도 하였으나 현재는 봉화 금씨로 일원화되었다.

231 밀암(密菴) 이공(李公) : 이재(李栽, 1657~1730)로, 본관은 재령(載寧), 자는 유재(幼材)이며, 밀암은 그의 호이다. 현일(玄逸)의 아들이며, 저서로는 《주서강록간보(朱書講錄刊補)》, 《밀암집》이 있다.

232 눌은(訥隱) 이공(李公) : 이광정(李光庭, 1674~1756)으로, 본관은 원주(原州), 자는 천상(天祥)이며, 눌은은 그의 호이다. 저서로는 《눌은집》, 《칠공자전(七公子傳)》이 있다.

233 소목(昭穆) : 종법(宗法) 제도에서 종묘(宗廟)나 종묘 안 신주(神主)의 배열 순서를 말한다. 시조를 중앙에 두고, 자손을 왼쪽과 오른쪽으로 차례대로 배치하는 것으로 왼쪽을 소(昭), 오른쪽을 목(穆)이라 한다.

에 또 무슨 말을 더할 수 있겠는가.

홀로 생각건대, 금씨의 족보는 다행으로 여길 만한 것 하나와 귀하게 여길 만한 것 하나가 있으며, 또 경계로 삼을 만한 것 하나와 면려할 만한 것 하나가 있다. 무슨 까닭인가. 사람이 선조에 대해 누군들 그 시조로부터 알고자 하지 않겠는가만 아주 옛 세대여서 아득히 멀어 증거가 없다. 비록 문헌이 있은 뒤에라도 그 보첩(譜牒)을 잃어버리지 않고 전할 수 있는 것은 또한 사람의 일에서 기필할 수 있는 바가 아니다. 그런 까닭으로 우리 동방의 사대부는 진실로 그 연원이 매우 먼 경우가 있어 기자(箕子)나 신라(新羅) 때부터 시작한 것이 있다. 그러나 이와 같은 것은 거의 없어지고, 심지어 매우 가깝게는 곧 혹 조선 초기부터 시작되었다.

지금 금씨는 곧 고려(高麗) 태사(太師)로부터 시작하였다. 태사 이하는 비록 그 세계(世系)를 조금 잃어버리기는 했으나 태보(太保)[234]로부터 이후로 지금까지 근 천 년 동안 한 세대도 잃어버림이 없었으니, 이것이 그 다행으로 여길 만한 것이 하나라는 것이다.

우리 동방의 사대부는 대다수 벼슬하는 것을 계속 유지하여 상세(上世) 이하로 혹 대대로 끊어지지 않을 수 있는 경우가 있으니, 이와 같이 하여 나라 가운데 행세하는 것이 일반적이다. 지금

234 태보(太保) : 금의(琴儀, 1153~1230)로, 자는 절지(節之), 시호는 영렬(英烈)이다. 최충헌(崔忠獻)의 신임을 받았으며, 고종 때에 수태보(守太保) 판이부사(判吏部事) 등을 지냈다.

금씨는 태보(太保) 이후로 비록 간간히 현달한 벼슬을 한 사람이 있고 큰 벼슬이라고 말할 수 있는 것은 없으나, 이에 천 년 가까이 나라 가운데서 행세하여 명문가가 되는 데 실패하지 않을 수 있었으니, 이는 그 덕행이 대대로 남보다 뛰어남이 있어 그럴 수 있었는 것이 아니겠는가. 이것이 그 귀하게 여길 만한 것이 하나라는 것이다.

금씨의 선대 가운데 퇴도의 문하에서 종유한 자로 성성재(惺惺齋)[235]와 일휴당(日休堂)[236]과 면진재(勉進齋)[237]와 매헌(梅軒)[238] 같은 여러 어진 이가 있는데 모두 당시에 명성이 있어 지금도 사림이 크게 우러름이 쇠하지 않았다. 그러나 유풍(遺風)과 여운(餘韻)은 마치 항상 보존되지 못할 듯하니, 앞서 이른바 '덕행이 남보다 뛰어나다'는 것을 장차 근거하여 징험할 수 없게 될 것이다. 이것이 그 경계할 만한 것이 하나라는 것이다.

235 성성재(惺惺齋) : 금난수(琴蘭秀, 1530~1604)로, 자는 문원(聞遠)이며, 성성재는 그의 호이다. 이황의 문인이다. 만년에 산수를 사랑하여 청량산 기슭에 고산정(孤山亭)을 짓고 자적하였다. 임진왜란에 활약한 공로로 좌승지에 추증되었다. 조목(趙穆, 1525~1606)의 매제이다.

236 일휴당(日休堂) : 금응협(琴應夾, 1526~1596)으로, 자는 협지(夾之)이며, 일휴당은 그의 호이다. 이황(李滉)의 문인이다. 충신독경(忠信篤敬)과 궁행실천(躬行實踐)에 힘썼다. 특히, 《심경(心經)》과 《근사록(近思錄)》 공부를 중시하였으며, 저서로는 《일휴집(日休集)》이 있다.

237 면진재(勉進齋) : 금응훈(琴應壎, 1540~1616)으로, 자는 훈지(壎之)이며 면진재는 그의 호이다. 응협(應夾)의 아우이며 이황의 문인이다.

238 매헌(梅軒) : 금보(琴輔, 1521~1584)로, 자는 사임(士任)이며, 매헌은 그의 호이고 다른 호는 백율당(柏栗堂)이다.

금씨가 각처에 흩어져 산 것이 몇 사람이나 되는지 알지 못하겠다. 그러나 하늘이 부여한 성(性)은 태어나면서 누구나 동일하게 받은 바가 있으니, 설령 이보다 앞서 혹 놓쳐 버린 바가 있더라도 지금부터 분발하여 공부함이 있어 선조의 어짊을 본받는다면 선조의 자취에 거의 따라갈 수 있음이 아직 늦지 않을 것이다. 이것이 그 면려할 만한 것이 하나라는 것이다.

그러나 네 가지 가운데 다행으로 여길 만한 것은 하늘에 달렸고 귀하게 여길 만한 것은 사람에게 달렸으며, 이에 경계할 만한 것과 면려할 만한 것 같음은 또 다만 마음에 달렸다. 하늘에 달린 것은 바란다고 해서 얻는 것은 아니니, 오직 마땅히 그 사람에 달렸고 마음에 달린 것에 힘을 다해야 할 뿐이다. 또 선조의 현명함을 누가 본받지 않았겠는가만 성성재(惺惺齋) 이하의 여러 어진 이들의 학문 같은 데 이르러서는 실로 퇴계의 문하에서 터득한 것이다. 퇴계 문하의 가르침이 해와 별이 걸린 듯 밝으니 만약 사람에 달렸고 마음에 달린 것에 힘을 다하고자 한다면, 여기에 그 힘을 쓰는 것만 한 것이 없다. 그런 뒤라야 그 지성(至誠)을 극진히 한 것이 되니, 이와 같이 하면 지금부터 이후로 그것으로 나라에 행할 수 있는 것이 또 어찌 다만 이미 지나간 천년과 같을 뿐이겠는가.

상사(上舍) 영택(英澤) 씨가 족보가 중간된 것으로 한마디 말로 그 책에 서문 써 줄 것을 부탁하였다. 사양했으나 받아들여지지 않아 드디어 오래도록 이어진 것이 다만 하늘에 달린 것만이 아니라는 것으로 위와 같이 써서 돌려보내어 봉성 금씨 족보 중간서(鳳城琴氏族譜重刊序)로 삼게 한다.

인동 장씨[239] 족보서
仁同張氏族譜序

인동(仁同) 장씨 장우권(張宇權)이 그 족보를 받들고 주천(酒泉 예천(醴泉)의 옛 이름)에서 수십 리 길을 산 넘고 물 건너 와서 나에게 보여 주고 서문을 구하며 다음과 같이 말하였다.

> 우리 장씨가 동국에 흩어져 사는 자가 본관이 몇이나 되는지 모르겠으나 그 인동을 관향으로 한 것은 당나라 한림학사 지현(之賢)[240]이 천보(天寶)[241] 연간에 동국으로 사신 옴에 다섯 아들이 모두 봉해졌는데,[242] 그 가운데 한 분이 인동백(仁同伯)에

239 인동 장씨 : 인동(仁同)은 경상북도 구미시(龜尾市)에 위치하는 지명으로, 경덕왕 때 인동현(仁同縣)으로 고치고 별호를 옥산(玉山)이라 하였다. 인동 장씨는 각각 시조(始祖)를 달리하는 6계열이 있으며, 크게 상장군(上將軍) 장금용(張金用) 계열과 직제학(直提學) 장계(張桂) 계열, 그리고 고려 충렬왕 때 보문각 제학을 지낸 문충공(文忠公) 장계임(張繼任) 계열로 나뉜다.

240 당나라 한림학사 지현(之賢) : 태사공(太師公) 장정필(張貞弼)의 증손(曾孫)으로, 호는 송계(松溪)이며, 고려에서 문하시중평장사(門下侍中平章事)를 지냈다고 전해지는데, 당나라 한림학사라는 관직의 근거는 분명하지 않다.

241 천보(天寶) : 당(唐)나라 현종(玄宗)의 후기(後期) 시대에 사용한 연호로, 곧 741~756년을 말한다. 이 시기는 양귀비(楊貴妃)에 빠져 정사를 돌보지 않다가 안녹산(安祿山)의 난(亂)을 만나 나라가 어지럽게 된 시대였다.

242 다섯……봉해졌는데 : 장명천(張命天)이란 사람이 1763년(영조39)에 장씨의 8관향, 즉 옥산(玉山), 전주(全州), 순천(順天), 단양(丹陽), 울진(蔚珍), 흥산(興山), 화산(花山), 결성(結城)을 통합한 족보인 《팔관족보(八貫族譜)》의 서문(序文)

봉해짐으로부터 시작되었습니다. 신라에서부터 고려에 이르기까지 이름나고 위대한 공경(公卿)이 많이 흩어져 있으며, 조선에는 안양공(安襄公)[243]과 문숙공(文肅公)[244]과 옥성군(玉城君)[245] 그리고 문강공(文康公) 여헌(旅軒)[246] 선생이 혹은 문장과 책략으로, 혹은 공명과 학업으로, 혹은 도학의 종사(宗師)로 모두 당시에 크게 드러났습니다. 그러나 전란을 겪은 끝에 보

을 지었는데, 장지현(張之賢)의 다섯 아들이 모두 봉읍(封邑)을 받아서 관향(貫鄕)이 다섯으로 나누어졌다고 하였다. 즉 옥산부원군(玉山府院君) 효익(孝翼), 전주부원군(全州府院君) 응익(應翼), 순천부원군(順天府院君) 순익(順翼), 단양부원군(丹陽府院君) 현익(玄翼), 울진부원군(蔚珍府院君) 말익(末翼)이다.

243 안양공(安襄公) : 장말손(張末孫, 1431～1486)으로, 본관은 인동(仁同), 자는 경윤(景胤), 호는 송설헌(松雪軒), 시호는 안양(安襄)이다. 옥산군(玉山君) 장안량(張安良)의 아들이며, 예천(醴泉)에 거주하였다. 이시애(李施愛)의 반군을 토벌하는 데 공을 세워 적개이등공신(敵愾二等功臣)에 책록되었다. 1482년 연복군(延福君)에 봉해졌다.

244 문숙공(文肅公) : 장순손(張順孫, 1457～1534), 자는 자호(自浩), 호는 오재(悟齋) 또는 송암(松庵), 시호는 문숙(文肅)이며, 성주(星州) 출신이다. 문충공 장계임 계열에 속한다. 1499년 사인(舍人)으로 춘추관 편수관을 겸해 《성종실록》의 편찬에 참여하였다. 우의정에 오르고, 좌의정을 거쳐 1533년 영의정에 올랐다가 이듬해 죽었다.

245 옥성군(玉城君) : 장만(張晩, 1566～1629)으로, 자는 호고(好古), 호는 낙서(洛西), 시호는 충정(忠定)이다. 장금용 계열에 속한다. 1624년(인조2) 이괄(李适)의 반란을 진압한 공으로 옥성부원군(玉城府院君)에 봉해졌다. 통진의 향사(鄕祠)에 제향되었다. 저서로는 《낙서집》이 있다.

246 여헌(旅軒) : 장현광(張顯光, 1554～1637)의 호이다. 자는 덕회(德晦), 시호는 문강(文康)이다. 장금용 계열에 속한다. 저서로는 《여헌집》, 《성리설(性理說)》, 《역학도설(易學圖說)》, 《용사일기(龍蛇日記)》 등이 있다.

첩(譜牒)이 전해지지 않아 한림학사공 뒤로는 세차(世次)를 이을 수 없는 까닭으로 드디어 각각 상세히 알고 있는 바로 시조를 삼았으니, 우리 파의 시조가 되는 분은 실로 오직 고려의 진현전 직제학(進賢殿直提學)[247]입니다. 다시 6세를 내려와 옥산군(玉山君)[248]에 이르렀으니, 옥산군은 곧 안양공(安襄公)의 아버지입니다. 그 뒤에 강직함과 청렴결백함 그리고 학행으로 세상에 드러나 알려진 사람이 서로 이어 끊이지 않았으니, 족보와 옛 서문을 보면 알 수 있습니다.

지난 숙종 계해년(1683, 숙종9)에 족보를 처음으로 편수하였으나 소략하고 누락됨을 면치 못하였습니다. 그런 까닭으로 영조 계축년(1733, 영조9)에 이어 편수하여 자세히 갖추어진 것이 이와 같습니다. 다만 그때 신녕(新寧) 사람 장명천(張命天)[249]이란 자가 있어 거짓 족보를 편수하여 고려 태사(太師)

247 진현전 직제학(進賢殿直提學) : 고려 충렬왕(忠烈王) 31년(1305) 국학진사(國學進士) 권지도평의녹사(權知都評議錄事) 동진사(同進士)에 등과하여 진현전 직제학(進賢殿直提學)을 거쳐 예문관 대제학(藝文館大提學)에 이른 장계(張桂)를 말한다. 저본에는 집현전(集賢殿)으로 되어 있다.

248 옥산군(玉山君) : 장안량(張安良, 1395~1478)으로, 일명 중지(重智)이며, 장계(張桂)의 6세손이다. 조선 초에 통덕랑(通德郎)으로 홍산 현감(鴻山縣監)을 역임했고, 그의 아들 5형제가 크게 현달하여 옥산군(玉山君)에 추봉되었다. 한편 장금용의 13세손인 장백(張伯)도 좌리공신(佐理功臣)에 녹훈되어 옥산군(玉山君)에 봉해졌다고 한다. 그러나 여기서는 장계의 후손이며 안양공의 아버지라는 기록을 보면, 장안량을 말한다.

249 신녕(新寧) 사람 장명천(張命天) : 자세하지 않다. 그가 쓴《팔관족보(八貫族譜)》의 서문(序文)에서는 순천(順天) 후인이라고 명기하였는데, 저본에는 신녕인

장길(張吉)[250]부터 위로 5세를 더 기록하고, 인하여 각파(各派)를 병합하고 뒤섞어 계보를 만들었습니다. 그래서 소목(昭穆)의 차례와 관직과 지위의 명칭, 그리고 동일한 사람인데도 혹 중국 사람이라 하거나 혹 동국 사람이라 한 것처럼 대다수가 뒤바뀌고 섞여서 후세에 현혹되는 바가 되었습니다. 그런 까닭으로 이제 또 국사와 야사 가운데 보이는 믿을 만한 사적을 널리 고찰하여, 같고 다름을 따지지 않고 하나하나 책머리에 별도로 기록하여 전의(傳疑)와 고이(考異)[251]라고 이름하여 후세에 보여 줄 바탕으로 삼았으니, 대개 1년이 걸려 비로소 완성할 수 있었습니다. 오직 책에 서문으로 쓸 말을 집사께 청합니다.

내가 일어나 탄식하며 다음과 같이 말하였다.

동국의 사대부 가운데 진실로 근원은 같으나 관향이 다른 경우가 있으니, 예를 들면, 홍씨(洪氏) 가운데 남양(南陽)과 부림

(新寧人)이라고 하였으니, 착오가 있는 듯하다. 그가 이 서문에서 주장한 여러 내용에 대해서는 지금까지 많은 논란이 있다.

250 장길(張吉) : 안동 장씨의 시조인 장정필(張貞弼, 888~?)의 초명으로, 시호는 충헌공(忠獻公)이다. 중국 절강성 소흥부 대사마대장군(大司馬大將軍)인 장원(張源)의 아들로, 930년에 고창전투에서 태조 왕건을 도와 견훤의 군대를 대파한 공으로 삼중대광보사벽상공신 태사(三重大匡保社壁上功臣太師)에 오르고 고창군에 봉해졌다고 전하고 있다. 《安東張氏大同續譜》

251 전의(傳疑)와 고이(考異) : 〈장씨각파선계고이(張氏各派先系考異)〉와 〈전의록(傳疑錄)〉을 말한다.

(缶林), 채씨(蔡氏) 가운데 평강(平康)과 인천(仁川), 남씨(南氏) 가운데 의령(宜寧)과 영양(英陽)처럼 많지 않은 것은 아니지만 장씨처럼 관향이 몇이나 되는지 알지 못하는 경우는 대개 있지 않으니, 어찌 그리도 많은가. 또 게다가 상세(上世) 이래로 명망과 지위가 성대함이 곧 저 같은 데 이르렀음에랴.

비록 인동(仁同)의 여러 파(派)로 말하더라도 현달한 벼슬아치와 큰 현인으로 혁혁하게 드러남은 거의 겨룰 사람이 없을 것이다. 대대로 덕행으로 유지하여 영남의 명망 있는 가문이 되는 데 실패하지 않음에 이르러서는 대대로 벼슬살이를 전해 주어 세습하는 집안과 비교해 보면 더욱 쉽지 않다. 옛 서문에 이른바 '우리와 족보가 같은 사람들은 각각 선조의 가르침을 따르고 떳떳한 윤리를 돈독히 함에 힘쓰고, 구차하게 우연히 찾아온 부귀[252]를 사모하지 말라. 저들은 관직〔軒冕〕으로 하지만 우리는 효제(孝悌)로 하며, 저들은 종정(鍾鼎 큰 공훈(功勳))으로 하지만 우리는 충신(忠信)으로 한다면 또한 우리를 감히 업신여길 자가 없을 것이다.'라고 한 말은 정성스럽고 간절하니, 참으로 종족을 보전하고 집안을 마땅하게 할 말이다. 이에 계파와 내력에 삼감을 지극히 할 즈음 같은 경우, 만약 그 세차(世次)가 분명하지 않으면 결단코 함께 족보에 합하지 않았으며,

252 우연히 찾아온 부귀 : 원문은 '당래지부귀(儻來之富貴)'로, 《장자(莊子)》 〈선성(繕性)〉의 "요즘 사람들은 관직〔軒冕〕을 얻고는 뜻을 이루었다고 하는데, 그것은 몸에 속한 것이지 성명(性命)과는 관계가 없는 것으로서, 우연히 찾아와 몸에 잠깐 붙어 있는 것이다.〔物之儻來寄也〕"라는 구절을 원용(援用)한 것이다.

또 전의(傳疑)와 고이(考異)를 지어 백대까지 보여 주어 후세 자손에게 이것에 대해 환히 참고하여서 근거하여 믿을 수 있게 하였으니, 그 신중하고 꼼꼼하여 정성과 힘을 다한 뜻이 심상(尋常)함에서 크게 빼어났다. 사대부 집안에서 족보를 편수함에 진실로 마땅히 이와 같이 해야 하지 않겠는가.

오호라, 세도는 떨어지고 풍속은 피폐하며 욕심이 이기고 지혜가 어두워 숭도(崇韜)가 분양(汾陽)을 조상으로 삼은 것[253]과 양후(揚侯)를 자운(子雲)의 조상이라 한 것[254]이 즐비하게 있으니, 이것은 식자들이 한심스러워하는 것이다. 지금 장씨가 차례와 순서를 변별함이 이에 홀로 이같이 엄중하니, 다만 이 한 절목만으로도 영남의 명망 있는 가문이 되기에 마땅하다. 만약 이런 마음을 미루어 갈 수 있다면 모든 천하의 일에 한결같이 오직 진실되고 높은 것을 추구하여 털끝만 한 그릇됨도 뒤섞이

253 숭도(崇韜)가……것 : 숭도는 오대(五代) 시대 남당(南唐) 때 사람인 곽숭도(郭崇韜)이며, 분양(汾陽)은 당(唐)나라 때의 명장(名將)으로 분양군왕(汾陽郡王)에 봉해진 곽자의(郭子儀)를 가리킨다. 곽숭도는 근본을 알 수 없는 사람이었는데, 한창 용사(用事)할 적에 재상 두노혁(豆盧革) 등이 그에게 아부하여, 그의 성이 곽(郭)인 까닭에 그를 곽자의의 후손이라고 부추기자, 곽숭도는 마침내 그것을 사실로 여겼다. 그래서 뒤에 그가 촉(蜀)을 정벌하러 나갔을 때, 곽자의의 묘(墓)를 지나다가 말에서 내려 통곡(慟哭)을 하고 갔으므로, 그 사실을 들은 이들이 웃음거리로 삼았다는 고사가 있다. 《五代史 郭崇韜列傳》

254 양후(揚侯)를……것 : 양후는 주(周)나라가 쇠하자 양씨가 제후로 칭한 것이며, 자운은 한나라 성도(成都) 사람인 양웅(揚雄)의 자이다. 《한서(漢書)》 〈양웅전(揚雄傳)〉에, 양웅의 먼 조상 가운데 주백교(周伯僑)라는 이가 진(晉)의 양(揚) 땅에 봉해졌기 때문에 성을 양(揚)이라 했으며, 주나라가 쇠하자 제후로 칭하였다고 하였다. 입재는 이것을 근거 없는 것으로 생각한 것이다.

게 할 수 없을 것이다. 또 이 마음을 미루어 우리의 마음을 반성하는 바탕이 한결같이 오직 천리를 보존하여 털끝만 한 욕심도 간여할 수 없게 한다면, 쪼개고 판단함이 빛나고 분명하여 재주와 지혜가 이에 진보하고 더 보태지며, 함양 공부가 순수하고 노숙하여 본원이 이에 성대하게 될 것이다. 이것을 문장과 책략으로 삼고, 이것을 공명과 학업으로 삼고, 이것을 도학의 종사로 삼고, 이것을 강직한 절의와 청렴결백한 지조로 삼는다면 어디를 간들 완전히 선을 다하지 않겠는가만 그 학행을 하는 근본을 말하자면 또 효제충신(孝悌忠信) 네 글자보다 나은 것이 없다. 스스로 즐거워하면서 외물에 대해 사모함이 없을 수 있다면 비록 다시 천백 세를 유지할 수 있는 것도 가능하니, 장씨들은 힘쓸지어다.

보잘것없는 나는 진실로 입언(立言)의 책임을 감당할 수 없어 이미 사양했으나 받아들여지지 않아 드디어 비루한 견해를 위와 같이 써서 돌려보낸다.

입재집

제27권

序서

서 序

독관편서

獨觀篇序

편(篇)을 독관(獨觀)이라 이름한 것은 다만 홀로 볼 수 있고 감히 남과 함께 볼 수 없다는 의미이기 때문이다. 대개 주염계(周濂溪 주돈이(周敦頤))가 〈태극도(太極圖)〉와 그에 대한 설을 지음으로부터 이후로 무릇 그림과 설명을 만드는 경우가 간간이 있었다. 그런 까닭으로 퇴도(退陶) 노선생이 더욱 분명하고 확실한 것을 모았으니, 〈태극도(太極圖)〉를 첫 번째로 삼고 자신이 지은 바도 아울러 《성학십도(聖學十圖)》를 만들어서 선조(宣祖)에게 진헌(進獻)하였다. 이것이 실로 만세(萬世)에 도술의 연원과 학문의 종지가 된다. 또 〈천명도(天命圖)〉[1]를 지어 묘응(妙凝)[2]과 화생

1 천명도(天命圖) : 정지운(鄭之雲, 1509~1561)이 천인(天人) 성명(性命)의 이치를 추명(推明)하고자 지은 것이다. 1553년(명종8)에 이황(李滉)의 의견을 따라 다시 정정하였는데, 이황이 〈천명도설(天命圖說) 후서(後叙)〉를 지어 약간의 수정을 더하여 〈천명신도(天命新圖)〉을 만들었다. 이것이 뒤에 사칠 논쟁(四七論爭)의 발단이 되었다. 정지운(鄭之雲)의 본관은 경주(慶州), 자는 정이(靜而), 호는 추만(秋巒)이다. 김정국(金正國)과 김안국(金安國)의 문하에서 수학하였고 이황에게 《역학

(化生)[3]의 뜻을 드러내어 밝혔으니, 대개 이에 이르러 정미(精微)한 이치가 더 이상 남은 것이 없는 듯하였다. 그러나 도체의 무궁함을 그림으로 그리고 논의할 만한 것이 한두 가지에 그칠 뿐만 아니다. 그런 까닭으로 우리 대산(大山) 이 선생(李先生 이상정(李象靖))에 이르러 또 《중용장구》 수장(首章)에 나아가 그림 하나를 그려[4] 후학에게 보여 주었다. 학자들이 만약 이 열 몇 장의 그림과 설명에 나아가 반복하여 잠심하고 완미하여 참되고 절실하게 체득하고 인식하여 터득한 바가 있다면, 도에 대해 또한 절반 넘게 깨달은 것이다.

다만 이 말학(末學) 후생은 자질이 이미 노둔하고 깨달음도 또한 늦어 많은 도리를 다 포괄할 방법이 없었는데, 근래에는 다시 정신의 혼미함이 더욱 심하여 조금 기억하고 있던 것도 모두 오유(烏有)[5]로 돌아갔으니, 그 형편상 어쩔 수 없이 여러 설을 단장

계몽(易學啓蒙)》, 《심경(心經)》 등을 배웠다.

2 묘응(妙凝) : 주돈이(周敦頤)의 〈태극도설(太極圖說)〉에 "무극의 진과 이오의 정이 묘하게 합하고 엉켜서 건도는 남자를 이루고 곤도는 여자를 이룬다.〔無極之眞, 二五之精, 妙合而凝, 乾道成男, 坤道成女.〕"라고 하였다. 〈천명도〉에서는 '합이(合而)' 두 글자를 빼고 다만 '묘응(妙凝)'이라 하였다.

3 화생(化生) : 주돈이의 〈태극도설〉에 "건도는 남(男)을 이루고 곤도는 여(女)를 이룬다. 두 기운이 교감하여 만물을 낳고, 만물이 끊임없이 생겨나니 변화가 무궁하다.〔乾道成男, 坤道成女, 二氣交感, 化生萬物, 萬物生生, 而變化無窮焉.〕"라고 하였다. 《천명도》에서는 '초목역생(草木逆生)', '금수횡생(禽獸橫生)'이라 하였다. 《退溪集 卷41 天命圖說後敍 附圖》

4 대산(大山)……그려 : 《대산집》 권39의 〈중용수장도(中庸首章圖)〉를 말한다.

5 오유(烏有) : 사마상여(司馬相如)의 〈자허부(子虛賦)〉와 〈상림부(上林賦)〉에

절취하여 모아 한 편(篇)을 만들고 항상 눈으로 본 그런 뒤라야 비로소 관통하여 거의 혹 자신의 것으로 만드는 바가 있을 수 있었다. 그런 까닭으로 이에 감히 근본을 거슬러 올라가고 지류를 따라가 비록 그림은 열 몇 장이지만 만약 이 이치를 발명할 수 있는 것이 있다면, 곧바로 그 설을 덧붙여서 살펴보는 데 편리하게 하였다. 간간이 또한 비루한 견해를 덧붙여 잊어버릴 것에 대비하여 조금 진보되기를 기다린 뒤에 어떠한지를 보겠다.

그러나 요컨대 참람되고 망녕됨이 지극하다. 비록 "늘그막에 마지못해 만든 것이다."라고 말하지만 사람들 중 누가 이것 때문에 용서하려 하겠는가. 이 때문에 감히 남에게 보이지 못하고 오직 홀로 보기만 꾀할 뿐이다.

등장하는 가공 인물이다. 오유(烏有)는 '어찌 이런 일이 있을 수 있겠는가'라는 뜻으로, 이치에 맞지 않고 허황하여 사용할 수 없음을 뜻한다.

진일재유집[6]서

眞一齋遺集序

맹자(孟子)가 말하기를, "그의 시를 외우고 그의 글을 읽으면서도 그의 사람됨을 모르는 것이 옳겠는가. 그렇기 때문에 당시를 논하게 된다."[7]라고 하였으니, 이 말이 참으로 지극하다. 그러나 나는 당시를 논하면 진실로 그의 사람됨을 알 수 있으나, 반드시 그의 시를 외우고 그의 글을 읽은 뒤라야 그의 사람됨을 더욱 잘 알 수 있다고 생각한다. 예전에 만약 〈태극도설(太極圖說)〉, 《역통(易通)》,[8] 〈서명(西銘)〉 같은 여러 글이 없었더라면 비록 주돈이(周敦頤)와 장재(張載) 같은 현인이라 할지라도 또한 어디에서 그 조예의 극치를 알 수 있겠는가.

우리 동방의 성리학은 포은(圃隱) 선생에게서 창도되었으니, 당시에 그 의논이 호운봉(胡雲峯)[9]과 합치된다고 평하였으나, 도

6 진일재유집 : 유숭조(柳崇祖, 1452~1512)의 문집으로, 상・하 1책이다. 그의 본관은 전주(全州), 자는 종효(宗孝), 시호는 문목(文穆)이며, 진일재는 그의 호이다. 18년 동안의 벼슬길을 거의 성균관에서 보내면서 조광조(趙光祖) 등 신진 유림을 다수 배출시켰으며, 성리학의 학풍을 크게 북돋우었다.

7 그의……된다 : 《맹자》 〈만장 하(萬章下)〉에 나온다. 저본에는 '誦其詩讀其書'로 되어 있으나, 원전에는 '讀其書誦其詩'로 되어 있다.

8 역통(易通) : 중국 송나라의 학자 주돈이(周敦頤)가 지은 《통서(通書)》의 처음 이름이다.

9 호운봉(胡雲峯) : 호병문(胡炳文, 1250~1333)으로, 자는 중호(仲虎)이며, 운봉은 그의 호이다. 원(元)나라 휘주(徽州) 무원(婺源) 사람으로, 저서에 《주역본의통

리어 후세에 전해진 문자가 없다. 또 한훤(寒暄 김굉필(金宏弼))과 일두(一蠹 정여창(鄭汝昌))와 정암(靜菴 조광조(趙光祖)) 같은 여러 선생들이 연이어 일어나 그 남은 아름다움〔餘徽〕[10]을 이었으나 또한 후세에 전해지는 저술이 없으니, 그 조예(造詣)의 극치를 학자들이 엿보아 찾을 길이 없다. 어찌 매우 한스러운 일이 아니겠는가. 회재(晦齋 이언적(李彦迪)) 선생에 이르러서야 비로소 〈태극논변(太極論辨)〉, 《대학장구보유(大學章句補遺)》, 《중용구경연의(中庸九經衍義)》 등의 글이 있었으며, 우리 퇴도(退陶) 노선생 나오신 뒤에 저술한 〈천명도(天命圖)〉와 《성학십도(聖學十圖)》 그리고 기타 성현의 은미하고 오묘한 뜻을 밝혀 낸 것에 이르러서야 더 이상 남겨진 숨은 뜻이 없게 되었으니, 이는 동방에서 집대성한 위대한 현인이시다. 이에 백세(百世) 뒤에도 모두 우리 유학의 도의 종지(宗旨)를 알아서 밝은 해가 밝게 걸린 것 같음이 있었다. 그러나 회재와 퇴계 이전 선배의 경우는 훌륭한 말을 감추어 둔 채로 돌아가셨기 때문에 더 이상 그 영향이 뒤에 전해짐이 없다고 생각하였다.

이제 유양정(柳養正) 군이 받들어 보여 준 그의 선조 진일재(眞一齋) 선생의 대학강목 십잠(大學綱目十箴)[11]과 《성리연원촬요

석(周易本義通釋)》, 《사서통(四書通)》, 《운봉집》이 있다.

10 남은 아름다움〔餘徽〕: 여휘는 전인이 남긴 풍화(風化) 곧 도덕의 규범이다. 포은은 비록 죽었지만 남긴 공업과 교화는 없어지지 않아서 그 덕행과 언론이 오히려 한훤과 일두에게 영향을 끼쳤다는 말이다.

11 대학강목 십잠(大學綱目十箴) : 《대학장구》에서 핵심이 되는 항목에 대한 잠(箴)으로, 〈명명덕잠(明明德箴)〉, 〈작신민잠(作新民箴)〉, 〈지지선잠(止至善箴)〉,

(性理淵源撮要)》[12] 한 권을 보니, 그 사이에 곧 선생 같은 분이 있어 성리학을 드러내어 밝힌 것이 이와 같은 데 이르렀다. 또 《주역》, 《시경》, 《서경》, 《예기》, 사서의 언해(諺解)도 모두 선생이 한 것으로 당시의 학자들로 하여금 모두 그 독음과 구두(句讀)를 바르게 알고 그 대의를 통하게 하여 지금까지도 본받아 사용하니, 그 아름다운 은혜의 무궁한 공(功)에서 또한 그 위대함을 볼 수 있다. 이런 까닭으로 당시에 선생이 중종에게 이 잠(箴)을 진헌하니, 곧 간행을 명하였으며, 근세에 이르러 영남의 문적을 임금께 진상함[13]으로 인하여 이 언해가 나온 바를 아뢰자 정조가 자주 큰 선비라고 칭찬하였으니, 그 전후로 임금에게 알려진 것이 지극하다고 말할 만하다.

선생이 5년 동안 성균관장이 되어 사방의 선비들을 가르쳤으

〈사무송잠(使無訟箴)〉, 〈격물치지잠(格物致知箴)〉, 〈근독잠(謹獨箴)〉, 〈정심잠(正心箴)〉, 〈수신잠(修身箴)〉, 〈제가치국잠(齊家治國箴)〉, 〈혈구잠(絜矩箴)〉 등의 10잠으로 구성되어 있다. 이 잠은 유숭조가 통정대부 성균관 대사성(通政大夫成均館大司成)으로 있으면서 1511년(중종6)에 중종에게 올린 것인데, 그때 쓴 〈진대학잠전(進大學箴箋)〉이 《진일재유집》 권상(上)과 《중종실록》 13권, 중종 6년 3월 12일 조에 실려 있다. 모두 격언지론으로서 원래는 제왕의 치도를 위하여 쓰인 것이지만 경학의 연구에도 귀중한 자료로 평가된다.

12 성리연원촬요(性理淵源撮要) : 《주역》에서부터 송대의 제유(諸儒)에 이르기까지 성리학의 연원이 되는 주요 내용들을 발췌, 편찬한 것으로, 《진일재유집》 권상(上)에 있다. 당시 성리학의 연원과 흐름을 살필 수 있는 중요한 자료이다.

13 근세에……진상함 : 1799년(정조23) 영남 명현들의 문적을 거두어 올리라는 조정의 명이 있었는데, 좌도(左道)에서는 김한동(金翰東, 1740~1811)과 이정덕(李鼎德, 1752~?)이, 우도(右道)에서는 정종로(鄭宗魯)와 박지서(朴旨瑞, 1754~1821)가 임무를 맡았다.

니, 이 책이 마땅히 집집마다 전해지고 암송되었을 것이나 도리어 이에 보고 아는 사람이 없다. 지금의 박사업(博士業 과거 공부)을 닦는 사람들이 선생의 이 언해를 익히지 않음이 없으면서도 그것이 선생에게서 나온 것임을 알 수 있는 자가 또 드무니 어쩌면 연대가 오래되고 자주 병화(兵禍)를 겪어서 그런 것인가, 아니면 선생의 도는 드러나고 감추어지는 것이 시운이 있기 때문에 그런 것인가. 어떤 사람은 의심하기를, 선생의 이 잠(箴)에서 그 사단 칠정과 이기(理氣)를 논한 곳은 진실로 위로 고정(考亭 주자(朱子)) 의 뜻에 계합(契合)하나, 편마다 진술한 여러 말들이 간혹 《대학장구》의 본뜻과 조금 다름이 있다고 한다. 그러나 이 잠의 대체(大體)가 오로지 임금의 덕을 도와 다스림의 도를 내도록 하는 것으로 주를 삼은 것이어서 경문을 바르게 해석한 것과 비교할 것이 아님을 매우 모르는 것이니, 무릇 성현의 올바른 말씀과 지극한 논의에 관계된 것을 반복하여 인용하고 열어 인도하려는 뜻을 다하도록 힘쓰는 것은 절로 그렇게 하지 않을 수 없는 것이다. 만약 임금이 된 이가 이것에 깊이 체득하여 자신에게 받아들이고 활용한다면, 이것으로 요순 같은 성군이 될 수 있을 것이니, 삼대(三代)의 다스림은 진실로 이에서 벗어나지 않는다. 그렇다면 다만 후학을 가르쳐 인도했을 뿐만 아니니, 그 제왕의 학문에 도움이 있음은 어떠하겠는가. 대개 맹자(孟子)가 졸한 뒤 1,500년간 성현의 성리지학(性理之學)에 깨달음이 있기를 구한 자는 오직 동자(董子)[14]와 한자(韓子 한유(韓愈)) 그리고 범문정공(范文正公)[15]

14 동자(董子) : 한(漢)나라 무제(武帝) 때 강도상(江都相)을 지낸 동중서(董仲

뿐이다. 그러나 정의(正誼)와 명도(明道)에 대한 설,[16] 〈원성(原性)〉과 〈원도(原道)〉 같은 논,[17] 그리고 《중용》 읽기를 권한 말[18]은 우리 도의 중정(中正)의 지견(知見)이 아님이 없으나, 만약 이

舒)를 가리킨다. 무제 때 현량으로 뽑혔는데, 하늘과 사람은 서로 감응한다는 요지로 대책(對策)을 올리면서 육예(六藝)의 과(科)와 공자(孔子)의 학술을 배우지 않은 자는 등용하지 말라고 건의하였다. 그러자 무제가 이 대책을 채택함으로써 유교가 중국의 정통 학문으로 되었다. 《춘추(春秋)》에 밝아서 《춘추번로(春秋繁露)》를 지었다. 《漢書 董仲舒傳》

15 범문정공(范文正公) : 범중엄(范仲淹, 989~1052)으로, 자는 희문(希文)이며, 문정은 그의 시호이다. 송(宋)나라 인종(仁宗) 때의 명신이며, 목주(睦州)·소주(蘇州)·월주(越州) 등 여러 주의 지주(知州)를 지내고, 추밀원 부사(樞密院副使)·참지정사(參知政事) 등을 지냈다. 저서에 《단양집(丹陽集)》이 있다.

16 정의(正誼)와……설 : 의(誼)는 의(義)와 같으며, 《한서(漢書)》 권56 〈동중서전(董仲舒傳)〉에 "대저 인인(仁人)은 그 옳음을 바르게 지키고 그 이익을 도모하지 않으며 그 도를 밝히고 그 공로를 계산하지 않는다. 그 때문에 중니의 문하에서는 오척 동자도 오패를 입에 담는 것을 수치로 여겼으니, 간사함과 무력을 앞세우고 인의를 소홀히 했기 때문이다.〔夫仁人者, 正其誼不謀其利, 明其道不計其功. 是以仲尼之門, 五尺之童羞稱五伯, 爲其先詐力而後仁誼也.〕"라고 하였다.

17 원성(原性)과……논 : 두 작품은 모두 한유(韓愈)가 지은 것이다. 〈원성〉은 사람의 성품을 분석한 글로, 사람의 성에 대해 선만 있고 악이 없는 상품(上品)과, 교육 여하에 따라 상품이나 하품이 될 수 있는 중품(中品)과, 악뿐이어서 교육으로도 변화시킬 수 없는 하품(下品)으로 나누었다. 〈원도〉는 도란 무엇인가를 분석한 글로, 도(道)가 도가(道家)나 불교(佛敎)의 도에 의하여 어지럽혀져 있다고 비난(非難)하고, 본래의 도는 인의(仁義)의 가르침을 중심으로 하는 유교에 있음을 명백히 하고 있다.

18 중용……말 : 장재(張載)가 젊어서 병사(兵事)를 담론하기 좋아했다. 나이 스물한 살에 글로써 범중엄(范仲淹)을 찾아뵈었는데 범중엄이 그에게 경계하여 이르기를, "유자(儒者)는 명교(名敎)가 있어서 즐길 만하다. 어찌 병(兵)을 일로 삼으리오."라고 하고, 이로 인하여 《중용》을 읽기를 권하였다. 《宋史 張載傳》

것으로 우리 유가의 크게 완전한 학문이라 말한다면 곧 인정하지 못할 것이 있다. 또 설령 세 사람이 잠을 지어 당시에 올렸더라도 선생과 같을 수 있음은 기필할 수 없다.

오호라, 포은(圃隱) 이후 퇴도(退陶) 이전까지 동국에 태어나 저와 같이 뛰어남이 곧 선생만 한 사람이 있음을 누가 알겠는가. 그가 혼조(昏朝)[19]에 처했을 때를 보건대, 올곧은 말로 세상에 떨쳐 비록 우레 같은 위엄을 당해서도 온화하게 대처했으며, 먼 곳에 쫓겨나도[20] 평지에서 편안히 생활하는 것과 다름이 없었다.

저 중종 반정에 이르러 군신 간에 현묘하게 부응하여 화무직(華膴職)[21]을 두루 거치고 유악(帷幄)[22]에서 보좌하였으니, 임금의 계책을 도와 큰 업적을 빛나게 한 바는 평소 학문이 쌓인 것 가

19 혼조(昏朝) : 정치가 문란한 조정을 일컫는 말로, 여기에서는 연산군(燕山君)을 뜻한다.

20 먼 곳에 쫓겨나도 : 1504년(연산군10) 국왕의 어지러운 정치를 직간하다가 미움을 사서 장 40대를 맞고 강원도 원주(原州)에 유배된 것을 말한다.

21 화무직(華膴職) : 화(華)는 사헌부, 사간원, 홍문관의 삼사와 같은 청환(淸宦)을 가리키며, 무(膴)는 호조와 같이 녹이 후한 관직을 가리킨다. 유숭조가 1472년(성종3) 사마시에 합격해 진사가 되었고, 1489년(성종20) 식년 문과에 병과로 급제해 교서관 정자에 발탁되고 사유록(師儒錄)에 들었으며, 그 뒤 사간원 정언(司諫院正言), 홍문관 부교리(弘文館副校理), 사헌부 장령(司憲府掌令) 등을 지내면서 정부 관원들의 기강 확립과 국왕에 대한 간쟁에 힘썼기 때문에 이렇게 말한 것이다.

22 유악(帷幄) : 원래 군대의 장막을 가리키는 말로, 중국 한(漢)나라 고조(高祖)의 모사(謀士) 장량(張良)이 주로 장막 안에서 계획을 세워 "유악 안에서 산가지를 놓아 천리 밖에서 결승한다.〔運籌策帷幄中, 決勝千里外.〕"라고 한 데서 나왔다. 《漢書 張良傳》 이에 국정(國政) 혹은 군사 기밀을 의논하는 곳이라는 의미를 갖게 되었으며, 후에 임금과 가까이 있는 곳을 가리키게 되었다.

운데서 흘러나오지 않음이 없었다. 폐위된 연산군을 위해 친족에게 두터이 하는 은혜를 더하도록 청하고 상례(喪禮)와 장례(葬禮), 시호(諡號)와 제례(祭禮)에 반드시 모두 임금의 예를 쓰게 하려 한 것[23]은 더욱 임금으로 하여금 성덕(聖德)의 일을 하도록 한 것이니 그 흥폐(興廢)에 마음을 바꾸거나 화복에 마음이 걸리지는 않았다. 권력을 가진 흉악한 사람들이 정사를 마음대로 하는 시대에 정론을 창도하고 올곧은 말을 제시한 것은 또 어찌 그리도 충성과 사랑이 간절하고 지극하며 굳셈과 과감함이 빼어나고 위대한가. 이것은 모두 선생의 학문의 힘이 미친 바이며, 더욱 이단을 분변하고 사설(邪說)을 물리침에 엄정히 하여 그 논한 바가 〈성리연원촬요〉 가운데 나열된 것은 한 번 책을 펴 보면 곧 사람으로 하여금 그 원류를 환히 알아 의혹되지 않게 할 것이다.

그 밖의 천문, 지리, 율력, 주수(籌數)[24] 같은 것에도 또한 두

23 폐위된……것 : 《승정원일기》 인조 19년 7월 10일 갑신 조의 승정원에서 올린 장계(狀啓)에 "옛날 연산(燕山)의 상 때 공조 참의 유숭조가 망녕되이 옛 임금으로 대하여 상복을 입어야 한다고 논했다가 당시의 대간들이 극렬하게 논죄하여 벌주기를 청하였다.〔昔燕山之喪, 工曹參議柳崇祖, 妄論舊君之服, 當時臺諫, 極論請罪.〕"라는 내용이 있다.

24 주수(籌數) : 수학 계산법으로, 홍대용(洪大容)의 《담헌서(湛軒書)》 외집 권4 〈주해수용총례(籌解需用總例)〉 '방원승제율(方圓乘除率)' 주에 "주수(籌數)는 정(精), 추(粗)가 있다. 정수(精數)는 석미세분(析微細分)하며 내치(內治)함이 없으며 역(曆)이라든가 심률(審律)이 이것에 속하며, 추수(粗數)는 간편한 것에 따라서 조금 차이가 있어도 구애가 없어 양전(量田)이라든가 상공(商功)이 이것에 속한다.〔籌數有精有粗. 精數析微細分, 無內治, 曆審律之屬是也; 粗數從簡, 少差無碍, 量田商功之屬是也.〕"라고 하였다.

루 자세히 통달하여 그 뜻을 지극히 하지 않음이 없었다. 선생 같은 이는 참으로 이른바 '체도 있고 용도 있어 성대하게 후학의 사표가 될 만하다'라는 것이지만, 애석하게도 그 남긴 글이 산실되고 다만 이 글 하나만 남았다. 그런 까닭으로 선생의 자손들이 그것 때문에 한스럽게 여겨 이에 여러 믿을 만한 문적(文蹟)을 널리 고찰하여 비록 조각말이나 낱글자라도 만약 선생에 대해 언급한 것이 있으면 채록하지 않음이 없었다. 또 당세의 여러 이름난 선비들에게 서문과 기문을 부탁하여 그 책에 붙이고 장차 판각하려 함에 그릇되이 나에게도 또한 한마디 말을 써 줄 것을 부탁하였다. 스스로 그 적임자가 아니라고 생각하여 굳게 사양했으나 허락을 받지 못해 드디어 비루한 견해를 위와 같이 쓴다.

초간집[25]서

草澗集序

나는 인재가 태어남에는 초기, 전성기, 중기, 말기의 구분이 있다고 생각한 적이 있다. 대개 천지 사이 문명의 운행은 진실로 순환하여 다함이 없다. 그러나 그 유행함이 오래된 뒤에는 대부분 침체되어 쇠퇴해 감을 면치 못한다. 그런 까닭으로 바야흐로 풍기(風氣)가 발설(發洩)하던 처음에는 한 번 풍기가 모여 길러진 인재들이 모두 빼어나고 순수한 자품과 뛰어난 기질을 돈독하게 받았다. 비록 그 이름과 지위, 공훈과 업적이 세상에 크게 드러나지 않은 사람이라도 그 정신, 기백, 학문, 언행이 늘상 후배보다 매우 뛰어났다. 비록 천년 뒤라도 오히려 사람으로 하여금 상상하며 사모함이 생겨나 그만둘 수 없게 하니, 이때에 만약 그 남긴 자취를 얻어 볼 수 있다면 사람으로 하여금 크게 감탄하며 다행으로 여기게 함이 어떠하겠는가.

우리 조선의 명종과 선조 때에 문운(文運)이 매우 열려 풍기가 바야흐로 성대하여 한때의 풍기가 모여 길러진 인재들이 차례대로 배출되니, 빛나고 성대함은 후세에 비길 것이 아니었다. 초간

25 초간집 : 권문해(權文海, 1534~1591)의 문집으로, 1812년에 간행되었으며, 목록(目錄), 연보(年譜), 원집(原集) 4권, 부록(附錄) 합 3책이다. 그의 본관은 예천(醴泉), 자는 호원(灝元), 호는 초간(草澗)이며, 이황(李滉)의 문인이다. 저서로 《대동운부군옥(大東韻府群玉)》과 《초간일기(草澗日記)》 3책이 있다.

(草澗) 선생 권공(權公)은 그 사이에 태어나 안으로는 수헌(睡軒)[26] 선생을 종조부(從祖父)로 삼았으니 그의 문학과 절의는 당세에 이름이 있었다. 밖으로는 퇴도(退陶) 선생을 스승으로 삼아 직접 지결(旨訣)을 받았으며, 서애(西厓 유성룡(柳成龍)), 학봉(鶴峯 김성일(金誠一)), 동강(東岡 김우옹(金宇顒)) 같은 여러 어진 이를 벗으로 삼아 훌륭한 행실을 연마하였다. 공이 우리 상주에 살 때 나의 선조 문장공(文莊公 정경세(鄭經世))과 도의의 교분을 맺어 덕을 드러내고 빛을 떨쳤으니 풍모와 명망을 비길 데가 적었다. 또 《대동운부군옥(大東韻府群玉)》[27] 한 부를 저술하여 후세에 전하였으나, 도리어 경상(卿相)의 지위에 이르러 크게 능력을 펴지 못하니, 시대가 이미 오래됨에 명성과 빛이 점점 어두워졌다. 늦게 태어난 나 같은 사람은 누구로부터 상세히 들을 수가 없었으니, 다만 상상하며 사모함만 일으킨 것이 오래였다.

지금 선생의 후손 도상(道相)이 그 집안 부형의 명으로 유집 약간 권을 받들고 와서 나에게 보여 주며 서문 지어 줄 것을 부

26 수헌(睡軒) : 권오복(權五福, 1467~1498)으로, 본관은 예천(醴泉), 자는 향지(嚮之), 시호는 충경(忠敬)이며, 수헌은 그의 호이다. 예천 출신으로 김종직(金宗直)의 문인이며, 무오사화가 일어나자 처형되었다. 다섯 형제 중 셋째이며, 막내 아우 권오상(權五常)의 손자인 권문해(權文海)가 대구 부사로 있던 1585년(선조18)에 유성룡(柳成龍)의 발문과 박승임(朴承任)의 서문을 받아 문집인 《수헌집》을 간행했다. 예천의 봉산서원(鳳山書院)에 제향되었다.

27 대동운부군옥(大東韻府群玉) : 권문해가 편찬한 일종의 백과전서로, 목판본 20권 20책이다. 원나라 음시부(陰時夫)가 지은 《운부군옥》이 중국의 역사 기록을 수록하여 엮은 것인 데 반하여, 우리나라의 문헌 중 단군 시대로부터 편찬 당시까지 지리, 역사, 인물, 문학, 식물, 동물 등을 총망라하여 운별(韻別)로 분류해 놓았다.

탁하였다. 나도 모르게 벌떡 일어나 받들어 읽어 보니, 연보 외에 또 김한림(金翰林)의 행장[28]과 권창설(權蒼雪)의 묘갈명(墓碣銘)[29]이 있어 공의 생애가 남김없이 모두 다 기술되어 있었다. 오호라, 풍기가 선생에게 모이고 길러져 조정에 서서 일을 처리함과 자신의 뜻을 시행하고 의견을 주장함이 후배들보다 매우 크게 빼어난 사람은 과연 마땅히 이와 같지 않았겠는가.

대저 뭇사람들이 두려워해도 홀로 두려워하지 않으며, 뭇사람들이 명예롭게 여겨도 홀로 명예롭게 여기지 않았으니, 생각건대 한 손으로 요로를 차지하여 하늘에까지 떨치는 권세를 꺾었으며,[30] 또 일척안(一隻眼)[31]으로 시와 예를 빙자하여 무덤을 파헤치

28 김한림(金翰林)의 행장 : 김한림은 김세호(金世鎬, 1652~1722)로, 본관은 의성(義城), 자는 경백(京伯), 호는 구주(龜洲)이다. 1690년(숙종16) 문과에 급제, 한원(翰苑)에 있을 때 숙종이 주역에 대하여 문신들에게 질문하였으나 아는 자가 없어 사관(史官)을 시켜 그에게 묻자 조금도 거리낌 없이 대답하였다. 그가 지은 권문해의 행장은 《초간집》 부록에 〈통정대부행승정원좌부승지겸경연참찬관춘추관수찬관초간선생권공행장(通政大夫行承政院左副承旨兼經筵參贊官春秋館修撰官草澗先生權公行狀)〉으로 실려 있다.

29 권창설(權蒼雪)의 묘갈명(墓碣銘) : 권창설은 권두경(權斗經, 1654~1725)으로, 본관은 안동(安東), 자는 천장(天章), 창설은 그의 호이다. 저서로는 《창설재집》, 《도산언행통록(陶山言行通錄)》, 《계문제자록(溪門諸子錄)》 등이 있다. 그가 지은 권문해의 묘갈명은 《창설재집》 권14에 〈통정대부승정원좌부승지초간권공묘갈명(通政大夫承政院左副承旨草澗權公墓碣銘)〉으로 실려 있으며, 《초간집》 부록에도 실려 있다.

30 요로를……꺾었으며 : 1583년(선조16) 초간은 사헌부 장령(司憲府掌令), 사간원 헌납(司諫院獻納) 등을 역임했는데, 당시의 세력가인 이이(李珥), 정철(鄭澈) 등을 탄핵하고 왕자들과 종실의 참람된 예에 대해 논한 일을 말한다.

는 간사함을 밝혔으니,[32] 이것은 이미 특별하게 선 절의와 앞날을 내다보는 지혜이다. 비록 임금이 의지하여 중하게 여기는 어진 신하와 왕실이 좋고 나쁨을 함께하는 친한 이에 대해서도 만약 신하의 직분을 조금이라도 어기거나 임금의 법제를 조금이라도 넘음이 있으면, 거론하여 탄핵함에 어렵게 여김이 없었으니 하물며 그 아랫사람이야 말할 것이 있겠는가. 이 때를 당하여 조정에서는 그 때문에 숙연하여 두려워하지 않는 이가 없었다. 그 의견의 정당함은 논할 것도 없고 혹 안정된 힘이 본디부터 있는 것이 아니라면 그 어찌 능히 할 수 있었겠는가. 이 때문에 당시에 미움을 받았다.

이미 백부(栢府 사헌부(司憲府))와 미원(薇垣 사간원(司諫院))을 역임

31 일척안(一隻眼) : 정문안(頂門眼)이라고도 하며, 밝은 지혜의 철저한 통찰력을 지님을 말한다. 불교에서 대천세계(大千世界)를 자유롭게 주재하는 마혜수라천(摩醯首羅天)은 팔이 여덟이고 눈이 셋인데, 보통 사람과 같은 두 눈 외에 정수리에 일체의 사리를 꿰뚫어 보는 외눈을 가지고 있다고 하며 이를 정문안이라 한다. 《벽암(碧巖)》 34칙 송고저어(三十四則 頌古著語)에 "정수리에 일척안이 갖추어져 있다.〔頂門具一隻眼〕"라고 하였다.

32 시와……밝혔으니 : 《장자(莊子)》 〈외물(外物)〉에 유자는 시와 예를 빙자하여 무덤을 파헤친다〔儒以詩禮發冢〕이라고 비평하면서 "유자들이 무덤을 도굴하는데, 대유(大儒)가 묻기를 '동이 트는데 일이 얼마나 진척되었는가.' 하니, 소유(小儒)들이 대답하기를 '아직 속옷을 못 벗겼으나 입에는 구슬이 있으니, 그야말로 〈시경〉의 말처럼 「짙푸른 보리 무덤가에 돋아났는데, 살아서 좋은 일 안 한 사람 죽어서 어찌 구슬을 물고 있는가.」하는 격입니다.' 하였다."라는 내용이 있으니, 유자(儒者)를 표방하면서 음흉한 짓을 하는 것을 말한다. 1575년(선조8) 초간이 청주(淸州) 목사로 있을 때 인순왕후(仁順王后)의 상례(喪禮)에 대한 시비(是非)가 벌어지자 〈오례의(五禮儀)〉의 개찬을 통해 상례 규정을 상세히 마련하자고 청한 〈청종권소(請從權疏)〉를 올린 일을 말한다.

하고 은대(銀臺 승정원(承政院))에 올랐으며, 또 여러 번 옥서(玉署 한림원(翰林院))의 장(長)에 선임되었으니, 전도(前途)가 열린 것이 원대하다고 말할 수 있었다. 그러나 해치는 자들을 어찌할 수가 없어 다만 호남과 영남에서 군수를 하는 사이에 조금 시험할 수 있었다. 이르는 곳마다 문득 어진 이를 숭상하고 학문을 흥기하는 것으로 급선무를 삼으니, 정교(政敎)의 명성과 치적에 늘상 백성들의 노래와 칭송이 그치지 않았다. 애석하게도 은덕이 오로지 한 고을에만 끼치고 모두에게 두루 미칠 수 없었다.[33] 그러나 선생은 이것에 개의치 않았다. 직방(直方)[34]의 기상과 효도하고 화목한 기풍은 유학의 선비들이 공경하여 본받는 바가 되지 않음이 없었다. 평소 산수의 빼어남을 사랑하여 일찍이 거주하던 바 죽소(竹所) 상류에 정자 하나를 얽어 초간정이라 이름하고 만년에 물러나 쉬면서 학업을 강론할 터전으로 삼고자 하였다. 그러나 불행하게 중도에 갑자기 죽어 시행하지 못하였다.

그 평생의 큰 이름을 따라가 보건대, 대개 다만 한 시대의 이름난 선비가 될 뿐만 아니니, 가정에서 받들고 계승함, 스승과 벗

33 오로지……없었다 : 한유(韓愈)의 〈송육흡주참참시서(送陸歙州傪參詩序)〉에 "육군의 도가……한 고을의 자사가 되면 은덕이 오로지 한 고을에만 끼치고 모두에게 두루 미칠 수 없다.〔陸君之道……刺一州, 則專而不能咸.〕"라는 말에서 나온 것으로, 역량이 있음에도 불구하고 중앙 관직을 하지 못하고 지방 수령에 그친 것을 안타깝게 여기는 것을 말한다.

34 직방(直方) : 《주역》 〈곤괘 문언〉에 "경(敬)하여서 마음을 곧게 하고, 의(義)하여서 일을 바르게 한다.〔敬以直內, 義以方外.〕"라고 하였는데, 이 말을 두 글자로 줄인 것이다.

의 가르침과 절차탁마함의 힘에서 얻음이 있음을 또 어찌 속일 수 있겠는가. 다만 보건대, 그 시와 문장은 넉넉하고 아름다움을 공교롭게 여기지 않고 오직 전아함을 주장하였으니, 뜻을 전일하게 하여 공부에 힘씀이 있지 않았다면 그렇게 할 수 있겠는가. 비록 병화(兵禍)에 잃어버려 전하는 바가 많지 않으나, 《대동운부군옥》에 이르러서는 곧 우리 동방 수천을 기록한 한 질의 야사이다. 당시의 선배인 학봉(鶴峯) 김 선생(金先生 김성일(金誠一)) 같은 이가 그것을 위해 임금께 진상하여 판각하고자 하는 데까지 이르렀다.[35] 그 뒤 김학사(金鶴沙)[36]와 홍목재(洪木齋)[37] 등 여러 공들이 모두 필삭(筆削)[38]하고 권면하며 징계한 것이 세상의 교화

35 학봉(鶴峯)……이르렀다 : 권문해가 대구 부사(大丘府使)로 있을 때인 1589년(선조22) 편찬을 완료하고, 세 벌을 정서해 두었다. 그중 한 벌을 1591년 부제학 김성일이 선조에게 어람시킨 뒤 간행하려 하였으나, 임진왜란이 일어나 고본을 잃어버렸다.

36 김학사(金鶴沙) : 김응조(金應祖, 1587~1667)로, 본관은 풍산(豐山), 자는 효징(孝徵)이고, 호는 학사 또는 아헌(啞軒)이다. 1613년(광해군5) 생원(生員)이 되었으나 광해군의 난정을 보고 문과 응시를 포기하고 장현광(張顯光)의 문하에서 학문을 연마하였다. 인조 즉위 후 알성(謁聖) 문과에 병과(丙科)로 급제하였고, 병조정랑, 공조 참의 등 여러 관직을 역임하였다.

37 홍목재(洪木齋) : 홍여하(洪汝河, 1620~1674)로, 본관은 부림(缶林), 자는 백원(百源), 호는 목재 또는 산택재(山澤齋)이다. 만년에 고향 율리로 돌아와 저술과 강학활동에 매진하였다. 저서로는 《목재집(木齋集)》, 《휘찬여사(彙纂麗史)》, 《동사제강(東史提綱)》 등이 있다.

38 필삭(筆削) : 공자(孔子)가 노사(魯史)를 가지고 쓸 것은 쓰고 삭제할 것은 삭제하여 《춘추(春秋)》를 지은 것을 말하는데, 《춘추》의 기술방식이 한 글자로 포폄(褒貶)을 가하며 엄정하게 비평하였다. 《대동운부군옥》 역시 기존의 기록을 필삭함이 《춘추》처럼 엄정하였음을 말한다.

에 도움이 매우 있다고 평가하였으니, 다만 사람들이 옛 사실을 고찰하여 보는 데 편리할 뿐만이 아니다. 선생의 썩지 않을 업적이 이것에 있으니, 또 어찌 유집이 많지 않음을 한스러워하겠는가. 그러나 그 편질(編帙)이 방대하고 많아 오늘날 아울러 간행할 수 없으니, 이것이 한스럽다.

나는 보잘것없으니 진실로 망녕되이 비평의 말을 감히 할 수 없다. 그러나 요컨대 그 정신, 기백, 학문, 언행은 결단코 풍기가 쇠퇴해질 때 태어난 사람과 비교할 것은 아니지만, 명성과 지위, 공훈과 업적이 크게 드러나지 않음은 공을 평가하는 바가 아니다. 나는 훗날 이 책을 얻어 읽는 자가 크게 감탄하며 다행으로 여김이 정히 나와 마찬가지일 것임을 안다. 대개 빛나는 시대에 인물의 융성함을 이에서 또한 볼 수 있도다.

회헌일고[39]서

檜軒逸稿序

대저 군자의 큰 절의는 오직 출처(出處)의 두 단서에 달렸기 때문에 옛날로 거슬러 올라가 사람을 논하는 선비는 반드시 이 점을 보았다. 진실로 그 현달함과 은둔함은 일체 오직 의를 따라 지키는 바를 확고하게 하면 이는 그 덕을 온전하게 한 것임을 알 수 있다.

내가 들은 바에 의하면 고(故) 소종백(小宗伯 예조 참판) 회헌(檜軒) 유공(柳公) 같은 경우는 그 출처를 보건대, 영릉(英陵 세종(世宗))의 명신일 뿐만 아니라 노릉(魯陵 단종(端宗))의 충신이지만 세상에서 도리어 일컬음이 없는 것은 어째서인가. 오호라, 우리 세종 때에 기이하고 보배로운 재주를 품은 선비 가운데 보불(黼黻)로 찬란하게 하고 생용(笙鏞 생황(笙簧)과 대종(大鐘))으로 찬미할 만한 임금의 정치를 도운 사람이 빛나게 성하였다고 할 수 있으니 공이 그 가운데 한 사람이다.

공은 집현전 학사로 조정에 알려져 중앙과 지방에서 30년 동안 충언을 아뢰었다. 단종이 처음 즉위했을 때 당시의 천명과 인심이 다른 곳으로 돌아감이 있음을 혹 아는 사람이 없었으나, 공은

39 회헌일고 : 유의손(柳義孫, 1398~1450)의 문집으로, 목판본 1책이다. 그의 본관은 전주(全州), 자는 효숙(孝叔), 호는 회헌(檜軒) 또는 농암(聾巖)이다. 예조 참판으로 기용되었을 때 상을 당함으로써 몸이 쇠약해져 관직을 감당하기 어렵게 되자 세종이 고기를 하사하여 보신을 시켰으나 끝내 병으로 사직하고 말았다. 그는 문장에 능하였다.

이에 먼저 내다보고 미리 알아서 초연히 멀리 떠나 스스로 전원의 사이로 물러났다. 얼마 후 광묘(光廟)[40]가 왕위를 선양받은 뒤에 천관(天官 이조(吏曹))의 상경(上卿)으로 불렀으나, 병을 핑계 삼아 굳게 은거하며 벼슬에 나가지 않았다. 이 때문에 임금의 의심을 받아 유배의 화를 만났으나, 오직 자정자헌(自靖自獻)[41]만 도모하였으며 일찍이 후회함이 없었다. 공의 유언에도 단종 때 벼슬한 소종백(小宗伯)으로 그 묘지석에 쓰게 하였으니, 이는 그 일편단심의 충성을 위로 푸른 하늘에 질정해 볼 만하다. 다만 그 자취가 은미하기 때문에 그 마음도 또한 명백히 아는 사람이 없었으니, 이제 300년이 지난 뒤에 없어짐이 곧 이와 같다.

아, 당시 단종의 신하로 사육신(死六臣)이 있었고 생육신(生六臣)이 있었다. 저 사육신은 이미 고명(顧命 선왕의 유언(遺言))의 부탁을 받았으니 기꺼이 온몸이 가루가 되더라도 사양하지 않았음은 마땅하다. 이에 이른바 생육신 같은 경우도 또한 어찌 역수(曆數)[42]에 어두운 자였겠는가. 다만 떳떳함을 지키는 충성을 함

40 광묘(光廟) : 조선 왕조 제7대 임금인 세조(世祖)의 별칭(別稱)으로, 세조의 능호(陵號)를 광릉(光陵)으로 정했기에 별칭으로 사용하게 되었다.

41 자정자헌(自靖自獻) : 《서경》 〈미자(微子)〉에 "스스로 마음을 깨끗이 하여 사람마다 스스로 선왕에게 충성을 바쳐야 한다.〔自靖, 人自獻于先王.〕"에서 나온 말로, 채전(蔡傳)에는 사람마다 각자 극진히 해야 할 바의 의리를 편안히 여겨 자신의 뜻을 선왕(先王)에게 도달시키는 것이라 하였다. 유의손은 수양대군(首陽大君)이 왕위를 찬탈함에 오직 자신이 해야 할 일을 다하고 죽어 저승에 가서 선왕께 아뢰겠다는 말이다.

42 역수(曆數) : 왕조나 왕위(王位)가 바뀌는 순서를 말한다. 《논어》 〈요왈(堯曰)〉에서 요(堯) 임금이 순(舜)에게 선양(禪讓)하면서, "아, 너 순아, 하늘의 역수(曆數)가 너의 몸에 있다. 진실로 중(中)을 잡을지어다.〔咨! 爾舜. 天之曆數在爾躬,

에 스스로 억누를 수 없어 감정의 비분함이 격렬해서 혹 관모를 찢고[43] 슬프게 노래하며 그 몸을 마치는 데 이르렀으니, 이는 그 사적이 당시부터 드러나 사람 중 모르는 자가 없었다. 그런 까닭으로 가만히 엎드려 우리 정조(正祖)의 〈금성대군(錦城大君)에 대한 제문〉[44]을 보니, "노릉지[45]를 읽고 눈물을 흘리지 않으면 사람이 아니니, 사육신과 생육신은 신하가 되어 신하의 본분을 다했네."라는 내용이 있었다. 대개 이 12공은 그 밝음이 우주에 걸려 맑은 하늘의 우레나 가을의 태양 같을 뿐만이 아니었으니, 공의 마음도 또한 그들과 같음은 털끝만큼의 차이도 없었다. 또 그 기미를 보고 행동하고 병을 핑계로 사양했으니, 의리를 지킨 중정(中正)과 변화에 대처한 여유로움은 진실로 군자 중용의 도에 합치하여 우뚝이 남들이 미치지 못할 것이 있다. 만약 우리 정조

允執其中.]"라고 한 데서 유래하였다.

43 관모를 찢고 : 원문은 열관훼면(裂冠毁冕)으로, 원래는 주나라 천자(天子)의 왕실을 배반함을 뜻한다. 《春秋左氏傳 昭公9年》 여기서는 왕위를 찬탈한 수양대군을 왕으로 인정하지 않는다는 말이다.

44 정조(正祖)의……제문 : 《홍재전서(弘齋全書)》 권22에 보이는데, 〈금성대군 유 치제문(錦城大君 瑜 致祭文)〉으로 되어 있다. 금성대군은 세종의 여섯째 아들로, 이름은 유(瑜, 1426~1457)이다. 유배된 순흥(順興)에서 순흥부사 이보흠(李甫欽)과 함께 모의하여 군사를 모으고 의병을 일으켜 단종의 복위를 꾀하려고 하였으나, 거사하기 전 관노의 고변으로 사사(賜死)되었다. 세종의 아들 8명 중 수양대군의 모반에 반발하여 분기했던 유일한 인물이었다.

45 노릉지 : 2권 1책으로, 수양대군이 단종을 폐하고 구신(舊臣)을 타도한 전말과 단종의 분묘, 사당 건립의 연혁, 노릉(魯陵) 묘제(廟祭), 기타 문신들의 사적을 기록한 책이다. 1663년(현종4)에 윤순거(尹舜擧)가 편찬했고, 1741년(영조17)에 교서관에서 간행하였다.

(正祖)에게 알려져 그가 이와 같았음을 알았더라면, 어찌 다만 포창하여 기이하게 여기는 은전만 내렸겠는가. 12공의 반열에 함께 나열하여 풍도와 명성을 수백 대까지 드리웠을 것이나 또한 끝내 그렇게 하지 못하였으니, 어찌 개탄스럽지 않겠는가.

지금 그 유고 약간 편을 보니 세상에서 일컫는 바 〈소헌시(笑軒詩)〉[46]도 또한 그 가운데 있으니, 진실로 공이 뜻을 의탁함이 있음을 볼 수 있다. 그 밖의 문장으로 당시에 이름난 것은 모두 흩어지고 없어져 전하는 것이 없으니 개탄할 만하지만 이것은 공에게 말단적인 것이다. 그런 까닭으로 그 후손 상사(上舍) 성휴(星休)[47]와 정엽(廷燁)[48] 씨의 청으로 인하여 부족하나마 한마디 말을 부쳐 그 큰 절의를 위와 같이 드러내니, 옛날로 거슬러 올라가 사람을 논하는 선비는 혹 그윽이 숨겨진 것을 천양하는 뜻에 취함이 있기를 바란다.

46 소헌시(笑軒詩) : 수양대군이 단종을 폐하고 왕위를 찬탈하자 유의손은 관직에서 물러나 전주의 황방산(黃方山) 아래에서 소와정(笑臥亭)을 짓고 은거하며 "소와정 늙은이 한가로이 드러누워 웃노니, 하늘 보고 크게 웃고 다시 길게 웃는다네. 옆의 사람은 주인이 웃는다고 비웃지 마소. 찡그리는 건 찡그릴 까닭이 있어서고 웃는 것도 웃을 까닭이 있기 때문이라오.〔笑臥亭翁閑臥笑, 仰天大笑復長笑. 傍人莫笑主人笑! 顰有爲顰笑有笑.〕"라고 하였다. 이 시의 결구(結句)는 《한비자(韓非子)》 〈내저설 상(內儲說上)〉에 "밝은 군주는 한 번 찡그리고 한 번 웃는 것도 아끼니, 찡그림도 이유가 있어서이고, 웃음도 이유가 있어서이다.〔明主之愛一嚬一笑, 嚬有爲嚬而笑有爲笑.〕"라는 말에서 나온 구절이다.

47 성휴(星休) : 1738～1819. 자는 정서(井瑞)이며 안동(安東)에 거주하였다. 계부(季父)인 동암(東巖) 유장원(柳長源)의 문인이다. 1771년(영조47) 생원시에 입격하였다. 이조 참의에 증직되었다.

48 정엽(廷燁) : 1737～1814. 자는 명서(明瑞), 호는 송고(松皐)이며, 안동에 거주하였다. 1798년(정조22) 사마시에 입격하였다.

송소집[49]서

松巢集序

영가(永嘉 안동(安東))의 권달충(權達忠)[50] 군이 그 선조 송소(松巢) 선생의 유고를 가지고 와 나에게 서문 몇 마디 말을 써 줄 것을 부탁하였다. 또 그 종씨(從氏)인 상사(上舍) 국인(國仁)이 이어 거듭 말하기를, "집사께서 전에 이미 우리 집안 희정공(僖靖公) 문집의 서문[51]을 썼습니다. 지금 이 문집에 대해서만 오직 사양하는 것이 옳겠습니까."라고 하였다. 이는 대개 나의 정력이 이미 사라져 없어짐을 헤아리지 못한 것이다. 그러나 그런 꾸짖음을 받는 것은 참으로 옳다. 마침내 그를 위해 정신이 구름과 안개 같이 아득한 가운데서 혼백을 불러 어렵사리 삼가 읽고 삼가 다음과 같이 답했다.

선생은 올곧고 절의가 있으며〔耿介〕 총명하고 빼어나며〔聰穎〕

49 송소집 : 권우(權宇, 1552~1590)의 문집으로, 1811년 간행되었으며 4권 2책이다. 그의 본관은 안동(安東), 자는 정보(定甫), 호는 송소(松巢)이다. 이황(李滉)의 문인이다. 1573년(선조6) 생원시에 합격한 뒤 과거공부를 그만두고 성리학에 전심하여 학문으로 이름이 높았다. 1589년 왕자(뒤의 광해군(光海君))의 사부에 제수되었으나 이듬해에 죽었다. 《송소집》에 의하면 이 서문은 1811년(순조11)에 지었다.

50 권달충(權達忠) : 권우의 7대손이다. 권우의 5대손 권상일(權相一, 1679~1759)이 1752년에 고본 《송소집》 4권을 교정하고 산정(刪定)하여 2책으로 편집한 것을 1811년에 간행하고 지(識)를 썼다.

51 희정공(僖靖公) 문집의 서문 : 희정은 권상일(權相一)의 시호이며, 권상일의 문집인 《청대집》의 서문은 《입재집》 권27에 있다.

도에 가까운〔近道〕 자질로 일찍이 퇴계 선생의 문하에서 수업하여 학문을 하는 방법과 천인성명(天人性命)의 설을 들을 수 있었으며, 또 월천(月川) 조 선생(趙先生)[52]과 종유하여 훈도(薰陶)의 힘을 입은 것이 대개 얕거나 적지 않았다. 그런 까닭으로 감발해서 흥기하며 절차탁마하고 단련하며 무젖음이 점점 오래되어 깊고 정미한 조예의 실상과 부윤(孚尹)이 두루 미친[53] 아름다움을 두었던 것은 다만 흰 바탕을 사용하여 채색 그림을 그리며[54] 구슬을 닦아 광채를 드러내는 것과 서로 비슷하다.

그 일을 행함에 드러난 것으로 말해 보자면 선생은 젊어서부터

52 월천(月川) 조 선생(趙先生) : 조목(趙穆, 1524~1606)으로, 본관은 횡성(橫城), 자는 사경(士敬)이며, 월천은 그의 호이다. 경상북도 예안 출신으로, 이황(李滉)의 문인이며, 팔고제(八高弟)의 한 사람이다. 저서로는 《월천집》과 《곤지잡록(困知雜錄)》이 있다. 예안(禮安)의 도산서원(陶山書院), 봉화의 문암서원(文巖書院) 등에 제향되었다. 《송소집》 권4 부록에 조목이 지은 제문이 있다.

53 부윤(孚尹)이 두루 미친 : 미덥고 바른 덕이 사방에 미침을 말한다. 《예기》 〈빙의(聘義)〉에 공자(孔子)가 "대저 옛날에 군자는 덕을 옥에 비겼으니, 온윤하되 윤택함은 인이요,……부윤이 사방에 두루 이름은 신이다.〔夫昔者君子比德於玉焉, 溫潤而澤仁也,……孚尹旁達信也.〕"라고 한 데서 온 말이다. 부윤을 정현(鄭玄)의 주(注)에서는 "옥의 채색을 말한다."라고 하였고, 육전(陸佃)은 "신정(信正)과 같다."라고 하였다.

54 흰……그리며 : 공자의 제자 자하(子夏)가 "귀여운 웃음에 보조개 상긋 들어가며, 아름다운 눈동자 선명하도다. 흰 비단에 채색을 하는구나.〔巧笑倩兮, 美目盼兮. 素以爲絢兮.〕"라는 옛 《시경》 구절의 의미를 물었다. 이에 공자가 "그림은 흰 비단을 마련한 뒤에 그린다는 말이다.〔繪事後素〕"라고 대답하였다. 《論語 八佾》 여기서는 권우가 타고난 훌륭한 자질이 있었기 때문에 사우의 도움으로 학문을 크게 이룰 수 있었음을 말한다.

시문(時文)[55]을 잘 지었으니, 논하는 사람들이 높은 성적으로 과거 급제함은 의심할 것이 없다고 하였다. 그러나 생원시에 입격하자마자 곧 사양하고 그만두었다. 당시의 이름난 선비인 남비지(南賁趾)[56]와 이간재(李艮齋)[57] 등 여러 공들과 서로 강의하고 토론하며 즐거움으로 삼았다. 그 한 방의 도서를 볼 때, 꼼짝 않고 단정히 앉아 굽어 책을 읽고 우러러 사유하며 그 지취(旨趣)를 극진히 하였다. 밤낮으로 부지런히 힘쓰고 두려워하며 몸으로 징험하고 마음을 다잡아 보존함에 기질을 변화시키는 것으로 급선무를 삼고자 하였으니, 그 뜻을 세움이 굳고 곧으며 공부를 함이 돈독하고 성실함을 이에 알 수 있다. 그러나 일상생활의 떳떳한 윤리에 본분을 다하여 어버이를 섬기고 조상을 받듦과 동기간에 우애하고 종족 간의 화목함에 정성과 예의를 다하지 않는 바가 없었으며, 자제를 가르침에 반드시 물 뿌리고 씀〔灑掃〕, 응대함〔應對〕, 효도와 공손함〔孝悌〕, 충성과 믿음〔忠信〕을 우선으로 하였다. 이웃과 살매 한결같이 화목하고 두터이 하여 재앙이나 환란이

55 시문(時文) : 과거 시험(科擧試驗)에 사용하던 문체로, 소위 팔고문(八股文)으로 불리던 문체를 말한다.

56 남비지(南賁趾) : 남치리(南致利, 1543~1580)로, 본관은 영양(英陽), 자는 의중(義仲)이며, 비지는 그의 호이다. 이황의 문인이다. 1578년(선조11) 정구(鄭逑)와 함께 유일(遺逸)로 천거되었다. 노림서원(魯林書院)에 제향되었으며, 저서로 《비지집》이 있다. 《송소집》 권3에 〈비지남공행장(賁趾南公行狀)〉이 있다.

57 이간재(李艮齋) : 이덕홍(李德弘, 1541~1596)으로, 본관은 영천(永川), 자는 굉중(宏仲)이며, 간재는 그의 호이다. 이황의 문인이다. 저서로는 《주역질의(周易質疑)》, 《사서질의(四書質疑)》, 《주자서절요강록(朱子書節要講錄)》 등이 있다.

있으면 반드시 구원하여 도와주었으며, 벗을 접대함에 한결같이 오직 도의로 대하여 그 초상이 났다는 소식을 들으면 반드시 재계하고 소식(素食)하였다. 세상의 학술이 자못 편벽되어 선비들이 어긋난 곳으로 달려감을 분개하여 상소를 초안하여 극진하게 논의한 것이 천여 마디 말에 이르렀다. 비록 과연 올리지는 못했으나 그 유학의 도를 지키고 사특함을 물리친 뜻은 또 어찌 지극하지 않은가. 이 때를 당하여 서애(西厓), 학봉(鶴峯), 약포(藥圃),[58] 백담(栢潭)[59] 같은 여러 선생이 모두 사랑하고 공경하였다. 훌륭한 명성이 날로 성대하니, 왕실에서 불러 왕자사부(王子師傅)로 삼았다.

만약 하늘이 목숨을 연장시켜 주어 안으로 그 지업(志業)을 끝까지 하고 밖으로 온축된 것을 펴게 하였더라면 우리 유학의 도와 우리 유학의 선비들에게 다행함이 어떠하였겠는가. 그러나 불행하게 중도에 갑자기 돌아가시니, 드디어 후학들의 다함이 없는 한이 되었다. 오호라, 저 푸른 하늘이 이에 이것으로 선생에게 보답하는 것인가. 그러나 선생의 유풍과 여운은 백세(百世) 뒤에도

58 약포(藥圃) : 정탁(鄭琢, 1526~1605)으로, 본관은 청주, 자는 자정(子精) 시호는 정간(貞簡)이며, 약포는 그의 호이다. 예천 출신으로, 이황의 문인이다. 임진왜란 때 왕을 의주까지 호종한 공으로 호종공신 3등에 녹훈되었으며, 서원부원군(西原府院君)에 봉해졌다. 예천의 도정서원(道正書院)에 제향되었으며, 저서로 《약포집》, 《용만문견록(龍灣聞見錄)》 등이 있다.

59 백담(栢潭) : 구봉령(具鳳齡, 1526~1586)으로, 본관은 능성(綾城), 자는 경서(景瑞), 시호는 문단(文端)이며, 백담은 그의 호이다. 이황(李滉)의 문인으로, 시문(詩文)에 뛰어나 고봉(高峯)과 비견되었고, 또한 〈혼천의기(渾天儀記)〉를 짓는 등 천문학에도 조예가 깊었다. 용산서원(龍山書院)에 제향되었다. 저서에 《백담집》이 있다. 《송소집》 권3에 〈제구백담문(祭具栢潭文)〉이 있다.

없어지지 않아 선배들이 칭송하며 기술하였으니, 장여헌(張旅軒)의 발문(跋文)[60]과 이창석(李蒼石)의 발문[61] 그리고 김학사(金鶴沙)의 묘갈명[62]이 있고, 사림이 높이고 보답하여 경광서원(鏡光書院)의 향사[63]가 있었다. 대저 이와 같으니, 이 문집이 또 어찌 나 같은 늙은이의 말을 기다린 뒤에야 전해질 수 있겠는가. 그의 시와 문장에 대해서는 창석(蒼石)의 평(評)[64]에서 이미 극진히 하였기 때문에 이에 군말을 덧붙이지 않는다. 그러나 훗날 유학의 선비들이 크게 공경하는 생각을 일으키게 하는 바는 또한 이 문집에 있도다.

60 장여헌(張旅軒)의 발문(跋文) : 저본에는 '지(識)'라고 되어 있으나, 《송소집》 권4 부록에는 '발(跋)'로 되어 있다. 1637년에 쓰였다.

61 이창석(李蒼石)의 발문 : 《송소집》 권4 부록에 있다.

62 김학사(金鶴沙)의 묘갈명 : 《송소집》 권4 부록에 있다. 김응조는 1658년 지(識)도 지었는데, 역시 부록에 있다.

63 경광서원(鏡光書院)의 향사 : 경광서원은 안동시 서후면 금계동에 있는 서원으로, 1686년(숙종12)에 지방 유림의 공의로 배상지(裵尙志), 이종준(李宗準), 장흥효(張興孝)의 학문과 덕행을 추모하기 위해 창건하여 위패를 모셨다. 이상정(李象靖)의 《대산집》 권46에 〈경광서원권송소부향봉안문(鏡光書院權松巢復享奉安文)〉이 있다.

64 창석(蒼石)의 평(評) : 이준의 〈송소선생문집발(松巢先生文集跋)〉에 "천태승(天台僧)이 해소(海巢)의 시에 적기를, '해신이 산호 가지를 드러내, 인간 세상에 남겨 두니 밤에도 빛이 비치네.〔海神露出珊瑚枝, 留與人間光照夜〕'라 하였는데, 나는 《송소유고》에 또한 그렇게 생각한다."라고 하였다.

예곡실기[65]서

禮谷實紀序

대개 들으니, 재주와 덕이 뭇사람들보다 뛰어난 것을 어짊〔賢〕이라 한다고 하는데, 덕이 그 근본이 되고 재주는 그 쓰임이 된다. 그런 까닭으로 덕이 진실로 갖추어졌다면, 재주를 베푸는 것은 비록 광대하거나 협소함, 심원하거나 비근함의 다름이 있더라도 이는 다만 만난 처지와 시대에 달렸을 뿐이니, 어찌 이 때문에 그 어짊에 차이가 있다고 할 수 있겠는가. 그러나 세상에서 평하는 사람들은 항상 높은 지위를 얻어 크게 편 사람에 대해서는 하늘에 걸린 해와 별처럼 우러러보고 그렇지 않으면 혹 하찮게 보니, 이는 그 쓰임에만 근거하고 그 근본에는 어두운 것이다. 나는 그윽이 이에 의혹이 생기니, 또 협소한 것에 능한 자가 광대한 것에 능하지 못하며, 비근한 것에 능한 자가 심원한 것에 능하지 못할 줄을 어찌 알겠는가.

예곡(禮谷) 선생 곽공(郭公)은 태어나면서 아름다운 자질이 있고, 자라면서 바른 학문을 좋아하였다. 그 집안의 세계(世系)

65 예곡실기 : 곽율(郭趄, 1531~1593)에 대한 실기로, 상·하 2권 1책이다. 《예곡실기》에 의하면 이 서문은 순조 11년(1811)에 지어졌다. 그의 본관은 현풍(玄風), 자는 태정(泰靜), 호는 예곡(禮谷)이며, 조식(曺植)의 문인이다. 임진왜란이 일어나자 초유사(招諭使) 김성일(金誠一)에 의해 초계군(草溪郡)의 임시수령으로 기용되어 왜군과 싸웠으며, 초계군수로 유임되어 강우(江右)지역의 보전에 큰 기여를 하였다. 현풍의 도동서원(道東書院) 별사에 제향되었다.

를 논해 보자면 청백리(淸白吏) 군사공(郡事公)[66] 같은 이가 고조(高祖)가 되고, 사우(師友)를 논해 보자면 조남명(曺南冥 조식(曺植))과 정한강(鄭寒岡 정구(鄭逑)), 김동강(金東岡 김우옹(金宇顒)), 배낙천(裵洛川)[67] 그리고 김오계(金梧溪)[68] 같은 여러 어진 이들이 있어 서로 도의로 절차탁마하였다. 그런 까닭으로 단정하고 중후한 모습과 겸손하고 공경한 거동과 충성스럽고 미더우며 독실하고 공경한 마음과 청렴하고 검약한 지조가 늘상 성법(成法)에서 나왔다. 그 덕에 드러난 것으로 말해 봄에 이르러서는 부모에게 효도를 극진히 하여 생사장제(生死葬祭)에 한결같이 정성과 예로 말미암았으며, 인척에게 돈독하고 화목함을 지극히 하여 두루 구휼하며 안부를 묻고 물건을 선사함이 모두 그 인정(人情)과 예문(禮文)에 맞았다. 이에 홀로 된 누이에게 거처를 마련해 주고 재물과 혼수를 갖추어 그 딸을 시집보내며, 과부가 된 이모를 맞이하여 잘 봉양하다가 후하게 장례 지낸 일의 경우는 더욱 그 집안에서의 행실이 독실한 것으로 남들이 미

66 군사공(郡事公) : 곽안방(郭安邦)으로, 자는 여주(汝柱)이다. 세종 때에 해남현감(海南縣監), 익산 군수(益山郡守)를 역임하였으며 1467년(세조13)에 이시애(李施愛)의 난이 일어나자 군공으로써 원종공신(原從功臣)에 오르고 청백리에 녹선되었다. 달성군 청백사에 제향되었다.

67 배낙천(裵洛川) : 배신(裵紳, 1520~1573)으로, 본관은 성산(星山), 자는 경여(景餘), 호는 낙천(洛川)이다. 어려서 조식(曺植)에게 수학하였으나, 뒤에 이황(李滉)의 문인이 되었다. 현풍의 도동서원(道東書院) 별사(別祠)에 봉향되었다. 저서로는 《낙천문집》 2권이 있다.

68 김오계(金梧溪) : 김부륜(金富倫)으로, 인적 사항이 자세하지 않다.

칠 수 없는 것이다.

그가 읍의 수령이 됨에 비록 무기를 들고 왜적을 물리치고 있어 하루도 여가가 없는 가운데서도 무릇 사방의 벗들이 구름처럼 모여드는 이들을 모두 그들을 위해 살아갈 방도를 마련해 줌에 곤란해하는 얼굴빛이 없었으니, 이것은 그 덕이 자신에게 갖추어짐이 어떠했던 것인가. 중앙과 지방에서 두루 역량을 시험함에 이르러서는 또 낮은 관직을 비루하게 여기지 않고 맡은 바에 따라 직분을 수행하여 늘상 명성과 공적이 있었다. 역참(驛站)을 다스릴 때는 명목이 없는 세금을 줄여서 입마(立馬)[69]의 자금을 두었고 수절한 여인의 정려를 세웠으며,[70] 현(縣)을 다스릴 때는 정사가 공평하고 송사가 잘 다스려짐으로 온갖 무너진 것을 모두 일으켰는데 더욱 학교에 뜻을 지극히 하였다.[71] 연이어 얼사(臬司 관

69 입마(立馬) : 각 역(驛)에서 역마(驛馬)를 세우던 일을 말한다. 역에서는 매일같이 역마를 조발 공급하여야 했는데, 대개 그 고을의 목장(牧場)에서 공급받았으나 부족할 때에는 사복시(司僕寺)의 말이나 쇄마(刷馬) 및 민간의 협마(挾馬)를 대용하기도 하였다. 역리(驛吏)가 도맡았으나, 때로는 향호(鄕豪)와 정병(正兵)에게 강제로 일정 기간 책임을 지우기도 하였다.

70 역참(驛站)을……세웠으며 : 1573년(선조5) 봄 어버이를 모시기 가까운 김천도(金泉道) 찰방(察訪)으로 전임되었는데, 명목이 없는 세금을 줄여 입마할 수 없는 가난한 사람에게 말 값을 마련해 주고 나머지는 왕래하는 빈객의 접대비로 사용하였으며, 역녀(驛女) 가운데 재가하지 않은 이의 정려를 세워 준 일을 말한다.

71 현(縣)을……하였다 : 홍산 현감(鴻山縣監)으로서 지낸 6년 동안의 치적으로, 이현일(李玄逸)이 쓴 묘갈명에 "홍산 현감이 되어서는 민생을 살펴 바로잡으며, 백성이 입는 해와 상처를 없애고 치유하는 데에 힘을 썼다. 특히 향교(鄕校) 교육에 유의하여 매달 초하루에는 제생을 불러 모아 경서를 강의하고, 주식(酒食)을 마련하고 고을의 부로를 맞이하여 친히 술을 권하며 대접하였다.〔出知鴻山縣, 事校講民事去害蘇殘, 尤

찰사(觀察使))와 수의(繡衣 암행어사(暗行御史))가 포창을 아뢰는 장계[72]에 공의 이름이 등재되어 표리(表裏 옷의 겉감과 안감)을 하사받음에 이르렀다. 그가 초계(草溪)를 임시로 다스릴 때[73]에 왜적이 바야흐로 크게 몰려와 이웃 경계를 위협함이 끝이 없었다. 이에 병장기를 수선하고 양식을 모으며 용감하고 굳센 병사를 모으고 보병과 기병을 갖추어서 거침없이 달려오는 왜적의 기세를 맞이하여 꺾어 한 고을이 안도할 수 있게 하였다. 또 간사한 아전을 막고 호민(豪民)을 제어하여 백성을 어린아이처럼 보호했다. 명령하여 행하는 것과 금하여 그만두게 하는 것이 뜻대로 되지 않음이 없었고, 학봉(鶴峯) 김문충공(金文忠公)에게 사랑과 중임(重任), 감탄과 칭상(稱賞)을 크게 받았으니, 이는 그 재주를 또 어디에 시험하든 가능하지 않았겠는가. 만약 공이 높은 지위를 얻어 크게 펼 수 있었다면, 그 비근하고 협소한 것에만 그칠 뿐 아니라

留意學校. 每月朔, 招諸生, 講說經義, 具酒食, 邀縣中父老, 親爲勸酬.〕"라고 하였다.

72 얼사(臬司)와……장계 : 당시 경상 감사였던 이성중(李誠中, 1539~1593)과 어사 유대진(兪大進, 1554~1599)이 포창하는 장계를 올렸다. 《禮谷集 下卷 行狀》 이성중의 본관은 전주(全州), 자는 공저(公著), 호는 파곡(坡谷), 시호는 충간(忠簡)이며, 이황의 문인이다. 임진왜란 때 임금을 평양에 호종한 공으로 호성원종공신(扈聖原從功臣)에 녹훈되고 완창부원군(完昌府院君)에 봉해졌다. 저서로는 《파곡유고(波谷遺稿)》가 있다. 유대진의 본관은 기계(杞溪), 자는 신보(新甫), 호는 신포(新浦)이다. 임진왜란 때에는 의병장으로 공을 세워 선무원종공신(宣武原從功臣)에 녹훈되고 이조 판서에 추증되었다.

73 초계(草溪)를……때 : 임진왜란이 발발하자 곽율은 안음현(安陰縣) 덕유산 기슭의 갈천동(葛川洞)에 피신해 있는데, 이때 초유사로 파견된 학봉 김성일이 그의 명성을 듣고서 곽율을 초계의 가군수(假郡守)로 임명하게 된다.

심원하고 광대한 것도 시험할 수 있었음에 의심할 것이 없다. 다만 만난 처지가 마침 그러했을 뿐이다.

공은 또 장수(長壽)를 향유할 수 없어 전정지련(全鼎之臠)[74]이 드디어 명기(明器)[75]와 함께 묻혀 버렸으니 진실로 끝없는 한이 될 만하다. 그러나 덕의 갖추어짐이 이미 이와 같아서 본(本)이 되었다면, 재주를 시험함은 비록 다하지 못했더라도 이는 다만 그 말(末)일 뿐이다. 또 여러 선배들의 뇌문(誄文),[76] 행장, 묘갈명, 묘지명이 있어 모두 백세(百世)까지 믿을 만한 것을 전할 수 있으며, 도동서원 방사(傍祠 별사)에 제향됨[77]에서 또 공의가 사라지지 않음과 숭상하여 보답함에 다함이 없음을 볼 수 있다. 오호라, 어진 이가 아니면 이와 같을 수 있겠는가.

오직 그 연대가 이미 오래되어 사적이 다 없어졌으나 다만 유묵(遺墨) 약간이 있었다. 세계(世系), 부록(附錄)을 아울러 실기

74 전정지련(全鼎之臠) : 《여씨춘추(呂氏春秋)》 〈찰금(察今)〉에서 "한 조각 고기를 맛보고서 한 가마의 맛, 한 솥의 풍미를 다 알 수 있다.〔嘗一脟肉, 而知一鑊之味一鼎之調.〕"라고 하였다. 즉 온 솥의 음식을 먹진 않았지만 조금 맛본 것만으로도 그 솥의 음식이 훌륭함을 알 수 있듯이 곽율의 일부 치적만으로도 그의 역량이 뛰어남을 알 수 있다는 말이다.

75 명기(明器) : 장사 지낼 때 무덤 속에 시신과 함께 묻기 위하여 만들었던 각종 기물(器物), 동물, 시종자(侍從者) 등의 형상을 가리킨다. 명기(冥器)와 같은 말이다.

76 뇌문(誄文) : 죽은 사람의 명복(冥福)을 빌거나 생전의 공덕(功德)을 칭송(稱頌)하며 조상(弔喪)하는 말이나 글이다.

77 도동서원 방사(傍祠)에 제향됨 : 《입재집》 권31에 곽율 외에 곽승화(郭承華), 배신(裵紳), 원개(元凱) 등을 추가로 배향하며 지은 〈도동서원방사상향축(道東書院傍祠常享祝)〉이 있다.

중에 실었으니, 이것은 공의 후손 아무개[78]가 한 것이다. 나에게 서문 한마디 말을 부탁하기에 마침내 이와 같이 써서 돌려보낸다. 진실로 그 덕과 재주가 있음을 보아야 하니, 명위(名位)의 낮음과 공업의 적음 때문에 어짊에 차이가 있다고 말해서는 안 된다.

78 공의 후손 아무개 : 《예곡실기》에 의하면 진규(鎭奎)이다.

송암집[79]서

松巖集序

옛날 한문공(韓文公)이 〈원외 노동미의 묘지명〉[80]을 지어 말하기를, "나의 종형(宗兄 한회(韓會)) 기거사인(起居舍人)[81] 군은 도덕(道德)과 문장(文章)으로 한 시대를 굴복시켰는데, 네 벗이 있었으니 그 하나가 바로 노군(盧君)이었다."라고 하고, 또 말하기를, "네 사람은 천하 사람들이 모두 옛날의 고요(皐陶)·기(夔)[82]와 짝할 만하다고 여겼기 때문에 '사기(四夔)'[83]라고 하였다."라고 하

79 송암집 : 송암(松巖) 이로(李魯, 1544~1598)의 문집으로, 초간본은 1852년에 간행되었으며 6권 3책이다. 그의 본관은 고성(固城), 자는 여유(汝唯), 호는 송암(松巖), 시호는 정의(貞義)이다. 의령 출신이며 조식(曺植)의 문인이다. 임진왜란이 일어나자 의병을 일으켰다. 낙산서원(洛山書院)에 제향되었다. 저서로는 《사성강목(四姓綱目)》, 《용사일기(龍蛇日記)》, 《문수지(文殊志)》 등이 있다. 《송암집》 초간본에는 유치명(柳致明)의 서문이 있고, 권6에 입재가 쓴 〈신도비명 병서(神道碑銘幷序)〉가 실려 있다.

80 원외 노동미의 묘지명 : 한유가 당대(唐代)의 문장가 노동미(盧東美)의 죽음을 애도하면서 지은 〈고공원외노군묘명(考功員外盧君墓銘)〉을 가리킨다. 《唐宋八大家文抄 卷14 考功員外盧君墓銘》

81 기거사인(起居舍人) : 임금을 시종하면서 임금의 언행을 기록하던 벼슬이다.

82 고요(皐陶)·기(夔) : 순 임금 때의 훌륭한 신하 네 사람이 있었는데, 순 임금이 기(棄)를 농업을 관장하는 후직(后稷)으로, 설(契)을 교육과 호적 및 토지대장을 관장하는 사도(司徒)로, 고요(皐陶)를 법과 형벌을 관장하는 사(士)로, 기(夔)를 음악을 관장하는 전악(典樂)으로 삼았다. 《書經 舜典》 여기서는 네 사람을 줄여서 표현한 것으로, 훌륭한 신하를 말한다.

고, 또 말하기를, "대력(大曆 당(唐) 대종(代宗)의 연호, 766~779) 초에 선비들 중 조정에서 축출되어 장강(長江)과 회수(淮水) 사이에 살며 늙은 사람이 많았기 때문에 인재로 자부한 사람이 수백 명이었다. 어사대부(御史大夫) 이서균(李栖筠)[84]이 당시에 그 지방의 절도사(節度使)[85]가 되어 모두 취하지 않았으나 오직 노군만 취하니, 군이 드디어 벼슬에 나가 대부를 따랐다."라고 하였으니, 대개 이로써 노군(盧君)의 어짊을 나타내었다. 그러나 노군의 일은 그 명(銘)에 드러난 것이 매우 간략하여 징험할 수 없다.

그런데 촉석루(矗石樓) 삼 장사(三壯士)[86] 같은 경우, 학봉(鶴峯) 김 선생(金先生) 같은 이는 진실로 동국에서 해와 달처럼 빛나니 다시 군말을 붙일 필요가 없으며, 그 다음으로 대소헌(大笑軒) 조공(趙公)[87]과 송암(松巖) 이공(李公) 같은 이도 아울러 모

83 사기(四夔) : 당나라의 최조(崔造), 한회(韓會), 노동미, 장정칙(張正則)이 서로 절친한 친구가 되어 왕좌(王佐)의 인재들이라 자부하였으므로, 사람들이 '사기'라고 불렀다고 한다. 《新唐書 崔造傳》

84 이서균(李栖筠) : 709~777. 자는 정일(貞一), 시호는 문헌(文獻)이며, 조주(趙州) 사람으로, 헌종(憲宗) 때의 재상 이길보(李吉甫)의 아버지이다. 숙종(肅宗) 대와 대종(代宗) 대에 활동하였으며, 평소 남을 장려하는 선한 말을 기뻐하고 남이 자신의 잘못을 지적하는 것을 즐거워했기 때문에 천하 사람들이 귀의하여 세상에서 찬황공(贊皇公)이라 불렀다. 벼슬이 어사대부에 이르렀다. 《唐書 李栖筠列傳》

85 그 지방의 절도사(節度使) : 〈고공원외노군묘명(考功員外盧君墓銘)〉에는 절서관찰사(浙西觀察使)로 되어 있다.

86 촉석루(矗石樓) 삼 장사(三壯士) : 임진왜란 때 진주성(晉州城) 촉석루(矗石樓)에서 결사 항전을 다짐한 삼 장사(三壯士)를 말한다. 삼 장사가 김성일, 조종도, 이로라는 설과 김성일, 조종도, 망우당(忘憂堂) 곽재우(郭再祐)라는 두 가지 설이 있었는데, 이와 관련된 내용은 《대산집》 권9 〈답최여호(答崔汝浩)〉에 보인다.

두 우뚝이 사적이 갖추어져 후세에 전한다.

지금 송암공의 유집을 읽어 봄에 나도 모르게 옷깃을 여미고 무릎을 치니, 어찌 다만 삼장사에 나열되어 그 어짊을 알았기 때문이겠는가. 대개 공은 젊어서부터 뜻이 크고 강개했으며 우뚝하게 큰 절의가 있었다. 총명하고 해박하여 제자백가를 꿰뚫었는데, 복희와 문왕의 《역(易)》에 더욱 깊이가 있어 길흉 존망의 이치와 진퇴 소장의 도를 대체로 강론함이 익숙하였다. 그래서 용과 범 같은 전략으로 병사를 쓰고 군대를 움직이는 법 같은 데 이르러서는 또한 환하게 통달하여 막힘이 없었다. 문무가 갖추어진 것이 이와 같았으니, 벼슬하기 전부터 가슴에 품은 바가 이미 얕거나 적지 않았다. 이 때문에 성균관에 들어간 날 곧바로 을사사화 때의 충신은 신원하고 간신은 벌주기를 청하였으며,[88] 벼슬한 뒤에는 곧바로 최수우(崔守愚)의 원통함을 호소하였다.[89] 임진・계사

87 대소헌(大笑軒) 조공(趙公) : 조종도(趙宗道, 1537~1597)로, 본관은 함안(咸安), 자는 백유(伯由), 호는 대소헌(大笑軒), 시호는 충의(忠毅)이다. 조식(曺植)의 문인이다. 정유재란이 일어나자 황석산성(黃石山城)을 수축하고 가토오(加藤淸正)가 인솔한 적군과 싸우다가 전사하였다. 함안의 덕암서원(德巖書院), 안의의 황암서원(黃巖書院)에 제향되었다. 저서로는 《대소헌집》이 있다. 《송암집》 권3에 〈대소헌 조선생 용사실적(大笑軒趙先生龍蛇實蹟)〉이 있다.

88 을사사화……청하였으며 : 1569년(선조2)에 올린 〈을사사화 때의 충신은 신원하고 간신은 벌주기를 청하는 상소문〔請伸討乙巳忠奸疏〕〉이 《송암집》 권2에 있다.

89 최수우(崔守愚)의 원통함을 호소하였다 : 〈최수우당이 무고당한 것을 신원해주기를 청하는 상소문〔請伸崔守愚被誣疏〕〉이 《송암집》 권2에 있다. 최수우는 최영경(崔永慶, 1529~1590)으로, 본관은 화순(和順), 자는 효원(孝元), 호는 수우당(守愚堂)이고, 조식(曺植)의 문인이다. 1590년 정여립 역옥사건(鄭汝立逆獄事件)이 일

년의 왜란에 이르러서는 저들이 소굴을 비우고 큰 기세를 들어 공격해 옴이 마치 황하가 무너지고 바다가 터지며 땅이 꺼지고 하늘이 무너지는 듯하니, 사람들이 모두 소문만 듣고도 혼이 빠져 새처럼 놀라고 짐승처럼 달아났다. 여러 고을은 이 때문에 기왓장이 깨지듯 흩어지고 서울은 이 때문에 물결처럼 흔들렸으며, 영남 일로가 먼저 그 칼날을 맞아 처참하게 도륙되는 화를 당한 것은 예전에 비길 데가 없었다. 이때에 그 누가 옷깃을 걷고 분연히 일어나 몸을 일으켜 홀로 나와 만 번 죽더라도 한 번 살기를 돌아보지 않는 계책을 내어 국가를 위해 적의 공격을 꺾고 적의 모욕을 막아 국토를 회복할 기반을 도모하겠는가.

이에 공이 평소 온축된 마음으로 이즈음에 충성을 다 바치고자 생각하였으나 혼자의 몸으로는 어찌할 수 없고, 용렬한 사람은 더불어 일을 함께할 수 없음을 염려하여 드디어 학봉(鶴峯) 선생의 휘하에 나아가 귀의할 바로 삼았다. 당시에 선생은 초유사(招諭使)로서 바야흐로 용맹한 심복을 얻기가 쉽지 않음을 근심하였는데, 공을 보고는 크게 기뻐하여 '하늘이 나를 돕는다'라고 생각하여 늘상 자문하고 맡겨 도모하도록 함에 이르렀다. 이는 선생의 평소 덕업(德業)과 풍망(風望)이 이미 공의 마음을 감복시킴이 있었고, 공의 당시 기량과 지략, 정성과 절의가 또 선생의 뜻에 합당해서 그럴 수 있었던 것이 아니겠는가.

선생을 모시고 동지를 이끌어 촉석루(矗石樓) 위에 셋이 앉아

어나자 그는 유령의 인물 삼봉(三峯)으로 무고되어 옥사(獄死)하였다. 1591년 신원(伸冤)되어 대사헌에 추증되고, 산청의 덕천서원에 배향되었다.

한 잔 술을 들고 남강을 함께 가리키며 죽음을 마치 집에 돌아가는 것처럼 보며 거의 어려워하는 기색이 없었음을 보건대, 그 기상의 우뚝함이 어떠한가. 이런 까닭으로 선생이 드디어 삼장사(三壯士)에 대한 시구[90]를 읊어서 처음의 뜻을 함께 이루어 국난을 크게 구할 것을 면려하였으니, 이는 그 순국한 의리가 이미 늠름했음을 이에서 볼 수 있다. 과연 위험을 무릅쓰고 실천하며 여러 고을을 드나듦에 분주하여 의병을 일으키고 의병장을 격려하여 낙동강 서쪽의 6, 7개 읍이 당시에 즉묵(卽墨)[91]이 되게 한 것은 공의 공로가 많다.

90 삼장사(三壯士)에 대한 시구 : 《학봉집》 권2 〈촉석루에서 지은 절구〔矗石樓一絶〕〉를 말한다. 시의 전문은 다음과 같다. "촉석루 누각 위에 올라 있는 세 장사, 한 잔 술로 웃으면서 장강 물을 가리키네. 장강 물은 밤낮으로 쉬지 않고 흘러가니, 물 마르지 않는 한 우리 넋도 죽지 않으리.〔矗石樓中三壯士, 一杯笑指長江水. 長江之水流滔滔, 波不渴兮魂不死.〕" 본 시의 병서에 의하면, 진주성에서 조종도(趙宗道)가 절망적인 상황을 비관해 자결을 권하자 김성일은 적은 군대로도 국난을 회복할 수 있다며 격려했다고 한다. 여기서 세 장사는 김성일과 조종도, 이로(李魯)를 말한다. 그러나 정약용(丁若鏞)은 《목민심서(牧民心書)》 〈병전(兵典)〉 6조에서 이 시는 김천일(金千鎰), 최경회(崔慶會), 황진(黃進)이 죽음에 이르러 지은 것으로 기술하고, 이 세 사람이 세 장사라 하였다. 이에 대한 논란은 최근까지도 꾸준히 이어졌다.

91 즉묵(卽墨) : 전국 시대 제나라에 있었던 성으로, 나라를 수복한 근거지가 된 곳을 가리킨다. 전국 시대 때 악의(樂毅)가 연(燕)나라 소왕(昭王)의 상장군(上將軍)이 되어 오국(五國)의 군대를 거느리고 출정하니, 제나라는 대부분의 성(城)이 함락되고 거(莒)와 즉묵만이 남아 있었다. 이때 즉묵성(卽墨城)을 지키던 전단(田單)이 천여 마리의 소에 붉은 옷을 입히고 뿔에 칼날을 매단 뒤, 소 꼬리에 갈대를 묶어 불을 붙여서 성 밖으로 내몰아 사태를 반전시키고 그 여세를 몰아 제나라 북쪽 하상(河上)까지 밀고 가서 잃었던 70여 성을 단숨에 다시 찾았던 고사가 있다. 《史記 田單列傳》

왜적의 병영에 격문을 보내 그들로 하여금 창을 돌려 바다를 건너가 풍신수길(豊臣秀吉)의 머리를 가져오게 하였으며,[92] 명나라 장수에게 글을 올려 갑자기 철병하지 말게 하고 강화의 의논을 그만두게 함[93]에 이르러서는 비록 그 일의 형세를 기필할 수 없었으나 그 빼어난 기상과 올바른 논의는 또한 씩씩하다고 하겠다. 불행하게 선생이 돌아가시니, 공은 마침내 우러러 믿고 의지할 사람이 없어 큰 계책을 품고 산문으로 돌아가니, 영남 일로의 장성(長城)이 영원히 무너지고 막하의 참모들이 의지할 곳이 없었다. 그래서 빛나고 빛나는 일편단심의 충성을 끝내 잘 이루지 못했다.

지리산(智異山) 가운데 권조(權厝 가매장한 묘소)[94]에서 곡하고 흩어진 정경을 생각할 때마다 지금 수백여 년이 지났으나 아직도 나도 모르게 하늘을 우러러 가슴을 어루만지며 시운(時運)의 불행을 슬퍼한다.

오호라, 어떤 이는 '학봉 선생은 비록 돌아가셨으나, 공이 이미 다시 나와 조정에서 벼슬하였다면 기이한 계책을 진헌하고 기이한 공훈을 세움이 선생과 다르지 않았을 것이다.'라고 하였다. 그

92 왜적의……하였으며 : 1593년(선조26)에 쓴 〈격왜장청정문(檄倭將淸正文)〉이 《송암집》 권2에 있다.

93 명나라……함 : 1593년(선조26)에 올린 〈상천장이도독계(上天將李都督啓)〉가 《송암집》 권2에 있다.

94 지리산(智異山) 가운데 권조(權厝) : 김성일이 1593년(선조26) 4월 29일, 진주(晉州)의 공관(公館)에서 졸하였는데, 관군이 그를 지리산 기슭에 임시로 매장한 뒤 길게 통곡하고는 덕산(德山)으로 흩어져 들어갔다.

러나 공은 출처와 거취에 다만 스스로 헤아리는 것이 자세했을 뿐만 아니다. 옛사람이 "선비는 자신을 알아주는 사람을 위해 쓰인다."[95]라고 말하지 않았던가. 다시 더불어 함께 일할 사람이 없음을 어찌하겠는가. 대저 공이 세운 바는 이미 저절로 더욱 두드러지니 그 어짊은 노군(盧君)에 비할 것이 아님을 이미 알 수 있다. 그러나 내가 어질다고 하는 바 같은 것은 오직 우리 학봉 선생이 그 도덕 문장으로 충렬의 우뚝함과 공업의 성대함을 더하여 당시에 으뜸이 되고 백세(百世)토록 빛나는데, 공은 '하늘이 나를 돕는다'는 일컬음을 받았고, 또 선생과 나란히 장사(壯士)에 나열될 수 있었으니, 설령 공의 아름다운 자취는 전함이 없더라도 한문공(韓文公)이 이른바 '그 주인을 알면 그 객을 믿을 수 있다.〔知其主, 可以信其客〕'[96]라는 것이 아마 이를 말하는 것이 아니겠는가.

공은 자식이 없어 종자(從子) 괴당(槐堂) 아무개가 그의 둘째 아들로 그 제사를 받들게 하였으니,[97] 하늘의 보답함이 또한 어그

95 선비는……쓰인다 : 사마천(司馬遷)의 〈보임소경서(報任少卿書)〉에, "장부는 자기를 알아주는 사람을 위해 쓰이고, 여인은 자기를 좋아하는 사람을 위하여 단장한다.〔士爲知己者用, 女爲說己者容.〕"라는 말이 나온다. 《文選 卷41》

96 그……있다 : 한유(韓愈)의 〈송양지사서(送楊支使序)〉에 나오는 말이다.

97 공은……하였으니 : 이로는 본부인에게서 자녀가 없으며, 측실에게서 딸을 한 명 두었는데, 망우당 곽재우의 부실(副室)이 되었다. 이로의 아우인 백암(栢庵) 이지(李旨)의 아들 괴당(槐堂) 이만승(李曼勝, 1590~1659)이 이로와 이지의 뒤를 이었는데, 석생(錫生), 석귀(錫龜)를 낳아 큰아들인 석생은 생부인 백암의 제사를 받들고, 둘째 아들은 송암의 제사를 받들게 하였다. 이만승의 자는 숙망(叔望), 호는 괴당이다. 병자호란이 일어났을 때 임금이 몽진하는 것을 보고 사재를 털어 의병을

러졌도다. 그러나 후인들이 절의를 사모하고 우러름이 다함이 없어 영조 때에 공에게 예조 참의를 증직하라[98]고 하였으나 사림의 논의는 오히려 부족하게 여겼다. 대산(大山) 이 선생(李先生)이 또 마땅히 사림으로부터 숭상하여 보답하는 일이 있을 것이라 여겼으니, 지금은 비록 그렇게 되지 못했으나 끝내 마땅히 그렇게 될 날이 반드시 있을 것이다. 하늘이 정한 바가 아마 이에 있을 것이다.

공의 문장은 뼈대와 정채(精彩)가 있고 시는 창경(蒼勁)하고 기위(奇偉)하니, 읽어 보면 그 사람됨을 상상할 수 있다. 그러나 병화에 없어지고 다만 이 몇 권만 남았다. 그러나 그 《용사일기(龍蛇日記)》[99]와 〈학봉에 대한 제문〉[100] 그리고 공의 평생 심사(心事)가 여기에 다 있으니, 보는 이는 마땅히 알 수 있을 것이다. 공의 8세손 관화(觀華)가 나에게 몇 마디 말을 써서 책머리에 서문으로 해 줄 것을 요구하기에 위와 같이 쓴다.

모집하였고, 귀향하여서는 호연정(浩然亭)을 세우고 후학 양성에 힘썼다.

98 영조……증직하라 : 예조 참의를 증직한 일이 《송암집》 권5의 〈연보〉에는 "英宗大王三十二年 乙酉"로 되어 있는데, 《승정원일기》 영조 41년 11월 2일 술시(戌時) 조에 같은 내용이 확인된다.

99 용사일기(龍蛇日記) : 경상우도 초유사(慶尙右道招諭使) 김성일(金誠一)의 막료로 활동하였던 이로(李魯)가 1590년 김성일이 부사(副使)로 일본에 사행 갔던 때부터 1593년 진중(陣中)에서 죽었을 때까지를 기록한 것이다. 1762년 초간(初刊)되었다.

100 학봉에 대한 제문 : 1594년(선조27)에 지은 〈제학봉김선생제문(祭鶴峰金先生祭文)〉으로, 《송암집》 권3에 실려 있다.

남계실기[101]서

南溪實紀序

《남계 선생 이공 실기(南溪先生李公實記)》 두 권을 공의 후손인 상사(上舍) 정우(廷佑)가 받들고 와서 나에게 보여 주고, 또 그 집안 부로(父老)의 글을 주면서 한마디 말로 서문을 지어 줄 것을 청하였다. 나는 즉시 공경히 읽어 보고 일어나 감탄하며 다음과 같이 말하였다.

대저 성인의 도를 배우는 까닭은 장차 그 몸에 체득하여 일에 드러내려 하기 때문이니, 군자는 이에 그 대절(大節)이 네 가지가 있다. 집에 들어오면 어버이께 효도하고 형제에게 우애하며, 나가면 나라에 충성하고 백성들에게 은혜를 베풀 뿐이다. 그러나 그 타고난 자질의 아름다움과 학력의 깊음으로 벗들에게 도움받음이 본디 있지 않으면, 또 어찌 이에 본분을 다하여 유감이 없게 할 수 있겠는가. 공은 20대 초부터 이미 반우(盤盂)[102]에 자신을 맡겨 동정(動靜)과 어묵(語默)에 규범을 따라 실천하여 일상생활에

101 남계실기 : 이보(李輔, 1545~1608)에 대한 실기로, 건·곤 2권 2책이다. 그의 본관은 연안(延安), 자는 경임(景任), 호는 남계(南溪)이며, 유성룡의 문인이다. 임진왜란 때 의병으로 활약하였다. 후에 당진(唐津) 현감에 임명되었으나 인동(仁同) 주민들의 청으로 인동 현감에 보직되었다. 군위군 군위읍 외량리에 있는 송호서원(松湖書院)에 배향되었다. 《남계실기》에 의하면 이 서문은 1785년에 지어졌다.

102 반우(盤盂) : 두려워하는 자세로 삼간다는 말이다. 반우는 황제(黃帝)의 사관(史官)인 공갑(孔甲)이 그릇에 써서 임금을 경계시킨 글이다.

처리함이 익숙하고자 하지 않은 바가 없었다.

지금 그 어버이께 효도함으로 말해 보면 살아 계실 때 부모 섬기는 일과 장사, 제사의 예(禮)가 대개 지극한 정성에서 말미암은 것이다. 상복을 입고 여묘살이하며 삼년상을 마치도록 발걸음이 중문안으로 들어가지 않았다. 이는 옛사람도 또한 할 수 있었던 이가 있었으나, 일생을 마치도록 때에 따라 전묘(展墓 성묘(省墓)) 함에 비바람과 추위 더위 때문에 혹 그만두지 않음 같은 것은 안정(顔丁)[103]과 소련(少連)·대련(大連)[104]도 하지 못한 바였다.

형제에게 우애한 것으로 말해 보자면, 이불을 함께 덮고 밥상을 함께하며 차마 잠시도 떠나지 않았으며, 위험을 무릅쓰고 병을 구원하여 온전히 살게 한 것은 옛사람도 또한 이렇게 할 수 있었던 자가 있으나, 대변의 달고 씀을 맛보아 병세를 징험한 것은 또 유씨자(庾氏子)[105]와 두 양씨(楊氏)[106]도 하지 못한 바이다. 이는

103 안정(顔丁) : 안정(顔丁)은 춘추 시대(春秋時代) 노(魯)나라 사람으로 거상(居喪)을 잘하였다. 《예기》 〈단궁 하(檀弓下)〉에, "안정은 거상을 잘하여〔顔丁善居喪〕 부모가 막 죽었을 때는 황황(皇皇)해하며 구함이 있으되 얻지 못하는 듯이 여기며, 이미 빈소를 차리면 망망연(望望然)히 따르되 미치지 못하는 듯이 여기며, 이미 장례를 치르고는 개연히 그 돌아올 때 미치지 못하여 기다리는 듯이 하였다."라고 하였다.

104 소련(少連)·대련(大連) : 춘추 시대 노(魯)나라의 효자로 '이련(二連)'이라 일컬어지는데, 《예기》 〈잡기 하(雜記下)〉에 "소련과 대련이 거상(居喪)을 잘하여, 3일 동안 태만하지 않고 3개월 동안 게으르지 않고 기년(期年)을 슬퍼하였으며 3년을 근심하였으니, 동이(東夷)의 자식이다.〔少連大連, 善居喪, 三日不怠, 三月不解, 期悲哀, 三年憂, 東夷之子也.〕"라고 칭찬하신 공자의 말씀이 보인다.

105 유씨자(庾氏子) : 육조 시대 남조 양(梁)나라의 효자인 유검루(庾黔婁)를 말한다. 아버지인 유이(庾易)가 병들었을 때 의사가 병세를 알려면 변을 맛보아야 한

그 집안에서의 행실이 돈독함이 이미 이와 같이 지극한 것이다.

처음 공이 목사와 방백 그리고 대신의 추천으로 침랑(寢郎)이 되었는데,[107] 그 당시에 왜적이 크게 침입함을 만나 사람들이 모두 새나 짐승처럼 숨기를 남보다 뒤질까 두려워하였으나, 공만 홀로 한 번 죽음을 맹세하여 능을 지키면서 떠나지 않았다. 이윽고 재주와 기량이 알려져 인동 둔전관(仁同屯田官)으로 뽑혔으니, 전쟁이 사방에서 일어나 온 경내가 쑥대밭이 되어 일을 할 수 있는 것이 없었다. 공이 힘을 다하여 흩어지고 달아난 백성을 부르고 묵은 황무지를 개간하여 곡식을 저장하고 양식을 조달하여 군대의 사기가 떨어지지 않게 하니, 곧 임시 수령이 진짜 수령이 되었다. 따스하게 적셔 주고 어루만지며 오는 이를 위로하고 편안하게 하여 8년을 하루 같이 하였다.

또 천생산성(天生山城)[108]을 수축하여 굳게 지키며 적의 칼날을

다고 하니 바로 변을 맛보아서 병세를 가늠하였고, 매일 밤 북두칠성에게 자신이 대신하게 해 달라고 기도하였는데 하늘이 감동하여 유이의 수명을 그달 말일까지 연장해 주었다고 한다. 《梁書 孝行列傳 庾黔婁》《小學 善行》

106 두 양씨(楊氏) : 중국의 북조(北朝) 사람 양파(楊播) 형제를 말한다. 양파는 두 아우 춘(椿)·진(津)과 함께 우애가 지극하여 형제가 항상 청당(廳堂)에 모여 종일 같이 지냈는데 청당 사이에 가끔 휘장을 쳐서 잠시 쉬었다가 다시 함께 담소를 나누었다. 《北史 楊椿列傳》《小學 善行》

107 공이……되었는데 : 1591년(선조24)에 도신(道臣)이 이보 형제를 효우(孝友) 탁이(卓異)로 추천하여 형인 이진(李軫)은 문종과 비 현덕왕후 권씨의 능인 현릉(顯陵) 참봉에, 이보는 세종과 소헌왕후 심씨의 합장릉인 영릉(英陵) 참봉에 제수되었다.

108 천생산성(天生山城) : 구미시 장천면 신장리에 있는 삼국 시대의 성곽으로, 임진왜란 후 1596년(선조29)에 체찰사(體察使) 이원익(李元翼)이 이보(李輔)에게 새

막으니, 백성들이 안도한 것이 예전과 같았다. 논하는 이들은 '당시 영남이 제(齊) 즉묵(卽墨)[109]과 조(趙) 진양(晉陽)[110]이 된 것은 오직 낙동강 오른쪽의 6, 7개 읍뿐이었는데, 인동이 그중 하나이다.'라고 하였다. 또 일찍이 안집사(安集使)에게 계책을 올리고 의병의 진중에서 계책을 도왔으니, 그 몸을 떨치고 일어나 왜적을 대적한 충성은 해와 별처럼 빛났다. 거창(居昌)을 다스릴 때 어진 정치가 백성의 마음을 흡족게 한 것이 또다시 전과 같았다. 이는 그 나라에 충성하고 백성에게 은혜를 베푼 것이 또 어찌 그리도 지극한가.

앞서 이른바 '군자의 대절 네 가지'라는 것을 공은 실로 갖추고 있다. 관리로 있을 때 빙벽(氷蘗)의 절조[111]에 이르러서는 공에게 있어서 다만 차 마시고 밥 먹는 것 같은 일상의 일이었으며, 벽에 채찍 하나를 걸어 둔 것이 그림으로 그려짐[112]에 이르러 그 탐욕스

로 수축하게 하였다.

109 제(齊) 즉묵(卽墨) : 앞의 주 91 '즉묵' 참고.

110 조(趙) 진양(晉陽) : 진양(晉陽)은 중국 산서성(山西省)에 있는 지명이다. 춘추 시대 조 간자(趙簡子)가 윤탁(尹鐸)을 진양의 수령으로 삼아 백성을 잘 다스리게 하자, 윤탁이 "세금을 많이 거두어들일까요, 나라의 보장(保障)이 되도록 할까요?" 하자, 간자가 "보장이 되도록 하라." 하니, 윤탁이 백성들의 세금을 줄여 주어 신망을 얻었다. 그러자 조 간자가 자신의 아들 조 양자(趙襄子)에게 경계하면서, "나라에 난이 있거든, 너는 윤탁을 가볍게 여기지 말며, 진양을 멀다 하지 말고 반드시 그곳으로 가라." 하였다. 그 뒤에 조 양자가 지백(智伯)의 공격을 받고 진양으로 피난하였다. 지백이 진양성에 물을 대어 성 안이 모두 물에 잠겼으나 삼판만이 잠기지 않았으므로 진양성에 있던 사람들이 솥을 공중에 걸어 놓고 밥을 지었으며, 서로 자식을 바꾸어 잡아먹으면서 버티어 끝내 성을 지켰다. 《史記 趙世家》

111 빙벽(氷蘗)의 절조 : 빙벽(氷蘗)은 얼음물을 마시고 황벽나무를 먹는다는 뜻으로, 청고(淸苦)한 생활을 하며 절조를 지키는 것을 뜻한다.

련 사내의 이마에 땀이 나게 한 것이 또 적지 않았다. 죄가 없는데도 파직되어 돌아옴에 미쳐서도 공은 전혀 마음에 두지 않고 날마다 한 집안의 어진 부로(父老)인 오봉(五峯)[113]과 송오(松塢)[114] 그리고 당시의 이름난 선비들과 남계의 산수 사이에서 경전을 강론하면서 그 남은 생을 즐겼으니, 《주역》에 이른바 '군자는 유종의 미가 있다'[115]라는 것이 아마 공 같은 이를 말하는 것이 아니겠는가.

공은 타고난 성품이 순수하고 바르며, 확충하여 기름이 완전하고 두터웠다. 그 사우의 연원을 고찰하여 논해 보자면, 또 서애(西厓)와 여헌(旅軒) 그리고 나의 선조 우복(愚伏) 같은 여러 선생이 있었으니, 스승이 가르치고 인도해 줌과 벗에게 의지하여 이로움이 있는 것이 얕거나 적지 않았다. 애옹(厓翁 서애(西厓) 유성룡

112 벽에……그려짐 : 1601년 인동에서 다음 부임지인 거창으로 가면서 "말채(馬鞭)도 관(官)의 물건이니 두고 가자."라고 했다. 그가 두고 간 말채가 세월이 흐르며 낡자 후임 현감은 화공에게 말채를 그리게 하고 '화편(畵鞭, 그림 말채)'이라 부르며 관아 벽에 걸어 두었다.

113 오봉(五峯) : 이호민(李好閔, 1553～1634)으로, 자는 효언(孝彦), 호는 오봉(五峯), 남곽(南郭), 수와(睡窩), 시호는 문희(文僖)이다. 죽은 뒤에 청백리에 올랐으며 지례(知禮)의 도동향사(道東鄕祠)에 제향됐다. 임진왜란 때에 왕을 의주까지 호종한 공으로 호성공신(扈聖功臣) 2등으로 연릉군(延陵君)에 봉해졌고, 그 뒤에 대광보국숭록대부(大匡輔國崇祿大夫)가 됐으며 부원군(府院君)에 진봉됐다. 저서로는 《오봉집》 16권이 있다.

114 송오(松塢) : 이진(李軫, 1536～1610)으로, 자는 군임(君任), 송오는 그의 호이다. 이보의 형으로, 이황(李滉)의 문인이다. 임진왜란 당시 좌랑으로서 민여경(閔汝慶)과 함께 의주에서 경성까지 양곡을 선박으로 수송하는 임무를 맡았다.

115 군자는……있다 : 《주역》 〈겸괘(謙卦)〉에 "겸은 형통하니, 군자는 유종의 미가 있다.〔謙亨, 君子有終.〕"라고 하였다.

(柳成龍))에 이르러서는 공보다 다만 세 살이 많을 뿐이었으나, 공은 도를 보존하고 있다고 여겨 스승으로 섬김에 오직 삼갔다. 대저 이와 같았으니, 들어오거나 나감에 가는 곳마다 본분을 다하지 않음이 없음은 진실로 그러하였으나 오직 그 남긴 문장은 흩어지고 없어져 다만 이 약간 편만 있는 것이 한스러워할 만하다. 그러나 또한 모두 한결같이 정성에서 나왔으니, 진실로 덕 있는 사람의 말이다. 그 가운데 《중용》 수장(首章)의 뜻을 논한 것과 문인에게 학문할 것을 권하는 말은 또 요체가 되는 곳을 통찰하여 본 것이니, 학문에 나아간 바와 마음을 다잡아 지킨 것도 따라서 상상해 볼 수 있으니, 또 어찌 그리 많을 필요가 있겠는가. 이 때문에 후인들이 천양하고자 함이 끝이 없다.

지금 이 실기를 만듦에 세계(世系)와 연보(年譜)를 유고의 상권에 두고, 사우(師友)가 보낸 글과 〈인동거사비명(仁同去思碑銘)〉,[116] 만사, 뇌문, 가장, 행장, 묘갈명, 묘지명, 〈송호사상량문(松湖祠上樑文)〉, 〈송호사봉안문(松湖祠奉安文)〉, 〈상향축문(常享祝文)〉 등의 글을 하권에 편집하였다. 요컨대 모두 전할 수 있는 믿을 만한 글이니, 옛날로 거슬러 올라가 사람을 논하는 자도 또한 이에서 징험할 수 있을 것이다. 어찌 내 말을 기다려서 징험할 수 있겠는가만 그 요청이 매우 정성스럽고 의리상 또 사양치 못할 것이 있어 대략 비루한 견해를 위와 같이 쓴다.

116 인동거사비명(仁同去思碑銘) : 1604년 두곡(杜谷) 고응척(高應陟, 1531~1606)이 지었으며, 인동 동헌(東軒)에 세웠는데, 여러 번의 이건을 거쳐 2011년 인동도서관 후정으로 이건되었다.

북계일고[117]서

北溪逸稿序

북계(北溪) 조공 선생(趙公先生)은 명종과 선조 연간 현신이 배출될 때 태어나 타고난 자질이 강하고 굳세며 말과 논의가 맑고 준엄하였다. 또 일찍이 서애(西厓 유성룡(柳成龍)) 선생과 나의 선조 문장공(文莊公 정경세(鄭經世))의 문하에서 유학하여 당시의 여러 이름난 선비들과 서로 종유하였으니, 훈도(薰陶)와 이택(麗澤)[118]의 유익함이 대개 많았으며, 사서(沙西) 전충간공(全忠簡公)[119] 같은 이는 더욱 막역한 교제였다. 이런 까닭으로 그 식견과 행의(行誼)가 더욱 통달하고 밝으며 돈독하고 성실함은 그가 죽음에

117 북계일고 : 조광벽(趙光璧, 1566~1642)의 문집으로, 2권 1책이다. 그의 본관은 풍양(豐壤), 자는 여완(汝完), 호는 북계(北溪)이며, 유성룡(柳成龍)의 문인이다. 임진왜란이 일어나자 정경세(鄭經世) 등과 함께 창의하여 큰 공훈을 세웠다. 1624년 이괄의 난이 일어나자 이준(李埈) 및 여러 동지들과 창의하였으나 벌써 이괄의 난이 평정되었기 때문에 자연히 해산하였다. 상주의 연악서원(淵嶽書院)에 배향되었다.

118 이택(麗澤) : 붕우(朋友)가 함께 학문을 강습하여 서로 이익을 줌을 뜻한다. 《주역(周易)》 태괘(兌卦)에 "두 못이 연결되어 있는 형상이 태(兌)이니, 군자가 이를 본받아 붕우 간에 강습한다."라는 말에서 유래하였다.

119 사서(沙西) 전충간공(全忠簡公) : 전식(全湜, 1563~1642)으로, 본관은 옥천(沃川), 자는 정원(淨遠), 호는 사서(沙西), 시호는 충간(忠簡)이다. 유성룡(柳成龍), 장현광(張顯光)의 문인이다. 광해군의 실정으로 벼슬을 단념하고 정경세(鄭經世), 이준(李埈) 등과 산수를 유람해 세칭 상사(商社)의 삼로(三老)라 일컬어졌다. 저서에 《사서집》이 있다. 상주 옥동서원(玉洞書院)에 제향되었다.

미쳐 여러 사람의 만사와 뇌문에서 칭찬한 것과 애도한 것이 이미 얕거나 적지 않았으며, 남긴 아름다운 향기는 또 수백 년 뒤에도 아직 사라지지 않았다. 선대 임금 병오년에 고을 사람들이 연악서원(淵嶽書院)에서 제사하였고,[120] 또 행장과 묘지명도 여러 믿을 만한 사람의 붓끝에서 나왔으니[121] 그 말이 진실로 백대(百代) 뒤에도 징험할 만한 것이다.

그러나 공의 유문(遺文)은 중간에 울유(鬱攸 화기(火氣) 즉 화마(火魔))를 만나 전혀 남은 것이 없었다. 공의 후손 규진(奎鎭) 씨가 시 17수, 편지 4편, 제문 3편을 모으고 부록 약간을 아울러 작은 책으로 만들어 나에게 서문을 부탁하였다. 유문이 적은 것을 매우 한스럽게 여기는 그의 뜻을 보고 나는 다음과 같이 말한다.

해로울 것이 없다. 무릇 군자가 아름다운 빛을 드리워 후세에 비춰 주는 것이 어찌 반드시 유문이 많음에 달려 있겠는가. 이런 까닭으로 공자 문하의 사과(四科)[122]에서 덕행을 첫째로 삼

120 연악서원(淵嶽書院)에서 제사하였고 : 조석철(趙錫喆)이 지은 〈연악서원봉안문(淵嶽書院奉安文)〉이 있다.

121 행장과……나왔으니 : 행장은 이광정(李光靖, 1714~1789)이, 묘갈명은 해좌(海左) 정범조(丁範祖, 1723~1801)가, 묘지명(墓誌銘)은 간옹(艮翁) 이헌경(李獻慶, 1719~1791)이 찬(撰)하였다.

122 사과(四科) : 《논어》 〈선진(先進)〉에 공자(孔子)의 제자들을 장점에 따라 네 가지로 분류하여 "덕행(德行)에는 안연(顔淵)과 민자건(閔子騫), 염백우(冉伯牛)와 중궁(仲弓)이고, 언어(言語)에는 재아(宰我)와 자공(子貢)이고, 정사(政事)에는 염유(冉有)와 계로(季路)이고, 문학(文學)에는 자유(子游)와 자하(子夏)이다." 하였는데, 후세에 이를 공문 사과(孔門四科)라고 하였다.

았으나, 민자건(閔子騫)의 말은 전해지지 않아 전기(傳記)에 보이는 것이 겨우 세 번뿐이고 또한 그의 유문도 아니며, 염백우(冉伯牛) 같은 경우는 이마저도 없다. 대개 70제자의 전기에 다만 그 성명만 기록된 이가 반이 넘는데, 하물며 유문이야 말할 것이 있겠는가. 그러나 모두 성인의 문도가 됨에는 문제가 없다. 후한의 황숙도(黃叔度)[123]는 언론(言論)과 풍지(風旨)가 또한 민몰되었으나, 천년 뒤에 그 사람을 우러름이 어떠한가.

지금 여러 공들이 공에 대해 일컫고 기술한 것이 한둘에 그치지 않음을 보건대, 이로 인해 상상해 볼 만한 것이 있으니 어찌 등림(鄧林)[124]의 재목이 아름답지 않음이 있으며, 대야(大冶)[125]의 쇠가 양호하지 않음을 본 적이 있겠는가. 대저 규벽(奎璧)[126]의 광채가 바야흐로 위에서 밝고, 하락(河洛)의 학문[127]이

123 황숙도(黃叔度) : 후한 때 사람 황헌(黃憲)으로, 자가 숙도이다. 그는 자품이 청수하고 총명하여 당시 사람들로부터 안자(顔子)에 비유되기까지 했는데, 그와 같은 고을 사람인 진번(陳蕃)과 주거(周擧)는 항상 말하기를 "두어 달만 황생을 보지 못하면 마음속에 비린한 생각이 다시 싹터 버린다.〔時月之間不見黃生, 則鄙吝之萌, 復存乎心.〕" 하였다. 《後漢書 黃憲列傳》

124 등림(鄧林) : 좋은 재목이 무성하다는 신선의 숲으로, 전설상의 지명이다. 고대 전설상의 인물 과보(夸父)가 태양을 잡으러 따라가다가, 8일 만에 목이 말라 하수(河水)와 위수(渭水)에서 물을 다 마시고, 그것으로 부족하여 북쪽 대택(大澤)으로 물을 마시러 가다가 도착하기 전에 죽었다. 그때 그가 짚고 간 지팡이에 싹이 나서 등림(鄧林)이 되었다고 한다. 《山海經 海外 北經》

125 대야(大冶) : 천지의 조화를 비유하는 말로, 《장자》 〈대종사(大宗師)〉에 "이제 한번 하늘과 땅을 커다란 용광로라 생각하고 조물주를 큰 대장장이라고 생각한다면 어디로 간들 문제될 것이 있겠는가.〔今一以天地爲大鑪, 以造化爲大冶, 惡乎往而不可哉?〕"라고 한 말에서 유래하였다.

바야흐로 아래에서 흥성함을 당하여 그 품부받음이 뭇사람과 다르고, 알고 실천함이 평범함에서 빼어남은 진실로 마땅한 바이다. 나는 생각건대, 공의 유문이 비록 이 약간마저 없더라도 사람으로 하여금 사모함이 일어나게 하는 것은 마찬가지일 뿐이니, 어찌 이 때문에 한스러워하겠는가.

대개 공은 학행으로 천섬(薦剡)에 올랐으나,[128] 운명이 시대와 맞지 않아 벼슬은 한 번 우승(郵丞)을 함에 불과할 뿐이었다. 그는 평소 자연에 뜻을 두어 벼슬에 나아가는 것을 담담하게 여김이 이미 이와 같았다. 사옹(沙翁)이 바다에 배를 띄우던 날[129] 그 처자를 공에게 부탁한 것에서 또한 신의가 남보다 뛰어남을 볼 수 있다. 임진·계사의 난과 갑자의 난〔이괄의 난〕을 당하여 여러 어진 이를 따라 의병을 창도한 자취는 또 왕복한 편지에 밝게 실려 있으니, 그 충성을 떨치고 적을 대적한 마음이 지금까지 아직 단(丹)처럼 밝다. 이것은 모두 공의

126 규벽(奎壁) : 28수(宿)에 속하는 별자리인 규수(奎宿)와 벽수(壁宿)의 병칭으로 문운을 주관한다고 한다.

127 하락(河洛)의 학문 : 하락은 황하(黃河)의 지류(支流)인 낙수(洛水)로, 하·은·주 3대가 모두 이 유역에 도읍을 정했기 때문에 삼대 성왕(聖王)의 도통을 계승한 학문, 즉 유학을 뜻한다.

128 천섬(薦剡)에 올랐으나 : 추천서에 이름이 올랐다는 말로, 천거됨을 뜻이다. 중국 절강(浙江) 섬계(剡溪)의 물이 종이 만드는 데에 가장 좋기 때문에 섬(剡)이 종이의 대명사로 흔히 쓰인다.

129 사옹(沙翁)이……날 : 1625년(인조3)에 63세의 나이로 형조 참의가 되어 조경사(朝京使)로 차출되었는데, 당시 요양(遼陽)을 후금(後金)이 점령하고 있어 바닷길로 연경(燕京)에 간 것을 말한다.

두드러지게 드러난 큰 절의이며, 앞서 이른바 '아름다운 빛을 드리워 후세에 비춰 준다'라는 것이 진실로 이에 있으니, 대현(大賢)의 무리가 됨을 믿을 수 있다. 고인 가운데 유사(遺事) 마저도 없는 것과 비교해 본다면 또 어찌 더욱 낫지 않겠는가.

마침내 이를 위해 거듭 읽어 보고 감탄하며 이렇게 써서 돌려 보낸다.

동계집[130] 서

東溪集序

무릇 군자의 학문과 도(道)는 다만 그 연원의 명확함과 출처의 바름을 보면, 그가 도에 깊이 나아가 실제로 자득할 수 있었음을 이에 그 대체를 알 수 있다. 게다가 타고난 자질의 아름다움과 경술의 해박함을 더하여 평소 의리를 지켜서 서며 도를 바르게 해서 행한 것이 가는 곳마다 빛나서 밝고 빼어나서 넉넉하지 않음이 없으니, 그 후학들이 숭상하고 받드는 바가 어찌 다함이 있겠는가.

동계(東溪) 권 선생(權先生)은 일찍이 한강(寒岡 정구(鄭逑))과 여헌(旅軒 장현광(張顯光))의 문하에서 훈도(薰陶)를 받았고, 또 순효(純孝)[131]의 조정에 발탁되었으니, 강론하고 절차탁마할 때와 진퇴와 출처의 사이에 그 당시의 이름난 선비들이 추존(推尊)하

130 동계집 : 권도(權濤, 1575~1644)의 문집으로, 원집(原集) 8권, 연보(年譜) 3권 합 4책이다. 대산의 교감을 거쳐, 1808년(순조8)에 완계서원(浣溪書院)에서 최초로 간행되었고, 이후 1875년(고종12)에 중간되었다. 한국문집총간 속18집에 실려 있다. 《동계집》에 의하면 이 서문은 1809년에 지어졌다. 그의 본관은 안동(安東), 자는 정보(靜甫), 호는 동계(東溪), 시호는 충강(忠康)이다. 정구(鄭逑), 장현광(張顯光)의 문인이다. 1624년(인조2) 이괄(李适)의 난 때 왕을 공주까지 호종한 공으로 원종훈(原從勳)이 되었고, 1628년 유효립(柳孝立)의 옥사를 다스린 공으로 영사원종공신(寧社原從功臣) 1등에 책록되었다. 도천서원(道川書院)과 완계서원(浣溪書院)에 제향되었다.

131 순효(純孝) : 인조(仁祖, 1595~1649)로, 정식 시호가 '인조 개천조운 정기선덕 헌문열무 명숙순효 대왕(仁祖開天肇運正紀宣德憲文烈武明肅純孝大王)'이다.

여 장려함과 허여하여 인정함은 다 기록할 수 없다. 시험 삼아 행사(行事)에 두드러지게 드러난 것을 들어 보면, 바야흐로 나이 겨우 18세(1592년, 선조25)에 이미 섬 오랑캐의 난리가 있을 것을 알고 난리가 있기 전에 미리 산에 깊이 들어가 그 집안을 온전히 할 수 있었던 것은 진실로 남들보다 크게 빼어난 지혜였다. 그러나 이것은 당시 사람들 중 또 혹 할 수 있는 이가 있는 것이다. 정인홍(鄭仁弘)이 권력을 잡은 날에 그 명망은 세상을 진동시키고 기염(氣焰)은 하늘을 태워 사람들이 감히 조금도 폄하하는 의논을 더할 수 없었으나, 선생은 한번 그 눈동자를 보고는 문득 이미 심술이 흉악함을 알고 늘상 가야(伽倻)의 노적(老賊)[132]으로 배척함 같은 것은 일찌감치 간사한 이를 변별한 것이 거의 소명윤(蘇明允)[133]과 다름이 없었다. 이런 것에 대해 당시 사람들 중 그 누가 선생보다 먼저 한 이가 있었던가.

임진왜란 때 아버지 상을 당함[134]에 이르러 비록 무기를 잡고 적을 물리치는 전쟁 중이었지만 무릇 그 장례의 절차에 모두 반드시 정성을 다하고 반드시 미덥게 할 수 있어 후회가 있지 않게 했다. 또 어머니를 모시고 피난함에 가는 곳마다 위험했으나 예제

132 가야(伽倻)의 노적(老賊) : 정인홍(鄭仁弘)이 옛 가야 지역인 합천(陜川) 출신이기 때문에 그렇게 부른 것이다.

133 소명윤(蘇明允) : 소식(蘇軾)의 아버지인 소순(蘇洵, 1009~1066)으로, 명윤은 그의 자(字)이며 호는 노천(老泉)이다. 소순은 〈변간론(辨姦論)〉을 지어 왕안석(王安石)의 간교함을 혹독하게 비판하였다.

134 임진왜란……당함 : 1593년(선조26) 4월, 부친상을 당하였으며, 왜적이 조령을 넘었다는 소식을 듣고 모친을 모시고 호서(湖西)의 회덕(懷德)으로 피란하였다.

(禮制)를 지켜 봉양함에 극진하지 않음이 없어 사람으로 하여금 감탄하며 기뻐 감복하게 함에 이르렀으니, 이는 그 지극한 효성과 순수한 행실이 이미 평범함에서 크게 뛰어날 뿐만이 아니었다.

혼조(昏朝 광해군(光海君))가 인륜을 거스르는 때를 만남으로 인하여 문을 닫고 벼슬할 뜻을 깨끗이 쓸어 다시는 세상에 나갈 뜻이 없었다. 성대한 시대에 책명(策名)하여[135] 형통한 길에 규범대로 수레를 몰아[136] 경륜을 내어 대략 마음에 온축한 바를 폄에 이르러서는 위로 빠진 것을 모아 보충하고 잘못을 바로잡으면서 임금을 거스르는 화를 돌아보지 않고 오직 임금을 도로써 인도함에 힘쓸 수 있었으며, 아래로 권신들을 탄핵하고 뇌물을 없애며 백성을 소생시키고 선비를 진작시켜 당시에 저지당하는 일을 생각지 않고 오직 나라를 보호할 책략만 생각함이 있었으니, 그 깨끗하고 변치 않는 충성은 또 다만 보통에서 크게 빼어날 뿐만 아니다. 그 가운데 홀로 올곧은 말을 올려 전례(典例)의 잘못을 반박하고 논

135 성대한 시대에 책명(策名)하여 : 책명은 신하된 자를 기록한 간책(簡策)에 이름을 기입한다는 말이다. 《춘추좌씨전(春秋左氏傳)》에 "책명, 위지(委質)하고서 두 마음을 가지면 죄를 받는다."라고 하였다. 여기서는 인조반정 이후에 다시 등용됨을 이른 말이다.

136 규범대로 수레를 몰아 : 원문은 범구(範驅)로, '범아치구(範我馳驅)'의 줄임말인데, 말을 법칙대로 모는 것을 이른다. 《맹자》 〈등문공 하(滕文公下)〉에 왕량(王良)이 말하기를 "내 그를 위해서 말 모는 것을 법칙대로 하였더니〔範我馳驅〕 종일토록 한 마리의 짐승도 잡지 못하였고, 그를 위하여 부정한 방법으로 짐승을 만나게 하였더니〔詭遇〕 하루아침에 열 마리의 짐승을 잡았다."라고 한 말에서 유래되었다. 이후로 범아치구는 원칙과 법도대로 행하는 것을 이르고, 궤우는 부정한 방법으로 목적을 달성하는 것을 비유하는 말로 쓰였다.

의하여 '성대한 덕과 큰 업적은 상고할 자취가 없다〔盛德茂業, 無跡可尋〕'[137]라고 생각한 것은 그 굳센 기상과 바른 논의가 더욱 우뚝하고 빼어나니, 다만 하후승(夏侯勝)[138]과 나란히 천년 뒤까지 아름답게 남아 세상에서 '가을 하늘의 한 마리 독수리'[139]로 일컬음에 이르렀다. 정축년(1637, 인조15)에 남한산성에서 항복한 뒤로 선생은 억지로 벼슬하여 그럭저럭 직분의 맡은 바 의리를 다폈으나, 항상 자연에 대한 감정을 품고 마음에 탄식하지 않은 날이 없었다. 청나라 사람이 병사를 원조하고 군량미를 보내라는 말이 있음을 봄에 이르러 개연(慨然)히 김동명(金東溟)에게 보낸

137 성대한……없다 : 《동계집》 권4 〈청용사자례의원묘시호계사(請用四字例議元廟諡號啓辭)〉에 나오는 말로, 1632년 인조가 사친(私親)인 원종(元宗)에게 많은 글자의 시호(諡號)를 올리려고 하자 4자를 쓰는 고법(古法)을 따르기를 계청(啓請)한 글이다. 이 글은 동계가 해남(海南)에 유배를 가게 된 빌미가 되었다. 이현일(李玄逸)의 《갈암집》 권24 〈통정대부승정원좌승지지제교겸경연참찬관춘추관수찬관증자헌대부이조판서겸지경연의금부춘추관성균관사홍문관대제학예문관대제학세자좌빈객권공신도비명병서(通政大夫承政院左承旨知製敎兼經筵參贊官春秋館修撰官贈資憲大夫吏曹判書兼知經筵義禁府春秋館成均館事弘文館大提學 藝文館大提學世子左賓客權公神道碑銘幷序)〉에는 '業茂'이 '鴻功'으로 되어 있다.

138 하후승(夏侯勝) : 한(漢)나라 선제(宣帝)가 무제(武帝)의 업적을 기려 종묘에서 쓰는 묘악(廟樂)을 제작하려 하자 다른 신하들은 모두 찬성했으나 하후승은 무제가 오랑캐를 물리치고 국토를 개척한 공은 있으나 많은 백성을 죽게 하고 재물을 탕진했기 때문에 백성들에게 혜택이 없으므로 묘악을 제작할 수 없다고 반대하였다. 이로 인해 추종한 황패(黃霸)와 함께 하옥되었다. 《漢書 夏侯勝傳》

139 가을……독수리 : 뛰어난 인물을 비유한 것으로, 후한 공융(孔融)이 예형(禰衡)을 추천하면서 "사나운 새가 수백 마리 있어도 한 마리의 독수리보다 못하니, 예형을 조정에 세우면 필시 볼만한 점이 있을 것이다.〔鷙鳥累百不如一鶚, 使衡立朝必有可觀.〕"라고 한 데서 유래하였다. 《後漢書 文苑列傳 禰衡》

시[140]에 "존망의 위기를 구해 준 유택이 아직 우리나라에 있으니, 차마 무기를 잡고 명나라의 은혜에 보답할 수 있으랴. 백발이 되어 다시 옴에 부끄러움이 얼굴에 가득하니, 돌아가 사립문 닫음만 못하리.〔存亡遺澤在東藩, 忍把干戈答聖恩? 白首重來羞滿面, 不如歸去閉柴門.〕"라고 하고 곧바로 고향으로 돌아갈 것을 결심하였다.

대개 선생은 평소 물러남을 쉽게 하는〔易退〕[141] 뜻에 힘쓴 것이 비록 평시라도 있었으니, 체직당함에 잠시도 지체한 적이 없었고, 이에 이르러 더욱 종일토록 기다리지 않은 바가 있었다. 이에 군신의 큰 의리와 천지의 떳떳한 법이 더욱 출처의 사이에 밝게 빛나니, 반드시 동해(東海)에 빠져 죽거나[142] 서산(西山)에 은거[143]

140 김동명(金東溟)에게 보낸 시 : 《동계집》 권2의 〈무인동, 정사남귀, 증김동명(戊寅冬, 呈辭南歸, 贈金東溟)〉을 말한다. 무인년은 인조 16년(1638)이다. 김동명은 김세렴(金世濂, 1593~1646)으로, 본관은 선산(善山), 자는 도렴(道濂) 또는 도원(道源), 호는 동명(東溟), 시호는 문강(文康)이다. 만년에는 경서 연구에 전력했고, 문장이 아름다웠으며 특히 시문에 능하였다. 저서로는 《동명집(東溟集)》, 《해사록(海槎錄)》 등이 있다.

141 물러남을 쉽게 하는 : 《예기(禮記)》 〈표기(表記)〉에 "임금을 섬길 적에 나아가기는 어렵게 하고 물러나기는 쉽게 한다면 자리에 질서가 잡힐 것이요, 나아가기는 쉽게 하고 물러나기는 어렵게 한다면 문란해질 것이다.〔事君難進而易退, 則位有序, 易進而難退, 則亂也.〕"라는 말이 나온다.

142 동해(東海)에 빠져 죽거나 : 전국 시대(戰國時代) 제(齊)나라 사람 노중련(魯仲連)은 절의가 매우 높았다. 당시 조(趙)나라가 진(秦)나라의 공격을 받아 사태가 위급하자, 위(魏)나라에서 신원연(新垣衍)이란 변사(辯士)를 조나라로 보내어, 진나라를 황제로 섬겨 진군(秦軍)이 스스로 철수토록 하라고 조왕(趙王)을 설득하였다. 이 말을 들은 노중련은 신원연에게 "저 진나라는 예의를 무시하는 나라이니, 만약 진나라가 황제가 된다면 나는 동해에 빠져 죽을지언정〔蹈東海而死〕 저 진나라의

한 그런 뒤라야 비로소 그 마음을 알 수 있는 것은 아니니, 전후에 그 수립한 바가 과연 어떠한가.

대저 선생의 금옥(金玉) 같은 자질로 성현의 학문과 도(道)에 침잠함이 평소 있었고 근기(根基)가 이미 두터우니, 온축한 것은 덕행이 되고 발현한 것은 업적이 됨이 어찌 문득 이에만 그칠 뿐이겠는가. 그러나 시대와 운명이 어긋났기 때문에 끝내 세상에 능력을 크게 펼 수 없어 포부를 접고 생을 마쳤으니, 이것은 후학들의 다함이 없는 유감이 된다. 그러나 남은 아름다운 향기는 백년이 지나도록 아직 없어지지 않아 선대 임금 무신년(정조12, 1788)에 많은 선비들 가운데 크게 숭모하는 이들이 서로 이끌고 대궐문에 호소하여 평소 독서하던 두릉(杜陵, 지금의 두곡(斗谷))의 옛 재실(齋室)에 선생을 제향하고, 완계서원(浣溪書院)[144]이라 이름하여 영원히 공경하여 본받을 터전으로 삼았으니, 이는 진실로 떳떳한 도리를 지킴에 절로 그만둘 수 없는 것이다. 오직 이 선생이 지은 시와 문장만 중간에 화마(火魔)를 만나서 가훈(家訓)마

백성은 되지 않겠다."라고 한 고사를 말한다. 《史記 魯仲連列傳》

143 서산(西山)에 은거 : 서산은 수양산(首陽山)을 가리킨다. 은(殷)나라 말기 고죽군(孤竹君)의 두 아들인 백이(伯夷)와 숙제(叔齊)는 주(周)나라 무왕(武王)이 은나라를 정벌하는 것을 만류하였으며, 주나라가 천하를 통일하자 주나라 곡식을 먹을 수 없다 하여 서산에 은둔하여 고사리를 캐 먹다가 마침내 굶어 죽었다. 《史記 伯夷列傳》

144 완계서원(浣溪書院) : 경남 산청군 신등면 단계리 두릉에 있었던 서원으로, 1614년(광해군6)에 지방유림의 공의로 권도(權濤)의 학문과 덕행을 추모하기 위해 창건하여 위패를 모셨다. 1788년(정조12)에 '완계(浣溪)'라고 사액되었다. 안정복(安鼎福)의 《순암집》 권20에 1789년(정조13)에 쓴 〈완계서원동계권공봉안문(浣溪書院東溪權公奉安文)〉이 있다.

저도 전하는 것이 없다. 지금 다만 약간 권이 장차 세상에 전해지려 하니 그 사기(詞氣)의 청순(淸醇)함이 한결같이 바름에서 나와 후세에 전해지니, 또 장차 사람을 흥기시킴이 끝이 없고 그 세교에 관계됨이 또한 클 것이다. 비록 적지만 무슨 상관이 있겠는가. 후손 경(璟)[145]이 유집을 받들어 나에게 보여 주며 한마디 말을 구하기에 드디어 이를 써서 그 책의 서문으로 삼는다.

145 후손 경(璟) : 권경(權璟, 1769～1819)으로, 본관은 안동, 자는 경장(景章), 호는 창랑(滄浪)이다. 신등면 단계리에 거주하였으며 정종로의 문인이다.

용포집[146] 서
龍浦集序

군자의 학문은 오로지 수신(修身)을 근본으로 하니, 근본이 이미 서면 이로 말미암아 집안과 고을 그리고 나라에까지 미치는 것은 진실로 그 이치가 그러하다. 그가 일찍이 격물, 치지, 성의, 정심 공부에 힘쓴 것도 또한 이로 말미암아 상상해 볼 수 있다. 그런 까닭으로 다만 그 떳떳한 덕을 행함과 떳떳한 말을 삼감[147]을 보면 설령 성리(性理)의 묘함을 발휘하여 문자의 사이에 드러낸 것은 없더라도 곧 이것이 이미 성리의 묘함을 발휘한 것이어서 부족한 바가 없다. 만약 그렇지 않고 근본이 어지러워 말단을 다스릴 수 없다면, 설령 천(天)과 인(人)을 변석(辨析)함에 말을 잘하여 보화(寶花)가 어지러이 떨어졌더라도[148] 다만 쓸데없는 군말일

146 용포집 : 이유(李濰, 1669～1742)의 문집으로, 4권 2책이다. 한국문집총간 속 57에 실려 있다. 그의 본관은 여주(驪州), 자는 봉익(鳳翼) 또는 거원(巨源), 호는 용포(龍浦) 또는 졸수재(拙修齋)이다. 이동표(李東標)의 문인이며, 1691년(숙종17) 생원(生員)이 되고, 1602년 문과(文科)에 급제, 40년 동안 벼슬은 말단직으로 찰방을 네 번 지냈다. 예천 삼강서원(三江書院)에 제향되었다.

147 떳떳한……삼감 : 《중용장구》 제13장에 나오는 말이다.

148 말을……떨어졌더라도 : 원문은 '보화난추(寶花亂墜)'인데, 천화난추(天花亂墜)라고도 한다. 불교의 전설에 큰 법사가 설법을 하면 하늘이 감동하여 꽃이 마구 떨어졌다는 고사가 많으므로 이러한 말을 썼다. 그 가운데 대표적으로 양 무제(梁武帝) 때 운광 법사(雲光法師)의 고사를 들 수 있다. 양 무제는 불교를 무척 숭앙하던 인물로 많은 승려를 모시고 있었다. 그 가운데 운광 법사를 가장 존경하였는데, 그가

뿐이다. 과연 어찌 취할 만하겠는가. 또 말세의 '외관이 이김〔文勝〕'으로 말해 보자면, 차라리 '본바탕이 이김〔質勝〕'[149]의 좋음이 나으니, 폐단을 구하는 방법은 오직 이에 있다. 이는 또 공자가 선진(先進)을 따른 뜻[150]이다. 내가 들은 바로는 용포(龍浦) 선생 이공(李公) 같은 이가 진실로 이른바 '몸을 닦아 이 뜻을 얻었다'는 것이리라.

대개 공은 태어나면서 도에 가까운 자질을 품부받아 일찍이 학문하는 방법을 알았다. 이미 나암(懶菴)[151]의 문하에 나아가 성(誠)을 보존하여 자신을 속이지 않는 심법(心法)을 들을 수 있었

강경(講經)을 하면 하늘에서 꽃이 내리고, 하늘나라 음식이 공양으로 내려왔다는 이야기가 있다. 《六朝事跡編類 樓臺門 第4 雨花臺》《詩律武庫》

149 외관이……이김 : 《논어》 〈옹야(雍也)〉에 공자가 "본바탕인 질(質)이 아름다운 외관인 문(文)을 이기면 촌스럽고, 문이 질을 이기면 겉치레만 잘하는 사(史)이니, 문과 질이 적절히 배합된 뒤에야 군자이다.〔質勝文則野, 文勝質則史, 文質彬彬然後君子.〕"라고 한 표현을 원용한 것이다.

150 공자가……뜻 : 《논어》 〈선진(先進)〉에, 공자가 "선배들이 예악(禮樂)에 대하여 한 것을 지금 사람들이 촌스러운 사람이라 하고, 후배들이 예악에 대하여 하는 것을 군자라고 하는데, 내가 만일 예악을 쓴다면 나는 선배를 따르겠다.〔先進於禮樂, 野人也. 後進於禮樂, 君子也. 如用之, 則吾從先進.〕"라고 한 것을 말한다. 공자 당시의 사람들이 내용을 중시한 선진의 예악을 도리어 촌스럽게 여기고, 겉치레를 중시한 후진의 예악을 도리어 수준 높게 여겼으므로 이른 말이다.

151 나암(懶菴) : 이동표(李東標, 1644~1700)로, 본관은 진보(眞寶), 자는 군칙(君則)·자강(子剛), 호는 나은(懶隱)·나계(蘿溪)이며, 시호는 충간(忠簡)이다. 사간원 헌납, 이조 좌랑, 홍문관 교리 등에 임명되었으나 그때마다 사직하고 귀향하였으므로 사람들은 소퇴계(小退溪)라 일컬었다. 예천의 원산서원(元山書院)에 봉안되었다.

고, 또 당시의 이름난 큰 선비와 강론하고 절차탁마하여 자기수양의 유익함에 바탕이 되었으니, 평소 덕에 나아가고 학문을 닦는 뜻은 오직 혹 중간에 끊어짐이 있을까 두려워하였다. 그런 까닭으로 동정(動靜)과 어묵(語默)은 애초에 규범을 따라 실천하지 않음이 없었다. 비록 그윽하고 홀로 있어 마음대로 할 수 있는 곳에 있더라도 항상 늠름히 상제(上帝)를 대하는 듯한 마음을 가졌으며, 드러내어 쓸 때에 이르러서는 더욱 민이물칙(民彝物則)[152]의 사이와 효제충신의 행실에 삼감을 다하니, 독실하여 원근(遠近)에 드러나고 들리지 않음이 없었다. 이에 그 마음을 잡아 지키는 바는 원래 털끝만큼도 명성을 가까이하는 뜻이 없고 항상 스스로 자신을 감추어 있어도 없는 듯하고 가득 차도 빈 듯하였다. '세리(勢利)' 두 글자에 이르러서는 다만 전혀 자취를 더럽히지 않을 뿐만이 아니었으니, 애초 이것을 마음에 싹트게 한 적이 없었다. 맑고 절의가 있으며 고상하고 깨끗함은 다만 얼음이나 옥과 서로 비슷하였다.

대저 이미 인욕(人慾) 가운데 가장 심한 것에 대해서 이와 같이 끊어 버릴 수 있었으니, 다시 끊어 버리는 데 어려운 것이 무엇이 있겠으며, 자신을 단속하고 일을 처리함에 혹 올바른 이치를 말미암지 않는 것이 있겠는가. 이런 까닭으로 나가서 세상에 쓰일

152 민이물칙(民彝物則) : 사람의 떳떳한 도리와 사물의 법칙을 말한다. 《시경(詩經)》 〈증민(烝民)〉에 "하늘이 백성을 내시니 물(物)마다 법이 있도다. 백성이 떳떳함을 지켜 이 아름다운 덕을 좋아하네.〔天生蒸民, 有物有則. 民之秉彝, 好是懿德.〕"라는 말에서 유래하였다.

때 벼슬의 부침(浮沈)과 영욕(榮辱)을 한결같이 우연히 온 것에 부쳤고 벼슬에 나아가고 물러남을 오직 자신의 분수라고 편안히 여겼다.

잠시 외직에서 경륜을 폈으니, 네 곳 역참(驛站)[153]의 역졸이 끝내 어진 정치에 소생할 수 있었고, 북토(北土)의 선비들이 모두 그가 예로 대우해 줌에 감동하였으니, 칭송하는 말이 번갈아 일어났고 문풍이 크게 진작되었으나 공은 이것으로 자랑하는 빛이 없었다.[154] 만년에 임금께 충심을 아뢰었는데, 당시의 폐단을 진술함에 절실하고 맞지 않음이 없었으며, 성군이 되는 학문을 권면함에 오직 곡진하고 마땅하게 하여 백성의 삶을 보양(保養)하고 임금의 덕을 도왔으나[155] 공은 또 이것으로 스스로 정성을 다했다고 여기지 않았다.

비록 물러나 한가한 날에도 용모를 단정히 하고 손을 모아 경박한 풍속을 꺾어 진정시켰으니, 말하지 않는 바가 있을지언정 말하기만 하면 사람들의 논의가 절로 정해지며, 하지 않는 바가 있

153 네 곳 역참(驛站) : 이유가 네 번의 찰방(察訪)을 지낸 것을 말한다. 즉, 1705년에 김천도(金泉道) 찰방(察訪)에, 1709년에 오수도(獒樹道) 찰방에, 1715년에 김정도(金井道) 찰방에, 1729년 고산도(高山道) 찰방에 제수되었다.

154 북토(北土)의……없었다 : 북토는 고산도(高山道)이다. 이유가 고산도 찰방으로서 인근 7읍의 교양관(教養官)을 겸하여 유생들의 교육에 힘을 쏟았는데, 이 당시 독서의 차례와 방법 등을 설명하고 강학 규정을 명시한 〈유칠읍유생문(諭七邑儒生文)〉이 《용포집》 권3에 있다.

155 만년에……도왔으나 : 1734년(영조10) 1월 66세의 나이로 장령을 사직하며 올린 2차례의 상소와 1741년 장령을 사직하며 올린 상소를 통해 백성을 보양하는 정치를 할 것을 아뢴 일을 말한다.

을지언정 하기만 하면 뭇사람들의 마음이 절로 감복하였다. 혹 이른바 '근본이 서면 말단이 따라서 다스려진다〔本立而末從之治〕'라는 것은 이를 말하는 것이 아니겠는가.

오직 그 명리(名理)가 은미하고 오묘한 곳에 대해 세밀하게 분석하고 낱낱이 나누어 글을 지어 후세에 전한 적이 없으니, 이는 비록 성품이 저술의 지극함을 기뻐하지 않는 것이나 또 반드시 세상에서 이목(耳目)에 부치고 구설(口舌)로 이치만 논하는 자들이 대개 앵무새라는 기롱을 면치 못함을 병통으로 여겼기 때문만은 아니다. 그러나 도체(道體)는 다함이 없으니 다만 말하기 쉽지 않을 뿐 아니라 보기 또한 쉽지 않으니, 이와 같이 쉽지 않으면 차라리 한 마디를 얻으면 한 마디를 지키고, 한 자를 얻으면 한 자를 지켜서 절실하고 비근하게 하기에 힘쓰는 것이 낫다. 그 폐단을 구하는 방법에 있어 공과 같이 함이 또한 애초 터득하지 못할 것은 아니다. 천하에서 귀하게 여길 만한 것 가운데 무엇이 실로 그 몸을 닦아 자신을 이루어 남에게 미칠 수 있음보다 나은 것이 있겠는가. 공자가 말하기를, "옛날에 말을 쉽게 내지 않은 것은 실천이 뒤따르지 못하는 것을 부끄러워했기 때문이다.〔古者言之不出, 恥躬之不逮也.〕"[156]라고 하였는데, 공 같은 이는 참으로 이 뜻을 터득하여 우뚝이 지금 사람들의 사표(師表)가 되는 사람이리라.

이 문집에 시문(詩文)이 비록 많지 않으나 요컨대 모두 한결같이 정성에서 나와 부화한 데로 치달리는 습관이 전혀 없으니, 내

156 옛날에……때문이다 : 《논어》 〈이인(里仁)〉에 나온다.

가 숭상하는 바는 이 때문이다. 또한 어찌 반드시 문장과 구절을 아름답게 꾸며 사람의 눈을 놀라게 한 뒤라야 비로소 문장이라 말하고 먼 뒷날까지 전할 수 있겠는가. 공의 후손 시경(是璟)이 나에게 한마디 말을 구하여 그 책의 서문으로 삼고자 하였다. 사양했으나 받아들여지지 않아 드디어 이를 써서 고한다.

삼송집[157]서
三松集序

《삼송 남공 유집(三松南公遺集)》 1권은 시 179수, 상량문, 제문, 편지, 책문(策問)이 각 1편이며, 그 아래에 퇴도(退陶) 선생이 공에게 보낸 시[158]와 박소고(朴嘯皐)[159] 이하 여러 어진 이들이 보내거나 수창(酬唱)한 시, 만사, 뇌문 등을 붙여서 끝맺었다. 지난해 겨울 순흥(順興)의 박구일(朴龜一) 군이 가지고 와서 나에게 보여 주고 서문을 구하며 말하기를, "삼송(三松)은 나의 선조 수서공(水西公)[160]의 장인입니다. 자품이 고매하고 기국이 위대하여

157 삼송집 : 남몽오(南夢鰲, 1528~?)의 문집으로 2권이다. 그의 본관은 영양(英陽), 자는 경상(景祥), 호는 삼송당(三松堂)이다. 1573년(선조6) 진사시에 합격했으나 후진교육을 낙으로 삼아 서당을 짓고 가르쳤다. 조목(趙穆), 김성일(金誠一)과 교유했으며, 봉화의 기영사(耆英祠)에 제향되었다.

158 퇴도(退陶)……시 : 《퇴계집》 권2의 〈재행시도산남동, 유작, 시남경상금훈지민생응기아자준손아안도(再行視陶山南洞, 有作, 示南景祥琴壎之閔生應祺兒子雋孫兒安道)〉를 말한다.

159 박소고(朴嘯皐) : 박승임(朴承任, 1517~1586)으로, 본관은 반남(潘南), 자는 중보(重甫), 호는 철진(鐵津)·소고(嘯皐)·수서옹(水西翁)·반계병동(蟠溪病侗)이며, 이황(李滉)의 문인이다. 《소고집(嘯皐集)》 권2에 〈차남경상증별운(次南景祥贈別韻)〉이 있다.

160 수서공(水西公) : 박선장(朴善長, 1555~1616)으로, 본관은 무안(務安), 자는 여인(汝仁), 호는 수서(水西)이다. 장인인 삼송 남몽오(南夢鰲)의 문하에서 수학하였으며, 조목(趙穆)과 유성룡(柳成龍) 등이 도의로써 추장(推奬)하였다. 봉화의 기영사에 제향되었으며, 저서로 《수서집》 4권이 있다.

경사(經史)를 두루 보고 의리를 끝까지 탐구하였으나, 도리어 벼슬에 나가기를 즐거워하지 않았습니다. 이미 진사(進士)에 입격했으나 곧장 은거하여 학생을 가르치며 후진을 성취시키는 것을 자신의 임무로 삼았습니다. 이에 무릇 직접 배우거나 사숙(私淑)하여 두드러지게 드러난 사람을 다 셀 수 없습니다. 그런 까닭으로 이제 마을의 선비들이 모두 사모하여 사당(祠堂)을 세워[161] 제사 지냄에까지 이르렀습니다. 생각건대 연대가 오래되고 멀어 사적이 마모되어 없어졌으니, 유문과 유사를 수습한 것이 다만 이 한 권뿐입니다. 공은 또 자손이 없어 지금 그 간행의 책임이 오직 외손(外孫)인 저에게 있습니다. 원컨대 그대는 부디 한마디 말을 써서 후세에 사실을 전할 수 있게 해 주십시오."라고 하였다.

나는 사양했으나 받아들여지지 않아 곧 다음과 같이 말하였다.

이 문집이 오히려 어찌 나의 말을 기다릴 필요가 있겠는가. 공의 시와 문장을 보니 그 평소 온축된 바를 알 수 있으며, 여러 선배들이 칭송하고 허여한 것을 보니 그의 인품이 평범함에서 빼어남을 알 수 있으며, 여러 문인들 중에 선량한 이가 많은 것을 보니 그 덕으로 교화한 충실함이 남에게까지 미쳤음을 알 수 있으며, 후세 사람들이 백세 뒤에도 잊지 않고 숭상하여 받

161 사당(祠堂)을 세워 : 1676년(숙종2)에 사림(士林)에서 건립하고 묘호(墓號)를 기영사(耆英祠)라 칭하다가 1766년(영조42)에 구만서원(龜灣書院)으로 승격하였다. 1868년(고종5) 홍선대원군의 서원철폐령으로 훼철(毁撤)되었다가 1967년에 지방 유림에 의하여 복원되었다.

드는 것을 보니 그 실제가 있는 업적이 오래될수록 더욱 드러남을 알 수 있다. 옛날로 거슬러 인물을 논하는 자는 여기서 보면 또한 족할 것이니, 오히려 어찌 나의 말을 기다리겠는가. 또한 당시에 인재를 선발하여 등용함은 후세의 비길 것이 아닌데, 이에 공 같은 이가 낮은 데 있어 초목에 매몰되도록 내버려 둔 것은 무엇 때문인가. 아마 공이 자신의 덕을 숨기는 것이 깊어 세상에서 아는 사람이 없는 까닭이리라. 나는 공이 학생들을 가르친 한 가지 일에 더욱 느낌이 있다.

오호라, 만약 한 세대 안에 모두 공과 같은 이가 나와 곳곳에서 불자(拂子)를 잡고 학생을 가르쳐 모두 문학에 종사하여 가르침을 따르지 않거나 크게 불량한 사람이 없게 한다면, 나라에 도움이 되는 바가 어떠하겠는가. 하늘이 도리어 종류마다 생겨나고 곳곳마다 있지 않음은 무엇 때문인가. 주자(周子)가 말하기를, “스승의 도가 서면 선한 사람이 많고, 조정이 바르면 천하가 태평하다.〔師道立則善人多, 朝廷正而天下平.〕”라고 하였으니, 나는 이에 가만히 두어 번 읽고 감탄하며 주자의 말이 참으로 옳다고 여겼다. 그러나 만약 선한 사람이 비록 많더라도 나라에서 쓰지 않으면 조정이 바르게 될 수 없고 천하가 태평해질 수 없다. 생각건대, 하늘이 종류마다 생겨나고 곳곳마다 있지 않음 또한 이것에 말미암지 않은 줄 어찌 알겠는가.

지금 다행스럽게도 많은 선비들이 공을 존숭하여 보답함이 이와 같음은 모두 사도(師道)가 섬에 그 효과가 이와 같음이 있음을 안 것이니, 그 당시에 대인 선생 가운데 사문(斯文)을 흥기하는 것을 스스로 임무로 여긴 사람이 비록 그 관작과 녹봉, 명예와 지위는 사람을 움직일 수 없으나, 반드시 마땅히 서로 거느리고 그의 교화에 달려가 보고 느끼며 흠모하여 본받기에 겨를이 없을 것이며, 나라에 크게 도움이 되는 바가 있는 것도 또 반드시 이로 말미암지 않는 것은 아니리라. 이것이 혹 말할 만한 것이 되겠는가.

박군(朴君)이 "좋습니다."라고 하였다.
드디어 이를 써서 그 책의 서문으로 삼는다.

송파집[162] 서
松坡集序

공자(孔子)가 "중도를 행하는 선비를 얻어서 함께하지 못할진댄, 반드시 광견(狂狷)한 사람을 취할 것이다. 광자는 나아가 취하고 견자는 함부로 하지 않는 바가 있다.〔不得中行而與之, 必也狂狷乎. 狂者進取, 狷者有所不爲也.〕"[163]라고 하였으니, 이는 성학(聖學)의 도에 나아갈 수 있다는 것으로 말하였다. 그러나 옛날에 명절(名節)을 세우고 공업(功業)을 하여 문장을 이룰 수 있었던 사람을 두루 보자면, 반드시 본성을 잘 지키고 기질을 자부한 사람이라야 비로소 할 수 있었으니, 이 또한 광견의 부류이다. 설령 불행하게 때를 만나지 못하여 비상한 명절과 특별한 공업에 힘쓸 수 없었다 하더라도 그 강개하고 격렬한 성품과 우뚝하고 정대한 기상이 자주 언어에 드러나고 수작함에 나타나는 것은 숨

162 송파집 : 박전(朴全, 1514~1558)의 시문집으로, 불분권 1책이며, 현행본은 《송파일고》로 되어 있다. 그의 본관은 무안(務安), 자는 면부(勉夫), 호는 송파(松坡)이다. 유중영(柳仲郢), 권벽(權擘) 등과 교유하였다. 《송파일고》에 의하면 이 서문은 1809년에 지었다.

163 중도를……있다 : 《논어》 〈자로(子路)〉에 나오는 내용이다. 주자(朱子)의 집주에 "광자는 뜻은 지극히 높으나 행동이 받쳐 주지 못한다. 견자는 지혜는 미치지 못하나 지킴에 남음이 있다.〔狂者, 志極高而行不掩. 狷者, 知未及而守有餘.〕"라고 하고, 공자가 말한 광(狂)은 곧 금장(琴張)·증점(曾點)·목피(牧皮) 등이 여기에 해당한다고 하였다. 《論語 子路 21章 朱熹集註》 공자의 이 말은 《맹자》 〈진심 하〉 37장에 인용되었다.

기지 못함이 있다. 이는 문장을 비록 '소기(小技)'라 말하지만 이것이 아니면 또 무엇에 의지하여 두 가지가 반드시 가능함을 알 수 있겠는가.

송파(松坡) 박공(朴公)은 나이 33세에 등제(登第)하여 겨우 예조 낭관(郞官)과 북평사(北評事)를 역임하고 45세에 생을 마쳤다. 별도로 세상에 드러난 명절이나 공업이 없으나, 지금 가장(家狀)을 보건대, "정신과 풍채는 밝고 빼어나며, 타고난 자품은 우뚝하여, 행동과 문장은 세상에서 미루어 높이는 바였다."[164]라는 말이 있다. 대개 불교를 물리친 상소[165]는 이미 유학의 도를 지키는 엄정함을 볼 수 있으며, 그 유문을 읽음에 이르러 그 지경(地境)으로 인해 시를 완성하고 기행(紀行)하면서 읊은 것 같은 것은 모두 골격(骨格), 정채(精彩), 창경(蒼勁)함이 있어 외울 만하다. 〈구병가(九病歌)〉, 〈팔애시(八哀詩)〉, 〈감흥(感興)〉[166] 네다섯 수, 〈관명(冠銘)〉, 〈이명(履銘)〉, 〈장척명(長尺銘)〉, 〈시명(匙銘)〉, 〈호명(戶銘)〉, 〈창명(牕銘)〉, 〈병명(屛銘)〉, 〈궤명(几銘)〉 등 여러

164 가장(家狀)……바였다 : 가장은 박전의 8대손 박주원(朴周元)이 지은 것으로, "나이 겨우 예닐곱에 비로소 글을 읽을 줄 알았는데, 정신과 풍채가 밝고 빼어나 한 번 보면 곧 기억하였다.……오호라, 부군은 타고난 자품이 우뚝하고 기개가 맑고 원대하여 그 문장에서 의리를 행한 것은 세상에서 미루어 높이는 바였다.〔年纔六七, 始知讀書, 神彩瑩秀, 一覽輒記.……嗚呼! 府君天資卓犖, 氣槩淸遠, 其文詞行義, 爲世所推.〕"라 하였다.

165 불교를 물리친 상소 : 가장(家狀)에 의하면, 명종 6년(1551)에 올린 상소이며, 문집에는 남아 있지 않다.

166 감흥(感興) : 저본에는 '四五首'로 되어 있으나 문집을 확인한 결과 오언율시 1수, 오언장편 4수로, 총 5수이다.

명(銘) 그리고 〈문충효(問忠孝)〉에 대한 책(策)[167] 등은 혹 간알(干謁)을 배척함에 천 길 높은 곳에 우뚝이 섰으며,[168] 혹 우울한 마음을 펴는 데 만고의 일을 포괄했으며,[169] 혹 큰 절의를 잡아 천하에 서서 남이 알아주기를 구함이 없고자 했으며, 혹 낮은 지위를 달게 여기고 의리와 운명을 편안히 여기며 오직 자기의 학문에 힘쓰고자 하였다.[170] 그 나머지는 옛 성현들이 곳에 따라 경계했던 것을 본받고자 하고, 신하와 자식이 된 자는 '살게 해 준 은혜를 죽음으로 보답한다'[171]는 등의 말은 평소 온축한 것을 기

167 문충효(問忠孝)에 대한 책(策) : 원주에 의하면, 가정(嘉靖) 병오년(1546, 명종1) 증광(增廣) 문과(文科)에 합격했을 때 지은 책문으로, 자식과 신하로서 충효를 다해야 함을 말한 글이다.

168 간알(干謁)을……섰으며 : 가장에 "〈구병가〉를 지어 간알을 배척했다.〔作九病歌以斥干謁〕"라고 하였다. 간알은 사적인 일로 하급 기관이나 하급 관원에게 금품을 요구하는 일을 말한다. 〈구병가〉는 허리, 무릎, 어깨, 입, 머리, 다리, 손, 눈, 귀 등 아홉 가지 병을 말하며 권세가(權勢家)에게 청탁하는 것을 배격한 시이다.

169 우울한……포괄했으며 : 가장에 "〈팔애시〉를 지어 우울한 마음을 폈다.〔作八哀詩以抒湮鬱〕"라고 하였다. 〈팔애시〉는 모두 8수이다. 화씨벽(和氏璧), 위왕표(魏王瓢), 심산목(深山木), 야도주(野渡舟), 염거준(鹽車駿), 공곡란(空谷蘭), 갑중검(匣中劍), 역양동(嶧陽桐) 등 귀한 물건이 임자를 만나지 못해 쓰이지 못한 것처럼 인물이 때를 만나지 못해 불우한 것을 애석하게 여겨 지은 시이다.

170 혹……하였다 : 가장에서 〈감흥〉 시에 대해 말하기를, "이런 어구는 모두 뜻이 고상하고 원대하여 세속 사람과 전혀 다르니, 그 근본에 힘쓰고 자신을 돌이키며 분수를 다하고 운명에 맡기는 뜻을 이에 볼 수 있다.〔此等語句, 皆磊磊落落, 絶異流俗, 其務本反己盡分委命之意, 斯可見矣.〕"라고 하였다.

171 살게……보답한다 : 《소학》 〈명륜(明倫)〉에 난공자(欒共子)가 말하기를, "백성은 세 분의 은혜로 살아가니 섬기기를 한결같이 해야 한다. 아버지는 낳아 주고, 스승은 가르쳐 주고, 임금은 먹여 준다. 아비가 아니면 태어나지 못하고 먹지 않으면

울여 쏟아 내지 않음이 없으니, 광(狂)과 견(狷)이 갖추어져 있다. 공은 기개가 크고 평범하지 않은 사람이 됨을 여기에서 이미 알 수 있다.

만약 공자를 만나 잘 인도해 주어 조절하고 격려해 줌을 입었다면, 성인의 학문에 나아가는 바가 또 어찌 증점(曾點)과 원사(原思)[172]의 아래에 있었겠는가. 설령 당시에 쓰였다 하더라도 앞에서 이른바 '명절공명(名節功業)'은 말할 것이 없고, '본성을 잘 지키고 기질을 자부한 사람이라야 바야흐로 세상에 큰일을 할 수 있다'라는 것을 믿겠다. 만약 의지하여 상상할 바로 말해 보자면 실천하여 원대함을 얻은 문장을 또 어찌 적다고 여길 수 있겠는가. 공의 9세손 구일(龜一)이 나에게 책의 서문을 써 줄 것을 청하기에 드디어 비루한 견해를 위와 같이 쓴다.

자라지 못하고 가르침이 아니면 알지 못하니, 낳아 준 것과 같은 은혜이다. 그러므로 한결같이 섬기되 오직 지금 있는 바에 목숨을 바쳐야 한다. 살게 해 준 은혜를 죽음으로 보답하고 물건을 내려 준 은혜는 힘으로 갚는 것이 사람의 도이다.〔報生以死, 服賜以力, 人之道也.〕"라고 하였다. 군사부일체 사상을 의미하는 말이다.

172 원사(原思) : 원헌(原憲)을 말한다. 춘추 시대 노(魯)나라 사람으로, 송나라 사람이라고도 한다. 자(字)는 자사(子思) 혹은 원사(原思)라고도 한다. 공자의 제자이다. 공자가 노나라 사구(司寇)의 직책을 맡았을 때 원헌을 관리 책임자로 삼았는데, 공자가 원헌에게 구백이나 되는 곡식을 주니 사양하였다. 《論語 雍也》 공자가 죽은 뒤에 궁벽한 시골로 들어가 지게문을 쑥대로 엮어서 달고 지붕을 생초(生草)로 이어 놓고 살았다. 이때 위(衛)나라 재상으로 있던 자공(子貢)이 그를 찾아가니 남루한 옷차림으로 만나 주었다. 자공은 그의 행색이 수치스러워 말하기를 "혹시 병이 들지 않으셨습니까?" 하니, 대답하기를 "내가 들으니, 재물이 없는 자를 가난하다 말하고 도를 배우고서도 능히 행하지 못하는 자를 병들었다고 말한다 하였습니다. 나는 가난한 것이지 병든 것은 아닙니다."라고 대답하였다. 《禮記 檀弓下》

수서집[173]서

水西集序

우리 부자(夫子 공자(孔子))께서 복자천(宓子賤)[174]을 두고 말하기를, "군자답구나, 이 사람이여! 노나라에 군자가 없었다면 이 사람이 어디에서 이러한 덕을 취했겠는가."[175]라고 하였다. 대저 이른바 '군자'란 '덕을 이룸'을 말하는 것인데, 자천의 일이 《공자가어》에 보이는 것은 매우 간략하여 다만 선보(單父)의 읍재(邑宰)가 되어 거문고 연주만 했는데도 잘 다스려졌다는 것[176]뿐이었으니 또한 어찌 반드시 높은 지위를 얻어 크게 시행한 뒤라야 비로소 군자라 이름할 수 있겠는가. 내가 부자(夫子)의 말로써 근고(近古)에서 찾아보니, 수서(水西) 박공(朴公) 같은 이가 아마 자

173 수서집 : 박선장(朴善長, 1555~1616)의 문집으로, 4권 2책이다. 그의 본관은 무안(務安), 자는 여인(汝仁), 호는 수서(水西)이다. 장인이기도 한 남몽오(南夢鰲)의 문인이다. 예안 현감(禮安縣監), 경상도사(慶尙都事) 등을 역임하였다. 봉화의 구만서원(龜灣書院)에 제향되었다. 《수서집》에는 입재가 지은 행장도 실려 있으나, 《입재집》에는 수록되어 있지 않다.

174 복자천(宓子賤) : 공자의 제자 복부제(宓不齊)로, 자천은 그의 자이다.

175 군자답구나……취했겠는가 : 《논어》 〈공야장(公冶長)〉에 나온다.

176 선보(單父)의……것 : 《설원(說苑)》 〈정리(政理)〉에 "복자천이 선보(單父)를 다스릴 적에 거문고를 타며 당을 내려가지 않아도 선보가 잘 다스려졌다.〔宓子賤治單父, 鳴琴, 身不下堂而單父治.〕"라고 하였다. 그러나 《공자가어》 〈굴절해(屈節解)〉에는 복자천이 단보(單父)의 읍재가 되었을 때, 관리에게 글씨를 쓰게 하고는 옆에서 자꾸 팔을 잡아당겨 글씨가 삐뚤어질 때마다 화를 냄으로써, 참언(讒言)을 잘 듣는 노군(魯君)을 풍자했던 고사가 전한다. 입재가 이 고사의 출전에 대해 착각한 듯하다.

천의 부류인 듯하다.

대개 공은 어려서 어머니의 삼천지교(三遷之敎)를 받았고, 자라서는 삼송(三松) 남공(南公 남몽오(南夢鰲))의 가르침을 받았다. 그분들이 인도하여 가르친 바가 진실로 이미 평범함에서 매우 벗어났고, 게다가 그 타고난 자질의 돈독하고 두터움과 기우(器宇 기량(器量))의 단정하고 응집됨과 지기(志氣)의 견고하고 확실함과 공부의 전일하고 정밀함 같은 것은 또 단맛이 어떠한 맛과도 잘 조화(調和)되고, 흰 색이 고운 채색을 잘 받는 격이다.[177] 그런 까닭으로 젊어서부터 늙을 때까지 가슴에 새겨 게으르지 않았다. 또 이때에 영남의 여러 어진 이들이 배출되니, 덕 있는 이를 찾아서 학문을 물어 경계하여 이로움에 도움이 될 수 있는 사람이 주위에 많았다. 이에 스승으로, 벗으로 훈도받고 절차탁마할 수 있어 끝내 덕을 이룸에 이른 사람이 어찌 문득 복자천 같은 이에 미치지 못하겠는가.

이 때문에 안정된 힘으로 말해 보자면, 임진·계사년 사이에 공이 마침 횡당(黌堂 글방)에 앉아 있었는데, 당장(唐將 명나라 장수)이 갑자기 앞으로 나와 화로를 던졌다. 맞지는 않았으나 불붙은 숯이 자리에 가득하였다. 그러나 공은 태연히 앉아 조금도 움직이지 않으니 그가 이에 도리어 공경을 다하고 물러났다.[178] 대저 갑작스런

177 단맛이……격이다 : 《예기(禮記)》 〈예기(禮器)〉에 "단맛은 어떠한 맛과도 잘 조화(調和)되고, 흰 색은 고운 채색을 잘 받는 것이니, 충신한 사람이라야 예를 배울 수 있다.〔甘受和, 白受采, 忠信之人, 可以學禮.〕" 한 데서 온 말이다.

178 임진……물러났다 : 계사년(1593) 박선장의 나이 39세 때의 일로, 〈연보〉에 의하면 당시 원병으로 왔던 명나라 장수가 방자하여 글방에 단정히 앉아 있는 박선

변고를 만나도 오히려 이와 같았으니, 평소 생활할 때 엄중한 거동은 이에 알 수 있다. 그런 까닭으로 집안 자제들이 모두 조심스럽게 모시며 감히 무례하고 거만한 모습으로 뵙지 못하였다.

일을 처리함으로 말해 보자면, 항상 아버지가 일찍 돌아가신 것을 평생의 아픔으로 여겨 기일(忌日)이 드는 달을 만날 때마다 재계하고 거처하며 소식(素食)을 하고 잔치의 즐거움에 참여하지 않았으니, 마치 심상(心喪)을 행하는 것 같았다. 어머니를 받듦에 사랑과 공경이 모두 지극하였으며, 겨울에는 따뜻하게 해 드리고 여름에는 시원하게 해 드리는 효도와 맛있는 음식으로 봉양함에 그 정성을 다하지 않은 바가 없었다. 남삼송(南三松)이 세상을 떠나자 공은 스승의 예로 상(喪)을 치르고, 3년 동안 반드시 삭망전(朔望奠)[179]에 참여하였다.

그가 선성(宣城 예안(禮安))을 다스릴 때는 한결같이 백성을 사랑하고 학문을 흥기시키는 것을 임무로 삼아 치적(治績)이 도백(道伯)에게 일컬어졌으며, 그가 관직을 마치고 돌아올 때에 미쳐서는 짐 꾸러미가 텅 비고 집에는 다만 네 벽뿐이었다. 고을 사람들이 듣고는 그를 위해 쌀 세 섬을 거두어 그 곤궁함을 구휼하였으나, 공은 오히려 편안하였다. 평생 생업을 다스리지 않고 오직 성리서를 강구하는 것으로 즐거움을 삼았는데, 《중용장구》와 《대

장을 보고 화가 나서 화로를 던졌으나 꼼짝도 않고 태연히 앉아 있으니, 오히려 공경을 다하고 물러난 사건을 말한다.

179 삭망전(朔望奠) : 상중에 매월 초하루와 보름에 올리는 전(奠)으로, 이때에는 일헌(一獻)만 올린다.

학장구》에 더욱 힘썼다. 또 여러 뜻이 같은 이들과 마을 안에 서숙(書塾 서당)을 세워 어린 선비를 가르쳤다. 향약문(鄕約文)의 조목을 세워 거주하는 백성들을 정돈(整頓)하며[180] 〈십물잠(十勿箴)〉[181]과 〈오륜가(五倫歌)〉[182]는 모두 몸소 실천하여 마음으로 터득한 나머지에서 나온 것이니, 면려하여 감화시킨 것이 또 얕거나 적지 않다. 공 같은 이는 어찌 이른바 '남의 선함을 취해서 자신을 넉넉게 하고, 또 자신의 선함을 미루어 남에게 미친다'라는 사람이 아니겠는가.

만약 공자가 살아 있었다면 우리는 군자라는 명칭이 장차 다만 저 복자천에게만 있을 뿐만이 아님을 알 것인데도, 끝내 낮은 지위에 머물면서 정사를 편 것이 다만 이에 그친 것은 무엇 때문인가. 그러나 그 유풍과 여운은 오래될수록 쇠하지 않아 고을 선비들이 그를 위해 제사 지내고[183] 존숭하여 받드니, 이는 아마 천도가 보답하여 준 것이리라. 공의 8세손 구일(龜一)이 유집을 받들고 와서 서문을 부탁하기에 드디어 이를 써서 돌려보낸다.

180 향약문(鄕約文)의……정돈(整頓)하며 : 《수서집》 권4에 〈동계갱정약문(洞稧更定約文)〉과 〈동계갱정약문발(洞稧更定約文跋)〉 등이 남아 있다.

181 십물잠(十勿箴) : 《수서집》 권4에 있다.

182 오륜가(五倫歌) : 《수서집》 권4에 있다. 1612년(광해군 4)에 구만서당(龜灣書堂)을 짓고 날로 혼탁해 가는 인심을 안타깝게 여겨 동네의 어린 선비들을 교훈하기 위하여 지은 것으로, 한글로 된 8수의 연시조이다.

183 고을……지내고 : 1676년(숙종2)에 지방 유림이 의견을 모아 구만서당에 위패를 모시고 묘호(廟號)를 기영사(耆英祠)라 했는데, 1766년(영조42) 구만서원으로 승격했다. 1868년(고종5) 홍선대원군의 서원철폐령으로 훼철(毁撤)되었다가 1967년에 지방 유림에 의하여 복원되었다.

송오실기[184] 서

松塢實紀序

나는 시대를 거슬러 올라가 옛 사람을 관찰한 적이 있는데, 진실로 그 타고난 자품이 매우 아름답고 학문도 또 독실하며, 안으로는 효성스럽고 우애로운 행실을 다하고 밖으로는 곧고 절의 있는 지조에 힘쓰며, 위로는 충심으로 나라를 걱정하고 아래로는 지극한 정성으로 백성을 사랑하며, 어려움에 급히 달려가고 제자를 잘 이끄는 의리와 청렴결백하고 한적한 풍모까지 더 갖춘 사람은 현인 군자의 짝이 되지 않는 경우가 없었다. 송오(松塢) 선생 이공(李公) 같은 이는 지금 그 《실기》 가운데 만사(晩沙) 이 시랑(李侍郎)의 행록[185]을 보고 그 근본을 유추하여 살펴보니 어찌 이른

184 송오실기 : 이진(李軫, 1536~1610)에 대한 실기이다. 그의 본관은 연안(延安), 자는 군임(君任), 호는 송오(松塢)이며, 남계(南溪) 이보(李輔)의 형이다. 군위 출신으로 일찍이 이황(李滉)의 문인이 되어 유성룡(柳成龍)과 더불어 수학하였다. 임진왜란 당시 좌랑으로서 민여경(閔汝慶)과 함께 의주에서 경성까지 양곡을 선박으로 수송하는 임무를 맡았다. 1597년 정유재란이 일어나자 정읍현감으로서 순찰사 진하(陣下)에 들어가 왜적을 맞아 싸웠다. 군위군 군위읍 외량리에 있는 송호서원(松湖書院)에 배향되었다.

185 만사(晩沙)……행록 : 〈승훈랑행진보현감송오이선생행록(承訓郞行眞寶縣監松塢李先生行錄)〉을 말한다. 이 시랑은 이경의(李景義, 1590~1640)로, 본관은 연안(延安), 자는 자방(子方), 호는 만사(晩沙)이다. 작은아버지인 호민(好閔)에게 공부를 배웠으며, 이진과는 10촌간이다. 정묘호란 후에는 평안도 어사로 나가 군졸과 백성을 안정시키는 데 크게 활약하였다. 이조 참의, 이조 참판 등을 역임하였다.

바 그 사람이 아니겠는가.

대개 그 거동과 용모가 단정하고 어려서부터 학식과 지취(志趣)가 평범하지 않아 학업을 전수받은 지 겨우 1년이 지남에 《소학》, 《대학장구》, 《논어》, 《맹자》 같은 여러 글을 이해하여 15·6세에 학문하는 방법이 이미 완성되었으니 그 타고난 자품의 아름다움을 이에 알 수 있다. 외우는 데 힘쓰지 않고 문장의 의리를 궁구하여 거처할 때도 항상 성현의 가르침과 복희(伏羲)·문왕(文王)의 《주역》[186]에 잠심하여 생을 마칠 때까지 마음에 새겨 조금도 그만둠이 없었으니, 그 학문의 독실함을 이에 알 수 있다.

어버이가 병이 났을 때 밤낮으로 띠를 풀지 않고 약과 맛있는 음식을 바침에 혹 잠시도 남에게 맡기지 않았다. 아버지의 상을 당하였을 때 몸이 상하고 수척하여 거의 죽을 지경이 되었으나 시묘살이하며 3년을 마치도록 비록 매서운 추위와 무더위, 사나운 바람과 심한 비에도 모부인(母夫人)의 안부를 살피지 않은 날이 없었다. 어머니 상에 이르러 근심을 다하고 예제(禮制)를 지키는 것이 또한 아버지 상과 같았다. 아우인 남계공(南溪公 이보(李輔))과 날마다 이불을 함께 덮고 자며 상을 같이하여 문학으로 권면하여 성취할 수 있게 하였으며, 심지어 늙어 백수가 되어서도 항상 서로 함께 거처하며 강론하고 절차탁마하는 것을 즐거움으로 삼았다. 남계공이 세상을 떠났을 때, 공은 이미 나이가 73세였으나 병을 구원함과 초상을 치르고 장례를 관장함에 정성과 마음

186 복희(伏羲)·문왕(文王)의 주역 : 복희씨(伏羲氏)가 팔괘(八卦)를 긋고, 주문왕(周文王)이 괘사(卦辭)를 지었기 때문에 이렇게 말한 것이다.

을 다하지 않은 바가 없었다. 대신 행하고자 하는 사람이 있으면, 곧 눈물을 흘리며 물리쳤으니, 그 효성스럽고 우애로운 행실을 이에 알 수 있다.

공의 종조숙부(從祖叔父) 수졸재공(守拙齋公)[187]이 본도(本道)의 관찰사로 왔을 때 성묘하는 길에서 공을 보고 매우 큰 그릇으로 여겨 중시하였다. 자주 글을 보내 불렀으나, 한 번 가서 사례한 것 외에는 다시 가지 않았다. 사람들 중에 혹 청탁하는 일이 있으면 의리에 의거해 물리치고는 글자 한 자도 서로 통한 적이 없었다. 서애(西厓) 유문충공(柳文忠公)이 문형(文衡)을 맡았을 때, 남계공(南溪公)이 향해(鄕解 향시(鄕試))에 입격하여 장차 성시(省試)[188]에 나아가려 하였다. 공은 서애가 인척이 되기 때문에[189] 경계하여 말하기를, "이 어른이 만약 시험을 주관하면 너는 응시하지 마라."라고 하였는데, 과연 시권(試券)을 제출하지 않고 물러났다.

187 수졸재공(守拙齋公) : 이우민(李友閔, 1515~1574)으로, 본관은 연안(延安), 자는 효숙(孝叔), 호는 수졸재(守拙齋)이다. 이국주(李國柱)의 아들이며 이호민(李好閔)의 큰형이다. 경상도 관찰사, 황해도 관찰사, 함경도 관찰사, 예조 참판 등을 역임하였다. 이국주의 생부는 이진의 증조인 이형례(李亨禮, 1448~1507)인데, 오촌 숙부인 이세범(李世範)의 양자가 되었다. 이런 사정 때문에 정종로가 실수하여 형제 관계에 있는 이우민은 종조숙부로, 이호민은 종숙부로 기술하는 모순이 생긴 듯하다.

188 성시(省試) : 향시에 입격한 사람을 서울에 모아서 거행하던 등용 시험으로, 복시(覆試)·회시(會試)라 하기도 한다.

189 공은……때문에 : 이진의 증조부인 형례(亨禮)의 딸이 유성룡의 조부인 공작(公綽)의 아내이다. 1589년(선조22) 향시에 합격하였으나, 복시의 시험관이 유성룡이었기 때문에 시험지를 제출하지 않았다.

종숙부(從叔父)인 재상 오봉(五峯 이호민(李好閔))이 시험을 주관하였을 때 공의 둘째 아들[190]이 공의 가르침을 따라 또한 남계공과 같이 하였으니, 그 곧고 절의 있는 지조를 이에 알 수 있다.

임진・계사의 난에 공이 본현(本縣)에서 성을 지키는 임무를 담당하였는데, 군사가 적고 약하였기 때문에 의진소(義陣所)[191]로 달려가 뜻을 함께하는 사람들과 의병을 일으켜 방법과 책략을 계획하였다. 안집사(安集使) 김백암(金栢巖)[192]을 마주하고 비분강개하게 적을 토벌할 일을 논하여 격렬하고 절실하게 사람을 감동시키니, 김백암이 크게 기이하게 여기는 바가 되어 포창하여 조정에 천거함에 이르렀다. 공이 진보(眞寶)를 다스릴 때 성대한 음식을 물리치고 올리지 못하게 하며 말하기를, "나라에 큰 난리가 있어 들에는 굶어 죽은 시체가 있다. 지금이 어떤 때인데 수령이 살찌고 맛난 음식을 마음껏 먹을 수 있겠느냐."라고 하였다. 당시에 어떤 종사관이 객사에 와서 연회를 베풀고 음악을 연주하였는데, 공이 시를 지어 꾸짖으니 그 사람이 매우 부끄러워하며 사죄하였

190 둘째 아들 : 이충가(李忠可, 1575~?)로, 1605년(선조38) 향시에 합격하였으나, 복시의 시험관이 오봉(五峯) 이호민(李好閔)이었기 때문에 시험지를 제출하지 않았다.

191 의진소(義陣所) : 의병을 일으킨 사림들은 먼저 사재를 털어 무기와 식량을 마련하고 구성한 지휘부로, 의병소(義兵所) 또는 의승소(義勝所)라고도 하였다.

192 김백암(金栢巖) : 김륵(金玏, 1540~1616)으로, 본관은 예안(禮安), 자는 희옥(希玉), 호는 백암, 시호는 민절(敏節)이다. 박승임과 이황의 문인이다. 호조 참판, 대사성을 역임하였으며 이조 판서에 증직되었다. 《소고집》의 간행에도 참여하였다. 저서로 《백암집(柏巖集)》이 전한다.

다.[193] 이는 충심으로 나라를 걱정하지 않았다면 그렇게 할 수 있었겠는가.

마음을 다하여 백성들을 위로하고 정사(政事)는 너그럽고 후덕함을 숭상하니, 부임한 지 몇 달 만에 교화가 온 경내에 두루 미쳐 유랑하거나 달아났던 사람들이 사방에서 모이고 다쳐서 쓰러진 이들이 모두 일어났다. 난리를 겪은 뒤 학사(學舍)가 무너진 것은 공이 개연(慨然)히 중수하였으나 백성의 힘을 번거롭게 하지 않고 월급을 덜어 장인(匠人)을 모으고 공사를 감독하여 새롭게 하였다. 임기를 마치고 돌아감에 이르러 고을 사람들이 모두 길을 막고 부르짖고 울며 머무르기를 바랐으니, 지극한 정성으로 백성을 사랑하지 않았다면 그럴 수 있었겠는가.

문인 중에 난리를 피해 객지에서 죽은 이가 있는데, 그 아들이 매우 곤궁해서 시신을 고향으로 옮겨 와 장사 지낼 길이 없게 되자 공은 그를 위해 힘을 다해 주선하고 널과 관을 마련하고 장정을 보내어 반장(返葬)할 수 있게 하였다. 재능과 행실, 문장과 재주로 세상에 중시됨이 있는 사람에 대해 공은 경계하여 말하기를, "그대가 이미 성현의 글을 읽었으니, 반드시 효제충신을 위주로 삼아 자신의 몸을 단속한다면 지극히 좋다고 말할 수 있다."라고 하였으며, 재랑(齋郎)이 되어 작별 인사하러 온 사람이 있었는데 공이 경계하여 말하기를, "청렴결백함으로 몸을 지키고 충성을 다해 공무를 받드는 것, 이것이 나의 바람이다."라고 하였으니, 그

193 당시에……사죄하였다 : 1595년(선조28) 이진이 진보 현감으로 있을 때의 일로, 《실기》 권1에 〈풍종사관설연장악(諷從事官設宴張樂)〉이라는 제목으로 실려 있다.

어려움에 급히 달려가고 제자를 잘 이끈 의리가 또 어떠한가.

진보(眞寶) 고을을 다스릴 때 출산한 망아지를 남겨 두고 말한 필로 돌아오니, 저녁밥을 지음에 재료가 없었다. 조정에서 공을 두고 다스림을 잘하였다고 하여 또 감문(甘文)[194] 수령에 제수하였는데, 공이 말하기를, "내 나이 60이 넘어 노쇠함과 용렬함이 또 심하니 어찌 녹을 받는 벼슬을 위해 달려갈 수 있겠는가."라고 하고 병을 핑계로 부임하지 않았다. 군위 현(縣)의 서쪽 몇 리에 산수의 경치가 빼어난 곳이 있는데, 공이 일찍이 띳집 몇 칸을 지어 대(臺)는 영귀(詠歸)라 이름하고 단(壇)은 초은(招隱)이라 이름하였다. 소나무, 대나무, 매화나무, 국화를 줄지어 심고 그 가운데서 책을 읽고 심성을 수양하며 노년을 마칠 계획을 삼았다. 이에 이르러 마침내 수초(遂初)[195]를 읊조리며, 즐거이 고협(鼓篋)[196]하여 학업을 묻는 선비들과 함께 분전(墳典)[197]을 토론하고

194 감문(甘文) : 지금의 경상북도 김천시 개령면으로, 삼한 시대에 존재했던 소국(小國)의 이름에서 유래하였다.

195 수초(遂初) : 산림(山林)에 은거하려고 마음먹은 처음의 뜻을 마침내 이루게 되었다는 뜻으로, 은거하며 전원생활을 즐기고 싶어하는 것을 말한다. 진(晉)나라 손작(孫綽)이 회계(會稽) 땅에서 10여 년 동안 산수(山水)를 즐기며 살면서 〈수초부(遂初賦)〉를 지은 고사가 있다. 《晉書 孫綽傳》

196 고협(鼓篋) : 북을 치고 책 상자를 연다는 뜻으로, 학생이 책을 싸 가지고 와서 수업을 받는 것을 말한다. 《예기(禮記)》 〈학기(學記)〉의 "입학하여 북을 울리고 책 상자를 여는 것은 그 학업을 공손히 받기 위함이다.〔入學鼓篋, 孫其業也.〕"라는 구절에서 유래하였다.

197 분전(墳典) : 삼황(三皇)의 책이라고 하는 삼분(三墳)과 오제(五帝)의 책이라고 하는 오전(五典)으로, 전하여 옛날의 경서(經書)를 말한다.

명리(名理)를 논의하며 넉넉하고 한가하게 지내다가 그 세상을 마쳤으니, 청렴결백하고 한적한 풍모가 또 어떠한가.

그러나 본래 공이 이와 같이 할 수 있었던 까닭은 성리학을 공부하여 본심이 더욱 밝아지고 평소 실천이 더욱 견고함으로 말미암았기 때문이다. 앞서 내가 이른바 '옛 현인 군자의 짝'이라는 것이 어찌 미덥지 않겠는가. 오직 그 명성과 지위가 크게 드러나지 않고 업적이 매우 넓지 않으며, 저술한 시문도 또 사라져 전함이 없어 아름다운 덕과 의범을 세상에서 자세히 아는 사람이 적으니, 이것이 후인들의 다함이 없는 유감이 된다. 그러나 오히려 이만사(李晩沙)의 이 행록이 있어 백세(百世) 뒤까지 믿을 만한 행적을 전하였고, 또 서애(西厓), 오봉(五峯), 백암(栢巖) 같은 여러 선배들이 기대하고 칭찬한 말이 그 책 가운데 갖추어져 있어서 읽는 사람은 모두 공의 사람됨을 상상해 보며 공경히 우러르고 크게 사모하는 마음을 일으킬 것이니, 어찌 반드시 많을 필요가 있겠는가.

공의 8세손 상사(上舍) 양익(良翼)이 실기 두 권을 내게 보여주면서 서문을 구하였다. 사양했으나 받아들여지지 않아 드디어 위와 같이 쓴다.

응암 혈서습록[198]권서

鷹巖血書拾錄卷序

대저 천하의 지극히 어려운 것에 힘쓸 수 있는 사람은 반드시 천하의 큰 절의를 세울 수 있다는 것은 의심이 없다. 평소에 이미 한 번 죽을 것을 결심한 때로부터는 죽을 처지를 만나면 죽음에 나아가는 것도 또한 쉬울 뿐이다. 바위 굴에 숨어 엎드려 바야흐로 살기를 도모함으로 마음을 삼는 자의 경우 갑자기 뜻밖에 도적의 공격을 받는다면 반드시 장차 놀라 두려워하느라 겨를이 없고 고통스러움을 견디지 못할 것이다. 그런데 거의 죽어 숨이 끊어질 때, 동기(同氣)가 왕의 신하가 된 것에 생각이 미쳐 그 훗날 순절(殉節)한 뒤 그 시신을 잃지 않을 계책을 꾀하였으니, 이것은 천하의 지극히 어려운 것이다.

만약 정신과 기백이 남들보다 매우 뛰어나 평소에 웅어(熊魚)

198 응암 혈서습록 : 신체인(申體仁)이 그의 선조인 응암 신지효(申之孝, 1561~1592)가 '혈서'를 작성한 경위와 그것을 기리는 의의 등을 언급한 기록으로, 임진왜란이 일어나자 피난 가다 쫓아온 왜병에게 발각되어 죽기 직전 중제(仲弟) 신지제(申之悌)에게 남기기 위해 칡을 입으로 씹어 붓을 만들어 혈서(血書)를 쓰고 죽음을 맞이한 내용을 기록하였다. 실제 간행될 때는 〈혈서습록(血書拾錄)〉 외에도 세계도(世系圖), 유사(遺事), 묘갈(墓碣), 〈문소지(聞韶誌)〉 등을 합하여 《응암실적(鷹巖實蹟)》이라 하였으며, 정종로의 서문도 〈응암실적서〉로 되어 있다. 신지효의 본관은 아주(鵝洲), 자는 달부(達夫), 호는 응암(鷹巖)이다. 김언기(金彦璣)의 문인으로, 퇴계 학맥을 계승하였으며, 경상도 의성에 거주하였다. 의성의 금산서원(錦山書院)에 배향되었다.

를 분별함[199]이 이미 마음속에 정해져 창자와 배를 채운 것이 다만 이 충효(忠孝) 두 글자뿐인 사람이 아니라면, 곧 하루아침에 변고를 만남에 그 누가 이에 힘쓸 수 있겠는가. 이와 같은 지조(志操)와 절의(節義)를 가졌다면 설령 삶을 버리고 의(義)를 취하며 목숨을 바쳐 인(仁)을 이루는 상황을 만나더라도 천하의 큰 절의를 세움에 또 무슨 어려움이 있겠는가. 만약 그렇지 않고 다만 죽음을 두려워한다면, 이런 때를 당하여 비록 혹 생각이 동기(同氣)에게 미쳤더라도 반드시 죽게 될 것이라고 생각한다면 오직 살기만 도모할 뿐이니, 어찌 순절하는 것을 떳떳한 일로 여겨 오직 그 시신을 잃지 않을 계책을 꾀하겠는가. 나는 그 때문에 오직 천하의 지극히 어려운 것에 힘쓸 수 있다고 여길 뿐만 아니라[200] 또 천하의 큰 절의를 반드시 세울 수 있다고 여기는 것은 이 때문이다.

응암(鷹巖) 신공(申公)은 오봉(梧峯)[201] 선생의 형으로 임진왜

199 웅어(熊魚)를 분별함 : 《맹자》 〈고자 상(告子上)〉에 맹자가 "생선도 내가 바라는 바이고, 웅장(熊掌)도 내가 바라는 바이지만, 이 둘을 다 가질 수 없다면 생선을 버리고 웅장을 취하리라. 삶도 내가 바라는 바이고 의(義)도 내가 바라는 바이지만 이 둘을 다 가질 수 없다면 삶을 버리고 의를 취하겠다.〔魚我所欲也, 熊掌亦我所欲也. 二者不可得兼, 舍魚而取熊掌者也. 生亦我所欲也, 義亦我所欲也. 二者不可得兼, 舍生而取義者也.〕"라고 하였다.

200 오직……아니라 : 저본에는 '不惟以爲天下之至難'으로 되어 있으나, 본 서문의 첫머리와 끝에 '能辦天下之至難'으로 되어 있기 때문에 '辦' 자가 누락된 것으로 간주하여 보충하고 번역하였다.

201 오봉(梧峯) : 신지제(申之悌, 1562~1624)로, 본관은 아주(鵝洲), 자는 순보(順甫), 호는 오봉(梧峰) 또는 오재(梧齋)이다. 1613년(광해군1) 창원 부사로 나가

란을 당하여 응동(鷹洞)[202]의 바위 사이에 숨어 있었다. 어느 날 왜적이 공이 있는 곳에 이르러 그 왼쪽 어깨를 자르고 갔다. 공은 이에 비록 곧바로 죽지는 않았으나 죽음이 순식간에 닥칠 일이었으니, 그 참혹함이 어떠했겠는가.

당시에 오봉(梧峯)은 선성(宣城 예안)의 수령이었다. 공은 거의 숨이 끊어지는 가운데도 오른손으로 칡을 끊고 씹어서 붓을 만들었고, 입고 있던 적삼을 벗고 피를 묻혀 글을 썼다. 글자가 퍼져 알아볼 수 없었으나, 오직 '몸을 숨기는 것이 꼼꼼하지 못해서 왜적에게 해를 입은 것〔藏身不密爲賊所害〕'과 '발바닥에 선성(宣城) 두 글자를 써라〔足掌書宣城二字〕' 등 합하여 몇 구의 말만 알아볼 수 있었다.[203] 대개 오봉이 반드시 나라를 위해 목숨을 바치고 발바닥에 쓴 글씨로 시신을 찾는 표식을 삼게 하고자 한 것이었다.

아, 실낱같이 남은 생이 경각에 장차 끝나려 하였으나, 먼 곳의 뒷일까지 지휘(指揮)함이 이와 같이 정성스럽고 곡진할 수 있었으니, 설령 집 안에서 생을 마쳤더라도 또한 이렇게 하기는 쉽지 않았으리라. 아마 이른바 '정신과 기백이 남들보다 매우 뛰어나

백성을 괴롭히는 도적을 토평하고 민심을 안정시켜 그 공으로 통정대부(通政大夫)에 올랐고, 예안 현감 재직 시에 임진왜란이 일어나자 군대를 모집하여 왜적을 토벌하기도 하였다. 의성(義城)의 장대서원(藏待書院)에 배향되었다.

202 응동(鷹洞) : 지금의 의성군 봉양면 길천리이다.

203 오직……있었다 : 〈혈서습록(血書拾錄)〉에 의하면 앞의 내용은 자신이 몸을 제대로 숨기지 못해 왜적의 해를 입은 것을 말하며, 뒤의 내용은 아우인 신지제에게 나라를 위해 순국할 것을 면려하면서 혹 전쟁통에 시신을 찾지 못할까 걱정하여 발바닥에 '선성(宣城)' 두 글자를 써서 알도록 한 것이다.

웅어(熊魚)를 분별함[204]이 평소 마음속에 정해졌고, 창자와 배를 채운 것이 오직 충효(忠孝) 두 글자'뿐이라는 것은 아마 공 같은 이를 말하는 것이 아니겠는가. 이는 실로 천지 귀신이 감동하는 점이다. 그러나 그 후에 불행하게 화마를 겪어 집안에 보관했던 혈서가 불타 잿더미로 변했고 다만 이 몇 구절만 남아 있어 자손과 마을 사람들이 외우며 전하는 바가 되었으니 참으로 슬퍼할 만하다.

그러나 오봉(梧峯)이 지은 공이 손수 베낀 성리어(性理語)의 발문[205]을 보면, "나의 형이 어려서부터 학문에 뜻을 두었고, 성장함에 이르러 자못 성취함을 드러냈다. 실천의 내실은 오직 아우만 알고 있네."[206]라는 말이 있고, 신나재(申懶齋) 열도(悅道)[207]가 지은 《문소지(聞韶誌)》에 "성품이 엄정하고 정직하며, 나이 겨우 10세에 이미 성인(成人)의 기량(器量)이 있으니, 호방하고 사나운

204 웅어(熊魚)를 분별함 : 앞의 주 199 '웅어(熊魚)를 분별함' 참고.

205 공이……발문 : 《응암실적(鷹巖實蹟)》의 〈제망형수초문선권미성리어후(題亡兄手抄文選卷尾性理語後)〉를 말한다.

206 나의……있네 : 저본에는 '亡兄'으로 되어 있으나, 〈제망형수초문선권미성리어후(題亡兄手抄文選卷尾性理語後)〉에 '吾兄'으로 되어 있는 것에 의거 번역하였다. '惟舍弟知之'도 '惟有舍弟知焉'으로 되어 있다.

207 신나재(申懶齋) 열도(悅道) : 신열도(申悅道, 1589~1659)로, 본관은 아주(鵝洲), 자는 진보(晉甫)이며, 나재(懶齋)는 그의 호이다. 장현광(張顯光)의 문인이다. 정묘호란 때에 인조를 호종하였고, 이듬해 서장관(書狀官)으로 명나라에 다녀왔다. 저서로는 《선사지(仙槎志)》와 《문소지(聞韶誌)》가 있다. 《입재집》 권44에 그의 행장인 〈통훈대부사헌부장령지제교나재신공행장(通訓大夫司憲府掌令知製教懶齋申公行狀)〉이 있다.

종들마저도 두려워 공경치 않음이 없었다. 향교나 서원에서 공부함에 이르러서는 당시의 무리들이 모두 공경하고 삼가며 추중하고 심복하였다."라는 말이 있다. 대저 그 수양한 바가 이와 같았으니, 비록 갑자기 화를 만났을 때 혈서를 쓰는 것이 또 어찌 이와 같지 않았겠는가만 지금 수백 년 뒤까지 마치 어제 일처럼 외우며 전해지는 것은 또한 천지 귀신이 없어지지 않게 하고자 하여 그렇게 한 것이다.

이에 공의 방손(傍孫) 금연옹(錦淵翁) 체인(體仁)[208]이 여러 믿을 만한 사람들의 글을 수습하고 기록하여 이 책을 만들고, 공의 후손 정댁(鼎宅)이 또 나에게 서문을 청하였다.

오호라, 예로부터 삶을 버리고 의(義)를 취하며, 목숨을 바쳐 인(仁)을 이룬 사람을 논하는 이들은 반드시 순・원(巡・遠)[209]과 안고경(顔杲卿)[210]을 으뜸으로 여기지만 공 같은 이가 만약 이 사

208 금연옹(錦淵翁) 체인(體仁) : 신체인(申體仁, 1731~1812)으로, 본관은 아주(鵝洲), 자는 자장(子長), 호는 회병(晦屛) 또는 금연이며, 이상정의 문인이다. 저서로는 《회병집》 12권 6책과 《숭경록(崇敬錄)》 4권 2책이 있다.

209 순・원(巡・遠) : 장순(張巡)과 허원(許遠)의 병칭으로, 모두 당(唐)나라 현종(玄宗) 때의 충신이다. 천보(天寶) 연간에 안녹산(安祿山)이 반란을 일으켰을 때 장순은 백성들을 인솔하고 당나라의 시조인 현원 황제(玄元皇帝)의 묘(廟)에 나아가 통곡한 다음 기병(起兵)하여 반란군을 막았다. 그 뒤에 강회(江淮)의 보장(保障)인 수양성(睢陽城)을 몇 달 동안 사수하고 있었는데, 구원병이 오지 않아 양식은 다 떨어지고 힘은 다 소진되어 성이 함락되었다. 그러자 그곳의 태수(太守)로 있던 허원과 함께 사절(死節)하였다. 《舊唐書 忠義列傳》

210 안고경(顔杲卿) : 692~756. 당나라의 충신으로, 안진경(顔眞卿)의 사촌 형이다. 안녹산의 난 때 상산 태수(常山太守)로 있으면서 계책을 써서 안녹산의 양자인

람들의 상황에 처했더라면 설마 이 사람들이 한 일을 하지 않을 사람이겠는가. 이것은 마땅히 두드러지게 드러내어 세상에 알려서 바위 굴 사이에서 해를 당한 한 사람으로 보지 말고 옛날 절의의 장부와 함께 귀결되게 하는 것이 옳다. 천하의 지극히 어려운 것에 힘쓸 수 없으면서 천하의 큰 절의를 세울 수 있는 경우는 없다.

이흠주(李欽湊)를 죽이고 부하인 고막(高邈) 등을 체포하는 등 공을 세웠으며, 안녹산과 싸우다가 중과부적으로 사로잡히자, 사지를 찢기는 고통을 당하면서도 큰소리로 안녹산을 꾸짖다가 죽었다. 《新唐書 顔杲卿列傳》

재령 강씨 세덕사실기[211]서

載寧康氏世德祠實紀序

우리 고을의 재령 강씨 세덕사(載寧康氏世德祠)는 남계(南溪)[212] 선생을 주벽(主壁)으로 하고 선생의 아들 눌헌(訥軒)[213]과 와운(臥雲),[214] 모재(茅齋),[215] 양동(陽洞)[216] 네 공이 좌우에 나누어

211 재령 강씨 세덕사실기 : 재령 강씨는 황해남도(黃海南道) 신천군(信川郡)을 본관으로 하는 신천 강씨이며, 곡산 강씨(谷山康氏), 재령 강씨(載寧康氏), 제주 강씨(濟州康氏) 등의 이칭이 있다. 강응철의 증조인 강완(康琓)이 김릉(金陵)에서 상주로 이거하였으며, 조부인 강숙(康俶)이 만년에 대촌(岱村, 신흥동)으로 이거하였다. 강응철의 《남계유고(南溪遺稿)》 연보에 의하면 1802년(순조2)에 자손들이 상주 대촌(岱村)에 세덕사(世德祠)를 세워 강응철을 주벽으로 하고 네 아들을 좌우에 배향하였다.

212 남계(南溪) : 강응철(康應哲, 1562~1635)로, 본관은 재령(載寧), 자는 명보(明甫), 남계는 그의 호이다. 1590년(선조23) 진사에 입격하였다. 임진왜란이 일어나자 정기룡(鄭起龍) 장군과 합세하여 왜병을 무찔렀다. 벼슬은 사근도(沙斤道) 찰방(察訪)에 이르렀으나 향리에서 독서와 저술로 일생을 보냈다. 상주의 연악서원(淵岳書院)에 배향되었다. 저서에 《남계유고(南溪遺稿)》가 있다. 1579년(선조12) 18세 때 정여관(鄭汝寬)의 딸을 부인으로 맞았는데, 부인은 이듬해 4월 자식도 없이 졸하였다.

213 눌헌(訥軒) : 강용후(康用侯, 1590~?)로, 자는 덕승(德承)이며, 눌헌은 그의 호이다. 강응철과 재취인 초계(草溪) 변씨(卞氏) 사이에서 태어났다.

214 와운(臥雲) : 강용량(康用良, 1608~1676)으로, 자는 경과(慶過)이며, 와운은 그의 호이다. 강응철과 삼취인 풍양(豐壤) 조씨(趙氏) 사이에서 태어났다.

215 모재(茅齋) : 강용정(康用正)으로, 자는 덕순(德純)이며, 모재는 그의 호이다. 강응철과 삼취인 풍양 조씨 사이에서 태어난 둘째이다. 명나라가 망한 뒤 과거를 포기하고 은둔하여 살았기 때문에 세상에서 대명처사(大明處士)로 일컬어졌다.

배향되었으니, 합하여 무릇 다섯 어진 이인데 그 유사(遺事)와 당시의 만사, 뇌문을 한 권에 모두 기록하여 《세덕사실기(世德祠實紀)》라고 이름하고 나에게 서문 몇 마디 말을 구하였다.

나는 생각건대, 세덕사(世德祠)라는 것이 옛날에 비록 없었으나 가만히 예학자들이 논한 바를 살펴보니, 무릇 여러 사대부의 집안에 만약 기업(基業)을 처음으로 연 조상이 있으면 무덤 아래의 재사(齋舍)에 신주를 모시고 대대로 제사 지내어 자기의 근본을 잊지 않고 조상의 은혜에 보답하려는 정성을 다할 수 있게 하는 것을 허락한 것, 이는 또한 천리와 인정상 절로 그만둘 수 없는 바에서 나온 것이다. 그런 까닭으로 후대의 어진 이들이 이 뜻으로 인하여, 시작하여 그 선조 가운데 공덕이 있어 멀리 후손에게까지 미친 이의 경우는 반드시 그를 위해 별도로 사당을 세워 여러 세대 동안 제사를 받들어 후손들의 사모함[217]을 붙일 수 있게 하였으니, 이것이 세덕사가 설치된 까닭이다. 이런 까닭으로 우리 영남의 오래된 집안의 세족들이 흔히 세덕사를 두어 그 선조를 받드니, 지금 강씨가 그 하나에 속한다.

대개 남계(南溪) 선생은 나의 선조 문장공(文莊公)의 자형(姊兄)으로, 어려서부터 재주가 출중하였으니 소재(穌齋) 노문간공(盧文簡公)이 단봉(丹鳳)과 석린(石麟)으로 칭찬함[218]에까지 이르

216 양동(陽洞) : 강용직(康用直)으로, 강응철과 삼취인 풍양 조씨 사이에서 태어난 셋째이다.

217 후손들의 사모함 : 원문은 '갱장(羹墻)'으로, 《후한서(後漢書)》 〈이고열전(李固列傳)〉에, "순(舜)이 요(堯)를 사모하여, 앉아 있을 적에는 요 임금을 담에 뵙는 듯하고, 밥 먹을 적에는 요 임금을 국에서 뵙는 듯했다."라는 데서 유래하였다.

렸다. 또 이월간(李月澗 이전(李琠)), 창석(蒼石 이준(李埈)), 조검간(趙黔澗)[219] 등 여러 선생과 뜻이 같고 도가 합치되어 서로 강론하고 절차탁마하며 경계하고 유익함에 도움을 받았으니, 그 도에 나아가고 덕을 닦는 독실함을 이에 알 수 있다. 그러나 때를 만나지 못해 대안탑(大雁塔)에 이름을 씀[220]과 역참을 다스린 것[221]만 겨우 당세에 이름이 알려질 수 있었기에 산수의 사이에 고고하게 누워 도서를 완미하였으니, 대개 스스로 즐거워하는 것이 있었던 것이다. 그런 까닭으로 집안에 줄지어 모시는 여러 자제들이 모두 의방(義方)의 지극한 가르침을 입어 다음과 같은 이들이 있었다. 눌헌공(訥軒公)은 크고 빼어난 자질과 넓고 깊은 도량으로 경사(經史)에 널리 통하였고 효도와 공손을 돈독하게 실천하며 참됨을 지키고 본성을 실천하여 명망이 성대하였다.

218 소재(穌齋)……칭찬함 : 《소재집(穌齋集)》 권5 〈증강동자(贈康童子)〉에 "동자가 우리 집안에서 빼어나니, 풍류 있는 이씨의 외손일세. 인간 세상에서는 단봉처럼 드러나고, 지상에서는 석기린(石麒麟)처럼 행세하네.〔童子吾門秀, 風流李氏甥. 人間丹鳳見, 地上石麟行.〕"라는 구절이 있다. 이 시의 원주에 의하면 강응철은 노수신의 종구(從舅)인 이후(李後)의 외손(外孫)으로 겨우 다섯 살에 큰 글씨를 쓸 수 있었다고 한다.

219 조검간(趙黔澗) : 조정(趙靖, 1555~1636)으로, 본관은 풍양(豐壤), 자는 안중(安中), 호는 검간(黔磵)이다. 정구와 김성일(金誠一)의 문인이다.

220 대안탑(大雁塔)에 이름을 씀 : 대과(大科)에 급제한 것을 말한다. 대안탑은 당(唐)나라 때 현장(玄奘)이 세운 자은사(慈恩寺)의 대안탑을 가리키는데, 당나라 때 진사과에 합격한 사람들이 자은사의 대안탑 아래에다 이름을 기록해 넣은 고사에서 유래한 것이다. 《唐摭言 慈恩寺題名游賞賦詠雜記》

221 역참을 다스린 것 : 1623년(인조1) 학생으로 천거되어 경상남도 함양(咸陽)의 사근도 찰방(沙斤道察訪)에 임명된 것을 말한다.

와운공(臥雲公)은 장중한 위의와 진순(眞淳)한 성품으로 시례(詩禮)의 가업을 잘 받들고 의롭고 화목한 가풍을 참되게 계승하며, 학생들을 잘 이끌어 권면하고 고을 사람의 모범이 되었다. 모재공(茅齋公)은 총명함이 무리들보다 뛰어나고 미더움이 뱃속에 가득하였으며, 벽면에 써 놓은 경계의 말과 책상 위의 바른 말로 또 아침 일찍부터 밤까지 보고 반성하여 어버이와 스승의 기대를 저버리지 않음이 있었다. 양동공(陽洞公)은 성품의 순수함과 풍도의 우뚝함이 진계방(陳季方)의 아우 되기 어려움[222]과 거의 다름이 없었으며, 집안의 전훈(典訓)을 가슴에 새긴 바와 선조의 아름다운 행실을 계승한 바는 또 절로 저 순씨(荀氏) 집안의 한 용[223]이 되었다. 무릇 이 네 공(公)의 아름다움은 진실로 선생의 아들이 되기에 부끄러움이 없고 그 큰 절의 같은 경우도 또 모두 우뚝이 보존된 것이 있다.

대개 정축년(1637, 인조15)에 남한산성에서 항복한 뒤로 대륙이 홍수에 잠기고〔懷襄〕[224] 구하(九夏)에 비린내가 진동하여 관

222 진계방(陳季方)의……어려움 : 후한(後漢)의 진식(陳寔)에게 아들 진원방(陳元方)과 진계방(陳季方)이 있었는데, 이 두 사람이 모두 재주와 덕행으로 세상에 저명하였다. 원방의 아들 장문(長文)이 계방의 아들 효선(孝先)과 같이 각각 자신들의 아버지 공덕을 논쟁하다가 결말이 나지 않아 진식에게 물으니, 진식이 말하기를 "원방은 형이 되기 어렵고 계방은 아우가 되기 어렵다."라고 하였는데, 그 뜻은 두 사람의 고하를 분간하기 어렵다는 것이었다. 《世說新語 德行》

223 순씨(荀氏)……용 : 후한(後漢) 순숙(荀淑)의 여덟 아들인 검(儉)·곤(緄)·정(靖)·도(燾)·왕(汪)·상(爽)·숙(肅)·전(專)이 모두 재덕(才德)이 출중하였기 때문에 당시에 팔룡(八龍)이라고 일컬었다. 《後漢書 荀淑列傳》

224 홍수에 잠기고 : 원문은 '회양(懷襄)'으로 회산양릉(懷山襄陵)의 준말이다. 홍

(冠)이 되어야 할 하늘과 신이 되어야 할 땅이 이로 인하여 드디어 뒤집혔으니, 그런 까닭으로 우리 동방의 의로운 선비들은 슬퍼하지 않음이 없었다. 김표은(金瓢隱)[225]과 채우담(蔡雩潭)[226] 같은 여러 현인에 이르러서는 모두 채미(采薇)의 뜻[227]과 도해(蹈海)의 생각[228]을 품고 분노에 차서 세상을 마쳤으나, 이 네 공(公)은 서

수가 험악하게 범람하여 산릉(山陵)을 삼키는 것을 말한다. 《서경》 〈요전(堯典)〉에 "넘실대는 홍수는 산을 삼키고 언덕을 잠기게 하며, 멀리 넘쳐 나는 홍수는 하늘에 이르고 있소.〔蕩蕩懷山襄陵, 浩浩滔天.〕"라고 한 데서 유래하였다. 여기서는 청나라에 의해 명나라가 망한 것을 말한다.

225 김표은(金瓢隱) : 김시온(金是榲, 1598~1669)으로, 본관은 의성(義城), 자는 이승(以承)이다. 병자호란 이후로 은거하며 독서에 전념하여 제자백가 및 경학에 통달하였다. 도연서원(陶淵書院)에 제향되고, 저서로는 《표은집》이 있다. 미수(眉叟) 허목(許穆)이 그 묘갈(墓碣)에 '숭정처사지묘(崇禎處士之墓)'라고 적었다.

226 채우담(蔡雩潭) : 채득기(蔡得沂, 1605~1646)로, 본관은 인천(仁川), 자는 영이(詠而), 호는 우담(雩潭) 또는 학정(鶴汀)이며, 충청북도 충주 출생이다. 병자호란이 일어나자, 상주의 무지산(無知山)에 들어 두문불출하고 독서에 전심하였다. 상주 상의사(尙義祠)에 제향되었다.

227 채미(采薇)의 뜻 : 은(殷)나라 고죽군(孤竹君)의 두 아들 백이(伯夷)・숙제(叔齊)가, 무왕이 은나라를 치자, 주나라 곡식을 먹는 것을 수치스럽게 여기고 수양산(首陽山)에 들어가서 채미가(采薇歌)를 부르며 고사리를 캐 먹다가 굶어 죽었다고 한다. 《史記 伯夷列傳》

228 도해(蹈海)의 생각 : 전국 시대(戰國時代) 제(齊)나라 사람 노중련(魯仲連)은 절의가 매우 높았다. 당시 조(趙)나라가 진(秦)나라의 공격을 받아 사태가 위급하자, 위(魏)나라에서 신원연(新垣衍)이란 변사(辯士)를 조나라로 보내어, 진나라를 황제로 섬겨 진군(秦軍)이 스스로 철수토록 하라고 조왕(趙王)을 설득하였다. 이 말을 들은 노중련은 신원연에게 "저 진나라는 예의를 무시하는 나라이니, 만약 진나라가 황제가 된다면 나는 동해에 빠져 죽을지언정〔蹈東海而死〕 저 진나라의 백성은 되지 않겠다."라고 한 고사를 말한다. 《史記 魯仲連列傳》

로 명리에 뜻을 끊고 초야에 자취를 숨겼다. 그 의리상 오랑캐를 황제로 여기지 않는 마음이 살아감에 항상 가슴속에 밝게 빛났다. 이는 당시 선비들이 특별히 '대명 네 처사의 오두막〔大明四處士廬〕'이라고 써서 드러낸 것이니, 그 큰 절의의 우뚝함이 과연 어떠한가. 이것은 선생의 사당에 함께 배향됨이 더욱 합당한 것이나 강씨로부터 말해 보자면 지금 더욱 마땅히 문학과 행의(行誼)에 힘써 명교(名教) 가운데 즐거운 곳을 얻는 것부터 계승하는 것이 실로 세덕(世德)을 잇는 바이니 힘쓰지 않을 수 있겠는가.

어떤 사람은 선생과 와운공이 이미 연악서원에 배향되었으니 다시 이것을 일삼을 필요가 없을 듯하다고 한다. 그러나 사림들도 오히려 존숭하여 받듦이 저와 같으니, 자손의 자리에 있으면서 더욱 존숭하여 받들지 않을 수 없다. 일의 본체가 각각 다르니 실로 그 마땅함을 얻는 데 다시 무엇을 의심하겠는가. 이 사당은 금상(今上) 임술년(1802, 순조2)에 완성되었고, 봉안문과 상향축문 등은 구당(舊堂) 조호연(趙虎然)[229]이 지었다.

229 조호연(趙虎然) : 조목수(趙沐洙, 1736~1807)로, 본관은 풍양(豊壤), 자는 사위(士威), 호는 구당(舊堂)이며, 호연은 그의 초명이다. 1796년(정조20) 사도세자의 죽음을 둘러싼 임오의리(壬午義理)를 주장하는 응지소(應旨疏)를 올릴 때 소수(疏首)로 추대되어, 상소 초안을 작성하였다. 저서에 《구당집》이 있다. 《구당집》 권7에 〈대촌세덕사봉안문(岱村世德祠奉安文)〉만 남아 있는데 본손(本孫)을 대신해 지었다는 주가 붙어 있다.

입재집

제28권

序서

서 序

도동편서

道東編序

식산(息山) 이 선생(李先生)[1]이 대략 《성리대전(性理大全)》의 문목(門目)을 본떠 동방 선배들의 논저를 널리 채집하여 책 한 질을 만드니 모두 18권이었다. 《도동편(道東編)》이라 이름하니, 대개 우리 유학의 도가 동방으로 전래된 것을 뜻한다. 일전에 선생의 후손 장작랑(將作郎) 경유(敬儒)[2]가 받들고 와서 나에게 보여 주며 서문 지어 줄 것을 부탁하였다.

아, 도는 천하에 두루 있으니, 어찌 동서남북을 가리겠는가. 옛날 당·우(唐·虞 요·순(堯·舜))와 삼대(三代 하·은·주(夏·殷·周))

1 식산(息山) 이 선생(李先生) : 이만부(李萬敷, 1664~1732)로, 본관은 연안(延安), 자는 중서(仲舒)이며, 식산은 그의 호이다. 저서로 《식산집》, 《사서강목(四書講目)》, 《도동편(道東編)》 등이 있다.

2 경유(敬儒) : 이경유(李敬儒, 1750~1821)로, 본관은 연안(延安), 자는 덕무(德懋), 호는 반속(半俗) 또는 임하(林下)로 상주 북곽(北郭) 승곡에 거주하였다. 이만부(李萬敷)의 증손자이다. 《시평집(詩評集)》과 《창해시면(滄海時眠)》을 편찬하였으며, 유고로 《임하집》이 전한다.

같이 성대한 시기에는 도가 이제(二帝 요순(堯舜))와 삼왕(三王 우(禹), 탕(湯), 문왕(文王)·무왕(武王)) 그리고 고요(皐陶), 이윤(伊尹), 부열(傅說), 주공(周公), 소공(召公)의 몸에 있어 천하 사람들로 하여금 모두 이 도에 참여하여 들을 수 있게 하였으니, 대개 말할 만한 경계나 강역(疆域)의 구분이 없었다. 저 주나라 왕실이 쇠퇴함에 공자가 노나라에서 태어나고 맹자가 추(鄒)에서 태어남으로부터 유학의 도가 비로소 동쪽 추로(鄒魯) 지역으로 옮겨 갔고, 송(宋)나라가 홍기함에 정자(程子)가 낙수(洛水)에서 태어나고 주자(朱子)가 민중(閩中)에서 태어남으로부터 유학의 도가 또 남쪽 민중(閩中) 지역으로 옮겨 갔으니, 무릇 그 문하에서 종유한 이들이 진실로 사방의 사람이 많았고, 또 곳곳에서 가르침을 베푼 효과가 없지 않았다. 그러나 시험 삼아 보건대, 당시의 천하는 삼대의 성대한 시기에 비하면 이미 개탄스러움을 이길 수 없는데, 오늘날에 이르러 육침(陸沈)[3]됨이 다시 저와 같아 압록강의 서쪽이 곧 긴 밤처럼 깜깜한 세상이 되었으니, 아 슬프다.

오히려 다행스럽게 우리 동방은 성인인 기자(箕子)가 와서 다스림으로부터 팔정(八政)의 교화가 홍범(洪範)에 근본하고, 정전제(井田制)가 완연히 유허(遺墟)에 남아 있으니,[4] 당시 우리 유학의 도가 동쪽으로 온 것을 이에서 거의 상상해 볼 수 있다. 그러

3 육침(陸沈) : 물이 없는데도 육지가 그대로 가라앉아 버리는 것으로, 전하여 나라가 완전히 망해 버리는 것을 뜻한다. 청나라에 의해 명나라가 망한 것을 말한다.

4 기자(箕子)가……있으니 : 주 무왕이 은(殷)나라를 멸망시킨 뒤에 기자(箕子)를 조선에 봉하자, 기자가 조선에 와서 팔조(八條)의 가르침을 베풀고 정전법(井田法)을 시행했다는 기자조선의 기록이 전한다. 《後漢書 東夷列傳》

나 세대가 천년을 지나면서 문헌을 상고할 수 없고, 신라와 고려 왕조는 오랑캐의 풍교인 불교를 서로 계승하여 한 조각 청구(青丘)가 또한 옷깃을 왼쪽으로 돌린 오랑캐와 거의 귀결됨이 같았다. 천운(天運)이 순환함에 가기만 하고 돌아오지 않음이 없으니, 우리 조선에 들어와 임금들이 문(文)을 숭상하는 정치가 비로소 이제(二帝) 삼왕(三王)의 성스러움을 뒤쫓아 풍교가 미치는 바에 유현이 배출되었다. 대개 포은(圃隱) 정문충공(鄭文忠公)이 고려 말에 태어나 동방 이학(理學)의 비조가 됨으로부터 우리 퇴도(退陶) 이 부자(李夫子)에 이르러 드디어 집대성하여 유학의 도의 뜻을 밝게 드러냈으니, 크고 밝은 해가 하늘에서 빛남과 같아 공자, 맹자, 정자, 주자(朱子)의 도통이 이에 그 적전(嫡傳)을 얻었고 정일집중(精一執中)[5]의 학문이 이에 그 참된 도를 드러내었다. 으뜸이 되는 큰 선비들이 우리나라에 산처럼 우뚝 서고 별처럼 나열되어 유풍과 여운이 지금까지 사라지지 않았으니, 지금 천하에 유학의 도가 동쪽으로 옮겨 온 곳이 오직 조선뿐임을 믿겠다.

다만 종래 선배들이 일찍이 논하고 저술한 것으로, 예를 들면 성리(性理)와 이기(理氣)에 대한 성현 및 여러 선비들의 학술, 치도(治道), 연혁(沿革) 같은 것이 모두 그들의 문집에 흩어져 있으

5 정일집중(精一執中) : 요(堯) 임금이 순(舜)에게 선위(禪位)할 때에 이르기를 "아, 너 순아, 하늘의 역수가 네 몸에 있으니, 진실로 그 중을 잡을지어다.〔咨爾舜! 天之曆數在爾躬, 允執厥中.〕" 하였고, 뒤에 순 임금이 우(禹)에게 선위할 때는 또 이르기를 "인심은 오직 위태롭고, 도심은 오직 은미하니, 오직 정하고 전일하여 진실로 그 중을 잡을 것이다.〔人心惟危, 道心惟微, 惟精惟一, 允執厥中.〕"라고 한 데서 온 말이다. 《書經 大禹謨》

니, 총괄하여 열람하고 궁구할 수 있는 방법이 없었다. 그런 까닭으로 유학의 도에 뜻을 둔 이들이 항상 한으로 여겼다. 이에 선생이 독실하고 부지런한 학문으로 깊으면서도 정미하고 넓은 식견을 온축(蘊蓄)하여 무릇 성인의 경문과 현인의 전문(傳文)에 대해 고찰하고 토론하여 밝혀 내지 못한 바가 없었으며, 또 그렇게 하기 위해 제가의 설을 모으고 유형별로 분류하여 이 책을 만들어 후세에 아름답게 은혜를 베풀었다. 천년 뒤의 사람으로 하여금 모두 책을 펴면 우리 유학의 도가 동쪽으로 온 것이 과연 이와 같음을 분명하게 알 것이니, 토론하고 품평하는 즈음 감발하여 흥기하는 나머지에 또한 유학의 도를 담당할 이가 그 사이에서 나와 동방을 거듭 다행스럽게 만들 자가 없겠는가.

진실로 이와 같다면 선생의 이 책의 효과가 다만 동방에서 무궁할 뿐만 아니라 훗날 천하에 퍼져 감이 또한 《성리대전》의 글과 같을 것이다. 천하 사람들로 하여금 집집마다 외우고 읽게 한다면 온 천하가 문명의 구역이 되는 것은 반드시 이에서 조짐이 일어날 것이니, 《주역》에 이른바 '큰 과일은 먹히지 않는다.〔碩果不食〕'[6]는 이치이다. 나는 가만히 두어 번 그 말을 반복하고 깊이 희망을 가진다.

6 큰……않는다 : 《주역》 〈박괘(剝卦)〉 상구(上九)에 "큰 과일은 먹히지 않는다.〔碩果不食〕"라고 하였는데, 이는 다섯 개의 효(爻)가 모두 음(陰)인 상태에서 맨 위의 효 하나만 양(陽)인 것을 석과로 비유한 것으로, 하나 남은 양의 기운이 외로운 것처럼 보이지만 결코 끊어지지 않고 계속 이어진다는 뜻을 보인 것이다.

야계집[7]서

倻溪集序

야계(倻溪) 선생 송공(宋公)의 유집(遺集)은 2권이니, 그 한 권은 먼저 선생의 세계(世系)와 연보를 쓰고, 다음으로 공의 시와 문 약간 편을 썼을 뿐이며, 다른 한 권은 부록으로 행장과 묘지명 및 정려(旌閭)가 내려질 때마다 사당에 배향될 때 여러 믿을 만한 이들의 글[8]뿐이다. 그러나 선생의 처음부터 끝까지의 행실과 치적이 또한 대략 갖추어졌다. 대개 고려 간의대부(諫議大夫) 야성군(冶城君)[9]에서 공에 이르기까지 무릇 16세 동안 벼슬이 크게 빛나고 끊이지 않음은 남쪽 고을의 맑은 기가 줄곧 모이고 길러짐이 이와 같았기 때문이니, 선생이 품부받은 것의 특이함은 남들

7 야계집 : 송희규(宋希奎, 1494~1558)의 문집으로, 3권 2책이다. 1816년(순조 16)에 12대손 송능겸(宋能謙, 1774~1849)에 의해 목활자로 초간본이 간행되었고, 1898년에는 15대손 송기선(宋祺善, 1833~1917)에 의해 중간되었다. 중간본이 한국문집총간 속2에 포함되어 있다. 그의 본관은 야로(冶爐), 자는 천장(天章), 호는 야계산옹(倻溪散翁), 시호는 충숙(忠肅)이다. 1547년 장령으로 왕의 외숙인 윤원형(尹元衡)의 전횡을 탄핵하여 상소하다가 유배당하였다. 남달리 효우가 두터워 죽은 4년 뒤에 조정에서 정려와 효우비를 세워 주었다. 상주의 봉강서원(鳳岡書院)에 배향되었다.

8 행장과……글 : 행장과 묘지명은 김취문(金就文)이, 〈정려비음기(旌閭碑陰記)〉는 김희삼(金希參)이, 〈천곡사봉안문(川谷祠奉安文)〉은 박공구(朴羾衢)가, 〈봉강서원봉안문(鳳岡書院奉安文)〉은 정위(鄭煒)가 지었다.

9 간의대부(諫議大夫) 야성군(冶城君) : 야로 송씨의 비조인 송맹영(宋孟英)을 말한다.

보다 크게 뛰어남이 마땅하다. 7살이 되어 《소학》을 읽고 10살이 되어 《맹자》를 읽고 11살이 되어 《논어》를 읽었으니, 읽는 책마다 모두 감발하여 용감히 매진하는 뜻이 있어 효제충신이 우리의 본분이니 어버이를 내버리고 임금을 무시함은 금수와 거의 다름이 없다고 여겼으며, 성현을 반드시 배워 이를 수 있다고 생각하였으니, 선생의 뜻과 기상이 우뚝 섬이 또 남들보다 크게 뛰어남은 마땅하다.

선생은 처음에 도행정(都杏亭)[10]의 문하에서 공부하였고, 중년과 만년에 이르러서는 또 회재(晦齋)와 퇴계(退溪) 두 선생 및 당시의 여러 이름난 선비들과 종유하여 의심스러운 것을 질정하고 절차탁마하여 도움받은 것을 다 말할 수 없다. 그 자신을 규제하고 남을 다스림이 한결같이 규범과 법도를 말미암아 떳떳한 윤리 법도에서 벗어나지 않았음을 또 이에서 대략 상상할 수 있다. 이런 까닭으로 벼슬하지 않고 집에서 몸을 닦을 때는 효우돈목(孝友敦睦)으로 정표(旌表)의 은전을 받음에 이르렀고, 벼슬에 나가 세상에 도를 행할 때는 위로 임금을 섬기고 아래로 백성을 다스린 것이 또한 가는 곳마다 그 마땅함을 얻지 않음이 없었다. 을사사화(乙巳士禍)[11] 때에 이르러 집의(執義)로 있으면서 윤원형

10 도행정(都杏亭) : 도형(都衡, 1480~1547)으로, 본관은 팔거(八莒), 자는 국전(國銓)이며, 행정은 그의 호이다. 성주에서 살았다. 1519년(중종14) 학행으로 현량과(賢良科)에 천거되어 삼등으로 급제한 뒤 전적, 공조 좌랑, 호조 좌랑 등을 역임하였다. 을사사화가 일어나 파직되었다.

11 을사사화(乙巳士禍) : 1545년(명종 즉위) 소윤 윤원형(尹元衡)이 이기(李芑) 등 일파와 모의하여 대윤 윤임(尹任) 일파를 숙청하면서 사림이 크게 화를 입은 사건이다.

(尹元衡)과 이기(李芑)의 간사함을 논하여 아뢰었으니, 당시 재앙의 기미가 잠복(潛伏)한 것이 비단 물여우〔蜮弩〕[12]가 몰래 엿보는 것과 같을 뿐만 아니어서 한마디 말이라도 거슬림이 있으면 곧 상처를 입는 것은 불 보듯 분명하였다. 그러나 선생은 곧고 바른 도를 잡아 지키고 확고하여 흔들리지 않아 차라리 내 뼈가 꺾이고 부서지더라도 이것을 그만두지 않겠다고 생각함에 이르렀다. 빠른 바람에 견디는 굳센 풀과 매서운 눈보라에 견디는 굳은 소나무로도 오히려 선생의 절의를 비유하기에 부족하였으니, 아 굳세도다. 그 스스로 평소에 마음속에 잡아 지키는 것이 오직 의리가 마땅히 이와 같음만 알고, 이해(利害)가 어떠한지를 신경 쓰지 않는 사람이 아니라면 그 누가 곧 이와 같을 수 있겠는가.

선생은 드디어 이 때문에 간신(奸臣)에게 미움을 받아 끝내 변방의 군(郡)에서 〈복조부(鵩鳥賦)〉를 읊조린 것[13]이 무릇 5년이었다. 비로소 사면받아 돌아오니 선생은 이때 이미 57세였다. 마침내 고산정(高山亭)에 집을 짓고 야계산옹(倻溪散翁)이라 자호하고,[14] 우유자적(優遊自適)하며 그 생을 마쳤으니, 선생은 대개 을

12 물여우〔蜮弩〕: 중국 남방에 있다고 하는 전설상의 동물 함사역(含沙蜮)이다. 모래를 머금고 있다가 사람의 그림자를 엿보아 쏘면 그 사람이 병이 들어 죽는다는 말이 있다.

13 복조부(鵩鳥賦)를 읊조린 것 : 복조(鵩鳥)는 올빼미를 닮은 불길한 새이다. 전한(前漢) 가의(賈誼)가 유배되어 장사왕(長沙王)의 태부(太傅)로 있을 때 복조가 지붕 위에 날아와 모였는데, 당시 민간에 전하는 말로는 복조가 지붕에 앉으면 그 집 주인이 죽는다고 하였으므로, 가의가 슬퍼하여 〈복조부〉를 지었다 한다. 《史記 賈生列傳》 여기서는 송희규가 1547년(명종2) 9월, 양재역(良才驛) 벽서사건(壁書事件)에 연루되어 전라도 해남의 고산현(高山縣)에 부처(付處)된 것을 말한다.

사사화 때 여러 어진 이 가운데 한 사람이다.

선조(宣祖)가 즉위함에 미쳐 임금의 은혜가 우레와 비처럼 세차게 내리니, 선생도 또한 그 관직이 회복될 수 있어[15] 가슴속의 붉은 충성이 드디어 우주에 밝게 빛났고, 고을 사람들도 또 천곡서원(川谷書院)[16]의 별사에 제사 지내어 높이고 보답하였다. 이에 하늘의 도는 어긋나지 않고 공의가 사라지지 않았으니, 대개 밝고 밝음이 마치 부절(符節)을 맞춘 것 같았다. 오직 그 남긴 글은 병화에 모두 사라지고 다만 이 약간만 남았으니 이것이 한스러워할 만하다. 그러나 곤륜산(崑崙山)의 옥은 남은 조각으로도 오히려 그 보배로운 광채를 징험할 수 있듯이 부록에 기록된 여러 믿을 만한 글들이 공의 행적을 일컫고 기술한 것도 또 아름답게 길고 오래도록 전해져 없어지지 않을 것이니, 또한 다시 무엇을 유감으

14 고산정(高山亭)에……자호하고 : 1551년(명종6) 유배에서 풀려나 고향 성주 벽진의 고산(孤山)으로 돌아와 봉암산(鳳巖山) 아래에 백세각(百世閣)을 지었다. 고산정은 성주군 초전면 고산리로 〈연보〉에 의하면, 전라도 해남의 고산현(高山縣)에 부처(付處)되었던 환난(患難)을 잊지 않는다는 의도로 고산(孤山)을 고산(高山)으로 개명하였다고 한다.

15 선조(宣祖)가……있어 : 1567년 선조가 즉위함에 관직을 회복시켰다.

16 천곡서원(川谷書院) : 경상북도 성주군 벽진면 해평리에 있었던 서원으로, 1558년(명종13) 이조년(李兆年), 이인복(李仁復), 김굉필(金宏弼)의 학문과 덕행을 추모하기 위해 연봉서원(延鳳書院)으로 창건되었으나, 이후 정구(鄭逑) 등에 의해 천곡서원(川谷書院)으로 개명되었으며 주향자로 정이(程頤), 주자(朱子), 김굉필(金宏弼) 등을 배향하였다. 1573년(선조6) 사액되고 1607년 중액되었으며, 후에 정구, 장현광(張顯光)을 추가 배향하였다. 대원군의 서원철폐령으로 훼철된 뒤 복원하지 못하였다.

로 여기겠는가. 선생의 후손 송능겸(宋能謙)[17]이 근래에 나와 종유하였는데, 이 책을 받들고 와서 보여 주며 한마디 말을 구하였다. 드디어 보잘것없는 나의 견해를 위와 같이 써서 그 서문으로 삼게 한다.

17 송능겸(宋能謙) : 1774~1849. 송희규의 12대손이다.

경절공 우재 손 선생 실기[18]서

景節公愚齋孫先生實紀序

나는 거슬러 올라가 옛 군자 가운데 학자를 논함에 만약 그 사적이 민몰되어 전함이 없으면 다만 그가 교유한 바가 모두 당시의 여러 어진 이들이면서 성대하게 일컫고 조술한 바와 계발한 바가 있어 백세(百世)의 대현(大賢)이 되어 특별히 천양할 만한 바가 있는 사람임을 본다면, 이가 우리 유학의 도 가운데 선철이 됨은 분명하다고 생각한 적이 있다. 내가 들은 바로는 경절공(景節公) 우재(愚齋) 손 선생(孫先生) 같은 이가 어찌 진실로 그런 사람이 아니겠는가. 선생은 양민공(襄敏公)[19]의 맏아들로 일찍이 집안의 가르침을 계승하여 독실하게 공부하였다. 벼슬하기 전부터 공경(公卿)이 될 만하다는 기대가 성대히 있었으며, 성군(聖君)을 만

18 경절공……실기 : 손중돈(孫仲暾, 1463~1529)에 대한 실기로, 초간본 상하 1책과 이후 증보 1책을 재편집하여 1905년 간행된 최종본은 4권 2책이다. 초간본은 《우재 손 선생 실기》로 되어 있고 청대 권상일의 발문이 있으며, 최종본은 《우재 선생 실기》로 되어 있으며 권상일의 발문은 없고 입재의 서문이 있다. 그의 본관은 경주(慶州), 자는 대발(大發)이며, 경절은 그의 시호, 우재는 그의 호이다. 김종직(金宗直)의 문인이다. 상주 목사로 선정을 베풀어 1509년(중종 4)에는 표리(表裡) 1습(襲)을 하사받고 좌승지로 승진하였다. 청백리에 녹선되었다. 경주의 동강서원(東江書院), 의성의 속수서원(涑水書院)에 제향되었다. 저서에 《우재집》이 있다.

19 양민공(襄敏公) : 손소(孫昭, 1433~1484)로, 자는 일장(日章), 호는 송재(松齋)이며, 양민은 그의 시호이다. 1459년(세조5) 식년 문과에 병과로 급제, 승문원 정자(承文院正字)에 보직되었다. 이시애(李施愛)의 난 때 공을 세워 적개공신(敵愾功臣) 2등에 책훈되었고 계림군(雞林君)에 봉해졌다.

남에 미쳐서는 중앙과 지방에 벼슬하여 무릇 승정원(承政院)이 된 것이 세 번,[20] 백부(栢府 사헌부(司憲府))의 장(長)이 된 것이 네 번,[21] 천조(天曹 이조(吏曹))의 장이 된 것이 두 번,[22] 지방으로 나가 번얼(藩臬)을 맡은 것이 네 번[23]이었다. 위로는 국가의 기둥과 주춧돌, 나라 관문의 열쇠가 되며, 아래로는 백성의 부모, 선비들의 모범이 됨을 진실로 이에서 상상해 볼 수 있다. 그러나 그의 남긴 글과 글씨는 모두 잃어버려 전하는 것이 없고, 오직 도헌(都憲 대사헌(大司憲))으로 있을 때의 상소 다섯 조목이 《중종실록》 간행 때 나왔고, 영남루시(嶺南樓詩)[24] 절구 한 수도 또 세상에 떠돌아다니던 끝에 얻었다. 지금에서 거슬러 올라가 살펴보면 그 명성과 영광이 빛난 것을 거의 엿보거나 찾을 수 없을 듯하다. 그러

20 승정원(承政院)이……번 : 1509년(중종4) 승정원 우승지, 1510년 승정원 좌승지, 1512년 승정원 좌승지, 1514년 승정원 도승지를 역임한 것을 말한다.

21 백부(栢府)의……번 : 1520년, 1524년, 1525년, 1526년 사헌부 대사헌이 된 것을 말한다.

22 천조(天曹)의……번 : 우재가 1526년(중종21)에 이조 판서, 1528년에 이조 판서 겸 지의금부사를 역임한 것을 말한다.

23 지방으로……번 : 번얼(藩臬)은 중국의 번사(藩司)와 얼사(臬司)라는 뜻으로, 우리나라에서는 지방 군대에 관한 통솔권을 가진 감사(監司)나 병마절도사(兵馬節度使) 또는 수군절도사(水軍節度使)를 말한다. 여기서는 우재가 1515년(중종6) 경상도 관찰사 겸 병마수군절도사, 1518년 함경도 관찰사 겸 병마수군절도사, 1520년 충청도 관찰사 겸 병마수군절도사, 1522년 전라도 관찰사 겸 병마수군절도사를 역임한 것을 말한다.

24 영남루시(嶺南樓詩) : 〈영남루차점필재김선생판상운(嶺南樓次佔畢齋金先生板上韻)〉을 말한다. 초간본에는 실려 있지 않으며 증보에 실려 있었는데, 최종본 권1에 실려 있다.

나 오히려 상소 다섯 조목에 의거하면, 그 강학(講學), 민은(民隱), 숭검(崇儉), 용인(用人), 사습(士習)이 모두 임금의 덕이 때에 맞추어 힘써야 할 것의 절실함에 관련되었으니, 선생이 품고 있던 경륜에 있어 이것이 한 솥의 고기 한 조각[25]이 될 만하다. 이 때를 당하여 북문지화(北門之禍)[26]를 겪은 지 오래되지 않았으나 격물, 치지, 성의, 정심에 대한 설[27]은 또 당시 꺼리던 것임을 돌아보지 않고 진헌한 것이니, 어찌 또한 어렵지 않겠는가.

논하는 이들은 시(詩)가 다만 절구 한 수라는 것에 대해 적다고 여긴다. 그러나 정일두(鄭一蠹) 선생 또한 시는 절구 한 수에

25 한……조각 : 원문은 '전정지일련(全鼎之一臠)'으로, 《여씨춘추(呂氏春秋)》 〈찰금(察今)〉에서 "한 조각 고기를 맛보고서 한 가마의 맛, 한 솥의 풍미를 다 알 수 있다.〔嘗一脟肉, 而知一鑊之味一鼎之調.〕"라고 한 데서 나왔다. 즉 온 솥의 음식을 먹진 않았지만 조금 맛본 것만으로도 그 솥의 음식이 훌륭함을 알 수 있듯이 손중돈의 일부 치적만으로도 그의 역량이 뛰어남을 알 수 있다는 말이다.

26 북문지화(北門之禍) : 1519년(중종14) 기묘사화(己卯士禍) 때 홍경주(?~1521) 등이 야밤에 궁궐의 북쪽 문인 신무문(神武門)을 통해서 들어가 임금에게 변을 고하였는데, 이 때문에 기묘사화를 북문지화(北門之禍)라고 하였다.

27 격물……설 : 중종 20년(1525) 11월 18일 손중돈이 사헌부 대사헌으로 있으면서 올린 상소문을 말한다. 그 내용 가운데 "옛적에 어려서는 올바른 것으로 교양(敎養)했고 자라서는 의리로써 배양했었습니다. 쇄소응대(灑掃應對)를 익히게 한 것은 자기의 가정에서 어른을 공경하고 손위를 섬길 줄 아는 근본을 갖추게 되도록 한 것이고, 격물(格物)·치지(致知)·성의(誠意)·정심(正心)하는 학문을 가르친 것은 앞날에 경세제민(經世濟民)을 시행해 나갈 방법을 알도록 함으로써, 도덕 속에서 한가로이 자득(自得)하게 되었기 때문에, 학습(學習)한 바가 바르지 않은 것이 없고 딴 길에 현혹되는 일이 없었습니다.〔古者, 蒙養以正; 長培以義, 習之以灑掃應對者, 所以備一家敬長, 事上之本; 教之以格致, 誠正之學者, 所以期他日經濟操施之術, 充飫道德, 而優游自得, 故所習無不正, 而無他岐之惑矣.〕"라는 내용이 있다.

불과[28]할 뿐이지만 천년 뒤까지 외우면서 우러러 공경함이 과연 어떠한데, 이것을 적다고 여기겠는가. 이 때문에 당시의 유명하고 위대한 공경(公卿)과 어진 사대부들이 모두 한결같은 목소리로 그 찬양함을 지극히 하였으니, 어떤 이는 강하(江河) 같은 큰 도량과 산악 같은 큰 국량(局量)이라 여겼고, 어떤 이는 학문이 고명함에 이르고 규범으로 스스로 단속했다고 여겼고, 어떤 이는 마음을 잡아 지킴에 허물이 없어 옥호(玉壺)에 얼음이 담긴 듯하다고 여겼고, 어떤 이는 유학의 도가 이미 망하니 하늘의 뜻을 이해하기 어렵다고 여겼다.

우리 문원공(文元公) 회재(晦齋) 이 선생(李先生 이언적(李彦迪, 1491~1553)) 같은 경우는 선생의 생질[29]로, 어려서부터 훈도(薰陶)를 입었고 자라서는 더욱 의지하며 우러렀으니, 그가 선생의 기품과 학력(學力)에 우러러 사모함이 반드시 마땅히 남들의 배가 될 것이다. 제문(祭文)[30] 가운데 "넓고 크며 강하고 굳셈〔弘大剛毅〕은 천자(天資)에서 얻은 것이고, 덕이 이루어지고 행실이 높아짐〔德成行尊〕은 수양함이 필요치 않았다."라는 등의 말은 이미 친근하고 절실하게 묘사함이 지극한 데서 나온 것이며, 회재 선생 스스로 말한 것에 이르러서는 또 "의방(義方)을 대략 안 것은 모두 외

28 정일두(鄭一蠹)……불과 : 정여창(鄭汝昌)은 모친상을 치른 뒤, 1488년(성종 19)에 섬진강(蟾津江) 어귀에 악양정(岳陽亭)을 짓고 생활할 때에 지은 것으로 짐작되는 〈악양(岳陽)〉 한 수만 전한다.

29 문원공(文元公)……생질 : 손소(孫昭)의 딸, 즉 손중돈의 누이가 이언적의 어머니이다.

30 제문(祭文) : 《회재집》 권11 〈제손사재문(祭孫四宰文)〉을 말한다.

숙이 알려 준 것이다."라고 여기고, 또 "백성을 다스림은 다만 성냄을 삼가는 데 있다.〔以莅民之, 只在愼怒.〕"라는 한 구절의 말을 가지고 목민관의 원부(元符)로 삼아 항상 받들어 주선하며 실추하지 않기를 생각하였다.

대저 '홍대강의(弘大剛毅)' 네 글자는 증자(曾子)가 무거운 임무를 감당하고 먼 길을 갈 수 있었던 바[31]가 아니겠는가. 대개 반드시 학문을 함이 그 방법을 얻고 그 공부를 독실하게 한 그런 뒤에 덕이 이루어지고 행실이 높아지며, 이를 미루어 남에게 미침에 가는 곳마다 성대하지 않음이 없었다. 선생이 현달해서 시행할 때의 도구가 곤궁하게 수양하던 날에 이미 넉넉하였으니, 무릇 당세를 진동시키고 빛내어 천년 뒤까지 밝힌 것은 그 근본이 모두 여기에 있다. '화를 삼감〔愼怒〕'이란 말에 이르러서는 명도(明道)의 이른바 '성냄을 잊고 이치를 살핀다'는 가르침[32]과 그 의미가 같으니, 문원공(文元公)은 선생이 어려서부터 잘 이끌어 주어 날

31 증자(曾子)가……바 : 《논어》 〈태백(泰伯)〉에 증자가 "선비는 도량이 넓고 뜻이 굳세지 않으면 안 되니, 임무가 무겁고 길이 멀기 때문이다. 인을 자기의 임무로 삼으니, 무겁지 않은가. 죽은 뒤에야 그만두는 것이니, 멀지 않은가.〔士不可以不弘毅, 任重而道遠. 仁以爲己任, 不亦重乎? 死而後已, 不亦遠乎?〕"라고 하였다.

32 명도(明道)의……가르침 : 정명도(程明道)가 "사람의 감정 가운데 가장 쉽게 일어나면서 제어하기 어려운 것은 노여워하는 것이라고 해야 할 것이다. 하지만 노여워하는 감정이 일어날 때에 문득 그 노여움을 잊어버리고서 그 사리의 옳고 그름을 살필 줄만 알게 된다면, 또한 외물(外物)이 나를 유인하는 것 역시 미워할 대상이 아니라는 것을 알게 될 것인데, 이쯤 되면 도의 경지에 반절은 넘었다고 할 수 있을 것이다.〔夫人之情, 易發而難制者, 惟怒爲甚. 第能於怒時, 遽忘其怒而觀理之是非, 亦可見外誘之不足惡, 而於道亦思過半矣.〕"라고 하였다. 《近思錄 卷2 爲學類》

마다 심복한 나머지 분부(分符)[33]할 때 가르친 바에 맛이 더욱 있어 성덕(盛德) 대업(大業)에 더욱 빛남이 있음에 이른 것은 반드시 여기에서 말미암았음을 나는 안다. 문원공이 위로 낙민(洛閩 주자학(朱子學))의 학통을 계승한 것은 그 계발한 단서가 실로 선생으로부터 시작함이 있으니, 선생이 문원공에 대한 관계는 비록 '연평(延平)이 고정(考亭)에 대한 관계[34]와 같다'라고 말하더라도 괜찮으니, 아! 위대하도다.

일전에 선생의 9세손 윤구(綸九)가 선생의 실기 2책을 받들고 와서 나에게 보여 주며 서문을 구하였다. 시험 삼아 열람해 보니, 상권은 연보, 묘지, 묘갈명, 제문, 만사, 〈단밀생사사적(丹密生祠事蹟)〉,[35] 〈속수서원사적(涑水書院事蹟)〉, 〈동강서원사적(東江書院事蹟)〉 등의 글이며, 하권은 《국조보감(國朝寶鑑)》, 《중종대왕실록》, 《권충재일기(權冲齋日記)》, 《동평위문견록(東平尉聞見錄)》, 신도비명(神道碑銘), 묘우상량문(廟宇上樑文), 〈탁청루기(濯淸樓記)〉,

33 분부(分符) : 죽부(竹符)의 절반을 나눠 신표(信標)로 삼게 하는 것으로, 부부(剖符) 혹은 부죽(剖竹)이라고도 한다. 여기서는 지방관으로 부임한 것을 뜻한다. 1506년(중종 즉위) 9월에 우재가 상주 목사에 제수되었는데, 이때 12세에 아버지를 여읜 이언적이 상주로 와서 우재에게 수학하였다.

34 연평(延平)이……관계 : 사제 관계로, 연평은 주희의 스승인 이통(李侗)을 가리킨다. 고정은 복건성(福建省) 건양현(建陽縣) 서남쪽에 있는 지명으로, 주자가 이곳에 창주정사(滄洲精舍)를 짓고 강학하였으므로 곧 주희를 가리킨다.

35 단밀생사사적(丹密生祠事蹟) : 권3에 있다. 단밀은 의성(義城)의 옛 이름이다. 생사란 감사나 수령의 선정을 찬양하는 표시로 백성들이 그 사람이 살아 있는 때부터 받들어 제사 지내는 사당으로, 대개 그의 화상(畫像)을 안치했다. 1509년(성종4) 상주 사람들이 생사를 건립하고 우재의 초상을 그려 제사 지냈다.

청액소(請額疏) 등의 문장을 덧붙였으니,[36] 무릇 선생의 생졸 연월과 벼슬의 이력 및 존몰애영(存沒哀榮)[37]을 후학(後學)이 상고하여 믿을 것은 대략 갖추어졌다. 나의 보잘것없음으로 어찌 감히 여러 이름난 선비들의 찬술(撰述) 뒤에 한마디 말을 덧붙일 수 있겠는가. 다만 생각건대 선생의 생사(生祠)가 속수서원(涑水書院)이 된 것[38]에는 나의 선조 문장공(文莊公)과 창석(蒼石 이준(李埈)), 사서(沙西)[39] 등 여러 어진 이들이 실로 그 논의를 주장하여 유적이 아직도 완연하니, 의리상 또한 사양치 못할 점이 있다. 그런 까닭으로 그 참람됨을 잊고 삼가 비루한 의견을 위와 같이 쓴다.

36 상권은……덧붙였으니 : 입재가 언급한 이 구성은 현존하는 실기의 초간본과 최종본 어느 것과도 일치하지 않는다. 다만 입재가 말한 상권은 초간본의 구성과 같고, 하권은 증보의 구성과 같다.

37 존몰애영(存沒哀榮) : 생영사애(生榮死哀)와 같은 말로, 학행이나 공적이 있었던 사람 또는 그 선조에게 사후에 벼슬이나 포상을 내리는 것을 가리킨다. 《논어》 〈자장(子張)〉의 "살아서도 영광이요, 죽어서도 애도를 받는다.〔其生也榮, 其死也哀.〕"라는 말에서 유래한 것이다.

38 생사(生祠)가……것 : 생사당(生祠堂)이 병화로 불타 없어진 것을 지방의 유림들이 1656년(효종7)에 다시 경현사(景賢祠)를 개설하여 고려 말의 충신이자 효자인 신우(申祐)를 주벽으로 하고 손중돈을 함께 배향하였다. 이때에 서원으로 승격하고 '속수(涑水)'로 이름하였다. 1703년(영조6)에는 김우굉(金宇宏)과 조정(趙靖)이 추향되고 1826년(순조26)에는 조익(趙翊)도 추향되었다.

39 사서(沙西) : 전식(全湜, 1563~1642)으로, 본관은 옥천(沃川), 자는 정원(淨遠), 호는 사서(沙西), 시호는 충간(忠簡)이다. 유성룡(柳成龍), 장현광(張顯光)의 문인이다. 광해군의 실정으로 벼슬을 단념하고 정경세(鄭經世), 이준(李埈) 등과 산수를 유람해 세칭 상사(商社)의 삼로(三老)라 일컬어졌다. 저서에 《사서집》이 있다. 상주 옥동서원(玉洞書院)에 제향되었다.

겸암선생집 중간[40]서
謙菴先生集重刊序

겸암(謙菴) 선생의 유고는 서애(西厓) 선생이 편집한 것이 본래 12권이었으나, 경암(敬菴) 노공(盧公)[41]이 일찍이 하상(河上)의 송정(松亭)[42]에 우거하며 교열하다가 만력(萬曆) 을사년(1605, 선조38)의 홍수에 다 떠내려가 없어졌다. 선생의 증손 회당공(悔堂公)[43]이 두루 찾고 수집하여 약간 편을 얻고 연보와 부록을 아울

40 겸암선생집 중간 : 유운룡(柳雲龍, 1539~1601)의 문집이다. 동생 유성룡(柳成龍)이 12권으로 편집하였으나 홍수에 대부분 망실되었다. 증손 유세철(柳世哲)이 시문을 수습하고, 그 후에 이광정(李光庭)의 교정을 거쳐 1742년에 4권 2책으로 간행하였다. 1803년에 초간본을 증보, 재편하여 8권 4책으로 중간하였다. 유운룡의 본관은 풍산(豊山), 자는 응현(應見), 호는 겸암(謙菴)이며 이황의 문인이다. 하회의 화천서원(花川書院)에 제향되었다.

41 경암(敬菴) 노공(盧公) : 노경임(盧景任, 1569~1620)으로, 본관은 안강(安康), 자는 홍중(弘仲)이며, 경암은 그의 호이다. 장현광(張顯光)과 유성룡(柳成龍)의 문하에서 수학하였다. 임진왜란 때 의병을 모집하였다. 만년에 낙동강변에 은거하였다. 저서로 《경암집》 7권이 있다.

42 하상(河上)의 송정(松亭) : 경상북도 안동시 길안면 구수리에 있는 조선 후기 정자로, 병자호란 후 40여 년 동안 절의를 지키며 후진을 양성한 김시온(金是榲, 1598~1669)을 추모하기 위해 1679년(숙종5)에 건립한 정자이다. 원래 길안면 용계동에 있던 건물은 1987년 임하댐 건설로 수몰 지구에 포함됨에 따라 송정과 비각만 현재의 위치로 옮겼다. 지금의 건물은 1949년 화재로 일부 소실되었던 것을 1959년에 중건한 것이다.

43 회당공(悔堂公) : 유세철(柳世哲, 1627~1681)로, 자는 자우(子遇), 호는 회당(悔堂)이며, 유원지(柳元之)의 문인이다. 효종이 죽은 뒤 자의대비(慈懿大妃)의 복상 문제에 대하여 경상도 유생을 대표하여 상복고증(喪服考證) 29조를 지어 서인 측의 기

러 4권을 만들었는데, 영조(英祖) 임술년(1742, 영조18)에 이르러 비로소 간행하였다. 그러나 선생의 글이 세상에 흩어진 것이 의당 이에 그치지 않을 것이다. 그런 까닭으로 종손 종목(宗睦)과 여러 후손들이 다시 문집 간행을 위해 힘을 다해 글을 모아 무릇 시 24수, 편지 55편, 잡저 8편을 얻고, 옛날 초간본과 합하여 총 몇 권인데, 이에 사림이 도모하여 거듭 판각하고자 하였다.

선생의 7대손 상사(上舍) 상춘(象春)[44] 씨가 받들고 와서 나에게 보여 주고 한마디 말을 부탁하며 말하기를, "우리 선조의 학문, 행의, 덕업의 실상은 학사(鶴沙) 김공(金公 김응조(金應祖))의 발문과 눌은(訥隱) 이공(李公 이광정(李光庭))의 서문에서 말한 것이 이미 상세하며, 족조(族祖) 졸재공(拙齋公)[45]이 발문에서 말한 것이 또 상세하니, 진실로 다시 천양할 필요가 없습니다. 그러나 이 증보한 것의 전말을 기록하지 않을 수 없으니, 그대는 어찌 힘쓰지 않으시겠습니까." 하였다.

나는 두려워 감당할 수 없어 두 번이나 사양하였지만 받아 주지 않았다. 드디어 삼가 받고 공경히 읽어 보니, 시 가운데 퇴도(退陶) 노선생께 올린 것이 두 수이고[46] 그 나머지도 또한 성정

년설(朞年說)을 반박하는 〈의례소(議禮疏)〉를 올렸다. 저서로 《회당집》 4권이 있다.

44 상춘(象春) : 유상춘(柳象春, 1734~1804)으로, 자는 호여(皥如), 호는 유하(柳下)이며, 유운룡의 7세손이다. 저서로 《유하집》이 있다.

45 졸재공(拙齋公) : 유원지(柳元之, 1598~1674)로, 자는 장경(長卿), 호는 졸재(拙齋)이며, 유성룡의 손자이다. 저서로 《졸재집》이 있다.

46 퇴도(退陶)……수이고 : 《겸암집》 권1의 〈경차퇴계선생유청량산운(敬次退溪先生遊淸凉山韻)〉과 〈서회상퇴계선생(書懷上退溪先生)〉을 말한다.

(性情)에 근본하여 발현한 것이며, 편지는 모두 동문의 여러 어진 이들과 왕복하며 절차탁마한 것이었다. 문자를 구사하여 일을 설명함이 모두 적절하면서도 확실하고 평범하면서도 실상이 있으니, 평소 마음속에 온축된 바를 진실로 이미 이에서 볼 수 있다. 잡저(雜著) 8편 같은 경우, 〈사문문답일록(師門問答日錄)〉과 〈강록사차(講錄私箚)〉 이 두 편은 혹 가르쳐 이끌어 준 대략을 쓰거나 혹 자구의 훈의(訓義)를 썼으니, 성덕(盛德 퇴계(退溪))에게 직접 배워 날마다 공부하는 과정의 사이에 보고 느끼며 흥기하며, 삼가 밝은 가르침을 받아 질문하면 대답해 줄 때 참되고 절실하게 체인(體認)하여 뜻을 독실하게 하고 배움을 돈독하게 하여 터득하지 못하면 그만두지 않는 것은 모두 유위약시(有爲若是)[47]와 인일기백(人一己百)[48]을 하는 뜻이 있는 데서 나온 것이다. 그런 까닭으로 그가 책을 읽을 때 비록 한 글자의 은미함이나 한 구절의 세밀함에도 또한 감히 허투루 지나치지 않고 반드시 깊이 구하고 힘써 찾음이 저와 같았으니, 하물며 의리에 크게 관계된 것에 더욱 어찌 털끝만큼이라도 범범하거나 소홀한 바를 용납하였겠는가. 이에 나아가 보건대, 또한 성인이 되기를 희망하고 덕에 나아가는 공부가 평범함에서 매우 빼어났음을 볼 수 있다.

47 유위약시(有爲若是) : 《맹자》 〈등문공 상(滕文公上)〉에 안연(顔淵)이 "순 임금은 어떤 사람이며 나는 어떤 사람인가? 순 임금이 되려고 노력하는 자는 또한 순 임금같이 될 것이다.〔舜何人也? 予何人也? 有爲者亦若是.〕"라고 하였다.

48 인일기백(人一己百) : 《중용장구(中庸章句)》 제20장에 "남이 한 번에 잘할 수 있으면 나는 백 번 하며, 남이 열 번에 잘할 수 있으면 나는 천 번 한다.〔人一能之, 己百之; 人十能之, 己千之.〕"라고 하였다.

오산서원(吳山書院)의 사적[49]에 이르러서는 선생이 옛 현철(賢哲 길재(吉再))에 대해 숭상하여 받들고 보호하여 지키며, 규범을 만들어 백세에도 영원히 지켜 무너짐이 없게 한 것이니, 곧 모든 서원 가운데 큰 전례(典禮)가 되는 것이다. 덕을 좋아함이 지극하고 또 명예와 절의를 도와 세우는 데 뜻을 더욱 다하여 백세(百世) 뒤에 그분〔길재〕과 더불어 마음으로 무르녹고 정신으로 이해한 이가 아니라면 어찌 이에 참여할 수 있겠는가.

오직 어진 이를 존숭한 것이 이와 같은 까닭으로 어버이를 친하게 여기는 도가 이를 따라 또한 극진하였으니, 〈세계록(世系錄)〉과 선군(先君)의 유사(遺事) 그리고 〈추원잡의(追遠雜儀)〉[50] 등의 작품은 정성스런 효성으로 돈독히 사모하여 죽은 이를 살았을 때처럼 받들어 반드시 조상의 뜻을 잇고 업적을 기술하여 낳아 준 부모를 욕되게 함이 없고, 아침 일찍 일어나고 저녁 늦게 자며 무궁토록 끼친 은혜에 보답하기를 도모하지 않음이 없었으니, 이러함이 있도다. 선생의 학문은 그 증자(曾子)가 전수받은 것을 익힌 가르침[51]과 유자(有子)가 근본에 힘쓴 뜻[52]에서 얻음이 있음이여.

49 오산서원(吳山書院)의 사적 : 《겸암집》 권5의 〈오산서원기(吳山書院記)〉를 말한다. 1584년(선조17) 인동(仁同) 현감에 제수되었는데, 이듬해 봄에 야은(冶隱) 길재의 묘를 개수하고 오산서원(吳山書院)을 창건하였다. 대원군의 서원철폐령으로 1868년(고종5)에 훼철되어 복원하지 못하였으며 유지(遺址)만 남아 있다.

50 세계록(世系錄)과……추원잡의(追遠雜儀) : 〈세계록〉과 선군의 유사는 《겸암집》 권7 선대유사(先代遺事)에 들어 있는데, 선군의 유사는 〈선부군행년기(先府君行年記)〉를 말한다. 〈추원잡의〉는 권4 잡저에 들어 있으며 정지삭망참예(正至朔望參禮) 등을 도표로 그리고 설명한 글이다.

이에서 미루어 임금을 섬겼으니, 임진·계사의 왜란을 당하여 풍기(豐基) 군수로서 굶주린 백성을 구휼하고, 병사와 양식을 모아 백성을 구원하고 포악한 왜적을 막는 터전으로 삼았다. 또 샛길로 사람을 행재소에 보내 수천 리 먼 곳의 임금에게 신년인사하는 예를 다한 것은 그 절의를 지극히 하고 충성을 바친 것이 성대하다. 죽령(竹嶺)을 방어하여 지키는 것에 대한 상소문[53]과 의병소의 진영에 규약을 정한 몇 조목[54]은 또 책략이 시무(時務)에 절실하면서도 마땅함을 볼 수 있다. 오직 이른바 금강일록(金剛一錄)[55]은 한가하게 승경을 기록한 글에 지나지 않으나 이 또한

51 증자(曾子)가……가르침 : 《논어》 〈학이(學而)〉에, 증자가 "나는 날마다 세 가지로 내 자신을 반성하니 '남을 위하여 일을 도모하면서 충성스럽지 못한가? 붕우와 더불어 사귀면서 성실하지 못한가? 전수받은 것을 복습하지 않는가?'라는 것이다.〔吾日三省吾身 : 爲人謀而不忠乎? 與朋友交而不信乎? 傳不習乎?〕"라고 하였다. 증자는 공자의 제자 증삼(曾參)을 가리킨다.

52 유자(有子)가……뜻 : 《논어》 〈학이(學而)〉에, 유자가 말하기를 "군자는 근본을 힘쓰나니, 근본이 서면 도가 생기는 것이라, 효도와 공경은 곧 인을 하는 근본이리라.〔君子務本, 本立而道生, 孝悌也者, 其爲仁之本與!〕"라고 하였다. 유자는 공자의 제자 유약(有若)을 가리킨다.

53 죽령(竹嶺)을……상소문 : 1595년(선조28) 특명으로 원주(原州) 목사(牧使)가 되었는데, 이듬해 1월, 모친의 병으로 사직하고 돌아오면서 올린 상소문이다. 문집에는 실려 있지 않으며, 김홍미(金弘微)가 쓴 행장, 유성룡이 쓴 묘지 등에 내용이 요약되어 실려 있다.

54 의병소의……조목 : 《겸암집》 권4의 〈의병소진중조약(義兵所陣中條約)〉을 말한다.

55 금강일록(金剛一錄) : 《겸암집》 권5의 〈유금강산록(遊金剛山錄)〉을 말한다. 중간 때 넣은 것으로, 1557년 9월 군인(郡人) 황후징(黃侯澄)과 함께 금강산을 유람한 기록이다.

정신을 드러내어 펴서 자연을 즐기며 뜻에 맞는 것으로 귀결됨에 해롭지 않으니, 아울러 거두어 유고 가운데 넣어 원집(元集)의 미비함을 보충함에 어찌 내버릴 수 있겠는가.

또한 나는 선생의 호(號)에도 가만히 느낌이 있으니, 대개 천하에서 이익을 받는 것은 겸허만 한 것이 없다. 이런 까닭으로, 《주역(周易)》 〈겸괘(謙卦) 단사(彖辭)〉에 "천도는 차서 넘치면 허물어뜨리고 겸허하면 더해 주며, 지도는 차서 넘치면 변화시키고 겸허하면 계속 흘러가게 하며, 귀신은 차고 넘치면 재앙을 내리고 겸허하면 복을 주며, 인도는 차고 넘치면 싫어하고 겸허하면 좋아한다.〔天道虧盈而益謙, 地道變盈而流謙, 鬼神害盈而福謙, 人道惡盈而好謙.〕"라고 하였으니, 겸허함은 하늘과 땅과 귀신과 사람이 모두 유익하게 하는 것이지만 차고 넘치면 이와 반대가 된다. 사람이 만약 이것을 안다면 스스로 감히 겸허하지 않을 수 없다. 그러나 이는 오히려 평범한 대중들이 두려워하는 것으로 말한 것일 뿐이니, 군자가 겸허한 까닭에 이르면 또 이와 다르다. 만약 도체가 무궁함을 본다면 설령 요순의 공업(功業)을 할 수 있더라도 허공의 한 점 뜬구름 같음에 불과하고, 나아가고 나아가는 공부는 언제 만족하게 될지 모르는데 오히려 어찌 조금 스스로 가득 찼다고 여겨 스스로 겸허하지 않을 수 있겠는가.

선생이 '겸(謙)'으로 자호한 것은 아마 실로 이 뜻에서 볼 것이 있으니, 퇴계의 문하에 종유한 뒤로 마음에 보존함과 일에 시행함을 따질 것 없이 오직 검속함과 조심함에 힘써 항상 삼가고 방심하지 않아 말할 때는 졸렬하고 어눌함을 생각하여 오직 교묘하게 말만 잘함에 잘못이 있을까 두려워하고, 행할 때는 물러나고 겸손함을 생각하여 오직 혹 자랑하고 거만함에 잘못이 있을까 두려워하여 오로지 겸허하게 스스로 길러 항상 아는 것도 없고 잘하는 것도 없는 것 같이 하였다. 그런 까닭으로 그 문장은 또한 다만 뜻이 통함만 취할 뿐이고 조금도 화려하고 과장되거나 지식을 자랑하는 뜻이 없으니, 읽고 음미해 보면 한마디 말도 직접 실천하고 마음으로 터득한 나머지와 온화하고 공경하며 겸손하고 양보한 실상에서 나오지 않은 것이 없으니, 이것은 바로 선생의 겸허함이 천하의 이로움을 받은 것이다.

이로 말미암아 날로 도에 나아감을 또 어찌 헤아릴 수 있겠으며, 서애 어른이 만년에 큰 공을 감추고 조용히 없는 듯이 한 것 또한 형제의 우애 가운데서 더욱 힘을 얻은 것이 아니겠는가. 또 "겸은 높고 빛나며 낮아도 넘을 수 없는〔謙, 尊而光, 卑而不可踰.〕"[56] 것이니, 뒷사람들이 선생의 덕을 사모하고 선생의 빛을 우러르는 것을 어찌 이에서 더욱 생각하고 연역하지 않겠는가. 나같이 보잘것없는 자가 책의 서문을 쓰는 책무를 진실로 감당할 수 없어 이미 사양했으나 받아 주지 않고 또 외가 후손의 끝에 있으니 의리상 또한 그만둠을 용납할 수 없었다. 그런 까닭으로 드디어 간략히 전말을 기록하고 아울러 뒤에 비루한 견해를 이와 같이 붙인다.

56 겸은……없는 : 《주역》 〈겸괘(謙卦) 단(彖)〉에 "겸은 높고 빛나며 낮아도 넘을 수 없으니, 군자의 끝마침이니라.〔謙, 尊而光, 卑而不可踰, 君子之終也.〕"라고 한 말에서 인용하였다.

호옹집[57]서

湖翁集序

대개 우리 선조(宣祖)·인조(仁祖)의 성대한 때를 당하여 이름난 선비들이 배출됨이 거의 큰 산이 서 있고 별이 나열된 것 같으니, 그 가운데 이재(頤齋) 조공(曺公)[58] 선생이 있어 풍모와 절의, 문장으로 드러났다. 고을의 사림이 제사 지내며 존숭하여 받들었고, 그 아들 호옹공(湖翁公)이 잘 계승하였다. 지금 그의 유고 약간 권을 보건대, 시와 산문 할 것 없이 모두 연원이 넓고 음조(音調)가 맑고 밝으니, 대개 의리(義理)와 성정(性情) 가운데서 흘러나왔다. 그 유고 끝에 공의 증손 고(故) 상사(上舍) 노은공(老隱

57 호옹집 : 조정융(曺挺融, 1598~1678)의 문집이다. 미간행이었던 것을 2010년 안동 한국국학진흥원의 소장자료영인총서에 포함하여 《호옹유고》로 출간되었다. 그의 본관은 창녕(昌寧), 자는 유첨(維瞻)이며, 호옹은 그의 호이다. 내직에서 여러 관직을 거친 다음 외직인 수령으로 나가 네 고을을 두루 역임하였는데, 가는 곳마다 선정을 베풀어 고을마다 송덕비가 세워졌다. 낙동강에서 배를 띄우고 시를 짓는 행사인 낙강범월이 상주에서 대대로 행해졌는데 조정융이 주도적인 역할을 하였다. 〈회소곡〉, 〈치술령〉 등을 지어 신라 천년이 끼친 정신문화의 일단을 다시 후세에 전하려고 하였다. 상주의 지강서원(芝岡書院)에 배향되었다. 저술에 《통제정공사적(統制鄭公事蹟)》이 있다.

58 이재(頤齋) 조공(曺公) : 조우인(曺友仁, 1561~1625)으로, 본관은 창녕(昌寧), 자는 여익(汝益), 호는 매호(梅湖) 또는 이재(頤齋)이며, 경상도 예천 출생이다. 광해군의 잘못을 풍자한 글로 말미암아 3년간 옥에 갇혔다. 인조의 등극으로 풀려나 상주(尙州)의 매호(梅湖)에서 은거하며 여생을 마쳤다. 시, 서예, 음악에 뛰어나 삼절(三絶)이라는 평을 받기도 했다. 저술로는 《이재집》과 가사집 《이재영언》이 있다.

公)[59]이 지은 가장도 공의 평소 행실을 두루 펼쳐 놓았으니 나 자신도 모르게 두어 번 반복하여 읽고 공경함을 일으키게 하였다. 대개 공은 어려서부터 총명하여 이미 집안의 가르침을 계승하니, 사조(詞藻)가 빼어나 일편천리(一鞭千里)[60]라는 칭찬을 들음에 이르렀다. 이른 나이에 벼슬하여 성대하게 명망이 있었으며, 또 게다가 찰방과 현감[61]을 역임하며 사랑을 끼친 것이 비석에 남아 있고, 교지에 응하여 진술한 상소[62]는 임금의 비답(批答)이 삼공(三公)[63]을 뛰어넘었으니, 백성을 살리고 시대를 구제한 계책이 곳곳마다 넉넉함이 있었고 붓을 떨쳐 간사한 이를 배척함에 곧은 절의가 늠연하고, 넉넉한 지위에 거처해서도 청렴하게 삶에 맑은 바람이 숙연하였다.

무릇 그 경륜과 마음을 잡아 지킴은 당시에 거의 짝할 이가 없

59 노은공(老隱公) : 조경직(曺景稷, 1694~?)으로, 자는 희문(希文)이며, 출계(出系)한 조정융의 넷째 아들 시한(時翰)의 손자이다. 《호옹유고》에는 그의 가장(家狀)이 수록되어 있지 않다.

60 일편천리(一鞭千里) : 천리마에 한 번 채찍질한다는 것으로, 문장이 막히거나 거침이 없음을 말한다.

61 찰방과 현감 : 황산(黃山) 찰방, 금산(金山) 현감 등을 역임하였다. 특히 금산(金山) 현감 때는 〈전망편오군청물일시충액소(戰亡編伍軍請勿一時充額疏)〉를 올려 목민관으로서 백성의 고통을 대변하였다.

62 교지에……상소 : 《호옹유고》 권3에 실려 있는 〈응지소(應旨疏)〉, 〈응지진민막소(應旨陳民瘼疏)〉 등으로, 병자호란 이후 목민관으로서의 우국애민 정신에 근거한 상소인데, 그 언사가 역린(逆鱗)이 우려될 정도로 준열하다.

63 삼공(三公) : 원문은 곤(衮)인데, 옛날에 천자가 상공(上公)에게 곤의(衮衣)를 내린 데서 유래하여 삼공(三公)을 말한다.

었으나 어찌하여 시대와 운명이 어긋나 현인의 길이 기구하였던가. 가시나무에 깃든 난새는 물여우에게 다치고, 큰 길을 치달리는 천리마는 끝내 노둔한 말과 구유에 함께 있어 조정으로 하여금 간쟁하는 유익함을 받지 못하게 하고 이 백성으로 하여금 모두 어루만져 주는 혜택을 받을 수 없게 하였으니, 이것은 곧 당시에 비난을 돌릴 수 있는 것이고, 공이 마음 쓸 바는 아니었다. 오직 장수(長壽)를 누리고 큰 복〔胡福〕을 받아 당시의 여러 이름난 선비들과 호수와 산, 구름과 물 사이에서 낚시하고 시를 읊조리면서 한가하고 조용한 지취(志趣)를 붙였으며, 하얀 머리 온화한 얼굴로 의젓하게 학생을 가르치니, 넉넉히 한 지방의 모범이 되었다. 비록 그가 돌아가신 뒤라도 남긴 시를 외우고 남긴 글을 읽을 읽고 그 시대를 상고하며 무릎을 치고 옷깃을 여미지 않은 이가 없고, 그 명성과 행실의 표치(標致)를 생각해 보건대 다만 어제 일처럼 선명하여 크게 우러름을 그만둘 수 없어 또한 그를 위해 서원에 배향하니, 아, 하늘이 공에게 보답한 것이 이에 그칠 뿐이겠는가. 공의 후손 명적(明績)[64]이 나에게 서문 한마디 말을 구하기에 드디어 이렇게 써서 답한다.

64 명적(明績) : 1751~? 조정융의 현손(玄孫)으로, 자는 윤성(允成)이다.

동호집[65] 서

東湖集序

나는 세상에서 아첨하고 약삭빠르며 고결한 척 빼기는 사람은 교묘하게 말을 꾸미고 속여서 나라에 해를 끼치는 무리가 되지 않는 경우가 드문 것을 병통으로 여겨 자질이 중후하고 과묵하여 독실하게 자신을 수양하는 학문에 나아갈 수 있고 또 세상에 유익할 수 있는 사람을 구하였으니, 옛날에는 오직 염옹(冉雍 자는 중궁(仲弓)) 씨가 그러하였다. 그런 까닭으로 공자께서 인도하여 문하에 두고 경(敬)을 위주로 하여 서(恕)를 실천하는 도(道)[66]와 정사를 함에 사람을 얻는 기술[67]을 가르쳤으니, 대개 "단맛은 어떠

65 동호집 : 이서(李紓, 1566~1651)의 문집으로, 건·곤 2책이다. 그의 본관은 광주(光州), 자는 이직(以直)이며, 동호는 그의 호이다. 고모부인 한강 정구(鄭逑)의 문하에서 수학하였다. 성주에서 스승과 함께 학문을 강론하면서 스승의 명을 받들어 송대 유학자들의 예설(禮說)을 담은 《오선생예설(五先生禮說)》을 중편(重編)하였다. 사후에 문인들이 '덕요 선생(德耀先生)'이라 칭하였으며 성주의 회연서원(檜淵書院)에 제향되었다. 《동호집》 권3에는 정종로가 지은 행장(行狀)이 실려 있다.

66 경(敬)을……도(道) : 《논어》 〈안연(顔淵)〉에 중궁(仲弓)이 인(仁)을 묻자, 공자가 "문을 나설 때에는 큰 손님을 뵌 듯이 하며, 백성을 부릴 때에는 큰 제사를 받들 듯이 하고, 내가 하고 싶지 않은 것을 남에게 베풀지 말아야 하니, 이렇게 해야 나라에 있으면 원망함이 없고, 집안에 있으면 원망함이 없을 것이다.〔出門如見大賓, 使民如承大祭, 己所不欲, 勿施於人, 在邦無怨, 在家無怨.〕"라고 하자, 중궁이 "제가 불민하지만 이 말씀에 따르겠습니다.〔雍雖不敏, 請事斯語矣.〕"라고 하였다.

67 정사를……기술 : 《논어》 〈자로(子路)〉에 중궁(仲弓)이 계씨(季氏)의 가신이 되어 정사를 묻자, 공자가 "유사에게 먼저 시키고 작은 허물을 용서해 주며, 덕이 있

한 맛과도 잘 조화(調和)되고, 흰 색은 고운 채색을 잘 받는 것이니, 충신한 사람이라야 예를 배울 수 있다."[68]라는 것이다. 성인께서 취한 바가 어찌 이 때문이 아니겠는가.

또 사람의 품성은 만 가지로 같지 않으니, 빼어나고 민첩하며 확 트이고 밝은 사람은 절로 상달(上達)을 쉽게 할 수 있는 재목이기 때문에 매우 귀하게 여길 만하다. 그러나 견고하고 확실하게 마음을 잡아 지키고 명백하고 곧게 실천하여 한마디를 얻거나 한 자를 얻는 것이 모두 자신의 것이 됨에 이르러서는 혹 부족한 바가 있다. 이는 하학(下學)에 힘쓰는 사람이 노둔하고 질박함을 근심으로 여기지 않을 수 없음을 알지만, 이른바 '아첨하고 약삭빠르며 고결한 척 뻐기는 사람〔便嬛皎厲者〕'은 결코 우리 유학의 도 가운데 들어올 수 없는 자이니, 오히려 논할 만하겠는가, 오히려 논할 만하겠는가.

동호(東湖) 이공(李公)은 중후하고 과묵하니, 지금 그의 유집에 실린 것을 보건대 경천동지할 언론과 무리들보다 우뚝이 빼어난 업적은 별도로 없고 평소의 말과 행위도 다만 평소 생활하는 사이의 민이물칙(民彝物則)[69]뿐이었으니, 비록 노둔하고 질박한

는 이와 재능 있는 이를 등용해야 한다." 하였다. 중궁이 "어떻게 어질고 재주 있는 이를 알아 등용합니까?〔焉知賢才而擧之〕"라고 묻자, 공자가 "네가 아는 자를 등용하면 네가 미처 모르는 자를 남들이 내버려 두겠느냐."라고 말하였다.

68 단맛은……있다 : 《예기(禮記)》 〈예기(禮器)〉에 나오는 말이다.

69 민이물칙(民彝物則) : 사람의 떳떳한 도리와 사물의 법칙을 말한다. 《시경(詩經)》 〈증민(烝民)〉에 "하늘이 백성을 내시니 물(物)마다 법이 있도다. 백성이 떳떳함을 지켜 이 아름다운 덕을 좋아하네.〔天生烝民, 有物有則. 民之秉彝, 好是懿德.〕"

사람이라고 말하더라도 괜찮을 것이다. 그러나 한강 정 선생이 인도하여 문하에 두고 찬찬히 가르친 바가 있었으니, 그 반드시 독실하게 자신을 수양하는 학문에 나아가 세상에 이로움이 있었기 때문이다.

또 공은 세칭 삼용처사(三容處士)[70] 집안의 사람으로, 그 기맥이 흘러 전하고 아름다운 향기가 잘 세습됨은 절로 남들과 다름이 있으니, 책상자를 지고 스승을 좇아 죽을 때까지 부지런히 섬김도 또한 그 마음이 지극히 원하여 스스로 그 역량을 헤아림에 받들어 감당할 수 있었기 때문이다. 또 선생이 그 당시에 경(敬)을 주장하여 서(恕)를 실천함과 정사를 함에 사람을 얻는 방법으로 알려 주지 않았더라도 공이 '이 말씀을 따르겠습니다〔請事斯語〕'라는 대답[71]과 '어떻게 어질고 재주 있는지를 알겠습니까〔焉知賢才〕'라는 질문[72]이 없을 줄을 어찌 알겠는가.

대저 도가 지극히 큰 것에 이르면 만물을 발육하여 높음이 하늘에 다하며,[73] 지극히 작은 것에 들어가면 예의(禮儀) 3백과 위

라는 말에서 유래하였다.

70 삼용처사(三容處士) : 동호 이서의 조부인 수(樹)는 아들 셋을 두었는데, 첫째 홍기(弘器, 1531~1582)는 자가 백용(伯容), 호는 용재(容齋)이며, 둘째 홍량(弘量, 1531~1592)은 자가 중용(仲容), 호는 육일헌(六一軒)이며, 막내 홍우(弘宇, 1535~1594)는 자가 계용(季容), 호는 모재(茅齋)이다. 삼 형제가 모두 유행(儒行)으로 이름이 드러나 삼용처사라 불렸으며, 이들 삼 형제의 효행과 덕행을 추모하기 위해서 1668년(현종9) 경상북도 고령군 성산면에 삼처사유허비(三處士遺墟碑)를 세웠다.

71 이……대답 : 앞의 주 66 '경(敬)을……도(道)' 참고.

72 어떻게……질문 : 앞의 주 67 '정사를……기술' 참고.

73 만물을……다하며 : 《중용장구》 제27장에, "위대하도다, 성인의 도여! 양양히

의(威儀) 3천[74]에 이른다. '높기가 하늘에 다한' 것은 선생이 이미 체득한 바가 있었으나, 3백, 3천 가지가 염락관민(濂洛關閩)[75]의 글에 흩어져 보이니 공에게 부탁하여 《오선생예설(五先生禮說)》[76]을 다시 편찬하게 한 까닭이다. 참여하여 들은 바가 있지 않았다면 어찌 갑자기 그렇게 하였겠는가. 생각건대 참여하여 들은 바가 있었기 때문에 이미 그것으로 그 몸을 수양하고 또 그것으로 그 집을 가지런히 하여 장엄하고 삼가는 용모와 엄숙하고 화목한 거동이 저와 같음이 있어 당시에 혹 공자 문하의 유약(有若)[77]으로

만물을 발육하여 높음이 하늘에 다하였다.〔大哉, 聖人之道! 洋洋乎發育萬物, 峻極于天.〕" 하였다.

74 예의(禮儀)……3천 : 《중용장구》 제27장의 "넉넉하고 위대하도다. 예의 3백 가지와 위의 3천 가지로다.〔優優大哉! 禮儀三百, 威儀三千.〕"라고 하였다. 《예기(禮記)》 〈예기(禮器)〉에는 "경례(經禮) 3백과 곡례(曲禮) 3천〔經禮三百, 曲禮三千〕"이라고 하였다. 경례는 예의(禮儀)와 같은 말로 예(禮)의 강령과 원칙을 뜻하고, 곡례는 위의(威儀)와 같은 말로 예의 소소한 의절(儀節)을 뜻한다.

75 염락관민(濂洛關閩) : 염계(濂溪)의 주돈이(周敦頤), 낙양(洛陽)의 정호(程顥)와 정이(程頤) 형제, 관중(關中)의 장재(張載), 민중(閩中)의 주희(朱熹)를 말하는데, 송(宋)의 5자(子)라고도 한다.

76 오선생예설(五先生禮說) : 정구(鄭逑)가 송나라의 성리학자 정호(程顥), 정이(程頤), 사마광(司馬光), 장재(張載), 주자(朱子) 5인의 예설을 모아 만든 책이다. 관(冠), 혼(婚), 상(喪), 제(祭)와 잡례(雜禮) 등을 체계 있게 분류하여 전집(前集) 8권 3책, 후집(後集) 12권 4책으로 만들었다. 전집은 주로 천자와 제후에 대한 예를 다루었고, 후집은 일반 사대부에 관한 예를 다루었다.

77 유약(有若) : 춘추 시대 말기 노(魯)나라 사람으로, 자는 자유(子有)이고, 유자(有子)로 불린다. 공자의 제자로 공문십철(孔門十哲)은 아니고, 공자보다 43살 연하이다. 《동호집》 권3 〈행장〉에 "공은 중후하며 방정하고 엄격하여 평소 생활할 때도 고요히 스스로를 보존하였고, 움직일 때는 예법을 따랐으며 기상은 응집되고 고원하

비유하였다. 또 벼슬과 녹봉을 뜬구름처럼 보아 가난하면서도 본래의 뜻을 지키는 것으로 본분을 삼았으며, 힘을 다하는 바는 오직 선사(先師)를 위해 서원에 배향하고 책 간행하는 일을 할 뿐이었다. 아들과 조카를 경계하는 말도 또 모두 친근하고 절실하며 분명하고 마땅하여 이익을 가까이하고 외물로 향해 가는 뜻이 조금도 없었다. 오호라, 이것이 오히려 터득한 바가 없이 그렇게 되겠는가.

대개 상달(上達)에는 비록 그가 어떠한지 알지 못하지만 하학(下學)에는 다만 넉넉함이 있을 뿐만이 아니다. 진실로 만약 세상 사람들이 모두 공이 한 것과 같이 한다면 교묘하게 말을 꾸미고 속이는 풍조가 영원히 사라져 나라가 힘입는 바가 또한 클 것이니, 그 유익함이 과연 어떠하겠는가. 나는 일부러 염옹(冉雍) 씨의 일을 끌어와 위와 같이 말한 것도 공의 이룸이 저와 같음을 말하는 것은 아니다. 대개 또한 안타깝게 여길 것이 있으나, 공의 자질로 얻은 바에 따라 모두 자신의 것으로 할 수 있었으니, 빼어나고 민첩하며 확 트이고 밝은 사람보다 도리어 매우 어질다는 데서 매우 취함이 있는 것이다.

였다. 정 선생이 돌아가시자 문인들이 공자 문하의 유약으로 비길 정도에 이르렀다. 〔公重厚方嚴, 居常沈默自持, 動遵禮法, 氣象凝遠. 鄭先生歿, 門人至以孔門有若擬之.〕"라고 하였다.

추월당집[78]서

秋月堂集序

예로부터 호걸하고 위대한 사람으로 태어남에 때를 만나지 못해 초야에 매몰된 이가 어찌 한정이 있으랴. 그러나 진실로 그 영향이 세상에 남겨진 것이 혹 완전히 없어짐에 이르지 않았다면 오히려 그 한두 가지에 나아가 상상해 볼 수 있으니, 비유하자면 엎드린 용이나 누운 호랑이가 비록 이미 죽은 뒤라도 그 신령한 변화와 웅장한 포효 소리가 사람의 귀와 눈에 남아 있는 것이 마치 어제처럼 선명하다면 그 구름을 일으키고 바람을 세차게 하는 위엄과 신령함은 마치 보는 듯할 것이다. 대개 당세에 공명을 세우고 영광을 떨쳐 뒷날 사람들이 크게 우러러 마지않게 하는 것 또한 오직 그 사람의 성대한 기백과 큰 역량에 달렸을 뿐이니, 오히려 공업(功業)이 있고 없음을 가지고 그를 평가할 수 있겠는가.

내가 들은 바로는 추월당(秋月堂) 한공(韓公) 같은 이가 바로

78 추월당집 : 한산두(韓山斗, 1556~1627)의 문집으로, 3권 1책이며, 1811년(순조11) 후손 한덕봉(韓德鳳), 한덕준(韓德峻) 등이 편집 간행하였다. 그의 본관은 청주(淸州), 자는 사첨(士瞻)이며, 추월당은 그의 호이다. 영주(榮州) 사람이다. 1597년(선조30) 정유재란(丁酉再亂) 때 임금과 관료들이 도성을 버리고 파천(播遷)해야 한다는 주장을 펼치자 군주는 백성을 버리고 도망해서는 안 된다는 상소를 올리고, 직접 진두지휘할 것을 청원하였다. 이후 의병으로 자원하여 홍의장군(紅衣將軍) 곽재우(郭再祐)를 도와 창녕 화왕산성(火旺山城) 전투에 참전하였다. 영풍(榮豐) 노계서원(魯溪書院)에 배향되었다.

그 사람인 듯하다. 공은 태어나 7살에 어른이 운자(韻字)를 부름으로 인해 즉시 응구첩대(應口輒對)하여 말하기를, "땅이 넓으니 푸른 산이 작고, 하늘이 높으니 밝은 해가 더디네. 망망한 우주에서 몇 명이나 남아인가.〔地濶青山小, 天高白日遲. 茫茫宇宙內, 幾箇是男兒?〕"[79]라고 하였으니, 그 뜻과 기개가 높고 넓음을 이미 볼 수 있다.

흑치(黑齒)[80]의 난을 만나 천병(天兵 명나라 군사)의 도움으로 소탕하고 임금이 서울로 돌아온 뒤 왜구가 다시 병사를 움직인 것으로 조정의 여러 재상들이 서로 이끌고 거빈(去邠)[81]의 의논을 함에 이르렀으니, 나라의 존망이 이 일에 달렸다. 이때를 당하여 공은 초야에서 거친 음식을 먹는 일반 백성으로 오직 바위 굴에 숨어 구차하게 살아남기에 겨를이 없었으나 다만 하늘에서 받은

79 땅이……남아인가 : 이 시는 《추월당집》 권1의 〈응장자호운(應長者呼韻)〉 이다.

80 흑치(黑齒) : 이를 검게 물들인 야만족이라는 뜻으로, 우리나라에서 일본인을 뜻하는 말로 쓰였다. 《신당서(新唐書)》 권222하 〈남만열전(南蠻列傳)〉에 "여러 만족들은 종류가 많아 다 기록할 수가 없는데 흑치, 금치(金齒), 은치(銀齒) 세 종류가 있다." 하였다. 또 허목(許穆, 1595~1682)의 《미수기언(眉叟記言)》 권36 원집 외편 〈동사(東事) 흑치열전(黑齒列傳)〉에 "흑치는 동해의 오랑캐 나라이다. 창해(滄海) 동쪽 발해(渤海)의 밖에 있는데, 일본왜(日本倭)라고도 한다."라고 하고 또 "귀인(貴人)은 이빨에 검은 칠을 하며 부인도 그렇다. 이 때문에 검은 이빨〔黑齒〕의 오랑캐라 하였다."라고 한 기록이 보인다.

81 거빈(去邠) : 빈(邠) 땅을 떠난다는 뜻으로, 임금이 외적(外敵)의 난을 피해 천도(遷都)하는 것을 가리킨다. 옛날의 흉노(匈奴)인 훈육(薰育)이 빈 땅을 쳐들어오자, 고공단보(古公亶父)가 이를 피해 기산(岐山) 아래로 도읍을 옮긴 것에서 유래하였다. 《史記 周本紀》

절의와 대담한 지략은 가슴에 서리고 가득하여 스스로 억누를 수 없었다. 그런 까닭으로 드디어 곧장 자신의 신분에 벗어나는 일이지만 올곧은 상소[82]를 올려 임금이 죽음으로 도성을 지키고 친히 육비(六飛)[83]를 몰고 삼군(三軍)을 감독하고 통솔하여 병사의 기운을 씩씩하게 하고 왜적의 칼날을 꺾기를 청하였으니, 구준(寇準)이 주창한 전연(澶淵)의 계책[84]과 같았다.

얼마 뒤 맨손으로 홍의장군(紅衣將軍 곽재우(郭再祐))의 막하(幕下)로 가서 의병을 창도하고 작전 회의에 참여하여 임금이 적개심을 품은 왜구를 적으로 여겼으니 종래의 육식(肉食)하는 사람[85]에 비하더라도 뛰어남은 있고 부족함은 없었다. 이는 그 우뚝이 빼어난 비분강개함이 자잘하게 새나 짐승처럼 숨기를 기꺼워하지 않고, 밝고 밝은 한 마음이 오직 임금을 위해 죽는 것만 알아 반

82 올곧은 상소 : 《추월당집》 권2의 〈청사수친정소(請死守親征疏)〉로, 1597년(선조30) 정유재란 때 올린 상소다.

83 육비(六飛) : 고대 황제의 수레는 말 여섯 마리가 끌었다 하여 나온 말로, 임금의 수레를 뜻한다.

84 구준(寇準)이……계책 : 경덕(景德) 원년(1004)에 거란이 송나라를 공격하자 구준(寇準)은 진종(眞宗)에게 전연(澶淵)으로 친정(親征)하기를 청하여 마침내 승리를 거두고 돌아왔다. 《宋史 寇準列傳》

85 육식(肉食)하는 사람 : 고기를 먹는 자는 보통 벼슬아치들을 낮춰 부를 때 쓰는 말이다. 《춘추좌씨전》 장공(莊公) 10년에 제(齊)나라가 공격해 왔다. 장공이 응전하려 하자 조귀(曹劌)가 알현을 청하였다. 마을 사람이 묻기를, "고기를 먹는 자들이 잘 알아서 할 텐데, 또 무엇 때문에 끼어드는가.〔肉食者謀之, 又何間焉?〕" 하자, 조귀가 대답하기를, "고기를 먹는 자는 비루하여 멀리 꾀하지 못하니까.〔肉食者鄙, 未能遠謀.〕"라고 하였다.

드시 적을 쳐서 물리치고서야 그만둠을 안 것이니, 참으로 우주 사이의 뛰어난 남아(男兒)이다.

난이 이미 평정됨에 공거(公車 과거(科擧))에 응시하였는데, 또 시권(試券)이 비바람으로 인하여 먹물에 젖게 되니 곧바로 과거를 그만둘 것을 결심하고 전원에 은거하여 자신이 좋아하는 바를 따랐다.[86] 요행으로 높은 벼슬을 마치 뜬구름과 낡은 신처럼 보아 막연(漠然)히 그것을 가슴속에 담아두지 않고, 오직 경사(經史)를 상고함과 논의하여 후진을 성취시킴으로 일삼은 것도 또 어찌 그리 빼어나고 우뚝하여 평범함에서 매우 벗어났던가.

그가 과거 시험에 응시할 때 읊었던 시를 보건대, "누가 제 환공과 진 문공이 세상에 패주가 될 수 있다고 말하는가, 반드시 요순을 일컬어야 왕도를 펼 수 있네.〔誰道桓文能覇世? 必稱堯舜便陳王.〕"라는 한 구절이 있으니, 왕도(王道)와 패도(覇道)의 구분이 본디 마음속에 정해져 있어 평소 종사한 바가 원래 정당한 데서 나왔음을 볼 수 있다. 어찌 완고한 선비와 곡학아세하는 선비로 왕척직심(枉尺直尋)[87]한 이가 그 행적을 바랄 수 있는 것이겠는가.

86 공거(公車)에……따랐다 : 《추월당집》 부록의 행장에 의하면, 1601년(선조 34) 한산두의 나이 46세 때 과거 시험에서 이 일이 있은 뒤 거주하던 풍기 노계리(魯溪里)의 천부산(天浮山) 삼월동(三月洞) 사이에 추월당을 짓고 학문하며 후진을 가르쳤다.

87 왕척직심(枉尺直尋) : 한 자를 굽혀 여덟 자를 편다는 뜻으로, 자존심을 조금 굽힘으로써 큰 이익을 얻는 것을 말한다. 맹자(孟子)의 제자인 진대(陳代)가 이 말을 인용하여, 맹자에게 한 번 먼저 굽혀서 제후를 만나 보기만 하면, 크게는 왕천하(王天下)도 할 수 있을 것이니, 소절(小節)을 굽히고 먼저 만나 보는 것이 어떻겠느냐고 말하자, 맹자는 매우 불가하다는 뜻으로 말하기를 "대체로 한 자를 굽혀 여덟

만약 공이 당시에 등용될 수 있었다면 이른바 '공명을 세우고 영광을 떨친다〔建功名震光耀〕'라는 것이 다만 분수 안의 일이었을 것이나, 도리어 이에 때를 만나지 못함이 저와 같아 지금 수백 년 뒤에 이르도록 매몰되어 일컬어짐이 없음을 면치 못하였으니, 진실로 한탄할 만하다. 그러나 그의 성대한 기백과 큰 역량 같은 것은 이 때문에 더해지거나 손상될 것이 없으니, 여전히 호걸하고 위대한 사람일 뿐이다. 또 그 유사(遺事)가 아직 다 사라지지 않아 당시에 올곧은 말을 한 상소문과 화왕산(火旺山)에서 의병을 일으킨 사적[88]이 밝게 유집에 실려 있다. 그 밖의 시와 산문도 모두 크고 자유로운 나머지에서 나와서 읊조리며 완미할 만한 것이 많이 있으니, 이것은 그 영향이 널리 전해진 것이 어찌 다만 용의 변화와 호랑이의 포효 소리가 그 위엄과 신령함을 상상해 볼 수 있게 하는 것과 같을 뿐이겠는가.

공의 6세손 덕봉(德鳳) 씨가 나에게 서문 써 줄 것을 부탁하면서 말하기를, "우리 선조는 이미 고을 사람들이 제향했으나 그래도 그대의 말 한마디를 얻어 천양하고자 합니다."라고 하였다. 드디어 느낀 바를 위와 같이 쓴다.

자를 편다는 것은 이(利)를 가지고 한 말이니, 만일 이만을 추구하자면 여덟 자를 굽혀 한 자를 펴는 일이라도 해야겠느냐."라고 한 데서 온 말이다. 《孟子 滕文公下》

88 화왕산(火旺山)에서……사적 : 《추월당집》 권2의 〈의오총병전위문(擬吳總兵餞慰文)〉과 〈의병조청어육진연강요해처축성설책이비불우전(擬兵曹請於六鎭沿江要害處築城設柵以備不虞箋)〉 등의 글로, 정유재란 때 의병으로 자원하여 곽재우(郭再祐)를 도와 창녕 화왕산성(火旺山城) 전투에 참전한 저자의 문무를 겸한 재질과 관심을 엿볼 수 있는 글이다.

취애유적[89]서
翠厓遺蹟序

한강(寒岡) 정 문목공(鄭文穆公 정구(鄭逑))은 퇴계 문하의 뛰어난 제자로 후학을 창도하였으니, 당시에 종유한 선비들이 대개 모두 한 시대에 빼어난 인재였는데 취애(翠厓) 도공(都公)도 그 한 사람에 속한다. 비록 때를 만나지 못해 한 번 사마시(司馬試 생원 진사시)에 입격하고는 초야에서 늙었으나 평생 동안 뜻을 잡아 지키며 오직 생삼사일(生三事一)[90]의 의리에 독실하였다.

갑자년(1624, 인조2) 이괄(李适)의 난을 당하여 고을의 의논이 우뚝이 드러나 공을 추대하여 분의유사(奮義有司)[91]의 우두머리로 삼으니, 소매를 걷고 앞장서서 병사와 양식을 모으고 기한을 정해

89 취애유적 : 도응유(都應兪, 1574~1639)의 유적을 기록한 책이다. 그의 본관은 팔거(八莒), 자는 해보(諧甫), 취애는 그의 호이다. 대구에 거주하였으며, 정구(鄭逑)의 문인이다. 1613년(광해군5) 생원이 되었고, 최영경(崔永慶)을 구호하고 오현(五賢)의 문묘종사를 청하는 상소를 올렸다. 저술로 《취애집》이 있는데, 이 글은 〈취애선생문집서〉로 되어 있다.

90 생삼사일(生三事一) : 부모와 스승과 임금을 똑같이 섬겨야 하는 의리를 이른다. 진(晉)나라 대부 난공자(欒共子)가 "사람은 세 분에게서 살게 되었으니 이분들을 섬기기를 똑같이 해야 한다. 아버지는 나를 낳아 주시고, 스승은 나를 가르쳐 주시고 임금은 나를 먹여 주셨다.〔民生於三, 事之如一. 父生之, 師教之, 君食之.〕"라고 한 데서 온 말이다. 《國語 晉語》《小學 明倫》

91 분의유사(奮義有司) : 역적 이괄을 타도하기 위해 의기를 떨쳐 일어난 유사인 듯하나, 구체적인 직분은 자세하지 않다.

추격하여 적을 섬멸할 터전으로 삼았다. 정묘호란(1527, 인조5) 때는 눈물을 흘리며 팔을 걷어붙이고, 군량미를 모으며 죽음을 무릅쓰고 왜적에 대적할 계책을 마련하였다.[92] 곧바로 난이 평정됨으로 인해 물러남에 미쳐서는 곧 충성과 울분이 다하지 않아 험한 곳에 방비를 설치하여 포악한 적을 막는 방법에 깊이 뜻을 다하였다. 성을 쌓고 장수를 선발하는 계책[93]으로 수천 마디의 상소를 초안하여 올리려고 하였으니, 그 말이 모두 시무(時務)에 절실하고 꼭 맞는 것이었다. 이는 곧 임금을 섬기는 의리였다.

경술년(1610)에 문목공(文穆公)이 흉인(兇人) 박이립(朴而立)의 무함을 받으니, 공은 동문의 많은 선비들과 여러 번 궁궐에 호소하여 마침내 원통하고 억울함을 펴서 다스릴 수 있었다. 신해년(1611)에 회재(晦齋)와 퇴계(退溪) 두 선정(先正)이 정인홍(鄭仁弘)의 비방을 받으니, 공은 원근의 선비들과 상소하여 잘잘못을 분변하여 유학의 도를 지켰다. 문목공(文穆公)이 송조(宋朝) 다섯 현인의 예설(禮說)을 분류하고 편찬하여[94] 나라와 집을 다스리는 자가 날마다 쓰는 규범으로 제시했는데, 공은 곧 명을 받들어 모

92 정묘호란……마련하였다 : 《취애집》 서문에는 입재의 선조인 우복 정경세가 호소사(號召使)로 도응유를 발탁하여 상장(上將)으로 삼았다는 내용이 있다.

93 성을……계책 : 저본에는 "성을 쌓고 장수를 선발하는 두 가지 계책〔築城選將二策〕"으로 되어 있으나, 《취애집》 서문에는 '二' 자가 '之' 자로 되어 있어, 서문을 따라 번역하였다.

94 송조(宋朝)……편찬하여 : 중국 송대의 정호(程顥), 정이(程頤), 사마광(司馬光, 1019~1086), 장재(張載), 주희(朱熹) 등 5현의 예설을 분류하여 《오선생예설(五先生禮說)》을 편찬한 것을 말한다.

아 기록하고 깨끗하게 베껴 그 뜻을 이루었으니, 이는 스승을 섬기는 의리였다.

아버지의 상을 당함에 슬퍼함과 몸을 상함이 예제(禮制)보다 지나쳤으며, 상례와 장례 그리고 제례는 한결같이 주자의 《가례(家禮)》를 따랐다. 어머니를 봉양함이 지극히 효성스러워 숙수(菽水)의 제공[95]과 침처(寢處)의 절도에 지극하지 않음이 없었다. 그 상을 당함에 미쳐서는 예제를 지키고 몸을 상함이 한결같이 아버지 상 때와 같았으며, 늙고 쇠했다고 해서 혹 게으르지 않았으니, 이는 어버이를 섬기는 의리였다. 이는 삼대절(三大節 군사부일체(君師父一體))을 한결같이 섬김에 과연 어떠한 것인가.

대개 공은 한강(寒岡)의 문하에서 가르침을 받은 것이 가장 오래되었고, 또 장여헌(張旅軒), 이석담(李石潭 이윤우(李潤雨)), 서낙재(徐樂齋)[96] 같은 여러 어진 이들과 혹 스승으로 섬기고 혹 벗이 되어 서로 강론하고 절차탁마하여 경사(經史)에 널리 통하였고 언행을 삼가고 조심하였다. 또 천문(天文), 역상(易象), 육도(六

95 숙수(菽水)의 제공 : 숙수는 콩죽을 먹고 물을 마신다는 뜻으로, 가난한 생활 속에서도 어버이를 극진히 봉양함을 말한다. 공자의 제자 자로(子路)가 집안이 가난해서 효도를 제대로 못한다고 탄식하자, 공자가 "콩죽을 먹고 물을 마시더라도 기쁘게 해 드리는 일을 극진히 행한다면, 그것이 바로 효이다.〔啜菽飮水盡其歡, 斯之謂孝.〕"라고 위로했던 고사가 전한다. 《禮記 檀弓下》

96 서낙재(徐樂齋) : 서사원(徐思遠, 1550~1615)으로, 본관은 달성(達城), 자는 행보(行甫), 호는 미락재(彌樂齋)·낙악재(樂齋)이다. 이천 출신이며, 정구(鄭逑)의 문인이다. 주자학 및 이황(李滉)의 문집을 깊이 연구하고 중년 이후는 후진을 가르쳤다. 대구의 이강서원(伊江書院), 청안(菁安)의 구계서원(龜溪書院)에 제향되었다. 저서로 《낙재집》이 있다.

韜), 팔진(八陣)의 법에도 두루 미쳤다. 대개 장차 세상에 경륜을 펼치고자 하였으나 끝내 곤궁하게 세상을 떠나 펼친 바를 둘 수 없었으니, 참으로 개탄할 만하다. 그러나 백세(百世)토록 공의가 없어지지 않아 선조(先朝) 을사년(1785, 정조9)에 고을의 선비들이 공의 동생 낙음공(洛陰公)[97]과 함께 병암서원(屛巖書院)[98]에 배향하였으니, 이는 공을 보답하기 위한 것이리라.

일전에 공의 종5세손 필복(必復)이 공의 유사를 가지고 나에게 서문을 부탁하기에 드디어 그 대략을 뽑아 내어 이와 같이 써서 돌려보낸다. 아, 공 같은 이는 또한 문목공의 문인이 됨에 부끄러움이 없는 사람일 것이다.

97 낙음공(洛陰公) : 도경유(都慶兪, 1596~1636)로, 본관은 성주(星州), 자는 내보(來甫), 낙음은 그의 호이다. 정구(鄭逑), 서사원(徐思遠)의 문인이다. 정묘호란 때 호남으로 세자를 호종하였으며, 난이 끝난 뒤 금부도사·평양서윤 등을 역임하였다. 대구의 병암서원(屛巖書院)에 제향되었다. 저서로 《낙음집》 6권 2책이 있다.

98 병암서원(屛巖書院) : 대구 달서구 용산동에 있는 성주 도씨(星州都氏)의 서원으로, 1625년(인조 3) 도경유(都慶兪)가 낙음정사(洛陰精舍)를 지어 수학·강도(講道)하는 장소로 삼았는데, 1785년 도응유(都應兪)와 도경유 형제를 추모하기 위해 병암서원으로 승호하고 위패를 모셨다. 서원철폐령으로 훼철된 것을 1924년 복원하였다.

훈지집[99]서
塤篪集序

맹자(孟子)가 '천하에 왕 노릇 하는 것은 포함되지 않는 즐거움에 세 가지가 있음'[100]을 논함에 형제가 무고한 것이 그 하나에 포함되었다. 무릇 형체를 나누고 기운이 이어진 형제가 비록 다만 무고할 뿐이라도 오히려 이와 같은데, 게다가 빼어나고 순수한 자질을 아울러 받고 성현의 자취를 함께 따라감에 금옥 같은 형제가 날마다 달마다 학업에 매진하여 함께 고명하고 광대한 영역으로 나아가며, 또 믿고 따르는 사람이 많아서 선(善)으로 남에게 미침이 무궁하다면, 이는 '하늘과 땅에 부끄럽지 않음'과 '영재를 얻어

99 훈지집 : 훈수(塤叟) 정만양(鄭萬陽, 1664~1730)과 지수(篪叟) 정규양(鄭葵陽, 1667~1732) 형제의 문집으로, 62권 33책이다. 이들의 본관은 오천(烏川)이며, 정만양은 자가 경순(景醇)이고, 정규양은 자가 숙향(叔向)이다. 형제가 함께 이현일(李玄逸)의 문하에서 수학하였다. 저술도 함께 하여 《심경질의(心經質疑)》, 《치도의설(治道擬說)》, 《의례통고(疑禮通攷)》 등 많은 저서를 남겼다. 또 훈(塤)과 지(篪)는 피리에 속하는 악기 이름으로, 형은 훈을 불고 아우는 지를 불어 서로 조화된 음률을 이룬다는 뜻에서 함께 〈훈지악보(塤篪樂譜)〉를 지었다. 영천의 횡계서원(橫溪書院)에 제향되었다. 《입재집》 권40에 〈지수정공묘갈명(篪叟鄭公墓碣銘)〉이 있다.

100 천하에……있음 : 맹자가 "군자가 세 가지 즐거움이 있으니, 천하에 왕 노릇 하는 것은 여기에 포함되지 않는다. 부모가 다 생존하고 형제가 무고한 것이 첫 번째 즐거움이요, 위로는 하늘에 부끄럽지 않고 아래로는 사람에게 부끄럽지 않은 것이 두 번째 즐거움이요, 천하의 영재를 얻어서 교육하는 것이 세 번째 즐거움이다.〔君子有三樂, 而王天下不與存焉 : 父母俱存, 兄弟無故, 一樂也. 仰不愧於天, 俯不怍於人, 二樂也. 得天下英才而教育之, 三樂也.〕"라고 한 것을 말한다. 《孟子 盡心上》

교육함' 두 가지를 아울러 자신에게 둔 것이니, 천하에 왕 노릇 하는 것은 포함되지 않는 즐거움이 어떠하겠는가. 그러나 이 세 가지 즐거움은 예로부터 겸한 사람이 대개 드물다. 다만 사람의 기량, 행실의 마땅함, 업적과 문장으로 함께 일컬어지는 사람의 경우는 또한 흔히 있으나, 모두 여기〔세 가지 즐거움〕에 함께 말하기는 부족하다. 오직 반드시 하남(河南)의 두 분 정 부자(程夫子)[101]와 무이(武夷)의 두 분 채 선생(蔡先生)[102] 그리고 우리 동방의 선배 가운데 형제가 모두 뜻이 같고 도가 합치되며 자신을 완성하고 미루어 남을 이루어 준 사람 같은 경우가 된 뒤라야 비로소 이런 즐거움을 말할 수 있다. 그러므로 나는 이 때문에 지극히 얻기 어렵다는 탄식이 항상 있었다.

이제 정훈수(鄭塤叟)와 지수(篪叟) 두 선생의 유집을 열람함에 나도 모르게 벌떡 일어나고 솟구치듯 기뻐하며 두 선생은 이런 즐거움을 거의 완전히 얻은 사람일 것이라고 여겼다. 두 선생은

101 하남(河南)의……부자(程夫子) : 하남은 중국 낙양(洛陽)의 별칭으로, 그곳에서 이학(理學)을 천명(闡明)했던 송(宋)나라 때의 대학자 정호(程顥, 1032~1085)·정이(程頤, 1033~1107) 형제를 가리킨다. 정호의 호는 명도(明道), 자는 백순(伯淳), 시호는 순공(純公)이며, 정이의 호는 이천(伊川), 자는 정숙(正叔)이다. 이들의 학문은 유조(游酢)와 양시(楊時)에게 전해지고 다시 나종언(羅從彦)을 통해 이통(李侗)에게 이어지고, 다시 주자(朱子)에게 전해졌다.

102 무이(武夷)의……선생(蔡先生) : 서산선생(西山先生)으로 일컬어진 채원정(蔡元定)의 아들인 채연(蔡淵)과 채침(蔡沈)이다. 채연은 절재선생(節齋先生)이라고 일컬어졌는데, 《역상의언(易象意言)》과 《주역괘효경전훈해(周易卦爻經傳訓解)》를 저술하였다. 동생 채침은 구봉선생(九峯先生)이라고 일컬어졌는데, 스승인 주희의 부탁을 받고 침잠한 지 10여 년 만에 《서경집전(書經集傳)》을 완성하였다.

태어나면서부터 빼어난 자질이 있었고 자라면서 해박한 지식이 있었다. 어렸을 때부터 공경히 어버이의 뜻을 받들어 겨울철에 화롯불을 쬐지 않고 여름철에 부채질을 하지 않았으며,[103] 11살이 됨에 숙조(叔祖)에게 올린 편지[104]에서 만고의 충신이 되기를 요구한 것을 보면, 그 지기(志氣)가 남들보다 크게 뛰어남을 이미 알 수 있다. 약관(弱冠)의 나이에 '반맹견(班孟堅)의 〈유통부(幽通賦)〉를 차운한 것'[105]과 '이기(理氣)에 대한 책문'[106]은 물이 용솟

103 겨울철에……않았으며 : 원래는 소옹(邵雍)의 일화로, 《인보유기(人譜類記)》 권 상(上)에 "소요부〔소옹(邵雍)〕가 백원산 속에서 독서할 적에 겨울에 화롯불도 피우지 않고 여름에 부채질도 하지 않고 밤에도 잠자리에 들지 않은 것이 3년이나 되었다.〔邵堯夫讀書於百原山中, 冬不爐, 夏不扇, 夜不就枕者, 三年.〕"라는 말이 나온다. 공부하기 위해 각고의 노력을 한 것을 말한다.

104 숙조(叔祖)에게 올린 편지 : 지수 정규양이 보낸 편지로, 《훈지집》 권16 〈상무재숙조(上無齋叔祖)〉를 말한다. 숙조의 이름은 시찬(時贊)이다. 그 내용 가운데 "지금 국가에 근심이 많으니, 원컨대 숙조께서는 남으로 왜구를 정벌하고 북쪽으로 흉노를 공격하여 만고의 충신이 되십시오.〔今國家多憂, 願叔祖南伐倭寇, 北擊匈奴, 作萬古忠臣也.〕"라는 내용이 있다.

105 반맹견(班孟堅)의……것 : 《훈지집》 권29 〈선형 훈수 선생 행장(先兄塤叟先生行狀)〉에 의하면, 훈수 정만양이 후한(後漢) 반고(班固)의 〈유통부(幽通賦)〉를 차운하였는데, 난해하여 왕왕 읽기 어려움이 있으나 문장이 모두 유래가 있었기 때문에 이를 본 문형(文衡)과 사객(詞客)들이 고문사(古文辭)라고 일컬었으며 이로 인해 명성이 자자하게 되었다.

106 이기(理氣)에 대한 책문 : 신체인(申體仁, 1731~1812)의 《회병집(晦屛集)》 권11 〈고침랑지수정선생행장(故寢郎篪叟鄭先生行狀)〉에 의하면, 정규양이 1686년(숙종12) 별시 향해(鄕解)에 응시했을 때 작성한 책문을 말한다. 당시에 '이기발(理氣發)'이 과제로 나오자 노숙한 선비들이 모두 놀라 대책문을 쓰지 못하였는데, 지수는 고훈(古訓)을 원용하여 낱낱이 진술하자 시험관이 놀라 감탄하면서 "이 사람은

음치고 산이 우뚝 솟아난 듯하였으니, 그 포부가 속된 것에서 매우 멀다는 것을 또 알 수 있다.

만약 세속에 머리를 숙여 명성과 이익을 구했다면, 높은 벼슬을 얻어 역사에 기록됨이 티끌을 줍는 것처럼 쉬웠을 것이다. 그러나 변화를 관찰하고 점괘를 음미하여 기미를 훤히 알고 자취를 숨겨 과거 시험을 헌신짝처럼 버리고 옛글을 즐긴 것은 평범한 사람들이 할 수 있는 바가 더욱 아니다. 어느 아침에 《심경(心經)》을 읽고 척연(惕然)히 깨달음이 있어서 온몸에 땀이 흐름에 미쳐서는[107] 드디어 곧장 실지의 공부에 종사하여 '뜻을 세우고 경(敬)에 거함'과 '사물에 나아가 이치를 궁구하고 자신을 반성함'에 어느 하나도 옛 성현의 절도에 근본하여 조심스레 스스로 힘써 그만둠이 없어 곧장 위로 천리(天理)에 통달하지 않음이 없었다. 그 결과 가득 채운 넉넉함과 밝혀 빛낸 덕의 성대함은 또 좌우로 수작함에 받아서 그 마땅함을 곡진하고 합당하게 할 수 있어 경륜이 마음속에 온축된 것이 또한 절로 감추지 못할 것이 있다. 그래서 원근의 학생들이 다투어 책 상자를 지고 귀의하였으며, 중앙과 지방의 고관들과 수령들이 서로 정성을 다하여 천거하였으니, 대개 성대히 한 지역의 사표가 됨과 엄연히 밝은 시대의 원로가 됨에 이와 같음이 있다. 그러나 선생은 자신의 일을 숭상하여 왕후를 섬기지 않았고[108] 오직 은둔함으로 즐거움을 삼으니, 조정에

빼어난 인재이다."라고 하고 선발하였다.

107 어느……미쳐서는 : 이때의 다짐을 읊은 시로 《훈지집》 권1에 〈임신동, 열심경, 홀각한출점의, 시이회지(壬申冬, 閱心經, 忽覺汗出沾衣, 詩以悔之)〉가 있다.

서도 또한 과연 특별히 뽑아 쓰지 못하고 끝내 한 번의 침랑 벼슬로 집에서 생을 마쳤다. 이는 시운이 다하고 세도가 잘못된 것이니, 선생에게 무슨 상관이 있겠는가.

지금 살펴보니, 《훈지록(塤篪錄)》은 무릇 30여 권인데 첫머리에 악기인 훈(塤)·지(篪)와 음률을 그림으로 그리고 아울러 악가(樂歌)를 제작하여 게시하여 서로 창화하고 함께 즐기는 뜻을 형상하였다. 그 아래 시와 문장은 모두 지은 순서에 따라 차례대로 썼는데, 형의 작품은 '훈(塤)'으로 표시하고 동생의 작품은 '지(篪)'로 표시하였다. 간혹 번갈아 가며 지은 것도 보여서 각각 한 질로 만들지 못했으니, 이는 또 옛사람에게는 없는 바이다. 편(篇)들이 모두 유가의 참맛이 드러나 넘친 바와 우리 도의 바른 견해가 흘러나온 것을 말미암았으니, 문장이 전아함에 가까워서 모두 외울 만할 뿐만 아니다. 만약 들어서 당세에 시행하여 적용하게 하였더라면, 그 업적 또한 반드시 순수하게 한결같이 왕도(王道)에서 나왔을 것이니, 이는 천덕(天德)을 보존하여 근본으로 삼아서 그렇게 할 수 있었던 것이 아니겠는가.

생각건대, 그분들이 살아 있었을 때 형체는 비록 나뉘어 둘이 되었지만 뜻은 합하여 하나가 되니, 서로 도움이 되고 서로 유익함이 됨에 온화하여 더욱 오래될수록 싫어하지 않으며, 서로 가르

108 자신의……않았고 : 《주역》 〈고괘(蠱卦)〉에 "상구는 왕후를 섬기지 않고 자기가 하고 있는 일을 고상하게 여긴다.〔上九, 不事王侯, 高尙其事.〕"라고 한 데서 온 말로, 곧 현인군자(賢人君子)가 때를 만나지 못하여 자기 몸만 고결하게 지킬 뿐 세상일은 전혀 관여하지 않는다는 것을 말한다.

치고 배움에 정성을 다하여 처음부터 끝까지 게으르지 않았다. 세상의 어떤 즐거움을 이것과 바꿀 수 있을지 더 이상 알 수 없으니, 앞에서 말한 '천하에 왕 노릇 하는 것은 포함되지 않는다'라는 것을 두 선생이 이에 거의 그 참 경지를 얻었다.

저 두 정 부자(程夫子)와 두 채(蔡)씨 형제, 그리고 우리 동방의 선배 가운데 형제가 서로 함께한 것을 제외하면, 훈수 지수 두 선생을 빼고 또 다시 몇 사람이나 있겠는가. 나의 경우는 형제가 무탈함도 또한 얻지 못하여 만년에 바야흐로 영원(鴒原)[109]의 슬픔을 품고 있다.

지수 선생의 증손 태섭(台攝) 씨가 한마디 말로 그 책에 서문을 써 줄 것을 부탁하였다. 꿇어 앉아 읽어 보고 우러러 부러워하던 끝에 더욱 나도 모르게 옷깃을 여미고 경의를 표하였다. 마침내 감히 억지로 사양할 수 없어 마음에 느낀 점을 대략 적어서 고산경행(高山景行)[110]의 뜻을 붙인다.

109 영원(鴒原) : 척령재원(鶺鴒在原)의 준말로, 형제간의 우애(友愛)를 뜻한다. 《시경》 〈상체(常棣)〉에 "척령이 언덕에 있으니, 형제가 급난(急難)을 구원하도다.〔鶺鴒在原, 兄弟急難.〕"라는 말에서 유래한 것이다. 여기서는 정종로의 아우 정재로(鄭宰魯, 1775~1812)의 죽음을 말한다.

110 고산경행(高山景行) : 《시경》 〈거할(車舝)〉에 "높은 산처럼 우러르고 큰 길처럼 따라간다.〔高山仰止, 景行行止.〕"라는 구절에서 온 말로, 고인의 큰 덕행(德行)을 흠모한다는 뜻이다.

오산유고[111]서

梧山遺稿序

달성(達城) 서간발(徐幹發)[112] 군이 그의 종대부(從大父) 오산처사(梧山處士)의 유고(遺稿)와 모아 편집한 예서(禮書)[113]를 받들고 순흥(順興)에서부터 수백 리를 멀다고 여기지 않고 와서 나에게 보여 주며 서문을 구하였다. 처사는 대개 우리 대산(大山) 이선생(李先生)의 문인이다. 이 선생이 공에게 준 편지와 공의 행장(行狀)[114]에서 칭찬하고 허여하며 기대한 것이 이미 얕거나 적지 않았고, 번암(樊菴) 채상국(蔡相國)이 또 묘갈명을 지어 천양하였으니[115] 내가 다시 무엇을 더 보태겠는가. 오직 생각건대 우리 이

111 오산유고 : 서창재(徐昌載, 1726~1781)의 문집으로, 본집은 6권 3책이다. 그의 본관은 달성(達城), 자는 상보(尙甫)이며, 오산은 그의 호이다. 이상정(李象靖)의 문인이다. 장헌세자(莊獻世子)의 참변이 있은 뒤 과거를 단념하고 학문에 전념하여 《심경(心經)》, 《근사록(近思錄)》 그리고 성리제서(性理諸書)를 깊이 연구하여 학문이 높은 경지에 이르렀다. 저서로는 《가례집해(家禮輯解)》, 《관례고정(冠禮考定)》, 《중용질의(中庸質疑)》, 《계몽주의(啓蒙主義)》 등이 전한다.

112 서간발(徐幹發) : 1774~1833. 자는 유상(幼祥), 호는 남애(南厓)이며, 정종로의 문인이다. 영주(榮州) 사천(沙川)에 거주하였다. 저술로는 〈봉해첩(逢海帖)〉이 전한다.

113 모아 편집한 예서(禮書) : 《관례고정(冠禮考定)》, 《예해전서(禮解全書)》, 《가례집해(家禮輯解)》 등을 말한다.

114 이……행장(行狀) : 이상정(李象靖)의 《대산집(大山集)》 권27에 편지 5통과 권52에 〈오산처사서공행장(梧山處士徐公行狀)〉이 있다.

115 번암(樊菴)……천양하였으니 : 채제공(蔡濟恭)의 《번암집(樊巖集)》 권54 〈처

선생의 문하에서 보잘것없는 나에게 선배가 되는 분 가운데 김천사(金川沙),[116] 유동암(柳東巖),[117] 이후산(李后山)[118] 같은 여러분에 대해서는 내가 모두 직접 그 얼굴을 뵙고 그 학술을 대략 들을 수 있었으나 유독 공께만 그렇게 하지 못하였으니, 이 어찌 동문 된 자로 절실히 한스러워할 만한 것이 아니겠는가.

무릇 우리 선생의 도학은 실로 도산(陶山 이황(李滉))의 실마리를 이었으니, 산에 비유하자면 태산(泰山)이 곤륜산(崑崙山)으로부터 온 것이며, 물에 비유하자면 태호(太湖)[119]가 황하(黃河)로부터 온 것이다. 이런 까닭으로 무릇 그의 문하에서 배운 사람들

사서공묘지명(處士徐公墓誌銘)〉를 말한다.

116 김천사(金川沙) : 김종덕(金宗德, 1724~1797)으로, 본관은 안동(安東), 자는 도언(道彦), 천사는 그의 호이다. 의성군 점곡면(點谷面) 사촌리(沙村里) 출신이며, 이상정(李象靖)의 문인이다. 1753년(영조29)에 생원시에 합격하였으나 벼슬길에 나가지 않고 오직 학업에만 열중하였다. 학행(學行)으로 천거되어 의금부도사를 지냈다. 저서로는 《천사집》, 《예문일통(禮門一統)》, 《초려문답(草廬問答)》 등이 있다.

117 유동암(柳東巖) : 유장원(柳長源, 1724~1796)으로, 본관은 전주(全州), 자는 숙원(叔遠)이며, 동암은 그의 호이다. 이상정의 문인이며, 특히 김종덕(金宗德)·이종수(李宗洙)와 함께 '호문삼로(湖門三老)'라 불렸다. 저서로는 문집인 《동암집(東巖集)》 14권 7책과 예학 관련 저술인 《상변통고(常變通攷)》 30권 16책이 있다.

118 이후산(李后山) : 이종수(李宗洙, 1722~1797)로, 본관은 진보(眞寶), 자는 학보(學甫)이다. 대산(大山) 이상정(李象靖)과 소산(小山) 이광정(李光靖) 형제를 스승으로 섬기면서 스스로 후산(后山)이라 불렀다 한다. 저서로는 《근사록어류집록(近思錄語類輯錄)》, 《퇴계시집차의(退溪詩集箚疑)》, 《후산집》 등이 있다.

119 태호(太湖) : 중국 소주부(蘇州府) 서남 30리에 있는 호수로 입택(笠澤) 또는 오호(五湖)라고도 하는데, 양자강(揚子江) 지류(支流)이다. 저본에 황하의 지류라고 한 것은 착오가 있는 듯하다.

은 또한 태산의 남은 기슭이며 태호의 지류(支流)이다. 각각 그 분수와 역량에 따라 봉우리와 연못이 된 것은 지적하여 셀 수 있다. 비록 그 어느 것이 바른 줄기이며, 그 어느 것이 종파(宗派)인지를 모르지만 요컨대 모두 하나의 기맥이 서로 연결되어 있다. 앞서 일컬은 몇 분 같은 경우는 그 넓고 높음이 더욱 특별한 사람인데, 공도 그 사이에 나란히 서고 함께 흐르니, 아 위대하도다.

대개 공은 타고난 자질이 비범하고 행실의 마땅함이 무리보다 빼어났다. 어버이의 상(喪)을 치를 때는 몸이 상하여 병들었으며, 기일에는 곡하여 피를 토하는 지경에 이르렀으며, 돌아가신 형의 아들을 기름에는 죽을 병을 살리고 살 곳을 정해 주어 가문의 일을 이루게 하였다.

어느 해에 곧 과거 공부를 그만두고 오로지 학문에 뜻을 두었다. 무릇 이수(理數)에 관계된 여러 책은 궁구하고 살펴보지 않은 바가 없었다. 《대학》, 《중용》 두 책에 더욱 힘을 써서 반드시 이해하여 꿰뚫기를 기약한 뒤에 그만두었다. 이 때문에 충양(充養)함이 이미 두텁고 기상이 절로 빼어났다. 비록 남이 나에게 강포(强暴)하게 대하더라도 전혀 동요되는 바가 없었고, 부윤(孚尹)이 사방에 미침[120]에 이르러 원근의 사람들이 신복(信服)하였다. 당당에서 강학하는 모임의 자리에는 모두 공을 추대하여 맹주(盟

120 부윤(孚尹)이 사방에 미침 : 미덥고 바른 덕이 사방에 미침을 말한다. 공자(孔子)가 "대저 옛날에 군자는 덕을 옥에 비겼으니, 온윤하되 윤택함은 인이요,……부윤이 사방에 두루 이름은 신이다.〔夫昔者君子比德於玉焉 溫潤而澤仁也……孚尹旁達信也〕"라고 한 데서 온 말이다. 《禮記 聘義》 부윤을 정현(鄭玄)의 주(注)에서는 "옥의 채색을 말한다."라고 하였고, 육전(陸佃)은 "신정(信正)과 같다."라고 하였다.

主)로 삼으니, 깨우쳐 이끌어 주고 계발해 준 공이 많았다. 만약 공이 장수를 누려 큰 학업을 끝까지 할 수 있었다면 자신을 이룸으로부터 남에게 미친 바가 더욱 마땅히 어떠했겠는가. 그러나 겨우 중년을 넘기고 문득 장도(長途)가 꺾였다. 이같이 견고한 지기(志氣)와 독실한 공부로 남은 한을 품고 가난한 집에서 매몰됨을 면치 못하였으니, 어찌 개탄스럽지 않겠는가.

지금 그 유고에 실린 바는 시와 문 약간 편에 불과하지만 시는 그 의미가 염락(濂洛)에 근본하여 방탕한 놀이〔流連〕[121]에서 질펀하게 읊조린 것이 전혀 없고, 문은 이치가 경전의 뜻에 근본하여 화려한 조탁(彫琢)에 치달린 습관이 없다. 혹 마음에 보존된 바가 남들보다 뛰어남이 월등하지 않으면 성정(性情)에서 흘러나와 발하여 영화(英華)가 된 것을 그 누가 이에 미칠 수 있겠는가. 또 게다가 모은바 예서(禮書)는 문목이 분명하고 완비되었으며 고거(考據)가 정밀하고 해박하였으니,[122] 오래도록 전하여 사람들이 참고하여 고정하는 데 편리하게 할 만하다. 공 같은 이는 참으로

121 방탕한 놀이〔流連〕: '유련황망(流連荒亡)'에서 나온 말로서, 배를 띄워 놓고 한없이 즐기는 것을 말한다. 맹자가 "배를 띄우고 물의 흐름을 따라 한없이 내려가서 돌아오기를 잊는 것을 유(流)라 하고, 물의 흐름을 따라 한없이 거슬러 올라가서 돌아오기를 잊는 것을 연(連)이라 하며, 짐승을 쫓아 사냥하기를 무한정 하는 것을 황(荒)이라 하고, 술을 즐겨 마시기를 싫증 내지 않고 무한정 하는 것을 망(亡)이라 한다.〔從流下而忘反, 謂之流, 從流上而忘反, 謂之連, 從獸無厭, 謂之荒, 樂酒無厭, 謂之亡.〕"라고 하였다. 《孟子 梁惠王下》

122 모은바……해박하였으니 : 〈행장〉에 의하면 관례(冠禮) 한 편은 이미 완성하였는데 고금을 참고하여 세상에 유통할 만하였으며, 혼례, 상례, 제례는 단락에 따라 분류하고 남의 손을 빌어 등사하였으나 결국 완전하지 못하였다.

우리 대산 선생의 문인이 되기에 부끄러움이 없다.

나는 이에 이미 여러 번 읽고 감탄하며 흠모하였다. 인하여 비루한 견해를 위와 같이 써서 평소 덕 있는 모습을 보지 못한 한을 붙인다.

만곡집[123]서

晩谷集序

무릇 성인의 도는 정밀하고 미묘하면서도 넓고 두루 미치니, 환히 알아서 실제로 체득하기 쉽지 않음이 있다. 그러나 그 요령을 말해 보면, '정미하게 생각하고 힘써 실천함'에 불과할 뿐이다. 이런 까닭으로 만약 이에 종사하여 그 재주와 능력이 미치는 바를 확충할 수 있는 사람이 있다면 어찌 우뚝이 우리 도 가운데 큰 장인(匠人)으로서 후세에 사표가 되지 않겠는가.

나는 만곡(晩谷) 조공(趙公)보다 그 나이가 아홉 살이 적지만 외람되게 더불어 교제해 줌을 입었다. 비록 산천이 막히고 거리가 멀기 때문에 지속적으로 종유할 수는 없었으나, 전후로 무릇 그 위의(威儀) 있는 모습을 보았고 그 말을 귀로 들었으며, 또 그 편지의 언론(言論)을 받고는 마음으로 위대하다고 여긴 것이 대개 또한 여러 번이었다. 그러나 나는 우매하고 비루함 때문에 우러러 그 온축된 학식을 헤아릴 수 없으나, 다만 나의 좁은 식견으로 말하건대, 공은 거의 이른바 '호걸지사'로다.

바야흐로 그가 젊었을 때, 공령가(功令家)의 언어[124]를 익혔는

123 만곡집 : 조술도(趙述道, 1729~1803)의 문집으로 17권 9책이다. 그의 본관은 한양(漢陽), 자는 성소(聖紹)이며, 만곡은 그의 호이다. 영양(英陽)에 거주하였으며, 대산 이상정의 문하에서 수학하였다. 과거에 뜻을 두지 않고 형제들과 학문에만 전념하며 초야에 묻혀 지냈다.

124 공령가(功令家)의 언어 : 과거(科擧) 시험을 위해 공부하는 글의 문체를 말한다.

데, 그 재주와 문장이 이미 남들보다 매우 빼어났다. 도의 쇠퇴함이 도도한 물결처럼 걷잡을 수 없는 시대를 당하였기 때문에 흘러서 따라가고 점점 물들어 돌이킬 수 없게 됨은 쉬웠다. 오직 공은 집안의 가르침을 잘 계승하고 형제간의 서로 창화(唱和)한 것이 남들과 다름이 있으며, 타고난 자질이 우뚝하고 지보(地步 행동거지)가 빼어났기 때문에 스승과 벗이 계발해 주고 가르쳐 인도해 주는 바가 있기를 기다리지 않고도 곧 속학(俗學) 외에 우리 유가의 참된 묘결이 있음을 깨달을 수 있었다. 즉시 그 때문에 뜻을 바꾸어 과거 공부를 그만두고 이치를 궁구하고 본성을 극진히 하는 공부에 마음을 오로지하고 뜻을 한결같이 하였다.

평생 잠심하여 궁구하고 묵묵히 완미한 것은 모두 성현의 문장이었다. 더욱이 주자(朱子)의 글에 그 힘을 다하였으니, 《주자대전》, 《주자어류》 같은 책의 경우 편질이 매우 많았으나 반복하여 찾아보고 조금도 쉬거나 그만두지 않았으며, 내용을 들어 남에게 알려 줌에 마치 자신의 말을 외우는 듯하였다. 얼마 뒤 이대산(李大山 이상정(李象靖))과 김구사(金九思)[125] 두 선생께 종유하여 질문하고 강마하여 그 귀취(歸趣)를 지극히 하였으니, 이 학문의 대강령(大綱領)과 이 이치의 대원두(大原頭)에 진실로 이미 환히 깨달아서 미진함이 없었다. 이런 까닭으로 그 가슴에 새겨서 밖으로 드러난 것은, 의관은 항상 가지런히 함, 거처는 항상 깨끗하게

125 김구사(金九思) : 김낙행(金樂行, 1708~1766)으로, 호가 구사당(九思堂)이다. 본관은 의성(義城), 자는 퇴보(退甫)이다. 대산의 외조부인 이재(李栽)의 문인이다. 문집으로 《구사당집(九思堂集)》이 전한다.

함, 말은 항상 정대(正大)하게 함, 일을 행함은 항상 평이하게 함이었다. 말을 함에 해박하였으나 항상 의리에 근본하였고, 남의 숨은 덕을 드러내었으나 사실을 과장한 적이 없었다. 〈운교문답(雲橋問答)〉[126]을 지어 아직 성하게 번지기 전에 사학(邪學 서학(西學))을 통렬히 분변하였으며, 거할 때 항상 후진들을 가르쳐 세속의 추향에 미혹되지 않게 하였으니, 그 심조자득(深造自得)[127]의 묘는 실로 사람마다 알 수 있는 바는 아니다. 그러나 무릇 거센 물결 가운데 우뚝이 서서 곧장 상달(上達)의 영역으로 달려갔으니, 동남 지방에서 우뚝이 거센 물결을 막고 선 지주(砥柱)[128]가 되고 지남거(指南車)[129]가 됨이 저와 같이 우뚝하였다. 혹 호걸한

126 운교문답(雲橋問答) : 1784년(정조8) 저자의 나이 56세에 지은 것으로, 《만곡집》 권8에 실려 있다. 서학(西學)이 세도의 근심거리가 된 것을 알고 서울에서 있었던 혹자와의 문답 형식을 통해 유학(儒學)과 천주학(天主學)을 비교하여 천주학을 비판한 내용을 담고있다.

127 심조자득(深造自得) : 학문의 깊은 뜻을 궁구하여 스스로 터득함을 말한다. 맹자가 말하기를 "군자가 방도에 따라 학문에 깊이 나아가는 것은 스스로 얻고자 함이니, 스스로 얻은 것이 있으면 거기에 처하는 것이 견고해지고, 처하는 것이 견고해지면 그것에 자뢰한 바가 깊어지고, 자뢰한 바가 깊어지면 몸의 좌우에서 찾아보아도 학문의 본원을 만날 수 있는 것이다.〔君子深造之以道, 欲其自得之也, 自得之則居之安, 居之安則資之深, 資之深則取之左右逢其原.〕"라고 한 데서 유래하였다. 《孟子 離婁下》

128 지주(砥柱) : 중국의 하남(河南) 삼문협(三門峽) 동북쪽 황하(黃河) 중심에 있는 산 이름이다. 황하의 물결이 아무리 거세게 흘러도 이 산을 무너뜨리지 못하고 이 지점에 와서 갈라져 두 갈래로 산을 싸고 흐른다. 흔히 혼탁한 세속에 휩쓸리지 않고 꿋꿋하게 자신의 절조를 지키는 군자에 곧잘 비유된다.

129 지남거(指南車) : 황제(黃帝)가 치우(蚩尤)와 탁록(涿鹿)에서 싸울 때 만들었

선비가 아니라면 그 누가 이와 같을 수 있겠는가.

지금 그의 유집을 보니 무릇 수십 권으로 모두 외울 만하고 본받을 만하다. 다만 그 문사는 빛남이 있을 뿐만이 아니니, 후세에 전해질 수 있다는 것에 의심이 없다. 공 같은 이는 참으로 썩어 없어지지 않을 분이리라.

내가 공의 죽음을 애도한 뒤로 항상 공보다 늦게 죽는 것을 탄식함이 간절했는데, 지금 공의 조카〔猶子〕 거신(居信)[130]이 나에게 문집을 교감하고 한마디 말로 서문을 써 줄 것을 부탁하였다. 마침내 공의 족손(族孫) 근복(根復)과 함께 일을 마치고 인하여 이것을 써서 돌려보낸다. 그러나 이는 다만 나의 견해가 이와 같을 뿐이다. 정미하게 생각하고 실천한 공부의 경우 성인의 도에 묵묵히 계합하고 고상히 나아갈 수 있는 점이 있으니, 이 문집을 읽는 사람은 마땅히 절로 알 수 있을 것이다. 이에 자세하게 언급하지 않는다.

다고 전하는 수레로, 일정한 방향을 향하여서 나아가도록 만들어진 수레이다. 주나라 성왕(成王) 때 주공(周公)이 천하를 태평하게 다스리자, 월상씨가 백치(白雉)·흑치(黑雉)·상아(象牙) 등을 가지고 여러 나라를 거쳐 와서 조공(朝貢)했다. 사자(使者)가 돌아갈 때 길을 잘 찾아가게 하기 위해 주공이 특별히 지남거를 만들어 주었다는 고사가 있다. 후대에는 흔히 학문 등을 잘 이끌어서 인도해 주는 것을 뜻하는 말로 쓰인다.

130 거신(居信) : 1749~1826. 조술도의 아들들이 요절하였기 때문에 조거신(趙居信)을 양자로 삼았다.

정와집[131] 서

靜窩集序

옛날 주자(周子)는 '주정(主靜)'[132] 두 자를 드러냈고, 정자(程子)는 '경(敬)'[133] 한 자를 드러냈는데, 우리 퇴계 선생은 또 겸하여 말하기를 "정으로 근본을 세우고 경으로 본말을 꿰뚫는다.〔靜以立本, 敬貫本末〕"[134]라고 하였으니, 대개 이에 이르러 학문하는 방법을 다하였다. 그러나 '정(靜)'을 주장하면 '경(敬)'이 그 가운데 있어 다른 도가 없으니, 이는 명도가 또 사람에게는 정좌(靜坐)를 가르치고[135] 자신은 종일토록 흙으로 빚은 인형처럼 단정히 앉았

131 정와집 : 조석철(趙錫喆, 1724~1799)의 문집으로 8권 4책이다. 그의 본관은 풍양(豊壤), 자는 명중(明仲)이며, 정와는 그의 호이다. 상주 청리면 유천에 거주하였다. 청대(淸臺) 권상일(權相一, 1679~1759)의 문인이다. 정종로가 지은 〈제정와조공석철문(祭靜窩趙公錫喆文)〉과 〈정와조공묘지명(靜窩趙公墓誌銘)〉이 《입재집》 권31과 권42에 있다.

132 주정(主靜) : 고요함을 주장하는 것이다. 염계(濂溪) 주돈이(周敦頤)가 〈태극도설(太極圖說)〉에 말하기를 "성인은 중(中)·정(正)·인(仁)·의(義)로써 정(定)하되, 고요함을 주장하여 사람의 표준을 세운다.〔聖人定之以中正仁義而主靜, 立人極焉.〕"라고 하였다.

133 경(敬) : 정이(程頤)가 "도에 들어가는 것은 경(敬)만 한 것이 없으니, 치지를 하면서 경에 있지 않은 경우는 없다.〔入道莫如敬, 未有能致知而不在敬者.〕"라고 하였다. 《近思錄 存養》

134 정으로……꿰뚫는다 : 《퇴계집》 권44 〈정존재잠(靜存齋箴)〉에 나오는 말이다.

135 명도가……가르치고 : 사양좌(謝良佐)가 명도(明道) 선생을 부구(扶溝)에서 수행(隨行)하였는데, 선생이 하루는 이르시기를 "그대들이 여기에 있으면서 서로

던 것[136]이 이 때문이 아니겠는가.

최근에 돌아가신 상사(上舍) 풍양(豐壤) 조공(趙公)은 검간(黔澗)[137] 선생의 후손으로, 청대(淸臺) 권 희정공(權僖靖公)[138]의 문하에서 배워서 한평생 받아들여 사용한 것이 오직 주정(主靜) 두 자였다. 그래서 바야흐로 살아 있을 때, 내가 만나 뵌 것이 여러 번이었으니, 그 용모와 거동을 바라보고 말씀을 들음에 침착하고

종유하나 다만 나의 말만을 배운다. 이 때문에 그 학문이 마음과 입이 서로 호응하지 않는 것이니, 어찌하여 행하지 않는가." 하였다. 행할 방법을 묻자, 말씀하기를 "우선 정좌(靜坐)하라." 하였다. 《近思錄 卷4》 정좌(靜坐)는 승려들이 좌선(坐禪)하는 것처럼 단정히 앉아서 마음을 닦는 수행법이라고 하였다. 송유(宋儒) 중에서 특히 정호(程顥)와 이통(李侗)이 강조하면서 유가의 수련법으로 확립되었다. 《性理大全 卷46》

136 종일토록……것 : 단정하게 앉아 있는 도학 군자를 비유한 말이다. 송나라 사양좌(謝良佐)가 명도(明道) 정호(程顥)의 인품을 평하기를 "종일토록 반듯이 앉아 있는 모습이 흙으로 빚은 인형〔泥塑人〕과 같았으나, 사람을 접할 때는 온전히 한 덩어리의 화기였으니, 이른바 '멀리서 바라보면 엄숙하고 그 앞에 나아가면 온화하다.'라는 것이다.〔終日坐如泥塑人, 然接人則渾是一團和氣, 所謂望之儼然卽之也溫.〕"라고 하였다. 《上蔡語錄 卷2》《近思錄 卷14》

137 검간(黔澗) : 조정(趙靖, 1555~1636)으로, 본관은 풍양(豐壤), 자는 안중(安中)이며, 김성일(金誠一)의 문인이다. 임진왜란 때 의병을 일으켜 활약하였고, 1624년(인조2) 이괄(李适)의 난 때 공주까지 호가(扈駕)하였다. 저서로는 《검간집》과 《진사일록(辰巳日錄)》이 있다. 상주의 속수서원(涑水書院)에 봉향되었다.

138 청대(淸臺) 권 희정공(權僖靖公) : 권상일(權相一, 1679~1759)로, 본관은 안동(安東), 자는 태중(台仲)이며, 청대는 그의 호이고 희정은 시호이다. 〈사칠설(四七說)〉을 지어 이(理)와 기(氣)를 완전히 둘로 분리하고, 이는 본연의 성이며 기는 기질의 성이라고 주장했다. 저서로는 《청대집》 18권, 《관서근사록집해(觀書近思錄集解)》와 《일기(日記)》 30여 권이 있다. 죽림정사(竹林精舍), 근암서원(近嵒書院)에 향사되었다.

자중하며 편안하고 꼼꼼함에 한결같아서 털끝만큼도 경박하고 거친 모습이 있은 적이 없었다. 또 남들을 접대함이 이와 같음이 있었을 뿐만 아니라 평소 기거하고 생활하는 사이에 항상 이와 같았다고 들었으니, 진실로 공이 배운 바는 반드시 근본한 바가 있다고 생각했다. 이를 따라가 보면 그 행동이 '정(靜)'에 의지함이 있었음을 알 수 있었기에 일찍이 우러러 감탄하였다.

지난번 공의 손자 술사(述師)가 공의 유집을 나에게 보여 주며 서문 짓기를 부탁하였는데, 책 표지의 '정와(靜窩)'라는 두 글자는 바로 공이 스스로 호로 삼은 것이었다. 또 구호(龜湖) 김승선(金承宣)[139]이 지은 행장에 공의 덕행을 일컫고 기술한 것이 잘 갖추어져 있다. 내가 끝까지 보고 나서 곧 옷깃을 여미고 다음과 같이 말하였다.

공의 학문은 아마 주자(周子), 정자(程子), 퇴계의 가르침에서 본 것이 있는 것이리라. 무릇 사람이 진실로 만물 가운데 가장 신령한 것이 되지만 오직 그 욕망이 꿈틀대고 감정이 이기며 이해가 서로 공격하게 된다. 그러나 고요함을 주장해서 안정하지 못하기 때문에 그 본연의 성을 잃어서 금수와 다른 점이 크지 않다. 이것이 예부터 근심하는 바였으나, 후세로 내려오면서 더욱 그렇게 됨을 근심하였으니, 안정하는 방도에 있어서 주정의 공부가 바

139 구호(龜湖) 김승선(金承宣) : 김굉(金㙆, 1739~1816)으로, 본관은 의성, 자는 자야(子野), 호는 구호(龜湖) 또는 구와(龜窩)이며, 이상정(李象靖)의 문인이다. 지평, 예조 참판 등을 지냈다. 문학과 서체에 뛰어났다. 저서에 《구와집》이 있다. 《구와집》 권12에 〈정와조공행장(靜窩趙公行狀)〉이 있다.

로 오늘날 급히 힘써야 할 것이다. 공이 이에 이것으로 스스로 호로 삼았으니, 이 점이 매우 흠모할 만한 것이다.

그가 어렸을 때부터의 바람은 책을 읽어 군자다운 사람이 되고자 함을 생각하였고, 이미 장성하여 늙음에 이르기까지 진실로 그 말을 실천한 것을 보건대, 비록 이치에 나아간 공부가 어떤 경지에 이르렀는지 알지 못하겠으나, 저 '사물에 나아가 앎을 지극히 한 바'를 근원해 찾아보면, 장차 뜻을 성실히 하고 마음을 바르게 하여 그 몸을 닦고자 함이었다. 이미 그 몸을 닦았으면 또 마땅히 그것을 미루어 제가(齊家), 치국(治國), 평천하(平天下)까지 미쳐야 하지만, 치국, 평천하 같은 조목은 벼슬하지 않은 사람이 말할 수 있는 바가 아니다. 오직 그 집안을 가지런히 함은 곧 일상생활에서 빠트릴 수 없으니, 훗날 마땅히 미루어 가야 할 바가 된다. 그런 까닭으로 《대학장구》의 팔조목은 그 귀결처가 수신제가(修身齊家)에 있고, 공은 수신제가에 곡진하지 않음이 없어서 새벽부터 밤까지 부지런히 힘쓰고 늘상 힘써서 이 두 가지에서 벗어나지 않으니, '마음을 바르게 함〔正心〕' 이상의 공부는 그 반드시 얕지 않고 깊은 것이 있을 것이다. 만약 당시에 등용되었다면, 그 학문을 가지고 세상에 적용함에 어려움이 없지 않을 줄을 어찌 알겠는가.

대개 공이 마음을 세움에 입으로만 이치를 말하는 사람들의 행태를 깊이 병통으로 여김이 있어 오직 체득하여 징험하는 것에 힘썼다. 그런 까닭으로 지금 그 유집에 실린 바는 시와 문을 따질 것 없이 모두 평이하고 명백하며 돈후하고 절실하니, 비록 미묘하고 심오한 말을 발휘함이 없어도 한 마디, 한 구절이 모두 몸소 실행하여 마음으로 터득한 가운데서 흘러나온 것이다.

무릇 존양(存養)과 실천의 공부는 속일 수 없는 점이 있다. 그러나 그 근본을 미루어 찾아보면 오로지 '주정' 두 자가 말미암아 바탕으로 삼아 마음이 항상 허령하여 욕망이 꿈틀거리고 정이 이기는 폐단이 없게 하였다. 그런 까닭으로 모든 사물이 옴에 시비와 가부가 곧 절로 분명하여 거취와 종위(從違)의 사이에 계구(戒懼)[140]의 한 가지 생각이 혹 태만해서 그렇게 될 때가 없었으니, 이에 '정으로 근본을 세우고 경으로 본말을 꿰뚫는다'는 뜻을 대략 볼 수 있다. 이 심법과 학문의 힘이 또한 반드시 스승의 문하에서 계발해 주지 않은 것은 아니다. 무릇 이와 같으니, 동시대에 추중(推重)하여 감복한 바와 후인들이 크게 우러른 바가 또 마땅히 어떠하겠는가.

나는 보잘것없는 사람으로, 매우 두텁게 장려해 주심을 받았기 때문에 지금 술사(述師)의 요청에 사양치 못할 점이 있다. 드디어 공이 스스로 호로 삼은 바에 나아가 감히 비루한 견해를 위와 같이 쓴다.

140 계구(戒懼) : 《중용장구》 제1장에 "군자는 남이 보지 않는 곳에서도 경계하고 조심해야 하며, 남이 듣지 않는 곳에서도 걱정하고 두려워해야 한다. 숨기는 것보다 더 드러나는 것이 없으며, 미세한 것보다 더 나타나는 것이 없으니, 이런 까닭에 군자는 자기 혼자 있을 때를 삼가는 것이다.〔君子戒愼乎其所不睹, 恐懼乎其所不聞. 莫見乎隱, 莫顯乎微, 故君子愼其獨也.〕"라고 하였다. 여기서 계구란 계신(戒愼)과 공구(恐懼)를 합해서 말한 것이다.

남병집[141] 서

南屛集序

나는 한창려(韓昌黎 한유(韓愈))의 〈맹동야를 전송하는 서〔送孟東野序〕〉[142]를 읽음에 고금의 잘 우는 사람을 두루 서술하고 인하여 동야가 국가의 성대함을 울리지 못하고 끝내 저와 같이 곤궁했던 것을 하늘의 뜻에 귀결시킨 것을 보았다. 그 말이 대개 또한 슬퍼할 만한 것이 있으나 동야는 오히려 율양 위(溧陽尉)가 될 수 있었으며, 죽어서도 또 창려 같은 사람이 벗이 되고 묘지명도 썼다. 후세에 이르러 이조차도 또한 얻을 수 없는 사람을 다 셀 수 없으니, 하늘이 이 사람에 대해 그 낳아 줌은 무슨 뜻이며, 그 곤궁케 함은 또한 무슨 뜻인가. 그 욺이 떠돌아 다니거나 초야에 있으면 잘하지만, 호화롭고 부귀함에 있으면 잘하지 못하기 때문에 그런 것인가. 또한 이빨을 준 것에게는 뿔을 주지 않은 것과 날개가

141 남병집 : 정박(鄭璞, 1734~1795)의 문집으로 4권 2책이다. 그의 본관은 초계(草溪), 자(字)는 탁지(琢之)이며 남병은 그의 호이다. 의성(義城) 입암(立巖)에 거주하였다. 천주학이 만연함을 보고 성균관 유생들과 소(疏)를 올려 척사부정(斥邪扶正)을 청하였고, 향중에 글을 보내 정학(正學)을 밝히고 사문(斯文)을 흥기시키는 일을 급선무로 삼을 것을 면려하기도 하였다.

142 맹동야를 전송하는 서 : 동야는 당(唐)나라 때의 유명한 시인 맹교(孟郊)의 자(字)이다. 맹교가 일찍이 율양 현위(溧陽縣尉)라는 작은 벼슬을 얻어 떠날 적에 몹시 언짢은 기색이 있으므로, 한유가 그를 위하여 이 글을 지어서 위로하면서 "무릇 만물이 그 화평함을 얻지 못하면 우는 법이다."라고 하고, "생존해 있는 사람으로는 맹교 동야가 비로소 시로써 울렸다."라고 하였다.

붙은 것은 그 다리가 둘인 것, 이 또한 이치이다. 창려가 하늘의 뜻에 귀결시킨 까닭은 아마 이 때문일 것이다.

남병(南屛) 정공(鄭公)은 동계(桐溪) 문간공(文簡公 정온(鄭蘊))의 집안에서 태어나[143] 빼어난 자질로 높은 재주와 묘한 능력이 있었다. 문장을 지은 것은 당시의 기준으로 보면 마땅히 왕조를 드날리고 문형(文衡)을 주장할 듯하였다. 그러나 도리어 그것으로 당시에 울린 것은 과거 시험에서의 성대한 명성에 불과하였고, 만년에 비록 다행스럽게 사마시에 입격하였으나 끝내 대과에 입격하여 높은 벼슬에 올라 국가의 성대함을 크게 울릴 수 없었다.[144] 대개 궁궐에서 임금이 그가 지은 것을 열람하고 곤포(袞褒)[145]를 내려 준 것이 한두 번에 그치지 않았다. 만약 공이 조금이라도 더 살 수 있었다면 저 계적(桂籍 문과 방목)과 순반(筍班)[146]이 어찌 공의 분수에 맞는 일이 아니겠는가만 하늘이 주고자 하지 않음을 어찌하겠는가.

143 동계(桐溪)……태어나 : 정온(鄭蘊)의 둘째 아들 창훈(昌訓)이 정온의 동생 정백(鄭絔)에게 양자로 갔으며, 정창훈은 정박의 고조이다.

144 당시에……없었다 : 정박은 1763년(영조39)에 진사에 합격하였는데, 마침 충량과(忠良科)가 갑작스레 결정되니, 시험을 주관하는 경재(卿宰)들이 모두 "문간공의 자손 가운데 문장에 뛰어난 진사가 있으니, 이 사람이 반드시 장원할 것이다."라고 하였다. 정박은 급히 과거를 보기 위해 상경했으나 늦게 도착하는 바람에 응시조차 못하였다.

145 곤포(袞褒) : 후한 상을 내린다는 말이다. 본디 천자가 제후에게 곤룡포(袞龍袍)를 하사하여 특별히 총애함을 보인다는 말이다.

146 순반(筍班) : 옥순반(玉筍班)의 준말로, 옥순은 본디 죽순(竹筍)의 미칭(美稱)이다. 전하여 옥순반은 곧 재능이 뛰어난 조정 관원의 반열을 말한다.

공이 불우한 날 크게 울릴 수 있는 것으로 평소 창수하던 시와 한가히 지어 읊던 시에 붙였다. 이와 같이 하고도 오히려 남은 흥이 있으면, 혹 거문고를 타고 퉁소를 불며 강개한 생각을 발하거나, 혹 길게 휘파람 불고 호연히 노래하며 울울한 기운을 쏟아 내었다. 바야흐로 순정한 술을 들어 훌륭한 벗에게 권하며 고아하게 취하고 마음껏 이야기할 때, 모르는 사람의 관점에서 보자면 풍류의 질탕한 선비라고 생각하지 않는 이가 거의 드물었다. 그 마음에 보존한 바가 이에 남보다 백 등급 천 등급 뛰어나지만 오직 고가의 풍절을 지켜서 우뚝이 스스로 마음을 지키고 우뚝이 홀로 서서 사군자 대장부의 본모습을 잃지 않은 사람인 줄 그 누가 알았겠는가.

이뿐만 아니라 평소 생활에서도 오직 떳떳한 윤리에 독실하여 효도하고 화목한 행실이 여러 사람의 구송(口誦)에 전파되었으니, 처한 바에 따라 후진을 가르쳐 성취함이 있게 한 것이 많았다. 또 사설(邪說 서학(西學))이 장차 번성하게 될 것을 미리 알 수 있어 성균관에 있으면서 한 번 상소하여 배척한 것은 그 학문의 바름을 볼 수 있다. 설사 공이 벼슬에 나가 임금의 계책을 보불로 아름답게 하고 큰 업적을 윤택하고 빛나게 하여 크게 능력을 발휘했더라도, 만약 이런 본령 공부가 없었다면 또한 어찌 귀하게 여길 만하겠는가. 바야흐로 공이 젊었을 때, 나도 또한 한 번 뵌 적이 있는데, 그 풍모가 매우 위대하여 진실로 그 포부가 반드시 얕거나 적지 않다고 생각하였다.

지금 공의 문하 여러 사람이 바야흐로 흩어진 원고를 수습하고 판각하여 후대에 전하고자 하면서 본관이 철성(鐵城 고성(固城))인사헌부 지평(司憲府持平) 이주정(李周楨)[147]과 병수(秉秀) 씨가 나에게 서문 한마디를 요청하였다. 그들의 스승을 위한 정성 또한 숭상할 만하여 드디어 이를 써서 돌려보낸다. 공의 곤궁함이 동야보다 심함이 있으나 잘 우는 것은 절로 그 근본이 있으니, 크게 울지 못한 것으로 하찮게 여길 수 없음을 보였다.

147 이주정(李周楨) : 1750~1818. 본관은 고성(固城), 초명은 종제(宗濟), 자는 경첨(景瞻), 호는 대계(大溪)이며, 안동에 살았다. 이상정(李象靖)의 문인이다. 저서로 《대계집》 6권 3책이 전한다.

박 판윤[148]유사서

朴判尹遺事序

박의민(朴毅愍)과 충장(忠壯) 두 공의 순충록(殉忠錄)[149]을 성주(星州) 덕봉서원(德峯書院)[150]에서 지금 장차 간행하려 하면서 고을의 유림들이 모두 말하기를, "공들의 선조 판윤공은 승국(勝國)[151]을 역성 혁명할 때를 당하여 망복(罔僕)[152]의 대절이 있었습

148 박 판윤 : 순천 박씨 성주 입향조인 고려 개성 판윤 박가권(朴可權)을 말한다. 조선이 건국되자 가야산(伽倻山)으로 들어가 은둔하면서 대나무와 잣나무를 심고 사는 곳을 수륜동(修倫洞)이라 하였다. 태종(太宗)이 정경(正卿)으로 여러 차례 불렀으나 의리상 나아가지 않고 "나는 왕씨의 신하이다."라고 하였다. 임종할 때도 옛 고려의 관직을 묘갈에 쓰도록 명하였다. 《입재집》 별집(別集) 권6에 〈고려판윤박공묘비명(高麗判尹朴公墓碑銘)〉이 있다.

149 박의민(朴毅愍)……순충록(殉忠錄) : 박가권(朴可權)의 7세손인 의민공(毅愍公) 박이현(朴而絢)과 그 아들 충장공(忠壯公) 박영서(朴永緖)의 충절을 기록한 글이다. 박이현은 남명(南冥) 조식(曺植)의 문인으로 임진왜란 때 김면(金沔)의 의병진에 참전하여 큰 공을 세우고 성주 가천의 전투에서 전사하였으며, 그 공으로 공조참의에 추증되고 의민(毅愍)의 시호를 받았다. 뒤에 그의 아들 박영서가 이괄(李适)의 난 때 순국함으로써 다시 공조 판서에 증직되고 충장(忠壯)의 시호를 받았다. 《입재집》 별집(別集) 권4에 〈박씨순충록서(朴氏殉忠錄序)〉가 있다.

150 덕봉서원(德峯書院) : 자세하지 않다.

151 승국(勝國) : 자기 나라가 이겨 멸망시킨 나라를 뜻하는 것으로, 조선 시대에는 전(前) 왕조인 고려(高麗)를 일컫는 용어로 사용되었다.

152 망복(罔僕) : 망국의 신하가 새 왕조의 신복이 되지 않으려는 절개를 가리키는데, 은나라가 망하려 할 무렵 기자가 "은나라가 망하더라도 나는 남의 신복이 되지 않으리라.〔商其淪喪, 我罔爲臣僕.〕"라고 했던 데서 유래하였다. 《書經 微子》

니다. 그 사적을 아울러 기재하지 않을 수 없으니, 혹 그 사적이 없어질까 탄식합니다."라고 하였다.

나는 다음과 같이 말한다.

마음 아파할 것이 없습니다. 고려가 망할 때, 예를 들어 중국에서 생을 마친 김농암(金籠巖),[153] 금오산에서 은거한 길야은(吉冶隱), 그 밖에 원운곡(元耘谷),[154] 이 처사(李處士),[155] 서 장령(徐掌令)[156] 같은 무리는 모두 국사와 야사에 두드러지게 기재

153 김농암(金籠巖) : 고려 말기의 충신 김주(金澍)이다. 명(明)나라에 하절사(賀節使)로 갔다 돌아오다가 압록강에 이르렀을 때 이 태조(李太祖)가 왕위를 물려받았다는 소식을 듣고는 하인에게 조복(朝服)과 신을 주어 보내면서 "이것을 신표로 삼아 내 아내가 죽었거든 합장하고, 또 내가 명(明)나라로 들어가는 날을 제삿날로 삼으라."라고 하였다. 그리고는 돌아서서 명나라로 들어가 명 태조에게, 군사를 일으켜 조선 이 태조를 토죄(討罪)하기를 청하였으나, 뜻을 이루지 못하였다. 그후 명 태조는 그에게 상서(尙書)의 녹(祿)을 종신토록 주었는데, 그는 형초(荊楚) 지방에서 살았다고 한다.

154 원운곡(元耘谷) : 고려 말에 치악산으로 은둔한 원천석(元天錫, 1330~?)의 호가 운곡이다. 본관이 원주(原州)이고, 자는 자정(子正)이다. 고려의 국자 진사(國子進士)로 고려의 정치가 어지러움을 보고 은거하여 지절(志節)을 지키며 호를 운곡 선생이라고 하더니, 고려가 망하자 치악산(雉嶽山)에 들어가 종신토록 나오지 않았다.

155 이 처사(李處士) : 이집(李集, 1327~1387)으로, 본관은 광주(廣州), 초명은 원령(元齡), 자는 호연(浩然), 호는 둔촌(遁村)이다. 1368년(공민왕17) 신돈(辛旽)에게 미움을 받자 가족과 함께 영천(永川)으로 도피했다가 1371년(공민왕20) 신돈이 주살되자 개경에 돌아와 여주 천녕현(驪州川寧縣)에서 여생을 보냈다. 이색(李穡), 정몽주(鄭夢周), 이숭인(李崇仁)과 친분이 두터웠다. 저술로 《둔촌유고(遁村遺稿)》가 있다.

156 서 장령(徐掌令) : 서견(徐甄)으로, 본관은 이천(利川), 호는 여와(麗窩)이며,

되어 있으니 그 사적을 공평하게 살펴보면, 또한 어찌 후세에 전해진 것이 많았겠습니까. 이는 대절이 우뚝하면 다만 이것이 천지 사이에 떨쳐지고 빛낼 수 있음을 알 수 있으니, 나머지 행실은 묻지 않아도 알 수 있습니다.

지금 공의 관점에서 보건대, 당시 사적이 명교(名教)에 크게 관계되지 않는 것은 비록 전해지는 것이 많지 않더라도 진실로 마음 아파할 것이 없습니다. 오직 그 종묘 사직이 망한 것을 애통해하여 군신의 큰 절개를 잡아 옛날과 달라진 시장 같은 조정에 차마 처할 수 없어 멀리 떠나 은둔하여 가야산 첩첩산중에서 삶을 마감하는 것을 마음에 기쁘게 여겼습니다. 우리 태종(太宗) 대왕 때 정경(正卿)으로 여러 번 불렀으니, 높은 벼슬과 부귀한 지위의 영광이 곧 분수에 맞는 일이었습니다. 그러나 뜬구름처럼 보아 확고하게 요동하지 않았고, 오직 자정자헌(自靖自獻)[157]하며 죽어서 옛 임금을 뵐 것으로 마음을 삼을 뿐이었습니다. 이는 그 밝고 밝은 붉은 충성이 어찌 농암 이하 여러 군자들보다 낮은 것이겠습니까. 비록 그 세행(細行)을 상세히 알 수 없으나 큰 절개의 우뚝함이 다시 이보다 더한

안향(安珦)의 문인이다. 공양왕(恭讓王) 때 사헌 장령(司憲掌令)이 되어 대사헌 강회백(姜淮伯) 등과 함께 조준(趙浚)과 정도전(鄭道傳)을 탄핵하였는데, 정몽주가 살해되자 간관(諫官) 김진양(金震陽) 등과 함께 장류(杖流)되었다. 조선 개국 후 풀려나 청백리(淸白吏)에 녹선(錄選)되었으나 금천(衿川)에 은거하며 조선조에 벼슬하지 않고 절개를 지켰다.

157 자정자헌(自靖自獻) : 스스로 분의(分義)에 따라 마땅히 해야 할 바를 편안한 마음으로 다하여 자기의 뜻을 선왕(先王)에게 진달하는 것을 말한다. 《書經 微子》

것이 있겠습니까.

무릇 이와 같았으니, 그 자손 가운데 우리 조선에 입근(立慬 절개를 지켜 죽음)한 사람으로 이에 의민공과 충장공 같은 두 분이 그런 분입니다. 그 절의의 기맥이 후손에게 흘러 전한 것은 어찌 드러내어 마땅히 한 집안의 역사로 삼아 수백 세대 동안 드리우기에 합당하지 않겠습니까. 그런즉 고을 사림의 논의는 그 또한 아첨하는 것이 아니라 병이호덕(秉彛好德)[158]한 사람들 동일하게 생각하는 바임을 이에 알 수 있습니다.

나는 짐짓 공의 12세손 홍한(弘漢)의 요청으로 인하여 그 당시 여러 군자들의 일을 두루 서술하여 천지 사이에 떨쳐지고 빛남이 절로 보존된 바 있는 것이지, 사적이 많이 전해짐에 관련되지 않았음을 드러내었다.

158 병이호덕(秉彛好德) : 사람이면 모두 천성적으로 좋아한다는 뜻이다. 《시경》 〈증민(烝民)〉에 "사람이 떳떳한 본성을 가진지라 이 아름다운 덕을 좋아하도다.〔民之秉彝, 好是懿德.〕"라고 한 데서 유래하였다.

대암집[159]서

臺巖集序

나는 일찍이 팔공산(八公山)의 칠계(桼溪)에 들어가 백불암(百弗菴) 최 선생(崔先生 최흥원(崔興遠))을 그 댁에서 뵌 적이 있다. 그가 사는 곳 뒤의 산 정상을 보니 바위가 우뚝이 솟아 대(臺)를 이루고 있었다. 바라보니 우뚝한 절개를 가진 사람이 천 길 높은 곳에 우뚝 선 기상이 있는 듯하였다. 특이하게 여겨 물어보니, 말하기를, "이는 그 이름을 대암(臺巖)이라 하는데, 선생의 5대조[160]로 봉림대군의 사부였던 대암공이 명나라가 망할 때를 당하여 의리상 청(淸)나라를 섬길 수 없다 하여 이 산중에 은거하면서 취해 스스로 호를 삼았다."라고 하였다. 그 때문에 개연히 상상해 보니, 공이 뜻을 붙인 것이 출처가 있음을 알겠고, 여헌(旅軒) 장

159 대암집 : 최동집(崔東集, 1586~1661)의 문집으로, 4권 2책이다. 그의 본관은 경주(慶州), 자는 진중(鎭仲)이며, 대암은 그의 호이다. 최흥원의 5세조이다. 한강(寒岡) 정구(鄭逑, 1543~1620)의 문하에서 수학하였다. 병자호란 이후 봉림대군(鳳林大君)이 심양(瀋陽)에 인질로 잡혀갈 때 사부로 임명되었으나 미처 따라가지 못하였고, 이후 명나라가 망했다는 소식을 듣고는 팔공산(八公山)의 농연(聾淵) 가에 은거하여 종신토록 나오지 않았다. 《대암집》 서문에 의하면 이 글은 신미년(1811, 순조11)에 쓰였다.

160 5대조 : 저본에는 6세조라고 되어 있으나, 《백불암집(百弗菴集)》 권4 〈여이경문별지(與李景文別紙)〉에서 묘갈명을 부탁하면서 "흥원의 5세조 휘 동집……〔興源五世祖諱東集……〕"이라 하였고, 《백불암집(百弗菴集)》 부록 권1 세계도(世系圖)에도 5세조로 되어 있으며, 《대암집》 서문에도 5세조로 되어 있기에 수정하였다.

선생(張先生)의 입암(立巖)[161] 및 우담(雩潭) 채공(蔡公)의 경천대(擎天臺)[162]와 더불어 노중련의 동해 가[163]에 함께 우뚝이 솟았다고 할 수 있으니, 대개 영원토록 없어지지 않을 것이다.

그러나 공의 유사를 상세히 알 수 없는 것이 항상 마음에 잊혀지지 않고 있었는데, 지금 백불암(百弗菴)의 증손 효술(孝述)[164]이 《대암일고》 한 권을 나에게 보여 주고 서문을 지어 줄 것을

161 여헌(旅軒)……입암(立巖) : 포항시 북구 죽장면 입암리에 있는 바위로, 병자호란 때 장현광이 난을 피해 이곳으로 와서 정사(精舍)를 짓고 학문을 강론하였다. 《여헌집》 속집 권4에 〈입암설(立巖說)〉이 있다.

162 우담(雩潭) 채공(蔡公)의 경천대(擎天臺) : 우담은 채득기(蔡得沂, 1605~1646)로, 본관은 인천(仁川), 자는 영이(詠而), 호는 우담(雩潭) 또는 학정(鶴汀)이며, 충청북도 충주 출생이다. 병자호란이 일어나자, 상주의 무지산(無知山)에 들어 두문불출하고 독서에 전심하였다. 상주 상의사(尙義祠)에 제향되었다. 경천대는 상주시 삼덕리에 있는 경승지로, 원래 자천대(自天臺)였으나 채득기가 이곳에 무우정(舞雩亭)을 짓고 '대명천지(大明天地) 숭정일월(崇禎日月)'이란 글을 새긴 뒤 경천대로 바꿔 불렀다.

163 노중련의 동해 가 : 노중련은 전국 시대 제(齊)나라의 고사(高士)이다. 그가 조(趙)나라에 가 있을 때 진(秦)나라 군대가 조나라의 서울인 한단(邯鄲)을 포위했는데, 이때 위(魏)나라가 장군 신원연(新垣衍)을 보내 진나라 임금을 천자로 섬기면 포위를 풀 것이라고 하였다. 이에 노중련이 신원연을 만나서 "진나라가 방자하게 천자를 참칭(僭稱)하여 천하를 다스린다면 나는 동해에 빠져 죽겠다." 하니, 신원연이 이 말을 듣고 군사를 퇴각시켰다. 《史記 魯仲連鄒陽列傳》 저본과 달리 《대암집》 서문에는 백이(伯夷)가 서산(西山)에 올라 고사리를 뜯어 먹은 고사가 더 있다.

164 효술(孝述) : 최효술(崔孝述, 1786~1870)로 본관은 경주, 자는 치선(穉善), 호는 지헌(止軒)이다. 백불암 최흥원의 증손이며 입재 정종로의 외손이다. 정종로의 문하에서 수학하였다. 성리학과 예학에 조예가 깊었으며, 유치명(柳致明)을 비롯하여 이병하(李秉夏), 이돈우(李敦禹), 이휘령, 이원조(李源祚), 손양술(孫亮述) 등 영남의 석학들과 학문적인 교유가 있었다. 저서로는 《지헌집》 15권이 있다.

요청하였다.[165] 시험 삼아 열람해 보니, 시 98편, 편지 5편, 기문 2편, 서문 2편, 발문 1편, 제문 4편, 묘갈명 2편, 부 1편, 논과 책 각 2편이며, 그 뒤에 만사, 가장(家狀), 묘갈명,[166] 〈농연유허비명(聾淵遺墟碑銘)〉[167] 그리고 그 당시 공의 여러 선배들이 준 제영시를 붙였다. 무릇 이것은 대개 백불암의 남긴 뜻을 따른 것이라고 하였다.

아, 공은 문장을 잘 짓는 것으로 당시에 이름이 있었으니, 그의 저술한 바는 의당 이에 그칠 뿐만 아닐 것이나, 연대가 멀고 오래되어 산실(散失)되어 거의 없어졌으니 한스럽게 여길 만하다. 그러나 그 남아 있는 해타(咳唾)[168]의 끝에만 나아가도 평소 보존한 바를 오히려 그 만분의 일이라도 비슷하게 알 수 있으니, 또한 이것은 공에게 여사(餘事)일 뿐이다.

165 서문을……요청하였다 : 《대암집》 서문에는 최흥벽(崔興璧)이 서문을 부탁한 것으로 되어 있다.

166 묘갈명 : 대산 이상정이 지은 것으로, 《대산집(大山集)》 권48 〈대군사부대암최공묘갈명(大君師傅臺巖崔公墓碣銘)〉을 말한다.

167 농연유허비명(聾淵遺墟碑銘) : 번암 채제공(蔡濟恭)이 지은 것으로 《번암집(樊巖集)》 권57 〈대암최공유허비명(臺巖崔公遺墟碑銘)〉을 말한다.

168 해타(咳唾) : 이백(李白)의 〈첩박명(妾薄命)〉에 "그대의 침방울이 구천에서 떨어지니, 바람 따라 모두 주옥을 이루도다.〔咳唾落九天, 隨風生珠玉.〕"라는 구절이 있는데, 침방울은 말할 때 튀어나오므로 말을 의미한다. 이는 《장자》 〈추수(秋水)〉에 "그대는 저 튀어나오는 침들을 보지 못하는가. 한 번 재채기라도 하면 큰 것은 마치 구슬과 같고 작은 것은 안개처럼 부서져 내리는 걸.〔子不見夫唾者乎? 噴則大者如珠, 小者如霧.〕"이라는 말에서 유래하였다. 여기서는 주옥 같은 시문이라는 뜻으로 쓰였다.

공은 경행(經行)[169]으로 여러 번 조정의 천거를 받아 처음에는 장릉(長陵 인조(仁祖)의 능) 참봉에 배수되었다. 효묘(孝廟 효종)가 봉림대군(鳳林大君) 시절 심양(瀋陽)에 볼모로 가게 되었을 때, 공은 사부로 선택되어 명을 받들고 호종하게 된 것이 실로 이때였다. 그러나 당시는 임금이 욕을 당함이 이미 극에 달했고, 명 황제의 통치(統治)는 이미 떨어졌다. 만리타향에서 일의 기미를 헤아릴 수 없었으나, 특별히 선택되어 세자 보호의 임무를 부여받았으니, 의지하여 중망함이 보통보다 특출함을 볼 수 있다. 그러나 무릇 이 생사의 길에 공은 소매를 떨치고 분연히 일어났으니, 다만 온몸의 힘을 다하여 목숨을 다한 뒤에야 그만둠을 알 뿐이었다. 그래서 다만 화복을 염두에 두지 않았으니, 그 충절이 어떠한가. 그러나 이미 서울로 길을 떠남에 이르러 봉림대군의 볼모 행차가 이미 출발하였다는 소식을 듣고 뒤쫓아 갔으나 따라갈 수 없었다. 그래서 서쪽을 바라보며 통곡하고 돌아와 마침내 이 산중에 들어와 그 생을 마쳤다.

이른바 농연유허(聾淵遺墟)라는 것은 곧 공이 집을 지어서 살던 곳으로 골짜기가 깊고 그윽하여 속세와 막히고 끊어졌다. 흑한(黑漢)[170] 천지에 홀로 명나라의 해와 달을 이고 자호를 대암이라 하였으니, 앞서 내가 이른바 입암 및 경천대와 함께 우뚝하다는

169 경행(經行) : 경명행수(經明行修)의 약칭이며 경서에 밝고 행실이 바르다는 뜻으로, 과거(科擧)에 의하지 않고 학문과 덕행이 높은 이를 천용(薦用)하는 인재 등용 방법의 하나이다.

170 흑한(黑漢) : 청나라를 세운 후금(後金)을 가리킨다.

것이 과연 진실로 그러하지 않은가.

비록 그러나 공이 이와 같이 할 수 있었던 것은 또 절로 근본이 있다. 대개 공의 선고(先考) 현령공(縣令公)[171]이 임진·계사의 난을 당하여 대구 의병의 임시 대장으로 충성심을 떨치고 적에게 분개한 행적은 뚜렷하게 상고할 수 있다. 북인(北人)이 정권을 농단할 때 어떤 권력 있는 재상이 공의 두 아들을 보고자 하였으나 그날 고향으로 돌아가 버리자 명철함으로 일컬어졌으니, 이는 그 유풍과 여운이 기맥(氣脈)에서 모이고 길러진 것이 이미 얕거나 적지 않았기 때문이다. 공은 또 한강(寒岡) 정 선생(鄭先生)을 따라 공부하면서 당시 여러 어진 이들과 질정하여 유익한 가르침을 청하였으며, 서로 도의를 강마하여 '존심(存心)'과 '극기(克己)'를 본원을 함양하는 바탕으로 삼았으며, 일상생활에 드러난 것은 오직 민이물칙(民彝物則)[172]을 중시한 것이었다.

어버이와 형의 상(喪)에 장례 지내는 여러 절차를 모두 잘 치러서 유감이 없었다. 진덕수업(進德修業)하여 그 내면으로 행실을 닦은 독실함이 이미 이와 같았으니, 출처와 은현(隱現)의 절의에 대해서는 어찌 도량이 넓고 크며 빛나고 밝지 않으면서 대의를 붙들어 세우는 것을 저같이 우뚝하게 할 수 있겠는가. 후인들이 고아한 풍모를 우러러 사모하는 것이 의당 오래되어도 그치지 않

171 선고(先考) 현령공(縣令公) : 만경(萬頃) 현령을 지낸 최계(崔誡)를 말한다.

172 민이물칙(民彝物則) : 사람의 도리와 사물의 법칙을 말한다. 《시경(詩經)》 〈대아(大雅) 증민(烝民)〉에 "하늘이 사람을 이 세상에 내실 적에, 누구나 하늘의 법칙이 그 속에 깃들게 하였다. 그래서 사람들이 양심을 가지게 되어, 이 아름다운 덕을 좋아하게 된 것이다.〔天生烝民, 有物有則. 民之秉彝, 好是懿德.〕"라고 하였다.

을 것이다. 게다가 여러 훌륭한 선비들이 천양하고 칭송한 말이 백세까지 믿음을 전할 수 있음에랴.

그 유문이 비록 적지만 또한 한 솥의 고기 한 점[173]이 됨을 알 수 있고 또 대암이 저에 있으니, 공은 마땅히 대암과 더불어 함께 전할 것이다. 나의 말은 다만 느낀 바를 특별히 기록했다.

173 한……점 : 온 솥의 음식을 먹진 않았지만 조금 맛본 것만으로도 그 솥의 음식이 훌륭함을 알 수 있는 것과 같다는 뜻이다. 《여씨춘추(呂氏春秋)》 〈찰금(察今)〉에서 "한 조각 고기를 맛보고서 한 가마의 맛, 한 솥의 풍미를 다 알 수 있다.〔嘗一脟肉, 而知一鑊之味一鼎之調.〕"라고 하였다.

입재집

제29권

記기

기 記

도남서원[1] 일관당 중수기
道南書院一貫堂重修記

우리 동방의 이학은 포은(圃隱 정몽주(鄭夢周)) 선생에게서 창시(倡始)되어 퇴도(退陶 이황(李滉)) 선생에게서 집대성되었는데, 그 중간에 한훤(寒暄),[2] 일두(一蠹),[3] 회재(晦齋)[4] 같은 세 선생이 있어

1 도남서원 : 경상북도 상주시 도남동 소재의 서원으로, 1677년(숙종 3) '도남(道南)'이라고 사액되어 사액서원으로 승격하였다. 경내의 건물로는 묘우인 도정사(道正祠), 동재인 손학재(遜學齋), 서재인 민구재(敏求齋), 신문(神門)인 입덕문(入德門), 강당인 일관당(一貫堂), 당의 왼쪽에 경재(敬齋), 오른쪽에 의재(義齋), 누각인 정허루(靜虛樓)과 풍우단(風雩壇)·영귀문(詠歸門) 등이 있었다. 1868년(고종5)에 훼철된 뒤 1992년 강당과 동·서재를 복원하였고, 2002년부터 대규모로 복원되었다.

2 한훤(寒暄) : 김굉필(金宏弼, 1454~1504)로, 본관은 서흥(瑞興), 자는 대유(大猷), 호는 사옹(蓑翁) 또는 한훤당(寒暄堂), 시호는 문경(文敬)이다. 김종직(金宗直)의 문인이며, 평생 《소학》에 심취하여 스스로 '소학동자'라 일컬었다. 갑자사화 때 극형에 처해졌다. 정여창(鄭汝昌), 조광조(趙光祖), 이언적(李彦迪), 이황(李滉)과 함께 오현(五賢)으로 문묘에 종사되었다. 저서에 《경현록(景賢錄)》, 《한훤당집》, 《가범(家範)》 등이 있다.

3 일두(一蠹) : 정여창(鄭汝昌, 1450~1504)으로, 본관은 하동(河東), 자는 백욱(伯勗)이고, 시호는 문헌(文獻)이다. 김종직(金宗直)의 문인이며, 저서로는 《일두집(一蠹集)》이 있다.

그 아름다움을 잇고 그 은미함을 밝혔으며, 그 뒤에는 소재(穌齋)[5] 선생과 퇴도(退陶) 같은 분이 나란히 대대로 추존을 받았다. 서애(西厓 유성룡(柳成龍))와 나의 선조 우복(愚伏 정경세(鄭經世)) 두 선생은 퇴도(退陶)에게 비록 직접 배우거나 사숙한 차이가 있으나 모두 그 적전(嫡傳)을 얻었다. 이 여덟 선생이 모두 우리 영남의 같은 도 안에서 나와서 도정사(道正祠) 가운데 함께 배향되었으니, 아 성대하도다. 이 때문에 본 서원이 대령(大嶺 영남(嶺南))의 으뜸가는 서원이 되었다.

그 처음은 선조 을사년(1605, 선조38)에 나의 선조가 고을의 여러 현인들과 함께 창건하여 실로 많은 선비들이 귀의할 곳이자

4 회재(晦齋) : 이언적(李彦迪, 1491~1553)으로, 본관은 여주, 자는 복고(復古), 호는 회재며, 현 경상북도 경주 출신이다. 원래 이름은 적(迪)이었으나 중종의 명령으로 언적(彦迪)으로 고쳤다. 중종 때 과거로 출사하였으나 김안로(金安老)의 집정을 반대하다가 쫓겨난 후 귀향하여 성리학에 몰두하였다. 김안로의 사후 다시 관직에 나아갔으나 명종 때 윤원형(尹元衡)의 양재역 벽서 사건으로 다시 강계(江界)에 유배되어 그곳에서 졸하였다. 조선 성리학 발전에 선구적인 역할을 하였고, 이후 이황의 학설에 많은 영향을 끼쳤다. 문묘에 배향되었고, 경주 옥산서원에 제향되었다. 저술로 《회재집》, 《대학장구보유(大學章句補遺)》 등이 있다.

5 소재(穌齋) : 노수신(盧守愼, 1515~1590)으로, 본관은 광주(光州), 자는 과회(寡悔), 호는 소재(蘇齋)·이재(伊齋)·암실(暗室)·여봉노인(茹峰老人)이다. 을사사화(乙巳士禍)로 이조 좌랑에서 파직되어 순천(順天)에 유배되었다가 양재역(良才驛) 벽서(壁書) 사건으로 가죄(加罪)되어 진도(珍島)로 옮겨져서 19년간 귀양살이를 하였다. 선조(宣祖) 즉위 후 영의정에까지 기용되었다. 저서에 《소재집(蘇齋集)》이 있다. 시호는 문의(文懿)이며, 뒤에 문간(文簡)으로 고쳤다. 충주(忠州)의 팔봉서원(八峰書院), 상주(尙州)의 도남서원(道南書院)·봉산서원(鳳山書院), 진도(珍島)의 봉암사(鳳巖祠), 괴산(槐山)의 화암서원(花巖書院) 등에 제향되었다.

우리 도를 강론하여 밝힐 곳으로 삼았다. 대개 주 부자(朱夫子)가 백록동(白鹿洞)서원[6]을 중수하고 이 부자(李夫子)가 백운동(白雲洞)서원을 재정비한 것[7]과 지극한 뜻이 동일하니, 후학들이 마땅히 높이고 받들며 보호하여 서원과 묘우를 천세의 오랜 시간 동안 견고히 한 것이 어떠하였겠는가.

그러나 불행하게도 숙종 경자년(1720, 숙종46)에 일관당(一貫堂)이 불탔다. 당시에 장령(掌令) 유공(柳公)[8]이 중건하고 또 일관당의 앞에 작은 서재 두 채를 세워 부속건물로 삼았다. 금상(今上) 계묘년(1783, 정조7)에 이르러 고을의 부로들이 또 장령공의 증손자로 돌아가신 처사 성림(聖霖)[9] 씨를 추천하여 그 가운데 가

6 백록동(白鹿洞) 서원 : 송나라 4대 서원의 하나로, 강서성(江西省) 성자현(星子縣)에 있다. 1179년(고려 명종9) 주자가 남강군 태수(南康軍太守)로 부임하여 예전의 학관을 중수하고, 직접 강학을 하던 곳이다.

7 이……것 : 백운동(白雲洞) 서원은 경상북도 영주시 순흥면(順興面) 내죽리(內竹里)에 있는 한국 최초의 서원으로, 1542년(중종37) 풍기군수 주세붕(周世鵬, 1495~1554)이 고려의 유현(儒賢) 안향(安珦)의 사묘(祠廟)를 세우고 1543년(중종38)에 학사(學舍)를 이건(移建)하여 설립하였다. 여기서는 이황(李滉)이 1550년(명종5) 풍기 군수로 부임해 와서 조정에 상주하여 소수서원(紹修書院)이라는 사액(賜額)을 받고 사서오경(四書五經) 《성리대전(性理大全)》 등의 내사(內賜)를 받게 되어 최초의 사액서원이자 공인된 사학(私學)이 된 것을 말한다.

8 장령(掌令) 유공(柳公) : 유천지(柳千之, 1616~1689)로, 본관은 풍산(豐山), 자는 자강(子强), 호는 어은(漁隱)이며 상주에 살았다. 서애(西厓) 유성룡(柳成龍)의 증손이다. 천거되어 지평(持平), 사헌부 장령(司憲府掌令)을 역임하였다. 저서에 《어은집(漁隱集)》이 있다.

9 성림(聖霖) : 유성림(聖霖柳, 1711~1790)으로, 본관은 풍산(豐山), 자는 국윤(國潤), 호는 위빈(渭濱) 또는 이안당(易安堂)이며 상주에 살았다. 유천지의 증손이

장 심하게 무너진 묘우(廟宇)와 학궁(學宮 서원(書院)), 문루(門樓)에 나아가 모두 교체하여 새롭게 하였으나 그 나머지는 아직 겨를이 없었다.

지난해 겨울 봉사(奉事) 이경유(李敬儒)[10] 군이 동주(洞主)가 되어 중수하는데 마음을 단단히 먹고 고을 사람들을 모아 여러 가지 방안에 대해 열띤 논의를 하였다. 재물을 모으는 데 힘쓰고 재목을 거두어 모으며, 장인(匠人)을 정하고 유사를 정하여 올봄에 일을 시작하고자 하였으나 마침 체직되었다. 상사 조학수(趙學洙)[11] 군이 이어서 동주가 되어 유사 강종흠(姜宗欽),[12] 김구범(金九範)[13] 등과 함께 마음을 다하여 감독하였다. 무릇 그 기둥이 기울어진 것, 처마와 서까래가 낡고 부서진 것, 그리고 창문과 기와가 부서지고 떨어진 것을 한결같이 모두 정돈하고 수리하였다. 시작부터 완공까지 무릇 다섯 달이 되어서야 비로소 일을 잘 마쳤

며, 이만부(李萬敷)의 문인이다. 《입재집》 별집 권6에 〈위빈처사풍산유공행장(渭濱處士豊山柳公行狀)〉이 있다.

10 이경유(李敬儒) : 1750~1821. 본관은 연안(延安), 자는 덕무(德懋), 호는 반속(半俗) 또는 임하(林下)로 상주(尙州) 북곽(北廓) 승곡에 거주하였다. 식산(息山) 이만부(李萬敷)의 증손자이다. 음보로 참봉이 되어 사도세자(思悼世子)의 대의(大義)를 신명(伸明)할 때 상소문을 작성하였다. 만당(晩唐)의 시풍(詩風)이 있었고, 시동인(詩同人)을 모아 추수사(秋水社)를 주도하였으며 《시평집(詩評集)》과 《창해시면(滄海時眠)》을 편찬하였다. 유고로 《임하집》이 전한다.

11 조학수(趙學洙) : 1739~1832. 본관은 풍양(豊壤), 자는 회지(誨之), 호는 가은(可隱)이다.

12 강종흠(姜宗欽) : 자세하지 않다.

13 김구범(金九範) : 자세하지 않다.

다. 이에 지난날 송무죽포(松茂竹苞)[14]하고 누각의 웅장하고 화려[15]한 것이 모두 그 옛 모습을 회복하였다. 지금의 관점으로 보면 비록 천 세대의 오랜 시간이 지나더라도 이것에 의지하여 공고히 할 수 있을 듯하니, 어찌 그리도 다행한가.

일이 이미 끝나자 동주가 나에게 편지를 보내 한마디 말을 쓰게 하였다. 드디어 일의 전말을 위와 같이 기록하고, 다음과 같이 답한다.

우리들이 이 서원에 대해 옥우(屋宇)를 보존하여 지키는 도는 이에 이미 극진하지만, 당초에 창건한 바의 의미는 '현인을 존숭함〔尊賢〕'과 '도를 강론함〔講道〕' 이 두 가지에서 벗어나지 않는다. 대개 존현(尊賢)으로 말하자면, 봄과 가을에 석채(舍菜)[16]하

14 송무죽포(松茂竹苞) : 주나라 여왕(厲王)이 포학하게 굴다가 체(彘)로 쫓겨나 죽은 뒤에, 그의 아들 선왕(宣王)이 즉위하여 정치를 개혁하고 덕정(德政)을 펴서 중흥을 이루었는데, 《시경》 〈사간(斯干)〉 편에 새 궁실을 낙성한 것을 축하하면서 그 건물을 형용한 표현으로 "시내에는 맑은 물이 흘러내리고 그윽한 남산이 바라보이는 곳. 짙푸른 대숲이 우거진 듯 소나무가 무성한 듯.〔秩秩斯干, 幽幽南山. 如竹苞矣, 如松茂矣.〕"이라고 하였다.

15 누각의 웅장하고 화려 : 원문은 '鳥革而翬飛'인데 이는 궁실이 장려(壯麗)함을 형용하는 말로, 《시경》 〈사간(斯干)〉에 "새가 놀라 낯빛을 변함과 같으며, 꿩이 날아가는 것과 같다.〔如鳥斯革 如翬斯飛〕" 하였고, 주희(朱熹)의 《시경집전(詩經集傳)》에 "그 동우가 높게 일어남은 새가 놀라 낯빛을 변함과 같고, 처마가 화려하고 높으며 날아갈 듯함은 꿩이 날아 날개를 펴는 것과 같다. 대개 그 당의 아름다움이 이와 같다.〔其棟宇峻起, 如鳥之驚而革也, 其簷阿華采而軒翔, 如翬之飛而矯其翼也. 蓋其堂之美如此.〕"라고 하였다.

16 석채(舍菜) : 석채(舍采) 또는 석채(釋菜)라고도 하는데, 학교에 입학할 때 선성(先聖)과 선사(先師)에게 제사를 지내는 전례(典禮)를 이른다. 《周禮 春官宗伯 大胥》

고 초하루와 보름에 향사하며, 지나갈 때 우러러 배알하며 제사지낼 때 엄숙하고 공경하는 것은 존현의 문식이다. 그 시를 외우고 그 글을 읽으며, 그 시대를 논하고 그 마음을 얻으며, 지극한 정성으로 흠모하여 반드시 본받고자 하는 것은 존현의 실상이다. 만약 다만 그 문식만 있고 실상이 없다면 어찌 존현이라 말할 수 있겠는가.

강도(講道)로 말하자면, 여덟 선생의 도는 곧 옛 성현들이 서로 전수한 도인데, 이 도가 중국에서는 동쪽이 되고 우리나라에서는 남쪽이 된다. 그래서 서원을 도남(道南)이라 이름하고 묘우를 도정(道正)이라 이름한 것 또한 이 때문이다. 무릇 천고의 성현들이 서로 전수한 도를 온 사해에 백세토록 참여할 수 없었는데, 우리나라처럼 좁고 작으며, 우리 영남처럼 외진 곳에서 불과 수백 년 사이에 여덟 선생이 서로 이어서 도를 얻었으니, 이 어찌 천하의 큰 다행이 아니겠는가. 그러나 도가 강론되지 않고, 강론되어도 잘하지 못한 것이 오래되었다. 만약 다만 강도(講道)라는 이름만 있고 도를 강론하는 실상이 없다면 또 어찌 강도라고 말할 수 있겠는가.

지금 서원과 묘우가 이미 중수되어 새롭게 된 것이 이와 같으니, 이 두 가지에 대해서 더욱 급급하여 새롭게 할 바를 생각하지 않을 수 없다. 존현 한 조목은 내가 이미 위에서 대략 언급하였으니 지금 덧붙일 필요가 없다. 강도(講道) 한 가지 일에 이르러서는 그 큰 요체가 또 서원의 여러 편액의 의미에서 벗어나지 않는다. 그래서 내가 문루의 기문[17]에서 또한 여러 편액 명칭의 의미에 대해 개괄적으로 언급하였으나 그 말이 미진함이 있으니, 다시 간략하게 언급하고자 하는데 괜찮겠는가.

저 '도를 강론함〔講道〕'은 장차 자신에게 체득하여 일에 적용하려는 것이다. 저 이른바 '입덕문(入德門)'이라 한 것은 《대학》을 말하는 것이 아닌가. 대학의 격물, 치지, 성의, 정심, 수신, 제가, 치국, 평천하가 이 뜻이 아닌 것이 없다. 서재를 손학(遜學)[18]이라 이름한 것은 그 뜻을 겸손하게 하여 배우게 하려는 것이며, 민구(敏求)[19]라 이름한 것은 때에 민첩하게 하여 구하게 하려는 것이며, 경(敬)이라 한 것은 경이직내(敬以直內)[20]하게 하려는 것이며, 의(義)라 한 것은 의이방외(義以方外)[21]하게 하려는 것이다. 무릇 진실로 팔조목(八條目)으로 먼저 큰 규모를 정하고, 또 그 사이에 뜻을 겸손하게 하고 민첩하게 구할 수 있어 직내방외(直內方外)의 공부가 조금도 중간에 끊어짐이 없어서 그만두고자 해도 그럴 수 없어 그 재주를 다하는 데 이르게 되면, 하나로 꿰뚫

17 문루의 기문 : 《입재집》 권29의 〈정허루중수기(靜虛樓重修記)〉를 말한다.

18 손학(遜學) : 《서경》 〈열명 하(說命下)〉는 부열이 학문을 논한 말을 기록한 것인데, 그중 제4장에 "배움은 뜻을 겸손하게 해야 하니, 힘써서 때로 민첩하게 하면 닦여질 것입니다.〔惟學遜志, 務時敏, 厥修乃來.〕"라고 한 데서 따온 말이다.

19 민구(敏求) : 《논어(論語)》 〈술이(述而)〉에 공자(孔子)가 "나는 선천적으로 아는 사람이 아니라 옛것을 좋아하여 민첩하게 구하는 사람이다.〔我非生而知之者, 好古敏以求之者也.〕"라고 한 데서 따온 것이다.

20 경이직내(敬以直內) : 《주역》 곤괘(坤卦) 문언(文言)에 "군자는 경으로 내면을 곧게 하고 의로써 외면을 바르게 한다. 공경과 의로움이 확립되어 덕이 외롭지 아니하다.〔君子 敬以直內 義以方外. 敬義立而德不孤〕" 하였는데, 이 구절이 도학(道學) 공부의 가장 중요한 요결이 되었다.

21 의이방외(義以方外) : 앞의 주 20 '경이직내(敬以直內)' 참고.

는〔一貫〕 뜻을 거의 깨달을 수 있다. 문루를 정허(靜虛)라 이름한 것 또한 이 마음의 본체를 곧바로 가리켜 동직(動直)이 이에 근본하여 반드시 욕심이 없어야 얻을 수 있음[22]을 밝힌 것에 불과할 뿐이다.

진실로 이와 같다면 그 '도를 강론함'에 또 어찌 실상이 없음을 염려할 만하겠으며, 우리 도가 남쪽으로 가는 것[23]이 또 어찌 오로지 옛날에만 있었을 뿐이겠는가. 또 서원과 묘우가 새롭게 된 것은 밖에 있고, 두 가지가 새롭게 되는 것은 나에게 있다. 밖에 있는 것은 진실로 남을 기다려야 하지만, 나에게 있는 것은 내가 장차 나의 힘이 미치는 바를 다해야 할 것이다.

오늘날 우리 유학의 선비들은 모두 이런 뜻을 알고 있어 혹 이미 힘쓰는 이가 많으리라 생각된다. 함께 힘쓰기를 간절히 원한다.

22 정허(靜虛)라……있음 : 고요할 때에는 텅 비고 움직일 때에는 곧게 한다는 말이다. 어떤 사람이 성인이 되는 방법을 묻자, 주돈이(周敦頤)가 말하기를, "한결같음이 요체가 되니, 한결같음이란 욕심이 없는 것이다. 욕심이 없으면 고요할 때에는 텅 비고 움직일 때에는 곧게 된다. 고요할 때에 텅 비면 밝아지고 밝아지면 천하의 이치에 통하게 된다. 움직일 때에 곧으면 공평하게 되고 공평하면 천하의 서무(庶務)를 널리 처리할 수 있다. 밝아서 통하고 공평하여 넓게 되면 성인의 도에 거의 가까워지지 않겠는가.〔一爲要, 一者, 無欲也. 無欲, 則靜虛動直. 靜虛則明, 明則通. 動直則公, 公則溥. 明通公溥, 庶矣乎?〕" 하였다. 《通書》

23 우리……것 : 송(宋) 양시(楊時)가 정호(程顥)에게 배우고 고향 강남으로 돌아갈 때, 정호가 좌객(坐客)들에게 "우리의 도가 남으로 가는군.〔吾道南矣〕"이라고 하였다. 양시는 뒤에 도남학(道南學)을 창시하였는데, 정자의 학문은 양시를 거쳐서 나종언(羅從彥)에게 전해지고, 다시 이통(李侗)을 거쳐서 주자에게 전해졌다. 《宋史 楊時列傳》

덕림서원[24] 중수기

德林書院重修記

감문현(甘文縣)[25]의 덕림서원은 바로 김점필(金佔畢),[26] 정신당(鄭新堂)[27] 그리고 나의 선조 우복(愚伏)[28] 세 선생을 모셔 배향한 서

24 덕림서원 : 경상북도 김천시 아포면 대신리에 있었던 서원으로, 1669년(현종10) 지방유림의 공의로 김종직(金宗直), 정붕(鄭鵬), 정경세(鄭經世)의 학문과 덕행을 추모하기 위해서 창건하여 위패를 모셨다. 1676년(숙종2) 사액서원으로 승격되었으며, 서원철폐령으로 1868년(고종5)에 훼철된 뒤 복원하지 못하고 지금은 3칸 규모의 강당만 남아 있다.

25 감문현(甘文縣) : 지금의 경상북도 김천시 개령면으로, 삼한 시대에 존재했던 소국(小國)의 이름에서 유래하였다.

26 김점필(金佔畢) : 김종직(金宗直, 1431~1492)으로, 본관은 선산, 자는 계온(季昷), 호는 점필재(佔畢齋), 시호는 문충(文忠)이다. 무오사화로 부관참시(剖棺斬屍)를 당하였으며 중종반정으로 신원되었다. 밀양의 예림서원(禮林書院), 선산의 금오서원(金烏書院) 등에 제향되었다. 저서에 《점필재집》, 《청구풍아(靑丘風雅)》 등이 있다.

27 정신당(鄭新堂) : 정붕(鄭鵬, 1467~1512)으로, 본관은 해주(海州), 자는 운정(雲程)이며, 신당은 그의 호이다. 가학(家學)을 계승하였으며, 길재(吉再)와 김숙자(金叔滋)의 학통을 잇고 김굉필의 가르침을 받아 성리학을 깊이 연구하였고, 이황(李滉)이 일찍이 그의 학문이 깊다고 칭찬하였다. 선산의 금오서원(金烏書院), 개령의 덕림서원(德林書院)에 봉향되었다.

28 우복(愚伏) : 정경세(鄭經世, 1563~1633)로, 본관은 진주(晉州), 자는 경임(景任), 호는 하거(河渠)·승성자(乘成子)·석종도인(石潨道人)·송록(松麓)·우복, 시호는 문장(文莊)이다. 유성룡(柳成龍)의 문인이며, 이조 판서, 양관 대제학 등을 지냈다. 개령(開寧) 덕림서원(德林書院)에 제향되었다. 저서로 《우복집(愚伏集)》이 전한다.

원이다. 고을이 대령(大嶺 영남(嶺南))의 가운데 있어 산천이 수려하고 백성은 순박하고 산물은 방대하니 풍기의 빼어남이 여지(輿地)에 드러났다. 그러나 고대로부터 신라·고려의 수천 년을 지나면서 촉(蜀) 땅의 군수 문옹(文翁)[29] 같은 이가 있어 다스렸다는 것을 듣지 못했고, 또 그 땅에서 큰 인물이 태어남과 이름난 선비가 노님도 없었다. 그래서 그 풍속이 자못 무지몽매함을 면치 못하였다. 김 선생이 그 아버지 강호옹(江湖翁)[30]이 이 고을을 다스릴 때 자제로서 모시면서 문학을 창도하여 일으켰고, 정 선생도 또 그 고을에서 배태되어 그 명성을 크게 드날렸으며, 나의 선조에게는 또 외향(外鄕 외가가 있는 고을)이면서 빙향(聘鄕 처가가 있는 고을)이 되기 때문에[31] 지팡이 짚고 왕래한 것이 여러 번이었으니, 이분들이 점마(漸摩)[32]하고 유화(儒化 유학의 교화)를 편 것이 얕거

29 문옹(文翁) : 전한(前漢) 경제(景帝) 때의 문신이다. 촉(蜀) 땅의 군수가 된 후 성도(成都)의 시장 가운데에 관학(官學)을 설치하여 고을의 자제들을 불러다 배우게 하였다. 입학자는 요역(徭役)을 면제해 주고 성적이 우수한 자는 고을의 관리로 보임하였다. 이에 촉군에 교화를 펼치고 문풍(文風)을 크게 일으켜 인재를 대거 배출하였다. 이는 무제(武帝) 때 전국의 고을에 관학을 설치하게 된 요인이 되었다. 《漢書 文翁傳》

30 강호옹(江湖翁) : 김숙자(金叔滋, 1389~1455)로, 본관은 선산(善山), 자는 자배(子培), 호는 강호(江湖), 시호는 문강(文康)이다.

31 나의……때문에 : 우복의 어머니는 합천 이씨(陜川李氏) 이가(李軻)의 딸이며, 우복의 처는 진보 이씨(眞寶李氏) 이결(李潔)의 딸로, 퇴계(退溪)의 종손(從孫)이다.

32 점마(漸摩) : 백성들을 교육시켜 교화할 필요도 없이 자연스럽게 도덕이 갖추어졌다는 말이다. 《한서(漢書)》 권56 〈동중서전(董仲舒傳)〉에 "태학을 세워 국도에서 가르치고 상서를 세워 고을에서 교화하되, 인으로 백성들이 젖어들게 하고 의(義)로 백성들을 단속하게 해야 한다.〔立大學, 以敎於國; 設庠序, 以化於邑. 漸民以仁, 摩

나 적지 않았다. 그런 뒤에 고을 사람들이 모두 선(善)에 홍기하여 군자의 가르침과 읍양(揖讓)의 행실이 있음을 알아 흠모하며 본받고자 하였다. 그러나 현학(縣學 생원이 독서하던 학교) 외에는 귀의하여 노닐거나 쉴 수 있는 조두(俎豆)와 현송(絃誦)의 터전[33]이 없었으니, 다른 고을에 비해 유독 마음에 차지 않았다.

지난 숙종 병진년(1676, 숙종2), 이 고을에 양계(陽溪) 이승지 공(李承旨公)[34]이 또한 이 땅에서 빼어난 기운을 타고나 빛남을 떨쳤는데, 개연히 유학의 도를 보호하고 유학자를 인도할 뜻이 있어 감문현의 치소 남쪽 감호(鑑湖) 가에 이 서원을 세워 세 분 선생을 배향할 것을 창의하였다. 또 사림들이 임금께 호소하여 사액을 내려 준 은전을 입었고 그 당시 사제문(賜祭文)과 화곤(華袞)의 포창[35]이 또 그 극진함을 다하였다. 이에 고을 사람들은 삼

民以誼.〕"라는 말이 나온다.

33 조두(俎豆)와 현송(絃誦)의 터전 : 서원을 뜻한다. 조두는 제사 때 쓰는 제기(祭器)를 말한 것으로, 전하여 제례(祭禮)를 가리키고, 현송은 옛날에 《시경(詩經)》을 배울 때 거문고, 비파 등 현악기에 맞추어 노래로 부르는 '현가(絃歌)'와 악기의 반주 없이 낭독하는 '송(誦)'을 합하여 '현송(絃誦)'이라고 하였으나, 후에는 대부분 글을 읽는다는 의미로 쓰였다.

34 양계(陽溪) 이승지 공(李承旨公) : 이하(李馥, 1626~1688)로 본관은 성산(星山), 자는 면여(勉餘)이며, 양계는 그의 호이다. 미수(眉叟) 허목(許穆)의 문인이다. 1679년(숙종5) 형조 참의(刑曹參議)가 되었으나 반대 당의 무고로 삼수(三水)에 유배되고 다시 1686년(숙종12) 흥양(興陽)으로 이배(移配)되어 배소에서 졸하였다. 저서로 《해동유선록(海東儒先錄)》, 《소진습유(掃塵拾遺)》, 《양계집》 등이 있다.

35 그……포창 : 그 당시의 사정을 시로 지은 것이 있는데, 《입재집》 권3의 〈이해 7월……드디어 그 시에 차운하여 구구한 나의 정성을 말한다.〔是年七月……遂次其韻, 以道區區之忱.〕〉라는 것이다.

가 우러러보고 기뻐하며 더욱 세 분 선생에 대해 흠모하는 바가 있어 스승으로 본받고자 하지 않음이 없었다.

논하는 이들은 지금부터 풍속이 이 때문에 변하여 거의 제나라 수준에서 노나라 수준으로, 노나라 수준에서 도의 수준으로 향상되어[36] 밝게 빛나서 다시는 예전과 같지 않다고 생각하였다. 지금 또 서원과 묘우가 무너진 것을 다시 보수하여 송무죽포(松茂竹苞)[37]하고 누각의 웅장하고 화려[38]한 형세가 찬란히 한 번 새롭게 되었는데, 김행근(金行近)[39] 군이 실로 그 일을 감독하였다. 일이 이미 끝나자 나에게 한마디 말을 부탁하여 말하기를, "우리 고을이 옛날에는 무지몽매하였으나 지금 밝게 빛날 수 있는 것은 우리 세 분 선생의 유풍과 가르침이 아님이 없습니다. 그러나 앞서 양계공(陽溪公)이 잘 이어 계승하여 이 아름다운 업적을 세우지 않았다면 또한 이와 같을 수 없습니다. 우리 후생들은 또한 오직 그 지극한 뜻을 실추하지 않을 것에 힘써 보잘것없는 힘을 다한 것이 대개 지극하였으니, 집사께서는 어찌 기문을 지어 후세의 본보기로 삼지 않으십니까."라고 하였다. 나는 사양했으나 받아들여지지 않았다.

36 제나라……향상되어 : 교화를 입어 변방의 낡은 풍속이 좋은 방향으로 바뀌었음을 말한다. 《논어》 〈옹야(雍也)〉에 공자가 말하기를, "제나라가 한 번 변화하면 노나라에 이르고 노나라가 한 번 변화하면 도에 이른다.〔齊一變, 至於魯, 魯一變, 至於道.〕"라고 하였다.

37 송무죽포(松茂竹苞) : 앞의 주 14 '송무죽포(松茂竹苞)' 참고.

38 누각의 웅장하고 화려 : 앞의 주 15 '누각의 웅장하고 화려' 참고.

39 김행근(金行近) : 자세하지 않다.

가만히 생각건대 대지의 신령함이 인재를 기름에는 고금에 차이가 없으나, 다만 세도(世道)를 주장하는 사람이 운용하여 변화시킴이 어떠한가에 달렸을 뿐이다. 또 중국의 민월(閩越)[40] 같은 경우 특히 거친 지역이었는데, 이에 자양 부자(紫陽夫子 주희(朱熹)) 같은 이가 그 가운데서 발흥하였고, 그 후로 명현(名賢)들이 드디어 차례대로 배출되었으니, 우리 동방과 우리 영남에 있어서도 또한 그러하다. 시험삼아 조선(朝鮮) 이전을 살펴보면 과연 어떠한가. 대개 오직 덕화(德化)가 위에서 융성하고 치교(治敎)가 아래에서 밝은 그런 뒤라야 다만 명산대천이 그를 위해 신령함을 다하고 일월(日月)이 그를 위해 빛나는 것도 또한 따라서 호응하게 되니, 또 어찌 감문현에 다시 큰 인물이 나오지 않을 줄 알겠는가.

지금 다행히 세 분 선생은 이미 시운에 응하여 태어나 북극성 같은 빛을 이 지역에 드리웠기에 영원토록 배향되는 도를 양계공(陽溪公)이 이전에 시작하였고 그대와 고을 사람들이 또 후에 계승하였으니, 세 분 선생을 높이는 바는 이와 같으면 또한 족하다. 그러나 내 생각에 서원과 묘우를 창건하고 중수하는 것은 세 분 선생의 영령을 높이는 까닭이며, 그 시를 외우고 그 글을 읽으며, 그 시대를 논하고 그 사람을 알아서 반드시 스승으로 본받고자 하는 것은 세 분 선생의 도를 높이는 까닭이다.

세 분 선생의 도는 또 각각 근본한 바가 있으니, 점필(佔畢)의

40 민월(閩越) : 진한(秦漢) 시대에 지금의 복건성(福建省) 지방에 있던 만족(蠻族)의 나라이다.

문장은 그 학문이 정미하고 깊으며 덕행이 순수하고 독실함으로 말미암았으며, 신당(新堂)의 명철함은 지결이 긴절하고 중요하며 체득하여 경험함이 참되고 내실 있음으로 말미암았으며, 나의 선조가 퇴계의 적전(嫡傳)을 얻은 것은 그 학문으로 나아가는 길이 명백하고 학문에 대한 조예(造詣)가 깊고 지극함으로 말미암았다. 진실로 사람들마다 모두 이와 같음을 알아 그 근본에 먼저 종사하여 하학(下學)하고 상달(上達)하여[41] 진덕(進德) 수업(修業)에 태만하지 않는다면, 나는 고을의 선비가 하나도 군자가 아님이 없음을 보겠으니, 큰 인물이 지금 태어남을 또 어찌 반드시 옛날에 양보하겠는가.

시험 삼아 이것으로 돌아가 여러 선비들에게 말하고 서로 이끌어 도에 이른다면, 세 분 선생을 높이는 바가 오래될수록 다함이 없을 것이다. 전날 서원 중수에 힘을 다한 것에 비해 다만 클 뿐만 아니고 이는 진실로 후세의 본보기로 삼을 만하다. 가만히 양계공의 뜻이 바로 절로 이와 같다고 생각되기 때문에 드디어 그 말을 위와 같이 써서 돌려보내고 덕림서원 중수기로 삼는다.

41 하학(下學)하고 상달(上達)하여 : 《논어》 〈헌문(憲問)〉에, 공자가 "나는 하늘을 원망하지 않으며 사람을 탓하지 않고, 아래로 인사(人事)를 배우면서 위로 천리(天理)를 통달하니, 나를 알아 주는 것을 하늘일 것이다.〔不怨天, 不尤人, 下學而上達, 知我者其天乎!〕"라고 하였는데, 주희의 집주(集注)에, 정자(程子)가 "배우는 자들은 모쪼록 하학(下學)과 상달(上達)의 말을 지켜야 하니, 이것이 바로 학문의 요점이다. 대개 아래로 인사를 배우면 곧 위로 천리를 통달하게 된다."라고 하였다.

정허루[42] 중수기

靜虛樓重修記

정허루는 도남서원(道南書院)의 문루(門樓)이다. 그 장소는 상주의 동쪽 낙동강 가에 있으니 자못 강과 산의 빼어남이 있다. 지난 선조 연간에 나의 선조 우복(愚伏 정경세(鄭經世)) 선생이 경내의 여러 현인들과 함께 이 서원을 창설하여 포은(圃隱), 한훤(寒暄 김굉필(金宏弼)), 일두(一蠹 정여창(鄭汝昌)), 회재(晦齋 이언적(李彦迪)), 퇴계(退溪) 등 다섯 선생을 배향하고 도정사(道正祠)라 하였다. 후에 또 서애(西厓 유성룡(柳成龍)), 소재(穌齋 노수신(盧守愼)) 두 선생과 나의 선조를 배향하였으니, 합하여 모두 여덟 현인이다.

도정사 앞에 일관당(一貫堂)이 있는데, 당의 왼쪽 서재는 경재(敬齋)이고 오른쪽 서재는 의재(義齋)이며, 당의 앞에 서원의 문이 되는 것은 입덕문(入德門)이다. 그러나 문루가 지어진 것은 실로 최근의 일이며, '정허(靜虛)'라고 이름한 것은 청대(淸臺) 선생 권공(權公 권상일(權相一))이 명명한 것이다.

금상 7년 계묘년(1783, 정조7) 봄에 고을의 장로들이 향례(享禮)에 모여 모두 한결같은 말로 "이 서원이 창설된 것이 이미 200년가량 되니, 지난번 일관당이 무너졌을 때 장령 유공(柳公)이 실

42 정허루 : 상주시 도남동 소재의 도남서원의 구내에 세워진 교생들의 교육여가의 유상처이자 시인묵객의 유상처로, 시창작의 중심 역할을 하였다. 현재의 건물은 고종 연간에 훼철된 것을 2000년 유교문화권사업으로 새로이 신축하였다.

로 중건하고 또 손학재(遜學齋)와 민구재(敏求齋) 두 작은 서재를 지어 부속건물로 하였다. 지금 사당과 문루가 또 무너짐이 이와 같으나 지금까지 고쳐 새롭게 하지 못하였으니, 어떻게 해야 후학이 선현을 경건히 받드는 정성을 극진히 할 수 있고 선배가 창설하고 지킨 뜻을 무너뜨리지 않겠는가."라고 하고, 드디어 장령공(掌令公 유천지(柳千之))의 증손자 성림(聖霖) 씨를 추천하여 그 일을 주관하고, 또 왕준신(王駿臣)[43] 군과 송사인(宋思仁)[44] 군에게 돕게 하였다.

이미 도정사의 중수를 마치고 다음으로 문루의 중수에 이르렀다. 문루는 예전에 세 칸이었는데 그 기둥을 넓혀 다섯 칸으로 만들고 앞쪽과 왼쪽, 오른쪽의 칸마다 모두 합환유(合歡牖)를 설치하여 때때로 열고 닫았으며, 그 바깥에 또 굽은 난간을 만들어 둘렀다. 이때 상사(上舍) 강세진(姜世晉)[45] 공이 마침 동주가 되었는데, 공사가 이미 끝나자 유공과 왕군·송군을 데리고 문루에 올라가 술을 따르며 위로하고, 또 여러 유생들을 불러 문루에 이름을 붙인 뜻을 물었다. 나 또한 자리에 있었는데, 머뭇거리다가 공경히 대답하기를, "이 두 글자는 대개 염계(濂溪 주돈이(周敦頤))의 《통서(通書)》[46]에 나오는데, 거기서 말한 '정허(靜虛) 동직(動直)'

43 왕준신(王駿臣) : 자세하지 않다.

44 송사인(宋思仁) : 자세하지 않다.

45 강세진(姜世晉) : 1717~1786. 본관은 진주(晉州), 자는 사원(嗣源), 호는 현재(弦齋)이다. 상주 봉대에 거주하였다. 1753년(영조29)에 생원에 합격하였다. 저서로 《경현재집》이 있다. 《경현재집》 권3에 〈정허루중수기(靜虛樓重修記)〉가 있다.

46 통서(通書) : 주돈이의 저술 《역통서해(易通書解)》의 약칭이다. 총 40장으로

이란 것은 내 마음의 체용(體用)으로 말한 것입니다. 마음의 체용은 동정(動靜)을 겸하는데, 대옹(臺翁 청대(淸臺) 권상일(權相一))이 다만 정허(靜虛)만 게시하여 편액으로 삼은 것은 한쪽으로 치우침에 주장하는 듯합니다. 그러나 반드시 체(體)가 선 뒤라야 용(用)을 행할 수 있으며, 반드시 정(靜)이 보존된 뒤라야 동(動)을 살필 수 있습니다. 그러므로 염계가 이 말을 한 것 또한 정허(靜虛)를 우선한 것이니, 이것은 〈태극도설〉의 주정(主靜)[47] 및 《대학》의 정정(定靜)[48]과 동일한 의미이며, 하남(河南 이정(二程)) 문하에서 서로 전수한 비결입니다. 반드시 학자로 하여금 미발일 때의 기상을 체인(體認)하게 한[49] 까닭도 또한 대본이 선 뒤라야 달

구성되어 있으며, 〈태극도설〉의 우주론을 바탕으로 도덕론을 논하였다. 역시 주자가 주석을 가하여 풀이하였다.

47 태극도설의 주정(主靜) : 고요함을 주장하는 것이다. 염계(濂溪) 주돈이(周敦頤)가 〈태극도설(太極圖說)〉에 말하기를 "성인은 중(中) · 정(正) · 인(仁) · 의(義)로써 정(定)하되, 고요함을 주장하여 사람의 표준을 세운다.〔聖人定之以中正仁義而主靜, 立人極焉.〕"라고 하였다.

48 대학의 정정(定靜) : 《대학장구(大學章句)》 경 1장에 "최고선의 경지에 그칠 줄을 안 이후에 뜻이 정해지고, 뜻이 정해진 이후에 마음이 고요해지며, 마음이 고요해진 이후에 몸이 편안해지며, 몸이 편안해진 이후에 일을 치밀하게 생각할 수 있게 되고, 치밀하게 생각한 이후에 최고선을 체득할 수 있게 된다.〔知止而后有定, 定而后能靜, 靜而后能安, 安而后能慮, 慮而后能得.〕"라고 한 데서 온 말이다.

49 미발일……한 : 《심경(心經)》 천명지위성장(天命之謂性章)에 "주자가 하숙경에게 답한 편지에 다음과 같이 말하였다. '연평 이 선생이 사람을 가르칠 적에 대체로 고요한 가운데에 대본이 미발일 때의 기상을 체인하기를 분명하게 하면 일을 처리하고 사물에 응함에 자연 절도에 맞는다.'라고 하였다.〔朱子答何叔京書曰, 李先生敎人, 大抵令於靜中體認大本未發時氣象分明, 卽處事應物, 自然中節.〕"라고 하였다.

도를 행할 수 있기 때문입니다. 이는 정허를 말하면 동직이 그 가운데 있음을 아는 것이니, 어찌 동(動)을 내버려 두고 정(靜)에 치우친 것만 말했겠습니까."라고 하였다. 강공(姜公)이 좋다고 말하고 좌중의 사람들도 또한 좋다고 말하였다.

나는 또 꼿꼿이 꿇어앉아 말을 끝까지 하면서 다음과 같이 말하였다.

아직 끝나지 않았습니다. 《통서》에 "욕심이 없으면서 한결같으면 고요할 때는 텅 비고 움직일 때는 곧다.〔無欲而一則靜虛動直〕"[50]라고 하였으니, 대개 이 마음이 고요할 때 텅 빌 수 있는 까닭은 오로지 욕심이 없이 한결같음 때문입니다. 그러나 이는 그 수준이 매우 높기에 갑작스럽게 말할 수 있는 것이 아니니, 학자는 반드시 경(敬)에 먼저 종사하여 이것으로 인욕을 막고 천리를 보존하여 이 수준에 이르기를 구하는 것이 옳습니다. 그러나 인욕과 천리는 격물치지(格物致知)가 아니면 분별할 수 없고, 막고 보존하는 것은 성의정심(誠意正心)이 아니면 그렇게 할 수 없습니다. 그런 까닭으로 성인 문하의 가르침은 이 두 가지〔격물치지와 성의정심〕를 덕에 들어가는 문으로 삼았습니다. 공부를 하는 지극함에 인욕이 완전히 깨끗해지고 천리가 순수해짐에 이르게 되면 우리 마음의 본체가 고요한 물이나 깨

50 욕심이……곧다 : 《통서》에는 "한결같음이 요체가 되니, 한결같음이란 욕심이 없는 것이다. 욕심이 없으면 고요할 때는 텅 비고 움직일 때는 곧다.〔一爲要, 一者, 無欲也. 無欲則靜虛動直.〕"라고 되어 있으니, 표현의 차이가 있다.

끗한 거울 같을 것이니, 앞서 말한 정허(靜虛)라는 것이 이에 보존되고 이른바 동직의 작용을 비로소 말할 수 있습니다. 이는 정허라는 편액이 반드시 입덕문(入德門) 위의 한 층에 게시되어야 하는 까닭입니다.

이것을 유추하여 보자면 서원 가운데 여러 편액이 또 어느 것인들 이 뜻이 없겠습니까. 경재(敬齋)의 의미인 경이직내(敬以直內)는 내직(內直)이 곧 정허(靜虛)이며, 의재(義齋)의 의미인 의이방외(義以方外)는 외방(外方)이 곧 동직(動直)입니다. 정허 가운데 일리(一理)가 온전하며, 동직의 즈음에 모든 일에 호응함이 곡진하고 마땅함에 이르면, 일관(一貫)의 뜻 또한 여기서 벗어나지 않을 것입니다.

이로써 말해 보면 대옹(臺翁)이 다만 이 두 자를 게시하여 문루의 편액으로 삼은 것이 애초에 어찌 한쪽으로 치우침을 주장하였겠습니까. 진실로 학자들이 이런 본체가 있음을 알아 반드시 욕심이 없이 체득함에 이르기를 구하고자 한 것입니다. 만약 우리들이 겸손하게 배우고 민첩하게 구하여 이에 마음을 다할 수 있다면, 이른바 정허(靜虛)의 경지에 어찌 참으로 완전히 도달하지 못하며, 또 어찌 그 움직임에 곧지 않음을 근심하겠습니까.

지금 정허루는 진실로 이미 중수되어 이전에 비해 더욱 훌륭하게 되었습니다. 만약 우리 마음이 본체를 보존하는 공부가 문루와 함께 새로워질 수 없다면, 나는 이 마음이 영원히 정허할 날이 없어 비록 날마다 여기에서 놀더라도 또한 유익한 바가 없을 것이니, 대옹(臺翁)이 편액을 건 뜻을 저버리게 될까 매우 두렵습니다. 어찌 서로 더불어 면려하지 않겠습니까.

강공(姜公)이 좋다고 말하고 좌중의 사람들도 또한 좋다고 말하였다. 나는 또 창문을 열고 난간에 기대어 앉아 여러 유생들에게 가리켜 보이며 말하기를, "저 산의 모습은 항상 고요하지만 초목의 여러 사물은 모두 무(無) 가운데서 생겨나며, 강의 중심은 항상 텅 비었지만 하늘과 구름의 여러 그림자가 모두 고요함의 지극한 것으로 인해서 잠기는 것 또한 이 이치의 발현이 아님이 없습니다. 하늘이 텅 비고 땅이 고요한 가운데 비 갠 뒤에 부는 맑은 바람과 밝은 달이 또 이와 같이 끝이 없으니, 만약 그 가운데 참 의상(意像)을 안다면 그대들은 직접 여덟 선생을 뵐 것입니다."라고 하였다.

마침내 이 말을 아울러 써서 정허루를 중수한 데 대한 기문으로 삼는다.

문목공 박 선생의 송당[51] 중건기
文穆公朴先生松堂重建記

맹자(孟子)가 "성인은 백 세대의 스승이다."[52]라고 하고, "백세 위에서 떨쳐 일어남에 백세 아래에서 풍도를 듣고 흥기하지 않는 자가 없다."[53]라고 하였는데, 이는 백이(伯夷)와 유하혜(柳下惠)를 두고 말한 것이다. 그러나 또한 어찌 다만 백이와 유하혜만 그랬겠는가. 옛날의 성현은 그렇지 않은 이가 없었다. 그러나 성인이 떨쳐 일어남은 하늘에 근본하니, 그가 떨쳐 일어남은 태어나면서

51 문목공……송당 : 박 선생은 박영(朴英, 1471~1540)으로, 본관은 밀양(密陽), 자는 자실(子實), 호는 송당(松堂)이며, 문목은 그의 시호이다. 본래는 무인이었으나 뒤에 고향인 선산(善山)으로 돌아가 정붕(鄭鵬)의 문하에서 학문에 힘썼다. 저서에 《송당집》이 있다. 박영은 연산군 2년(1496) 병으로 사직하고, 선산(善山) 낙동강가 태조산(太祖山) 기슭에 '송당(松堂)'을 짓고 학문을 시작하였다. 《송당집》 권4에는 〈정사중건기(精舍重建記)〉로 되어 있다.

52 성인은……스승이다 : 《맹자》 〈진심 하(盡心下)〉에 "성인은 백 세대의 스승이니 백이와 유하혜가 바로 그러한 분이다. 그러므로 백이의 풍도를 들은 경우에는 완악했던 사내도 청렴해지고 나약했던 사내도 뜻을 세우게 되며, 유하혜의 풍도를 들은 경우에는 야박했던 사내도 돈후해지고, 비루했던 사내도 너그러워진다.〔聖人, 百世之師也. 伯夷柳下惠是也. 故聞伯夷之風者, 頑夫廉, 懦夫有立志. 聞柳下惠之風者, 薄夫敦, 鄙夫寬.〕"라고 하였다.

53 백세……없다 : 《맹자》 〈진심 하(盡心下)〉에 "백세 위에서 떨쳐 일어남에 백세 아래에서 이를 듣고 흥기하지 않는 자가 없으니, 성인이 아니라면 이렇게 만들 수 있겠는가. 더군다나 직접 배운 제자의 경우야 더 말할 것이 있겠는가.〔奮乎百世之上, 百世之下, 聞者莫不興起也. 非聖人而能若是乎? 而況於親炙之者乎?〕"라는 말이 나온다.

부터 이미 그러하다. 그러므로 사람들은 일반 사람이 미칠 바가 아니어서 성인을 보고 흥기하기 어렵다고 생각한다. 현인이 떨쳐 일어남은 자신으로 말미암으니, 그가 떨쳐 일어남은 하루 만에 할 수 있다. 그러므로 사람들이 그 기미가 나에게 있는 것을 보고서 나도 또한 잘할 수 있어 흥기하기 쉽다고 생각한다. 이는 현인이 떨쳐 일어나고 그가 사람에게 떨쳐 일어나게 함이 반드시 성인이 떨쳐 일어남보다 도리어 낫다고 하지 않을 수 없는 것이다. 그러나 더욱 빼어나 함께 짝할 자가 없는 경우는 문목공(文穆公) 송당(松堂) 박 선생(朴先生)이 곧 그 사람일 것이다.

대개 선생은 어려서부터 기개 있고 얽매이지 않으며, 힘은 수레를 뛰어넘고[54] 칠찰(七札)을 꿰뚫었는데,[55] 마침내 무예(武藝)로 과거 급제하여[56] 세상에 이름이 났다. 또 건주(建州)의 전역(戰役)에 종사[57]한 적이 있었으니, 씩씩하고 늠름하여 간성지재(干城

54 수레를 뛰어넘고 : 날래고 용맹함을 뜻한다. 춘추 시대에 진(秦)나라 군사들이 주(周)나라 서울의 북문(北門)을 지날 때 수레의 좌우에 탔던 전사들이 투구를 벗고서 달리는 수레에서 내려 천자에게 경의를 표하고는 다시 뛰어올라 탔는데, 그 전차의 수가 무려 삼백 승이나 되었다는 고사에서 나온 말이다.《春秋左氏傳 僖公33年》

55 칠찰(七札)을 꿰뚫었는데 : 활을 아주 잘 쏘는 것을 말한다. 칠찰은 일곱 겹으로 된 갑옷미늘을 말한다. 춘추 시대 초(楚)나라 사람인 양유기(養由基)가 활을 잘 쏘기로 이름났는데, 100보 바깥에서 버들잎을 쏘면 백발백중이었고, 일곱 겹의 갑옷미늘도 뚫었다고 한다.《春秋左氏傳 成公16年》

56 무예(武藝)로 과거급제하여 : 1492년(성종23) 9월, 무과에 합격하여, 사복(司僕)이 되었다.

57 건주(建州)의 전역(戰役)에 종사 : 건주는 남만주 일대의 지명으로, 만주 여진족의 근거지이다. 허목(許穆)의 《기언별집》 권20 〈박송당선생갈명(朴松堂先生碣

之材)가 된 것[58]이 여러 해였다. 나이 24세가 되어 궁궐에 들어가 숙직을 설 때 문득 한밤중에 감발하여 "이것은 군자가 되는 바가 아니다."라고 하고 강개하며 몇 줄기 눈물을 흘렸다. 곧바로 결연히 사직하고 떠나 남쪽 조령(鳥嶺)의 밖으로 벗어나 일선부(一善府) 비봉산(飛鳳山) 아래 낙동강 가 고향 마을로 가서 집 한 채를 짓고 살면서 《대학》을 가져다 날마다 문을 닫고 엎드려 읽었다. 이에 신당(新堂) 정 선생(鄭先生)[59] 및 박용암(朴龍巖)[60] 같은 여러 어진 이들이 모두 기꺼이 사우(師友)가 되어 가르쳐 주고 이끌어 주었다. 선생이 인하여 이로부터 학문하는 방법을 더욱 알게 되었다. 이치를 궁구함은 성명(性命)의 심오함에 통달할 수 있

銘)〉에 의하면 "21세〔1491, 성종22〕에 원수(元帥) 이극균(李克均)을 따라 건주위(建州衛) 정벌에 참여하였다."라고 하였다.

58 씩씩하고……것 : 간성지재는 국가의 방패와 성이 되는 훌륭한 장수를 가리키는 말로, 《시경》 〈주남(周南) 토저(兎罝)〉에 "씩씩하고 늠름한 장수여, 공후의 방패와 성이로다.〔赳赳武夫, 公侯干城.〕"라고 하였다.

59 신당(新堂) 정 선생(鄭先生) : 정붕(鄭鵬, 1467~1512)으로, 본관은 해주(海州), 자는 운정(雲程)이며, 신당은 그의 호이다. 가학(家學)을 계승하였으며, 길재(吉再)와 김숙자(金叔滋)의 학통을 잇고 김굉필의 가르침을 받아 성리학을 깊이 연구하였고, 이황(李滉)이 일찍이 그의 학문이 깊다고 칭찬하였다. 선산의 금오서원(金烏書院), 개령의 덕림서원(德林書院)에 봉향되었다. 《입재집》 권26에 〈정신당선생실기서(鄭新堂先生實紀序)〉가 있다.

60 박용암(朴龍巖) : 박운(朴雲, 1493~1562)으로, 본관은 밀양(密陽), 자는 택지(澤之), 호는 용암(龍巖)・운암(雲巖)・지암(止庵) 등이다. 경상북도 선산부 해평에서 은거하였으며, 박영(朴英)의 문인이다. 평생 학문에 정진하면서 〈격몽편(擊蒙編)〉, 〈자양심학지론(紫陽心學至論)〉 등의 저술을 남겼다. 경북 구미시 해평면 낙봉서원(洛峰書院)에 배향되었다.

었고, 자신을 반성함은 성경(誠敬)의 내실을 극진히 할 수 있었다.

저술한 그림[61]과 글은 그 남은 것이 비록 소략하나 학문에 나아가는 요령과 정미한 학문의 경지가 아님이 없었다. 또 출처(出處)의 대절(大節)과 경륜(經綸)의 대업(大業)은 상황에 따라 명백하고 공명정대하여 순수하게 오직 의에 따라 행동하지 않음이 없었다. 비록 중간에 뜻하지 않은 재난을 만나 몸은 비색했으나 도는 형통하여 덕의 빛남이 날로 성대하였으니, 대개 당시의 중앙과 지방에서 의표(儀表)가 됨은 논할 것도 없고 진실로 유림의 백세 동안 사표이다. 그러나 본래 선생이 이에 이르게 된 바는 진실로 궁궐에서 숙직하던 그날 떨쳐 일어남으로 말미암아 시작되었다.

대저 옛 성현 가운데 문무를 겸하여 갖추지 않는 분이 없으나 젊은 시절부터 날마다 오로지 무에만 종사한 경우는 장차 도에 들어갈 방법이 없었다. 또 선생의 우뚝하고 위대한 자질과 웅대하고 굳센 성품으로 이미 우림(羽林 궁궐 호위 군사)에 자취를 드러내었고 변방의 사막지역까지 위의를 세웠다. 용호(龍虎) 같은 도략(韜略)[62]이 바야흐로 내면에 가득 차서 밖으로 드러났다.[63] 또 나

61 그림 : 《송당집》 권2의 〈대학도(大學圖)〉를 말한다.

62 용호(龍虎) 같은 도략(韜略) : 병법(兵法)에 깊은 조예가 있는 것을 말한다. 도략은 고대의 병서(兵書)인 《육도(六韜)》와 《삼략(三略)》의 병칭(並稱)인데, 보통 곧바로 병서나 병법(兵法)을 가리키는 말로 쓰인다. 《육도》는 주(周)나라의 국사(國師)인 태공망(太公望) 여상(呂尙)이 지은 병서라고 하며, 《삼략》은 황석공(黃石公)이 장량(張良)에게 전수해 준 병서인데, 일설에는 《황석공소서(黃石公素書)》를 이른다고 하나 확실하지 않다.

63 내면에……드러났다 : 덕이 내면에 충실하여 문채가 자연히 밖으로 표출됨을 말

이가 아주 젊었을 때 그 과감하고 예리하며 씩씩하고 성대한 기상은 의당 똑바로 앞을 향해 가서 다시 되돌릴 수 없었다. 그러나 이 때에 우리의 도가 끊어지지 않음은 겨우 한 올의 실과 같았고, 또 먼저 깨달은 군자가 아침저녁으로 함께 생활하면서 가르치고 인도하는 이도 없었다. 그런데도 이에 어느 날 갑자기 스스로 감발하여 문득 깨닫고 마음을 바꾸어 학문에 들어간 것은 그의 기상이 홍수를 막아 이미 쓰러진 형세를 되돌리고 사나운 말을 몰아 마음대로 치달리는 기운을 멈추게 하는 듯함이 있음을 보겠다. 순리대로 물이 흐르고 규범대로 말을 몰아 잠깐 사이에 이룸은 천하의 큰 용기가 아니면 그 누가 이에 참여할 수 있겠는가.

세상에서는 항상 계로(季路)와 장횡거(張橫渠)의 용기를 말하면서 미칠 수 없다고 생각한다. 그러나 계로(季路)의 떨쳐 일어남은 공자(孔子)가 깨우쳤고, 횡거(橫渠)의 떨쳐 일어남은 범공(范公)이 계도하였으니,[64] 맹자(孟子)가 이른바 '호걸지사(豪傑之士)는 문왕(文王)을 기다리지 않고도 흥기한다'[65]는 것이 진실로 선생

한다. 한나라 양웅(揚雄)이 지은 《법언(法言)》 〈군자(君子)〉에 "혹자가 묻기를 '군자는 말을 하면 문(文)을 이루고 행동하면 덕(德)을 이룹니다. 어찌하여 이렇게 되는 것입니까?' 하니, '내면에 가득 차서 밖으로 드러나기 때문이다.〔以其弸中而彪外也〕' 하였다." 하였다.

64 횡거(橫渠)의……계도하였으니 : 장재(張載)는 처음에 병법(兵法)을 좋아하였는데 나이 18세 때 분연히 공명(功名)을 이룰 것을 자부하여 글을 올려 범중엄을 뵙자, 범중엄은 장재가 원대한 기국(器局)임을 알고는 성취시키려 하여 꾸짖기를 "유자(儒者)는 본래 좋은 명교(名教)가 있으니, 어찌 병사(兵事)를 일삼을 것이 있겠는가." 하고 인하여 《중용》을 읽으라고 권고하였다. 《近思錄 卷14》

65 호걸지사(豪傑之士)는……흥기한다 : 《맹자》 〈진심 상(盡心上)〉에 "문왕 같은

을 두고 말하는 것이다.

그러나 선생이 지은 집은 자호(自號)한 바에 나아가 송당(松堂)이라 한 것인데, 불행하게도 임진·계사의 난에 불탔다. 지금 200여 년이 지남에 남은 터마저도 잡초가 무성한 가운데 매몰되어 그 장소를 분명히 알 수 없었다. 지금 선생의 사손(嗣孫) 지원(之源) 씨가 그 족조(族祖) 수(琇) 씨, 구(坵)[66] 씨와 함께 힘을 다하여 재물을 모으고 계획을 세워 중건하였다. 기초 작업을 시작할 때 비로소 땅에 묻혀 있던 남은 주춧돌을 찾아내게 되었는데, 질서정연하게 나열되어 변하지 않았지만 목재는 이미 부러졌기 때문에 옛 규모를 회복할 수 없는 것이 한스러웠다. 그러나 대략 가옥을 세 칸으로 하고 툇마루를 앞으로 내었으며, 좌우에 방을 두고 가운데와 앞에 당(堂)을 두어 비봉산을 등지고 낙동강을 바라보았다. 인하여 꽃과 나무를 줄지어 심어 선생이 계실 때와 같이 꾸민 것이 이미 수십 년이 되었다.

어느 날 수(琇) 씨가 지원(之源) 씨의 아들 광목(光穆)을 보내 나에게 기문 지어 줄 것을 부탁하였다. 나는 문장을 잘 짓지 못한다는 것으로 사양했으나 받아들여지지 않아 마침내 지난날 마음에 느낀 바를 고하여 다음과 같이 말한다.

그대는 지금 사람이 옛사람보다 못한 까닭을 아는가? 천명(天

성군이 나와서 인도하기를 기다린 뒤에 분발하는 자는 평범한 백성이고, 만약 호걸스러운 사람이라면 비록 문왕이 없어도 분발한다.〔待文王而後興者, 凡民也. 若夫豪傑之士, 雖無文王猶興.〕"라고 한 말을 돌려 표현한 것이다.

66 구(坵) : 《송당집》 권4 〈정사중건기(精舍重建記)〉에는 '丘'로 되어 있다.

命)의 성(性)은 태어나면서 동일한 바가 있으나, 다만 이 하루 만에 떨쳐 일어나 이에 이름이 없기 때문이다. 이런 까닭으로 공자는 "하루라도 그 힘을 인에 쏟은 자가 있는가? 나는 힘이 부족한 자를 아직 보지 못하였노라.〔有能一日用其力於仁矣乎 我未見力不足者〕"[67] 라고 하였고, 또 "하루라도 극기복례하여 인을 하면, 온 천하 사람들이 그 인에 귀의할 것이다."[68]라고 하였다. 주자(朱子)는 《대학》의 전(傳)을 풀이하면서 또한 "진실로 하루에 그 옛날에 물든 더러움을 씻어서 스스로 새로워질 수 있다면, 마땅히 이미 새로워진 것으로 인하여 나날이 새롭게 하고 또 나날이 새롭게 하여 조금도 간단(間斷)함이 있어서는 안 된다."[69]라고 하였다. 이는 비록 처음에 성대하게 떨쳐 일어나는 사람과 깊이의 차이가 없지는 않으나 대저 반드시 떨쳐 일어나는 이 하루가 있은 뒤라야 비로소 이어서 나아가 끝내 성취함에 이를 수 있다. 선생같이 기다린 바가 없이 스스로 떨쳐 일어남은 진실로 사람들이 쉽게 말할 바가 아니다.

지금은 이 송당이 이미 건립되었으니, 선생의 남긴 발자취가 다시 완연하다. 여기서 노니는 후인들은 자손과 사림을 따질 것

67 하루라도……못하였노라 : 《논어》 〈이인(里仁)〉에 나온다.

68 하루라도……것이다 : 《논어》 〈안연(顔淵)〉에 안연이 공자에게 인(仁)에 대해서 묻자, 공자가 "극기복례가 바로 인이다. 하루라도 극기복례를 할 수 있게 되면, 온 천하 사람들이 그 인에 귀의할 것이다.〔克己復禮爲仁. 一日克己復禮, 天下歸仁焉.〕"라고 대답하면서, 구체적인 조목으로 물시(勿視)·물청(勿聽)·물언(勿言)·물동(勿動)의 사물(四勿)을 제시하였다.

69 진실로……된다 : 《대학장구(大學章句)》 전 2장 일일신우일신(日日新又日新)의 주석에 나온다.

없이 여기에 의지하여 상상해 보고 스스로 떨쳐 일어난 바가 어떠한지를 생각할 것이다. 옷자락을 잡고 당에 오르면 선생의 목소리가 들리는 듯하며, 옷자락을 걷고 방에 들어가면 선생의 위의 있는 모습을 보는 듯하며, 옷깃을 가지런히 하여 그분의 〈대학도〉를 완상하고 그분의 글을 읽으면 선생이 마음에 보존한 바를 또한 알 수 있을 듯하다. 비봉산(飛鳳山)은 위로 구름 하늘에 솟았고, 낙동강은 거세게 바다로 흘러가니, 또 모두 선생의 높은 덕용(德容)을 형상하고 선생의 넓은 도체(道體)를 머금은 듯하다.

무릇 인심을 감발하는 바가 한두 가지가 아니지만 더욱 사람을 떨쳐 일어나게 하는 것은 선생이 하루에 떨쳐 일어난 데 있다. 나는 이보다 앞서 이미 떨쳐 일어난 사람은 이에 이르러 마땅히 더욱 떨쳐 일어나며, 아직 떨쳐 일어나지 않은 사람은 이에 이르러 비로소 처음으로 떨쳐 일어나게 될 것임을 안다. 개연히 분발하여 우뚝이 뜻을 세우고 확고히 다른 길의 유혹에 빠지지 않는 것은 곧 하루 사이의 일일 뿐이다. 이는 나에게 있는 기미를 나로 말미암아 결단하는 것이니, 어찌 매우 쉬워 어려움이 없는 것이 아니겠는가. 또한 이 송당이 훼손된 것이 지금 이미 200여 년이 되었는데, 지금에 이르도록 중건하지 못한 것은 그 까닭이 무엇이며, 지금에야 중건할 수 있었던 것은 그 까닭이 또 무엇인가? 이는 토목 공사에 또한 떨쳐 일어나고 떨쳐 일어나지 않음에 달렸을 뿐이지만 여러 군자들이 기꺼이 송당을 중건하려는 뜻은 그 또한 깊고 지극하니, 또 어찌 떨쳐 일어나 이 일〔송당 중건〕에는 잘하면서 유독 떨쳐 일어나 저 일〔학문을 닦음〕에는 잘할 것을 생각하지 않겠는가. 나는 눈을 닦고 지켜볼 것이다.

모리 화엽루[70]기

某里花葉樓記

나는 일찍이 삼가 동계 정 선생이 숭정(崇禎) 연간의 옛 달력 겉면에 쓴 '단지 꽃과 잎을 보고서 계절의 바뀜을 알리라'[71]라는 시구를 읽고서 그 당시 대변(大變)에 임하여 대의(大義)로 처신했던 것을 상상함에 그 정충(精忠)과 장절(壯節)은 바로 일월(日月)과 빛을 다툴 만하였다. 가만히 반복해 읽음에 눈물이 흘렀고 나도 모르게 모발이 주뼛하고 정신이 송연해졌다.

선조(先朝) 정사년(1797, 정조21)[72]에 주상께서 특별히 선생의

70 모리 화엽루 : 모리는 경남 거창의 덕유산 자락에 있는 지명으로, 동계(桐溪) 정온(鄭蘊, 1569~1641)이 그곳 이름을 감추어 모리(某里)라고 했던 것에서 유래한다. 그의 본관은 초계(草溪), 자는 휘원(輝遠), 호는 동계이다. 1636년(인조14) 병자호란 때 이조 참판으로서 명나라와의 의리를 내세워 최명길(崔鳴吉) 등의 화의 주장을 적극 반대하였다. 강화도가 함락되고 항복이 결정되자 오랑캐에게 항복하는 수치를 참을 수 없다 하여 칼로 자해하였으나 목숨은 끊어지지 않았다. 그 뒤 관직을 단념하고 모리에 들어가 조를 심어 생계를 자급하다 죽었다. 숙종 때 그의 절의를 높이 평가하여 영의정에 추증하였다. 화엽루는 1806년(순조6) 봄에 건립하였다. 누의 이름은 조선이 청나라에 굴복한 상황에서 더 이상 책력을 쓸 필요가 없고 '단지 꽃과 잎을 보고서 계절의 바뀜을 알리라'라는 시구에서 따온 것이다.

71 단지……알리라 : 《동계집》 권1 〈서숭정십년역서(書崇禎十年曆書)〉 시의 마지막 구절이다. 시 전문은 "숭정이란 연호가 여기에서 그쳤나니, 내년에는 어찌 차마 다른 책력을 펼치겠는가. 이로부터 산골 사람은 일이 더욱 줄었으니, 단지 꽃과 잎을 보고서 계절의 바뀜을 알리라.〔崇禎年號止於斯, 明歲那堪異曆披? 從此山人尤省事, 只看花葉驗時移.〕" 하였다.

이 시구를 내걸어 선비에게 과거 시험에 출제하고, 인하여 제사를 받드는 후손에게 관직을 제수하였다.[73] 3년이 지나서 또 선생에게 제사를 내리면서 친히 제문(祭文)과 시를 지으시고, 시는 곧 선생의 사당에 걸도록 명하였다.[74] 그 포창하여 숭상하고 가상히 여겨 장려한 바는 글자마다 모두 지극한 총애였다. 이에 무릇 우리 선생을 경모하던 사람들은 세상에 보기 드문 광영이라고 여기지 않은 이가 없었다.

그러나 선생께서 일찍이 거처하던 모리(某里)는 비록 사림(士林)들이 함께 정사(精舍)[75]를 건립하여 존숭하고 보호함이 길재(吉再) 선생의 금오산(金烏山)[76]과 같을 뿐만 아니라, 또 수양산

72 정사년 : 저본에는 병진년(1796)으로 되어 있는데, 《동계집》 부록 연보에는 정사년으로 되어 있다. 동계 연보에 의하면 병진년에 모리재의 향례(享禮)에 비로소 지패(紙牌)를 사용하였다고 되어 있을 뿐, 정사년에 대한 언급은 없다.

73 제사를……제수하였다 : 연보에 의하면 1797년이 아니라 1799년에 정온의 봉사손인 내섬시 봉사(內贍寺奉事) 정식(鄭軾)에게 특별히 수령을 제수한 것으로 되어 있다.

74 3년이……명하였다 : 3이 저본에는 '四'로 되어 있으나, 연보에 의하면 1799년 가을에 상이 칠언절구(七言絶句) 한 수를 지어 내리고 가묘(家廟)에 걸도록 명하였다고 되어 있다. 정조의 어제시는 《홍재전서》 권7 〈서게윤충정집정문간온양충신가묘(書揭尹忠貞集鄭文簡蘊兩忠臣家廟)〉로, "일장산 산 빛이 푸르게 우뚝 솟았나니, 천지의 바른 기운 많이 모아 간직했네. 남쪽 북쪽 어디 가든 동일한 의리이니, 견고한 금석처럼 결코 닳은 적이 없네.〔日長山色碧嵯峨, 鍾得乾坤正氣多. 北去南來同一義, 精金堅石不曾磨.〕"라고 하였다.

75 정사 : 정온(鄭蘊)이 시묘하면서 지은 용천정사(龍泉精舍)로, 《동계선생연보》에 "1810년(순조10) 용천정사를 중건하여 국천례(菊薦禮)를 거행하였다."라고 하였다.

76 길재(吉再) 선생의 금오산(金烏山) : 금오산은 경상북도 구미에 있는 산으로, 길재는 조선이 건국된 후인 1400년(정종2)에, 전부터 친하게 지내던 세자 이방원이

(首陽山)의 고사리[77]와 율리(栗里)의 차조[78]로써 선생을 제향한 것이 이미 백여 년이 되었으나,[79] 선생의 화엽시(花葉詩)도 마땅히 또한 이곳에 내걸 만한 가치가 있지만 한스럽게도 그렇게 했는지는 아직 알지 못하겠다.

지금 모리유사[80]를 얻어 보고 또 유생의 말을 들어 보니, 이보다 앞서 이미 정사 앞에 작은 누(樓)를 건립하여 그 화엽(花葉)을 맡아 관리하게 함으로써 더욱 갱장(羹墻)의 사모[81]를 부쳤다고

그에게 태상박사의 벼슬을 내렸으나, 두 왕조를 섬길 수 없다 하여 거절하고 금오산에 은거하면서 후진 양성에 힘썼다. 여기서는 길재를 제향하기 위해 건립한 금오서원을 말한다.

77 수양산(首陽山)의 고사리 : 은(殷)나라 고죽군(孤竹君)의 두 아들 백이(伯夷)·숙제(叔齊)는 주(周)나라 무왕(武王)이 은나라를 정벌할 때에 무왕의 말고삐를 잡고서 만류했으나 듣지 않자, 주나라 곡식을 먹을 수 없다 하여 서산(西山) 즉 수양산(首陽山)에 들어가 고사리를 캐 먹으며 숨어 살다가 굶어 죽었다. 《史記 卷61 伯夷列傳》

78 율리(栗里)의 차조 : 도잠(陶潛)의 고사를 인용하여 차조를 심어 술을 담아 먹겠다고 읊은 것이다. 《용재수필(容齋隨筆)》 권8 〈도연명(陶淵明)〉에 "연명이 팽택에 있을 때, 공전마다 차조를 심게 하고 말하기를 '내가 술에 취해야 만족한다.' 하였다.〔淵明在彭澤, 悉令公田種秫曰, 吾常得醉於酒, 足矣.〕"라는 기록이 있고, 도잠의 시에도 "차조 찧어 맛난 술 담았다가, 술 익으면 내 따라 마시리라.〔舂秫作美酒, 酒熟吾自斟.〕"라는 구절이 있다. 《陶淵明集 卷2 和郭主簿》

79 선생을……되었으나 : 연보에 의하면 1707년 봄에 모리재(某里齋)를 중건하여 작헌례(酌獻禮)를 거행하였다고 하였고, 그 주에 "유생들이 3월과 9월 상정일(上丁日)을 정식(定式)으로 삼아 일을 거행하였다. 선생이 손수 쓰신 숭정시(崇禎詩)의 족자를 봉안하고, 건치(乾雉)·율황(栗黃)·청저(菁菹)·미궐(薇蕨)·출주(秫酒)로 제향하니, 대개 산 밖에서 나는 물건은 쓰지 않은 것이다."라고 하였다.

80 모리유사 : 동계의 증손인 정중원(鄭重元)이 쓴 〈모리유사기(某里遺事記)〉로, 《동계집》 속집 권3에 있다.

한다. 이미 세월이 오래되어 무너졌으니, 일대의 선비들에게서 재물을 모으고 또 중건하면서 그 규모를 넓히고 화엽루(花葉樓)라 이름하였다. 장차 금년 단오(端午)에 낙성하려 하면서 나에게 그 사적을 기록해 주기를 청했다. 스스로 생각건대, 보잘것없는 말학(末學)이 어찌 이 일을 감당할 수 있겠는가. 다만 일찍부터 선생을 위해 봉사하려는 소원을 품고 있었던 터라 다행히 문자의 사이에 이름을 가탁할 수 있다면 이 또한 영광이기에 드디어 사양하지 않고 기문을 짓는다.

아, 선생께서는 천지의 지극히 크고 지극히 굳센 기운을 타고 나셨다. 그 평소에 곧게 길러 혼조(昏朝)에 우뚝이 선한 것은 이미 성현에게 질정하더라도 금석처럼 확고하여 모자람이 없을 것이고, 대명(大明)을 위하여 만고의 강상(綱常)을 부식(扶植)한 것으로 말하면, 비록 옛날의 노연자(魯連子)[82]와 문 승상(文丞相)[83]

81 갱장(羹墻)의 사모 : 죽은 사람을 사모하고 그리워하는 마음을 말한다. 요(堯) 임금이 죽은 뒤에 순(舜) 임금이 3년 동안이나 그를 앙모(仰慕)하여, 앉아서는 요 임금을 담장〔墻〕에서 보고, 밥을 먹을 때면 요 임금을 국〔羹〕에서 보았다고 한 데서 온 말이다. 《後漢書 李固列傳》

82 노연자(魯連子) : 전국(戰國) 시대 제(齊)나라의 고사(高士)인 노중련(魯仲連)이 조(趙)나라에 가 있을 때 진(秦)나라 군대가 조나라의 서울인 한단(邯鄲)을 포위하였는데, 이때 위(魏)나라가 장군 신원연(新垣衍)을 보내 진나라 임금을 황제로 섬기면 포위를 풀 것이라고 하였다. 이에 노중련이 "진나라가 방자하게 황제를 칭한다면 나는 동해에 빠져 죽겠다." 하니, 진나라 장군이 이 말을 듣고 군사를 50리 뒤로 물렸다고 한다. 《史記 魯仲連列傳》

83 문 승상(文丞相) : 송(宋)나라의 충신 문천상(文天祥)을 가리킨다. 그의 자는 송서(宋瑞)이고 호는 문산(文山)으로, 덕우(德祐) 초에 원(元)나라가 침입해 오자

일지라도 이보다 낫지 못할 것이다. 이는 모두 국승(國乘)에 실려 있고 야사(野史)에 전파되어 천백 세 뒤에라도 응당 태산북두처럼 우러를 것이므로 다시 덧붙여 말할 필요가 없으리라.

모리에 은거한 이후, 칼로 스스로 배를 찔렀으나 죽지 못했던 일[84]을 평생의 한으로 여겨서 눈으로는 다른 책력을 대하지 않고 오직 꽃이 피고 잎이 떨어지는 것을 통해 사계절의 변화를 징험하였다. 그 빛나고 빛나는 충정은 아마 대명(大明)의 일월(日月)과 함께 시작되고 끝날 것이니, 선생은 비록 스스로 '숭정이란 연호가 여기에서 멈추었다〔崇禎年號止於斯〕'고 했으나 나는 모리의 화엽(花葉)이 길이 보존된다면 황명(皇明)의 일통력(一統曆) 또한 이와 함께 없어지지 않을 것임을 알겠노라. 뒷날 이 누를 유람하는 이는 부질없이 꽃이 피고 잎이 떨어지는 것으로만 보지 말고, 이 한 구역 모리가 바로 명나라 주씨(朱氏)의 천지(天地)이고 공자의 춘추대의(春秋大義)가 깃든 곳이라고 여겨야 할 것이다. 만약 이와 같다면, 선생의 큰 절개야 오히려 논할 것도 없거니와 이 한 구절 시만으로도 만세에 풍성(風聲)을 수립함이 또한 어떠하겠는가.

가산(家産)을 털어 군사를 일으켜 근왕(勤王)하여 신국공(信國公)에 봉해졌고, 그 후 원나라 장군 장홍범(張弘範)에게 패하여 3년 동안 연옥(燕獄)에 수감되었으나 끝내 굴복하지 않고 죽음을 당하였다. 《宋史 文天祥列傳》

84 칼로……일 : 병자호란 때 항복할 것이 결정되니, 공이 노하여 말하기를, "차라리 나라가 망할지언정, 임금이 오랑캐에게 항복하는 것은, 나는 수치라고 생각한다." 하고, 패도(佩刀)를 뽑아 배를 찔러 칼날이 뱃속까지 들어갔다. 성안 사람이 모두 크게 놀라며 그 의리를 슬퍼하지 않은 자가 없었다. 상이 어의로 하여금 치료하게 하고, 또 광주 목사(廣州牧使)로 하여금 의약(醫藥)을 공급하여 반드시 살려 내도록 하였다.

이와 같으니, 이 누를 화엽이라고 이름하는 것이 진실로 마땅하도다. 오르내리는 선생의 영령께서는 반드시 이곳을 돌아보고 배회하면서 계절마다 핀 초목을 어루만지며 저 명나라를 생각함이 의당 평소와 다름이 없을 것이니, 우리 성고(聖考 정조(正祖))에게 광세(曠世)의 포장을 받은 것과 우리 종국(宗國)의 의리를 지키는 아름다움을 다하는 것이, 어찌 이 누가 건립됨으로부터 더욱 빛나게 되지 않을 줄 알겠는가. 일찍이 듣건대, 이른바 '대명홍(大明紅)[85]'이라는 것이 길이 지사(志士)의 슬픔을 일으킨다고 하더니, 지금 모리의 '화엽루(花葉樓)'가 또한 그러하다. 거듭 반복해 읽고 눈물을 흘리며 기문을 쓴다.

숭정(崇禎) 기원후(紀元後) 세 번째 정묘년(1807, 순조7) 오동꽃이 처음 피는 계절[86]에 후학 정종로 짓다.

85 대명홍(大明紅) : 허목의 《기언》 권14 〈대명홍설(大明紅說)〉에 "대명홍은 우리나라에는 없던 꽃으로, 꽃은 붉고 꽃술은 자줏빛이며 줄기는 검고 잎은 작다. 키가 수 척으로 7월에 꽃이 핀다. 꽃잎은 다섯 개가 가지런히 나고 향기가 청량한 특이한 꽃이다. 이 꽃은 중국에서 나온 것으로 우리나라에 전해지면서 대명홍이라 한 것이다. 연경(燕京)이 무너지고 흑한(黑漢)이 천하를 호령한 지가 30년이 되었지만 사람들이 옛날을 잊지 못하는 것이 이와 같다."라고 하였다. 명나라에 대한 변치 않는 의리를 나타내는 대상이다.

86 오동꽃이……계절 : 3월을 말한다. 《예기(禮記)》 〈월령(月令)〉에, "계춘(季春)이 되면 오동나무에 비로소 꽃이 핀다." 하였다.

옥동서원[87] 강당과 서재 및 수석 명명기

玉洞書院堂齋及水石命名記

우리 고을의 옥동서원(玉洞書院)은 바로 익성공(翼成公) 방촌(厖村) 황 선생(黃先生 황희(黃喜))의 영령을 모신 곳이다. 배위(配位)는 사서(沙西) 전 충간공(全忠簡公)[88]이다. 또 축옹(畜翁),[89] 반간(槃澗)[90] 두 현인은 모두 선생의 후손인데 금상 병오년(1786, 정

87 옥동서원(玉洞書院) : 경북 상주시 모동면(牟東面) 수봉리(壽峯里)에 있는 서원으로, 1518년(중종13) 황희(黃喜), 황맹헌(黃孟獻), 황효헌(黃孝獻)의 학문과 덕을 기리기 위하여 창건하였다. 1580년(선조13) 백화서원(白華書堂)으로 이름 짓고 영당(影堂)을 지어 봄, 가을에 향사를 지내다가 1789년(정조13) '옥동'이라는 사액을 받아 옥동서원으로 개칭되었다. 1868년(고종5) 홍선대원군의 서원철폐조치에도 훼철되지 않고 존속하였다. 《입재집》 권30에 〈옥동서원문루상량문(玉洞書院門樓上樑文)〉이 있다. 수석 명명과 관련하여 《입재집》 권4에 〈옥동제영(玉洞題詠)〉 19수가 있다.

88 사서(沙西) 전 충간공(全忠簡公) : 전식(全湜, 1563~1642)으로, 본관은 옥천(沃川), 자는 정원(淨遠), 호는 사서(沙西), 시호는 충간(忠簡)이다. 유성룡(柳成龍), 장현광(張顯光)의 문인이다. 황뉴(黃紐)와 사돈이며, 황덕유(黃德柔, 1596~1659)의 장인이다. 광해군의 실정으로 벼슬을 단념하고 정경세(鄭經世), 이준(李埈) 등과 산수를 유람해 세칭 상사(商社)의 삼로(三老)라 일컬어졌다. 저서에 《사서집》이 있다. 상주 옥동서원(玉洞書院)에 제향되었다.

89 축옹(畜翁) : 황효헌(黃孝獻, 1491~1532)으로, 본관은 장수(長水), 자는 숙공(叔貢), 호는 축옹(蓄翁)·현옹(玄翁)·신재(愼齋) 등이다. 한성 출신이며 영의정 황희의 현손이다. 1514년(중종9) 별시 문과에 을과로 입격하였다. 1530년 이행(李荇) 등과 함께 《신증동국여지승람》의 편찬에 참여하였다. 1532년 안동부사로 외보(外補)되었다가 갑자기 죽었다.

90 반간(槃澗) : 황뉴(黃紐, 1578~1626)로, 본관은 장수(長水), 자는 회보(會甫)

조10)에 배향하였다. 4년 지난 기유년(1789, 정조13)에 사림들이 상소하여 사액을 청하니, 임금께서 특별히 선생에게 제사를 내려 주었다. 서원은 본래 백옥동(白玉洞)서원이라 하였는데, 명하여 옥동이라 하였다. 6년 지난 을묘년(1795, 정조19)에 나는 마침 외람되게 동주(洞主)가 되었는데, 서원의 유생들이 강당, 서재, 문루 그리고 동부(洞府)의 수석(水石) 등에 이름이 없다는 것으로 나에게 이름을 표시하여 게시할 것을 요청하였다. 나는 사양했으나 받아들여지지 않아 한동안 깊이 생각하고서 다음과 같이 말하였다.

> 서원과 동부(洞府)는 이미 모두 옥(玉)으로 이름하였으니, 나머지도 또한 이 뜻을 미루어 이름하는 것이 아마 옳을 것이다. 대저 선생의 덕업(德業)과 훈렬(勳烈)을 만약 사물에 비유한다면 곧 강하(江河)와 산악(山嶽)이 이것이다. 비록 연성(連城)의 보물[91]과 조승(照乘)의 보배[92]로도 오히려 그 만분의 일도

이며, 반간은 그의 호이다. 황효헌(黃孝獻)의 증손이다. 정경세(鄭經世)의 문인이다. 1612년(광해군4) 생원이 되고, 이듬해 증광 문과에 을과로 입격하였다. 어릴 때부터 뜻이 높고 재능이 뛰어났으며, 관직생활 중에는 거취를 분명히 하였다.

91 연성(連城)의 보물 : 전국 시대 진(秦)나라 소왕(昭王)이 조(趙)나라 혜문왕(惠文王)에게 15성과 바꾸자고 청한 화씨벽(和氏璧)으로, 나라의 진귀한 보배를 뜻한다. 조나라 인상여(藺相如)가 이 구슬을 가지고 진나라에 갔다가 성을 주겠다는 진나라의 약속이 미덥지 못하자, 다시 화씨벽을 온전히 보전해서 조나라로 돌아왔던 '완벽귀조(完璧歸趙)'의 고사가 전한다. 《史記 藺相如列傳》

92 조승(照乘)의 보배 : 구슬의 광채가 멀리 비쳐 수레 여러 채의 앞을 볼 수 있다는 말이다. 《사기》 〈전경중완세가(田敬仲完世家)〉에, "위왕(魏王)이 제왕(齊王)과

비유할 수 없으니, 지금 이에 옥으로 이름하는 것은 그 또한 매우 짝이 맞지 않다. 그러나 옛사람이 모두 군자의 덕을 옥에 비유하였으니, 칭찬하고 찬미하는 말은 그 옥의 많음을 다할 수 없다. 그러니 이 뜻을 미루어 이름하는 것이 의당 불가함이 없을 듯하다. 또 배위(配位)의 여러 현인들이 모두 규장(珪璋)[93] 같은 아름다운 명망이 있으니, 그 밝고 윤택한 바탕과 씩씩하고 엄격한 성품은 진실로 명당에 올리고 청묘(淸廟)에 진설하는 것[94]과 그 아름답고 상서로움이 동일하니, 그 뜻은 더욱 불가함이 없다.

그런 까닭으로 마침내 그 강당을 이름하여 '온휘(蘊輝)'[95]라 한 것은 옥이 묻혀 있으면 산이 빛난다는 뜻을 취한 것이다. 동쪽의 서재를 '착로(斲露)'[96]라 한 것은 돌을 쪼개어 옥을 드러

들에서 만나 사양하면서 말하기를, 과인(寡人)의 나라는 소국이지만 그래도 열두 채의 수레 앞뒤를 비치는 경촌(經寸)의 구슬이 열 개 있다." 하였다.

93 규장(珪璋) : 고대 조빙(朝聘)에 사용하는 옥으로 만든 매우 귀중한 예기(禮器)로, 매우 고아한 인품에 비유된다. 《예기(禮記)》 〈빙의(聘義)〉에 "규장특달(珪璋特達)"이라 하여, 규장을 가진 이는 다른 폐백(幣帛)이 없어도 곧바로 천자를 뵐 수 있다고 하였다.

94 명당에……것 : 명당(明堂)과 청묘(淸廟)는 왕자(王者)의 태묘(太廟)로서 국가의 정교(政教)를 행하는 곳으로, 여기에 올리는 매우 귀중한 예기(禮器)처럼 인품이 고아함을 비유한 말이다.

95 온휘(蘊輝) : 진(晉)나라 육기(陸機)가 지은 〈문부(文賦)〉의 "돌이 옥을 감추고 있으면 산이 빛나고, 물이 진주를 품고 있으면 시내가 아름답게 된다.〔石韞玉而山輝, 水懷珠而川媚.〕"라는 구절에서 따온 것이다. 《文選 卷17》 또 주자(朱子)의 〈감흥시(感興詩)〉에 "진주가 들어 있기에 못 물은 스스로 아름답고, 옥이 묻혀 있기에 산 빛은 절로 눈부시다네.〔珠藏澤自媚, 玉蘊山含輝.〕"라는 구절이 있다.

낸다는 뜻을 취했으며, 서쪽을 '탁장(琢章)'[97]이라 한 것은 잘 다듬은 문장이란 뜻을 취했다. 문을 '회보(懷寶)'[98]라 한 것은 기량을 감추고 기다린다는 뜻을 취했으며, 누를 '청월(淸越)'[99]이라 한 것은 옥의 소리가 맑고 드날려 길다는 뜻을 취한 것이며, 누의 왼쪽 방을 '진밀료(縝密寮)'라 하고 오른쪽 방을 '윤택료(潤澤寮)'[100]라 한 것 또한 옥에서 뜻을 취하였다.

또 골짜기 수석의 경우 봉우리의 본래 이름인 옥봉(玉峯)과

96 착로(斲露) : 좋은 옥을 캐낸다는 뜻이다. 《입재집》 권4 〈옥동제영(玉洞題詠)〉 19수 중 〈착로재(斲露齋)〉에 "그대는 보지 못했나, 좋은 옥이 만 겹의 돌에 감추어져 있으나, 쪼기를 그만두지 않으면 끝내는 반드시 드러남을.〔君不見良玉藏在萬重石, 斲之不已終必露.〕"이라 하였다.

97 탁장(琢章) : 《시경》 〈역복(棫樸)〉에서 주(周)나라 문왕(文王)의 덕을 찬양하여 "잘 다듬은 그 문장이요 금옥 같은 그 바탕이로다.〔追琢其章, 金玉其相.〕"라는 구절에서 따온 것이다.

98 회보(懷寶) : 《논어》 〈양화(陽貨)〉에 양화가 공자(孔子)에게 벼슬할 것을 권하면서 "보옥을 품고서 나라를 어지럽게 두는 것을 어질다 할 수 있겠는가.〔懷其寶而迷其邦, 可謂仁乎?〕"라는 구절에서 따온 것이다. 《입재집》 권4 〈옥동제영(玉洞題詠)〉 19수 중 〈회보문(懷寶門)〉에 "선비가 기량을 갈무리함이 곧 회보이니, 시용하면 금고처럼 조화시킬 수 있네.〔士之藏器卽懷寶, 施用可使調金膏.〕"라고 하였다.

99 청월(淸越) : 《예기(禮記)》 〈빙의(聘義)〉에 "옛날에 군자는 덕을 옥에 비유하였다. ……두드림에 소리가 맑고 드날려 길며 끝날 때에 딱 멈춤은 악(樂)이다.〔夫昔者君子比德於玉焉. ……叩之其聲淸越以長, 其終詘然, 樂也.〕"라는 구절에서 따온 것이다.

100 진밀료(縝密寮)라……윤택료(潤澤寮) : 《예기(禮記)》 〈빙의(聘義)〉에, "옛날 군자들은 덕을 옥에 비유하였으니, 따뜻하면서도 윤택함은 인(仁)이고, 치밀하면서 단단함은 지(知)이다.〔夫昔者君子比德於玉焉. 溫潤而澤, 仁也. 縝密以栗, 知也.〕"라는 구절에서 따온 것이다.

시내의 본래 이름인 옥계(玉溪)를 가지고 그 산등성을 '신현(神見)'[101]이라 이름하고, 그 나루를 '방류(方流)'[102]라 이름하고, 그 여울을 '장명(鏘鳴)'[103]이라 이름하고, 그 다리를 '홍기(虹氣)'[104]라 이름하고, 그 모래섬을 '사마(沙磨)'[105]라 이름하고, 그 언덕을 '석공(石攻)'[106]이라 이름하였다. 또 벼랑은 '산현(山玄)'[107]으

101 신현(神見) : 《예기(禮記)》 〈빙의(聘義)〉에서 옥을 비유하면서 "정신이 산천에 나타남은 땅〔地〕이다.〔精神見于山川, 地也.〕"라는 구절에서 따온 것이다. 《입재집》 권4 〈옥동제영(玉洞題詠)〉 19수 중 〈신견강(神見岡)〉에 "시험 삼아 천 길 높은 산을 보니, 네게서 정신이 발현하네.〔試看千仞峻, 於爾發精神.〕"라고 하였다.

102 방류(方流) : 《입재집》 권4 〈옥동제영(玉洞題詠)〉 19수 중 〈방류도(方流渡)〉에 "만약 옥이 나지 않으면 흐르는 물이 어찌 방정하게 흐르겠는가.〔若非有玉出, 逝水曷方流?〕"라고 하였다.

103 장명(鏘鳴) : 《예기(禮記)》 〈옥조(玉藻)〉에 "옛날의 군자는 반드시 띠에 옥을 찼다. 오른쪽에는 치(徵)・각(角) 소리가 나는 옥을 차고, 왼쪽에는 궁(宮)・우(羽) 소리가 나는 옥을 찼다.……이렇게 한 후에야 옥소리가 아름답고 맑게 울린다. 그러므로 군자가 수레에 타고 있을 때에는 수레에 단 방울 소리를 듣고, 걸어갈 때에는 허리에 찬 옥이 울린다. 이런 까닭에 그릇되고 치우친 마음이 들어오지 않는다.〔古之君子必佩玉. 右徵角, 左宮羽.……然後玉鏘鳴也. 故君子在車則聞鸞和之聲, 行則鳴佩玉. 是以非辟之心無自入也.〕"라는 구절에서 따온 것이다.

104 홍기(虹氣) : 《예기(禮記)》 〈빙의(聘義)〉에서 옥을 비유하면서 "기운이 흰 무지개와 같음은 하늘〔天〕이다.〔氣如白虹, 天也.〕"라는 구절에서 따온 것이다.

105 사마(沙磨) : 《입재집》 권4 〈옥동제영(玉洞題詠)〉 19수 중 〈사마정(沙磨汀)〉에 "옥이 윤택함을 구하지 않는다면, 어디에서 이런 모래가 있게 되었을까.〔不有玉求潤, 何從有此沙?〕"라고 하였다.

106 석공(石攻) : 《시경》 〈학명(鶴鳴)〉의 "다른 산의 돌이 숫돌이 될 수 있다.…… 다른 산의 돌이 옥을 갈 수 있다.〔他山之石, 可以爲錯.……他山之石, 可以攻玉.〕"라는 구절에서 따온 것이다.

107 산현(山玄) : 《예기(禮記)》 〈옥조(玉藻)〉에 "공후(公侯)는 산현옥(山玄玉)을

로, 바위는 '수창(水蒼)'[108]으로, 들판은 '개운(開雲)'[109]으로, 골짜기는 '생연(生烟)'[110]으로, 마을은 '비덕(比德)'[111]으로, 암자는 '밀리(密理)'[112]로 이름한 것도 옥에서 뜻을 취한 것이다.

차고 주조(朱組)의 인끈을 늘어뜨린다.〔公侯佩山玄玉而朱組綬.〕"라는 구절에서 따온 것이다.

108 수창(水蒼) : 《예기(禮記)》 〈옥조(玉藻)〉에 "대부(大夫)는 수창옥(水蒼玉)을 차고 순조(純組)의 인끈을 늘어뜨린다.〔大夫佩水蒼玉而純組綬.〕"라는 구절에서 따온 것이다.

109 개운(開雲) : 《입재집》 권4 〈옥동제영(玉洞題詠)〉 19수 중 〈개운평(開雲坪)〉에 "옥을 심은 것은 어느 해의 일인가, 이곳의 구름은 정도 많구나.〔種玉何年事? 多情此地雲.〕"라고 하였다. 종옥(種玉)은 《수신기(搜神記)》 권11에 나오는데, 양백옹(楊伯雍)이라는 사람이 3년 동안 무종산(無終山)에서 목마른 행인들에게 물을 길어다 마시게 해 준 결과, 이에 감동한 선인(仙人)으로부터 한 말의 옥 씨를 받아 수많은 미옥(美玉)을 생산하여 부유하게 되었다고 한다. 여기서는 풍년을 기원하는 의미로 사용한 것인 듯하다.

110 생연(生烟) : 옥을 생산하는 남전산(藍田山)에 날이 따뜻해지면, 옥이 땅속에 묻혀 있다가 햇볕을 받으면 아지랑이 같은 기운이 피어오른다고 한다. 이상은(李商隱)의 〈금슬(琴瑟)〉에 "창해에 달 밝으니 진주에 이슬이 맺히고, 남전에 햇볕 따뜻하니 옥돌에 이내가 일어나네.〔滄海月明珠有淚 藍田日暖玉生煙〕"라고 하였다.

111 비덕(比德) : 《예기》 〈빙의(聘義)〉에 "예전에 군자는 덕을 옥에 비유하였다.〔夫昔者君子比德於玉焉〕"라는 구절에서 따온 것이다. 《입재집》 권4 〈옥동제영(玉洞題詠)〉 19수 중 〈비덕촌(比德村)〉에 "덕이 이루어지면 무엇과 비슷한가, 밝은 한 조각 옥일세.〔德成何所似? 瑩然一片玉.〕"라고 하였다.

112 밀리(密理) : 《입재집》 권4 〈옥동제영(玉洞題詠)〉 19수 중 〈밀리암(密理庵)〉에 "우리 도가 물러나 은밀하게 감춤이 이와 동일한 이치일세.〔吾道退藏密, 與此同一理.〕"라고 하였다. 《주역(周易)》 〈계사전 상(繫辭傳上)〉에 "성인은 이로써 마음을 씻어 아무도 모르게 은밀한 곳에다 감추어 둔다.〔聖人以此洗心, 退藏於密.〕"라고 한 데서 따온 것이다.

이름 짓기가 이미 끝나고 또 그들을 위해 다음과 같이 말하였다.

무릇 우리 옥동서원의 유생들은 반드시 명칭을 돌아보고 의미를 생각하여야 한다. 온휘당(蘊輝堂)에 오를 때는 옛 군자가 수면앙배(睟面盎背)[113]한 까닭은 인의예지(仁義禮智)가 마음에 근본함이 있음으로 말미암았음을 생각해야 한다. 착로재(斲露齋)와 탁장재(琢章齋)에서 생활함에, 착로재에서는 생각을 지극히 하는 공부가 심오함을 극진히 하고 기미를 연구해서 반드시 그 이치를 얻어 만 겹의 돌을 쪼개어 좋은 옥을 얻은 듯함이 있은 뒤라야 비로소 그만두게 하며, 탁장재에서는 스스로 닦는 공부가 맹렬히 반성하고 통렬히 제거하여 반드시 그 선함을 회복하여 만 일(鎰)의 옥을 쪼아 아름다운 제기를 만들 듯함이 있은 뒤라야 비로소 그만두게 해야 한다. 선철(先哲)의 아름다운 규범을 우러르고 참 앎과 실천이 이와 같다면 이는 진실로 보물을 품은〔懷寶〕 사람이 되니, 마음속에 쌓여서 겉으로 드러난 것이 윤택(潤澤)하면서도 치밀〔縝密〕할 수 있다. 그래서 끝내 발월(發越 보통 범위를 초탈함)하거나 동탕(動盪)하여 빛나지 않는 바가 없음에 이르고, 그 소리가 맑고 드날려 길게 가는 것도 또한 하나의 옥일 뿐이다. 이것으로 말미암아 세 분

113 수면앙배(睟面盎背) : 얼굴에 윤택하게 드러나고 등에 가득 차 넘친다는 말로서, 군자의 내면에 축적된 것들이 넘쳐서 몸으로 드러난 것을 말한다. 《맹자》 〈진심상(盡心上)〉에 "군자의 본성은 인의예지가 마음속에 뿌리하여, 그 드러나는 빛이 얼굴에 윤택하게 나타나고 등에 가득하게 나타난다.〔君子所性, 仁義禮智根於心, 其生色也 睟然見於面, 盎於背〕" 하였다.

현인의 뒤를 따르며, 또 이것으로 말미암아 선생의 경륜을 내 마음에 쌓아서 알맞은 때에 쓰일 것을 기다린다면 어찌 다만 화씨벽(和氏璧)과 같을 뿐이겠는가.

동부 여러 경관의 경우 그 형상이 비록 동일하지 않지만, 요컨대 모두 옥과 분리되지 않아 곳곳마다 기이함을 드러내고 지경마다 기이함을 드러내는 것이 걸핏하면 절차탁마의 뜻을 일으키고, 패옥(佩玉)을 차는 마음[114]을 붙일 수 있으니, 곧 형황(珩璜)[115]이 서로 부딪치고 궁우(宮羽)[116]가 다투어 우는 것과 같아서 돌아보거나 생활하는 사이에 사람의 그릇되고 치우친 마음을 금한다.

나는 이 동부에 들어가는 사람이 쓸모없는 수석으로 보지 말고 원컨대 한결같이 옥으로 본다면 그 처음에는 눈이 닿는 바

114 패옥(佩玉)을 차는 마음 : 《예기(禮記)》 〈곡례 하(曲禮下)〉 "임금이 별다른 변고가 없으면 옥(玉)을 몸에서 떼어 놓지 않는다.〔君無故, 玉不去身.〕"라고 하였는데 대전(大全)의 주석에 "옛날 군자는 반드시 옥을 차니 오른쪽은 치(徵)와 각(角)을 왼쪽은 궁(宮)과 우(羽)를 차서 채제(采薺)의 곡조로 종종걸음 치고 사하(肆夏)의 곡조로 걸어가는 것이다. 이런 까닭에 몸에서 떼어 놓지 않으니 단지 장식하는 것이 아니며 맑게 울리는 옥소리가 오음(五音)에 맞아서 음악에 가까운 것이다.〔古之君子必佩玉, 右徵角左宮羽, 趨以采薺, 行以肆夏. 故不去身, 非特爲飾, 亦有玉聲鏘鳴, 中於五音, 近於樂也.〕"라고 하였다.

115 형황(珩璜) : 형은 패옥(佩玉)의 윗부분에 있는 옥이고, 황은 아랫부분에 있는 옥으로 고관의 패옥이다.

116 궁우(宮羽) : 고대의 오음계에 속하는 음계로, 각각 낮고 무거운 소리를 의미한다. 《예기(禮記)》 〈옥조(玉藻)〉에 "옛날의 군자는 반드시 띠에 옥을 찼다. 오른쪽에는 치(徵)·각(角) 소리가 나는 옥을 차고, 왼쪽에는 궁(宮)·우(羽) 소리가 나는 옥을 찼다.〔古之君子必佩玉. 右徵角, 左宮羽.〕"라고 하였다.

가 옥이고, 귀로 듣는 바가 옥이고, 몸이 생활하는 바 또한 옥이며, 그 끝에 이르러서는 자신의 마음 또한 깨닫지 못한 사이에 어느덧 한 조각 옥이 되어 겉과 속이 빛나고 온 몸이 옥처럼 이루어지지 않음이 없어 참으로 옥 같은 사람이 됨은 필연적이다. 옛날에 이른바 '옥인(玉人)'이란 것을 내가 장차 옥동서원에서 볼 것이다. 여러분은 어떻게 생각하시는가.

모두들 "좋다."라고 하였다.

마침내 시에 능한 여러 사람들과 이름 붙인 여러 곳에 나아가 각각 오언, 칠언 시를 지어[117] 후세의 볼거리로 삼는다.

117 오언……지어 : 《입재집》 권4에 정종로가 병인년(1806, 순조6)에 지은 〈옥동제영(玉洞題詠)〉 19수가 있다.

개암정[118] 중건기
開巖亭重建記

상주의 동쪽 낙동강 언덕에 바위가 푸르게 우뚝이 서 있는데, 그 가운데 가로로 쪼개진 것이 입을 벌린 형상 같다. 지난 선조(宣祖) 시대에 부제학(副提學) 김 선생(金先生)이 낙동강 가 창응봉(蒼鷹峯) 아래에 거처를 정하고 이 바위와 마주하여 정자 한 채를 짓고 개암(開巖)이라 이름하고 인하여 자호로 삼았다. 대개 그 형상의 기이함을 기뻐한 것이다. 이에 노래 한 곡을 지어[119] 이르기를,

"묻노니, 너 바위가 입을 벌린 것은 무엇 때문인가?
혹 만경창파를 다 들이마시려는 것인가.
사람들이 번복(飜覆)함 많음에
나 또한 실소를 금치 못하겠네."[120]

118 개암정 : 김우굉(金宇宏, 1524~1590)이 1562년(명종17) 11월, 상주 개암(開巖) 곁에 지은 정자이다. 그의 본관(本貫)은 의성(義城), 자(字)는 경부(敬夫), 호는 개암(開巖)이다. 김우옹(金宇顒, 1540~1603)의 형이며, 이황의 문인으로 1542년 향시에 수석 합격하고, 1552년 사마시(司馬試)에도 수석으로 합격하였다. 여러 관직을 두루 지내다가 1589년 관직에서 물러나 고향 성주로 돌아갔다. 저술로 《서행일기(西行日記)》와 《개암집》이 있다. 상주 속수서원(涑水書院)에 제향되었다.

119 노래……지어 : 한글 연시조인 '개암십이곡(開巖十二曲)'으로, 현재 8곡만이 전해지고 있는데 첫 번째 곡이 '개암'이다. 2016년 10월 15일 경북 상주시 중동면 회상리에 개암십이곡 시비(詩碑) 제막식이 있었다.

라고 하였으니, 이는 뜻을 붙인 심오함과 흥을 의탁한 원대함은 쉽게 엿보아 헤아리지 못할 것이 있다. 얼마 후 선생이 돌아가시고 이어서 임진·계사의 난에 병화(兵火)에 불타 정자가 터만 남은 것이 오래되었다.

선생의 증손 외서암공(畏棲菴公)[121]이 비로소 다시 와서 거주하면서 중건하고자 도모하였으나 힘이 미치지 못하였다. 지금에 이르러 원근의 선비들이 남은 자취를 손가락으로 가리키며 탄식하지 않음이 없었다. 지금 선생의 8세손 승선령(承宣令) 희주(熙周)[122]가 서주(西州 함길도(咸吉道)) 관찰사를 하면서 봉록을 덜어 창의(倡議)하고 낙동강 가의 여러 종친들과 힘을 모아 기둥 약간을 세웠다. 공사가 이미 끝나자 나에게 한마디 말로 그 일을 기록

120 묻노니……못하겠네 : 이 번역은 정종로가 한역한 것을 번역한 것이다. 한글 원문은 김우굉의 증손인 김추임(金秋任, 1592~1654)이 편찬한 《개호잡록(開湖雜錄)》과 후손 김진동(金鎭東, 1727~1800)이 편찬한 《추모록(追慕錄)》에 보이는데, "문노라 버리바회야 엇지ᄒᆞ여 버런ᄂᆞᆫ다 萬頃蒼波水ᄅᆞᆯ 다 마시랴 버런ᄂᆞᆫ다 우리도 人間飜覆 몬내 우셔 버런로라."라고 되어 있다. 《조해숙, 전승과 향유를 통해 본 개암십이곡의 성격과 의미, 국어국문학 제133권, 261쪽》

121 외서암공(畏棲菴公) : 김추임(金秋任, 1592~1654)으로, 자는 만설(萬說)이며, 외서암은 그의 호이다. 희릉(禧陵) 참봉을 지냈고, 만년에 개암(開巖)의 옛터에 건물을 짓고 그 서재를 외서(畏棲)이라 하였다.

122 희주(熙周) : 김희주(金熙周, 1760~1830)로 자는 공목(公穆), 호는 갈천(葛川)이며, 매헌(梅軒) 권사민(權士敏, 1557~1634)과 이상정(李象靖)의 문인이다. 1795년(정조19)에 문과에 급제하였으며, 대사간과 함길도 관찰사를 역임하였다. 저서로는 《갈천집》이 있다. 《갈천집》 권7에 〈개암정상량문(開巖亭上樑文)〉이 있다. 《입재집》 권44에 김희주의 행장인 〈증조봉대부사헌부지평김공행장(贈朝奉大夫司憲府持平金公行狀)〉이 있다.

해 줄 것을 부탁하였다.

나는 생각건대, 선생이 유술(儒術)을 품고 밝은 시대 만났으니, 그 연원이 있는 학문과 경륜이 있는 업적과 보불(黼黻) 같은 문장은 어디에 시행한들 불가하겠는가. 그러나 벼슬하기 전부터 비분강개하여 많은 선비를 거느리고 요승(妖僧)[123]을 참수할 것을 청하니, 강직하다고 칭송하였다. 조정에 벼슬함에 이르러서도 이 도를 지킴이 변하지 않아 끝내 시대에 거슬리어 그 포부를 끝까지 펼치지 못하게 되니, 이에 초연히 멀리 떠나 높은 벼슬을 마치 뜬구름처럼 보고 강호(江湖)의 사이에서 거닐며 생활하고 스스로 즐거워하며 그 세상을 마쳤다. 이 정자를 둘러싼 사방의 경물이 또 기이하고 빼어남을 드러내지 않음이 없었다. 십 리 동천(洞天) 가운데 그 흐르는 물과 대치해 있는 산을 따질 것 없이 취하여 호로 삼을 만한 것이 많았다. 그런데 이에 유독 평범하게 입을 벌리고 있는 바위에 느끼고 깨달은 바가 있어 노래에 형상함이 이와 같음에 이르렀다. 이는 그의 뜻을 붙이고 홍을 의탁함이 심원함을 진실로 감히 엿보고 헤아릴 수 없는 것이다. 그러나 망녕된

123 요승(妖僧) : 보우(普雨, ?~1565)로, 호는 허응당(虛應堂)·나암(懶菴)이다. 명종 3년(1548) 문정왕후의 두터운 신임을 얻어 봉은사(奉恩寺) 주지가 되었다. 《개암집》 권4의 권상일(權相一)이 지은 〈유명조선국통정대부행홍문관부제학지제교겸경정참찬관춘추관수찬관개암선생김공행장(有明朝鮮國通政大夫行弘文館副提學知製教兼經筵參贊官春秋館修撰官開巖先生金公行狀)〉에는 1565년(명종20) 경상도의 여러 선비들에게 통문을 돌려 소를 작성하고 1개월간 궁궐에 엎드려 탄핵하는 소를 22번이나 올렸으나 받아들여지지 않아 귀향하였다고 하였다. 《개암집》 권2에는 〈청참보우(請斬普雨)〉 5편만 실려 있다.

나는 선생의 큰 안목과 큰 흉금은 아마 반드시 이 '개(開)'라는 한 글자에서 취함이 있을 것이라 생각한다.

대개 천지가 비로소 열려 이 사람을 낳을 때부터 이미 이 마음이 안에서 열리고 이목구비가 밖에서 열리게 하였으니, 그 신령함은 만물의 최고가 된다. 그러나 기품과 물욕에 가려지게 되어 일찍이 저 바위가 만고토록 항상 벌리고 있는 것만 같지 못하니, 이는 이미 선생이 느끼고 깨달은 것이다. 게다가 저 바위가 벌린 것은 비록 만경창파를 들이마시는 듯하지만 실제로는 들이마시는 바가 있은 적이 없으니, 들이마시는 것은 또한 상관이 없다. 이에 이 마음과 이목구비의 열림 같은 경우는 성인으로 말해 보면 맑고 밝으며 참되고 깨끗함이 지극하여 애초에 털끝만큼의 가려짐도 없다. 그런 까닭으로 그 고요할 때는 명경지수(明鏡止水)의 체(體)가 되어 온갖 이치가 빽빽이 갖추어지니, 천지가 이 때문에 제자리를 얻는다. 이때는 오직 마음이 안에서 열리는 것이 고요할 뿐만 아니라 이목구비가 밖에서 열리는 것도 또한 따라서 고요하여 인위적으로 하는 바가 있지 않다. 그 움직일 때는 명경지수의 용(用)이 되어 하나의 이치가 유행하니, 만물이 이 때문에 길러진다. 이때는 오직 안에서 열리는 것이 움직일 뿐만 아니라 밖에서 열리는 것도 또한 따라서 움직이게 되어 오직 그 마땅한 바가 된다. 이는 모두 절로 그러함에서 나온 것이지 억지로 함을 기다린 것은 없다. 대저 성인이 이와 같이 하는 것은 가려진 바가 없이 홀로 그 열림에 완전함을 얻었기 때문이 아니겠는가.

이에 또 뭇사람들 가운데 가려진 바가 있는 사람을 위하여 여는 기술을 알려 주어 반드시 다 제거케 한 뒤에 그만두게 하니,

진실로 다 제거한 뒤에 그만둘 수 있다면 하늘이 그 처음에 열어 준 바가 이에 그 본연의 성을 회복하여 성인과의 차이가 거의 없을 것이며, 앞으로의 길이 또 가는 곳마다 활짝 열리지 않은 곳이 없을 것이다. 은거하여 후생을 가르칠 때는 보통의 재주로 보통도 안 되고 재주도 없는 사람을 기르며, 선지(先知) 선각(先覺)으로 후지(後知) 후각(後覺)을 깨우치는 것이 나의 열림을 미루어 남을 열어 주는 것이 아님이 없다. 벼슬에 나가 임금에게 말할 때는 그 마음을 열어 임금의 마음을 적셔 주어[124] 조정이 바르게 되고 사방이 태평스럽게 되는 것도 또한 나의 열림을 미루어 남을 열어 주는 것이 아님이 없다. 이는 후학을 열어 주고 태평시대를 열어 주는 것이 어찌 이 '개(開)' 자가 내포한 뜻이 아니겠는가. 오직 이 도리가 열리지 않아 인간 세상은 저같이 번복함이 많으니, 선생의 큰 안목과 큰 흉금으로 홀로 서서 굽어봄에 실소를 금치 못할 것이 마땅하다. 아, 선생이 느끼고 깨달은 바가 이에 이른 것이 또 몇 번이었겠는가.

나는 후에 태어난 사람이기에 선생이 이 '개(開)'에 대해 조예가 어떠하였는지 알지 못하지만 정자를 이름하고 스스로 호를 삼은 뜻으로 보건대, 혹 이와 같은 것이 있는 듯하다. 그런 까닭으로 승선령(承宣令)의 부탁으로 인하여 감히 위와 같이 말하여 대답한다. 승선령 또한 여는 방법에 종사하는 사람임은 다른 것은

124 그……주어 : 자기의 마음을 다하여 임금을 보좌하는 것으로, 《서경》 〈열명 상〉의 "네 마음을 열어서 나의 마음을 적셔 다오.〔啓乃心, 沃朕心.〕"라는 말에서 나온 말이다.

논할 것도 없고 이 조상의 뜻을 계승하여 정자를 중건한 한 가지 일에 나아가면 또한 알 수 있다.

나는 바라건대, 이 정자에 와서 노니는 사람들은 자손이나 사림을 따질 것 없이 다만 올라와 멀리 바라보는 것만 즐거움으로 여기지 말고 선생의 호탕한 노래 가운데 서로 참여하여 완미하며 그 안과 밖에 가려진 바를 제거하여 그 본연의 성이 열림을 회복할 수 있다면 어찌 더욱 크게 좋지 않겠는가.

용천정사[125] 중건기

龍泉精舍重建記

동계(桐溪) 정 선생(鄭先生)이 그 어머니를 아림(娥林 거창(居昌)) 용천(龍泉)에 장례 지내고, 무덤 아래에 정사(精舍)를 건축하여 날마다 성묘하며 바라보고 의지할 곳으로 삼았으니, 대개 주자(朱子)의 한천정사(寒泉精舍)[126] 고사를 본뜬 것이다. 비록 3년상이 끝난 뒤에도 거처를 왕래하며 종신토록 사모하는 정을 붙인 것이 합하여 모두 7년이었다. 선생이 돌아가시자 또 그 어머니의 묘수 계단 아래에 선생의 묘소를 썼으니, 정사가 이 때문에 더욱 중해져 다만 자손이 보호하여 지킴에 오직 삼갈 뿐만 아니라 사림도 또한 높이고 보호하지 않음이 없었다. 무신년(1728, 영조4)[127] 이

125 용천정사 : 거창군 가북면 용산동에 있는데, 동계(桐溪) 정온(鄭蘊, 1569~1641)이 시묘하면서 지은 정사이다. 경오년(1810) 중건하여 국천례(菊薦禮)를 거행하였다. 《입재집》 권5에 〈경차동계정선생용천정사중건운(敬次桐溪鄭先生龍泉精舍重建韻)〉이 있고, 《입재집》 권31에 〈동계정선생용천묘소사림제향고유문(桐溪鄭先生龍泉墓所士林祭享告由文)〉이 있다.

126 주자(朱子)의 한천정사(寒泉精舍) : 주자가 모친의 장사를 치른 뒤에 한천정사를 지었다. 한천은 《시경》 〈개풍(凱風)〉에 나오는 말로, 자식이 어버이를 잘못 섬긴 것을 자책하는 의미가 있다. 《주자연보》에 의하면, 경인년(1170) 1월에 모친 축유인(祝孺人)을 건양현(建陽縣) 뒷산 천호(天湖)의 양지에 장사 지내고 그곳을 한천오(寒泉塢)라고 명명했다고 한다.

127 무신년 : 무신란(戊申亂)이 일어난 해이다. 무신란은 1728년(영조4) 3월에 소론의 급진 세력과 일부 남인 세력이 주동이 되어 영조를 제거하고 집권 노론을 타도

후로 남은 후손들이 잔파(殘破)되어 계속하여 제사를 받들 수 없었고 정사도 또한 따라서 허물어졌다. 지금 다만 푸른 안개와 흰 이슬이 낀 빈 터만 있으니, 무릇 선생을 우러러 흠모하는 우리 무리 가운데 누군들 그 때문에 개연히 슬퍼하며 중건하고자 생각하지 않았겠는가. 그러나 힘이 약하여 할 수 없었다.

다행스럽게도 선생이 제향된 서원에서부터 먼저 사림이 묘소에서 제향할 논의를 발하였다. 본부(本府)의 부사 김인순(金麟淳)[128] 후(侯)는 청음(淸陰) 문정공(文正公 김상헌(金尙憲))의 빛나는 후손으로 그가 부임하여 수레에서 내리던 처음에 곧바로 선생의 묘소에 공경히 배알하여 그 땅을 직접 보고 이 의논을 직접 듣고는 애통해하면서 가상하게 여긴 바가 크게 있었다. 다만 이를 권면하여 이루게 할 뿐만 아니라 또 정사를 중건하게 하고 힘을 다해 그 비용을 보조하였다. 이에 원근의 선비들이 귀 기울여 듣고서 수레바퀴 살처럼 모이고 메아리처럼 응하여 드디어 모은 바의 재물로 옛터에 나아가 정사를 지으니, 정사는 모두 네 칸이었다. 그 좌우에 방을 두고 그 가운데는 당을 두었으며, 툇마루를 앞으로 내어 재숙(齋宿)[129]하며 제향하는 장소로 삼게 하였으니, 매우 성

한 다음 소론과 남인 연합 정권을 세우기 위해 일으킨 반란으로 호남의 박필현(朴弼顯), 호서의 이인좌(李麟佐), 영남의 정희량(鄭希亮)이 주동이 되었다. 무신란은 반란의 대표적 인물의 이름을 따서 이인좌의 난이라 부르기도 한다.

128 김인순(金麟淳) : 본관은 안동, 자는 인서(仁瑞)이다. 미호(渼湖) 김원행(金元行)의 백형 김성행(金省行)의 아들인 김이장(金履長)의 셋째 아들인데, 출계하여 미호의 차남 김이직(金履直)의 아들로 입계되었다. 《동계집(桐溪集)》 속집 권3 부록(附錄)에 김인순이 쓴 〈용천정사편액기(龍泉精舍扁額記)〉가 있다.

대한 일이었다.

대저 선생의 해를 꿰뚫는 순수한 충정[130]과 동해에 빠지려는 큰 절개[131]는 비록 평소 지팡이 짚고 두루 노닐던 곳에서도 그분이 남긴 아름다운 향기가 오히려 후인들이 사모하는 바가 되어 모두 보호할 방도를 도모하였다. 하물며 이 정사는 바로 그 당시에 선생이 직접 지어 아침저녁으로 어머니를 그리워하던 묘막(墓幕)으로, 창문 하나 난간 하나도 어버이를 그리워하며 눈물 흘린 흔적이 아님이 없음에랴.

비록 완성되고 허물어짐에 운수가 있으니, 지금 비로소 옛 모습 그대로 할 수 있었으나 만약 부백(府伯)이 사람의 마음을 고무하고 흥기하여 즐거이 일에 달려가게 하지 않았더라면, 거의 100년 동안 황폐하고 적막한 끝에 그 어찌 하루아침에 우뚝하고 성대한 아름다움이 이와 같을 수 있겠는가. 한스럽게도 나는 늙고 병들어 일을 감독하는 끝자리에도 가서 참여할 길이 없고 앉아서 건물이 완성될 날만 상상하니, 많은 선비들이 여기에 다 모여 우러러보고 굽어보며 멀리 바라봄에 완연히 선생이 당우(堂宇)의 사이에 엄연히 계시는 듯할 것이다. 배를 칼로 찌른 모습[132]과 피

129 재숙(齋宿) : 제관(祭官)이 재실(齋室)에서 재계(齋戒)하는 것을 말한다.

130 해를……충정 : 의사의 충정이 하늘까지 감응시켜 무지개가 떠오르는 것을 가리키는 것으로, 전국 시대에 자객 섭정(聶政)이 한괴(韓傀)를 죽일 때와 자객 형가(荊軻)가 연(燕)나라 태자 단(丹)의 의리를 사모하여 진왕(秦王)을 죽이려고 떠날 때에 모두 흰 무지개가 태양을 꿰뚫었다고 한다. 《戰國策 魏策4》

131 동해에……절개 : 앞의 주 82 '노연자(魯連子)' 참고.

132 배를……모습 : 앞의 주 84 '칼로……일' 참고.

를 흘린 모습이 다만 이곳에 있어 일찍이 천 년이란 세월이 길다는 것도 깨닫지 못했으니, 사람들이 감발하고 격앙해서 훗날 충성과 효도를 다하여 신하와 자식의 분수를 다하고자 생각하는 것이 혹 다함이 있겠는가. 아, 아름답도다.

또 선생의 충성스럽고 굳센 혼백이 약오씨(若敖氏)의 귀신[133]이 됨을 면치 못한 것, 이는 더욱 뜻있는 선비들이 함께 눈물 흘리는 점이다. 이에 우리 선대왕〔정조〕께서 특별히 마음 쓰시어 이미 제사와 시를 내리시고 또 그 주손(胄孫)에게 벼슬을 내려 한 시대에 영광스럽게 제향할 수 있게 하였다. 그러나 주손이 거처하는 바가 매우 멀어 영구히 요전(澆奠)[134]함이 쉽지 않으니, 설령 할 수 있더라도 선비들이 흠모함을 붙이고 정성을 다하는 도에 있어서는 다만 그만둘 수가 없다. 또 도동서원(道東書院)[135]과 오산서원(吳山書院)[136] 같은 기존의 예가 선배들이 의리로 홍기한 예

133 약오씨(若敖氏)의 귀신 : 후손의 제사를 받지 못함을 말한다. 춘추 시대 초(楚)나라 월초(越椒)가 태어났을 때, 영윤(令尹) 자문(子文)이 "이 아이의 형상은 웅호(熊虎)와 같고 음성은 시랑(豺狼)과 같으니, 죽이지 않으면 반드시 우리 약오씨(若敖氏)를 멸망시킬 것이다."라고 하였는데, 후에 과연 초왕(楚王)을 공격하다가 실패하여 약오씨가 멸족됨으로써 제사 지낼 후손이 끊겨 그 귀신들이 굶주리게 되었다. 《春秋左氏傳 宣公2年》 약오는 초 무왕(楚武王)의 조부인데, 그 후손이 약오씨가 되었다.

134 요전(澆奠) : 장사 지내기 전에 빈소(殯所)에 간단한 술과 과실을 드리는 예식(禮式)이다.

135 도동서원(道東書院) : 1604년(선조37)에 대구시 달성군 구지면 도동리에 건립되어, 김굉필(金宏弼)을 배향하고 있다.

136 오산서원(吳山書院) : 1574년(선조7)에 경북 구미에 창건되어 길재(吉再)의

(禮)에서 나옴이 있으니, 백 세대를 기다리더라도 미혹되지 않을 수 있다. 그런 까닭으로 장차 이를 본떠 시행하되 그날은 중구절로 하고 국화주를 들어 제사할 것이니, 이 또한 황화(黃花)로 백이(伯夷)를 제사 지낸 뜻이다.[137] 그러나 어찌 그때에 이 몸이 가서 여러 유생들과 함께 제사 지내는 곳으로 치달려 가서 크게 우러러 흠모하는 마음을 조금이나마 붙일 수 있겠는가. 윤동야(尹東野)[138] 군이 바야흐로 그 일을 맡아보면서 나에게 한마디 말을 해 줄 것을 부탁하였다. 사양했으나 받아들여지지 않아 삼가 위와 같이 쓴다.

위패를 모셨다. 1609년(광해군1)에 사액서원이 되었으나, 1868년(고종5) 흥선대원군의 서원철폐령으로 없어졌다.

137 그날은……뜻이다 : 《동계선생연보》에 "1810년(순조10) 용천정사(龍泉精舍)를 중건하여 국천례(菊薦禮)를 거행하였다."라고 하고, 그 아래 주에 "중구일(重九日)에 국화주를 올렸으니, 이는 야은(冶隱) 길재(吉再) 선생이 황화(黃花)로 백이(伯夷)를 제사 지낸 뜻을 취한 것이다."라는 내용이 있다.

138 윤동야(尹東野) : 1757~1827. 본관은 파평(坡平), 자는 맹교(孟郊), 호는 현와(弦窩)이며, 최흥원(崔興遠), 정종로(鄭宗魯)의 문인이다. 거창 남하에 거주하며 용천정사(龍泉精舍)를 중심으로 당대 영남 지역의 문인들과 교유하며 많은 글을 지었다. 저서에 《현와집》이 있다.

체화당서원[139] 중수기

棣華堂書院重修記

세상에서 형제를 아가위꽃〔棣華〕에 비유하는 것은 주공(周公)이 상체(常棣)[140] 시를 지은 데서 시작하였으니, 대개 같은 뿌리에서 나서 가지가 나뉘어 꽃이 피지만 한 기운이 서로 연결되어 꽃들이 서로 빛나는 것이 진실로 사람의 형제와 닮았다. 그러나 이름난 동산 가운데서 신령한 뿌리가 맺히고 고운 햇볕 아래에서 무성한 가지를 뽑아 곱게 핀 그 꽃이 이 땅 안에서 빛나는 것의 경우, 이 어찌 사람마다 모두 비유할 수 있겠는가. 이런 까닭으로 주나라 여덟 선비[141]와 한나라 순씨 8형제[142] 같은 경우는 그 꽃다

139 체화당서원 : 교하 노씨(交河 盧氏) 4형제 송헌(松軒) 계원(繼元, 1532~1586), 국헌(菊軒) 준원(俊元, 1533~1592), 매헌(梅軒) 종원(從元, 1535~1583), 죽헌(竹軒) 일원(一元, 1539~1611)을 배향하는 서원이다. 이 4형제는 효우(孝友)가 지극하여 당시의 영의정 유성룡(柳成龍)이 그 실상을 선조에게 아뢰니 어필서(御筆書)로 '체화당(棣華堂)'이라는 편액을 내려 이것이 당호(堂號)가 되었다. 그 뒤 임진왜란 때 소실되자 1701년(숙종27)에 후손들이 남일면 가산리에 사당을 세우고 '체화당사'라 명명하였다. 그러나 이 사당은 1871년(고종 8)에 철폐되었다. 1967년 충북 청원군 남일면 신송리에 중건하였다.

140 상체(常棣) : 형제간의 우애를 읊은 《시경》 〈상체(常棣)〉 편을 말하는 것으로, "활짝 핀 아가위꽃, 얼마나 곱고 아름다운가. 지금 어떤 사람들도 형제만 한 이는 없지.〔常棣之華, 鄂不韡韡? 凡今之人, 莫如兄弟.〕"라고 하였다.

141 주나라 여덟 선비 : 《논어》 〈미자(微子)〉에 "주나라에 여덟 명의 선비가 있었으니, 백달, 백괄, 중돌, 중홀, 숙야, 숙하, 계수, 계왜이다.〔周有八士 : 伯達, 伯适, 仲突, 仲忽, 叔夜, 叔夏, 季隨, 季騧.〕"라고 한 말이 있는데, 그 주에 "한 어머니가

운 명성과 빼어난 문채가 화려하게 천하에 드러났으며, 우리 동방으로 말하자면 풍산(豐山) 김씨의 오계팔련(五桂八蓮)[143]과 남양(南陽) 홍씨의 이련삼계(二蓮三桂),[144] 그리고 형제가 혹 다섯 명이거나 혹은 네 명이면서 모두 훌륭하여 과거에 나란히 합격한 경우는 대개 한 세대에는 많지 않다. 이와 같은 사람이라야 비로소 체화(棣華)라고 이름하여 나라 안에 빛남이 있다. 그러나 황비(黃扉)[145]가 임금께 주청(奏請)하여 어필로 그 당호를 내려 주는 은전을 받았다는 것은 또한 듣지 못했으니, 이 또한 한 세대에는 절대 없는 것이다. 지금 교하(交河) 노씨(盧氏) 체화당(棣華堂)의

네 번 생산하여 여덟 아들을 낳았다.〔一母四乳而生八子也〕"라고 하였다.

142 한나라 순씨 8형제 : 후한(後漢) 순숙(荀淑)의 여덟 아들인 순검(荀儉), 순곤(荀緄), 순정(荀靖), 순도(荀燾), 순왕(荀汪), 순상(荀爽), 순숙(荀肅), 순전(荀專)을 가리킨다. 이 여덟 사람이 모두 재덕(才德)이 출중하였기 때문에 당시에 순씨팔룡(荀氏八龍)이라고 일컬었다.《後漢書 荀淑列傳》뒷날 다른 사람의 재주 있는 자제를 일컫는 말로 쓰이게 되었다.

143 오계팔련(五桂八蓮) : 풍산 김씨 김대현(金大賢, 1553~1602)의 9형제 중 8형제 모두 사마시에 합격했으며, 이 가운데 5형제가 문과에 급제하자 인조가 이들 가문을 '팔련오계(八蓮五桂)'라고 칭하면서, 마을 이름을 오미동(五美洞)으로 하사한 고사가 있다. 문과 급제 5형제는 장남 김봉조(金奉祖, 1572~1630), 차남 김영조(金榮祖, 1577~1648), 5남 김연조(金延祖, 1585~1613), 6남 김응조(金應祖, 1587~1667), 9남 김숭조(金崇祖, 1598~1632)이며, 나머지 3형제는 3남 김창조(金昌祖, 1581~1637), 4남 김경조(金慶祖, 1583~1645), 7남 김염조(金念祖, 1589~1652)이다. 8남 김술조(金述祖, 1595~1611)는 단명하였다.

144 이련삼계(二蓮三桂) : 자세하지 않다.

145 황비(黃扉) : 정승을 뜻한다. 옛날 승상이나 삼공(三公) 등 고관(高官)의 집 문에는 황색 칠을 한 데서 유래하였다. 당시 영의정이었던 유성룡(柳成龍)을 말한다.

사적(事蹟)을 보고 나도 모르게 무릎을 치며 감탄하였다. 아, 어찌 성대하지 않은가.

처음 목사공(牧使公)이 퇴도(退陶) 노선생의 문하에서 공부하였는데, 훌륭한 제자라고 일컬어졌다.[146] 아들 네 사람이 있었는데, 모두 효성과 우애가 독실하고 학문이 도타웠다. 형제가 한 방에서 같이 생활하였는데 늙어 백발이 되어서도 잠자고 먹을 때 반드시 이불과 침상을 함께하며, 하루도 형제를 떠나 멀리 놀러 간 적이 없었다. 그러니 서로 돌아보고 그리워하며 어루만지고 사랑함이 비록 춘진(春津)[147] 형제가 취했을 때 부축하고 저녁밥을 기다려 함께 먹었던 것이라도 이보다 나을 수 없을 것이다. 성대한 화기애애함[148]이 당시에 소문이 났다. 그래서 서애(西厓) 유

146 목사공(牧使公)이……일컬어졌다 : 네 공의 아버지는 노경기(盧景麒)인데, 《도산급문제현록(陶山及門諸賢錄)》에 그의 이름이 없고, 어유봉(魚有鳳, 1672~1744)의 《기원집(杞園集)》 권25 〈체화당노공사형제행장(棣華堂盧公四兄弟行狀)〉에 "주부(主簿 世輔)가 진사 휘 경기를 낳으니, 곧 공의 아버지이다.……불행하게 일찍 세상을 떠났다.〔主簿生進士諱景麒, 卽公之考也.……不幸早世.〕"라고 하여 목사 벼슬에 관한 기록도 없다. 정종로가 어디에 근거한 말인지 자세하지 않다.

147 춘진(春津) : 남북조 시대 후위(後魏)의 양춘(楊椿)과 양진(楊津) 형제를 가리키는 것이기 때문에 '춘진(椿津)'이라 해야 옳다. 형제는 한집안에 살면서 서로 우애하고 공손하였다. 특히 동생 양진은 나이 60세가 넘어서도 형 양춘이 외출했다가 돌아오지 않으면 먼저 밥을 먹지 않았고, 먼저 음식을 맛본 뒤에야 형에게 바쳤으며 형의 허락이 있어야만 밥을 먹었다. 그리고 양진이 사주(肆州) 고을의 관리로 있을 적에는 철마다 좋은 음식을 형에게 보냈는데, 만약 미처 형에게 보내지 못하면 먼저 입에 대지 않았다고 한다. 《小學 實明倫》《北史 楊播列傳》

148 화기애애함 : 형제간의 도리를 말한 것으로, 《논어》〈자로(子路)〉에서 자로가 "어떻게 해야 그 사람을 선비라 부를 수 있습니까?"라고 묻자, 공자는 "간절하게 서

선생(柳先生)이 서울로 올라가는 행차에 지나가다 방문하고 며칠 머물렀으며 입시(入侍)할 때에 사실을 아뢰었다. 선조(宣祖)께서 특별히 가상히 여겨 손수 체화당(棣華堂) 3글자를 써서 당에 걸게 하고 인하여 각각 침랑을 제수하였으니, 백 세대 만에 한 번 있는 특별한 은혜였다. 그 뒤에 불행하게 임진·계사의 난에 불타 버렸으니, 원근의 지나가는 사람들이 남은 터를 손가락으로 가리키며 탄식하지 않음이 없었다.

숙종 신사년(1701, 숙종27)에 공의 자손들이 중건하여 옛 제도를 회복하고 사림들이 이 당에서 공을 제사 지내며 다시 체화당이라는 당호를 내걸었다. 완연히 네 분이 옷깃을 나란히 하여 그 위에 엄연히 임하고 임금님의 글씨를 편액으로 내걸어 밝음이 하늘로 비치는 듯하였다. 곱고 아름다운 꽃과 넉넉한 임금의 은전이 그 새로움을 빛내니, 다만 한 지방의 후손과 선비들의 경사가 될 뿐이겠는가.

금상 계유년(1813, 순조13)에 또 서로 더불어 중수하여 기와와 벽돌이 부서진 것은 보충하고 기둥과 서까래가 썩은 것은 바꾸어 웅장한 사당의 면모가 천백 세 뒤까지 오랫동안 공고할 수 있게 하였다. 이러함이 있도다, 경건히 받들고 보호하여 지킴이 무궁한 데까지 이름이여.

이해 늦봄〔3월〕 그믐에 장차 낙성하려 하여 공의 후손 면병(勉

로 책선(責善)하고 화기애애하면 선비라고 부를 수 있다. 붕우 간에 간절하게 책선하고 형제간에 화기애애하니라.〔切切偲偲, 怡怡如也, 可謂士矣. 朋友切切偲偲, 兄弟怡怡.〕"라고 하였다.

秉)[149]이 당시 청주 목사(淸州牧使) 이우겸(李宇謙) 공이 지은 사적비(事蹟碑)[150]를 가지고 와서 나에게 보여 주며 기문 짓기를 부탁하였다. 사양했으나 받아들여지지 않아 삼가 위와 같이 쓴다.

거듭 생각건대, 공의 형제 가운데 지평공(持平公)[151]은 비록 마지못해 세상에 나가 벼슬하였으나, 그 밖의 세 사람은 모두 여러 번 불렸으나 나가지 않았으니, 이는 그 동강(東岡)을 굳게 지킨 뜻[152]을 더욱 숭상할 만하다. 공의 자손 가운데 만약 다시 체화를 나란히 하여 벼슬길에 오르는 사람이 있어 이것을 법으로 삼아 물러남에 편안하고 나아감에 조급하지 않음에 한결같이 한다면, 사람들이 '어쩌면 저리도 무성한가'[153]라고 여기는 것이 마땅히 화려한 수레가 사람의 귀와 눈에 빛나는 것보다 나을 것이다. 그런 까닭으로 마음에 느낀 바를 덧붙여서 돌려보낸다.

149 면병(勉秉) : 자세하지 않다.

150 이우겸(李宇謙)……사적비(事蹟碑) : 이우겸이 짓고 성영(成泳)이 썼으며, 숙종(肅宗) 45년(1719)에 사당 옆에 세웠는데, 충청북도 기념물 제73호이다.

151 지평공(持平公) : 셋째인 노종원(盧從元, 1535~1583)으로, 자는 순백(順伯), 호는 매헌(梅軒)이다. 1561년(명종16) 식년시(式年試) 병과(丙科)에 급제하였다. 의성 현령과 지평(持平)을 지냈다.

152 동강(東岡)을……뜻 : 세상을 피해 은거함을 말함. 진(晉)나라 때 사안(謝安)이 세속을 피해 동산(東山)에 은거하였으므로, 중승(中丞) 고송(高崧)이 그에게 '누차 조정의 소명을 거절하고 동산에 높이 누워 있었다.〔高臥東山〕'고 일컬은 데서 온 말이다. 《晉書 謝安傳》

153 어쩌면 저리도 무성한가 : 《시경》 〈하피농의(何彼襛矣)〉에 "어쩌면 저리도 무성한가, 아가위꽃이로다.〔何彼襛矣, 唐棣之華.〕"라고 하였다. 이 시는 원래 천자의 딸이 제(齊)나라 제후의 아들에게 시집가는 것을 노래한 시이다. 여기서는 무성한 아가위꽃을 통해 노씨 4형제처럼 훌륭한 후손이 나올 것을 말한다.

우석당[154]기

于石堂記

우석당(于石堂)과 불환정(不換亭)[155] 그리고 옥동서원(玉洞書院)은 모두 백화산 아래에 있다. 옥동서원은 방촌옹(厖村翁)을 제향한 곳으로, 사서(沙西),[156] 축옹(畜翁),[157] 반간(槃澗)[158]을 배향하였는

154 우석당 : 황빈(黃霦)이 지은 정자이다. 그의 본관은 장수(長水), 자는 옥상(玉相), 호는 우석당이다. 홍여하(洪汝河, 1620~1674)의 처남이다. 1642년(인조20) 생원에 합격하였다.

155 불환정(不換亭) : 황덕유(黃德柔, 1596~1659)가 지은 정자이다. 《백하집(白下集)》 권9 〈선조불환정공가장(先祖不換亭公家狀)〉에 "경진년(1628, 인조6)에 의령 현감(宜寧縣監)으로 나가 있을 때……거처하는 동편에 정자를 지어 불환정이라 하였다. 대개 당나라 때 조대시의 뜻을 취한 것이다.〔庚辰出爲宜寧縣監……築亭於所居之東偏, 扁之曰不換. 蓋取唐人釣臺詩意也〕"라고 하였다. 불환(不換)은 대복고(戴復古)가 후한(後漢)의 은사(隱士) 엄자릉(嚴子陵)의 고사를 소재로 읊은 〈조대(釣臺)〉 시에 "어떤 일에도 욕심 없이 오직 하나의 낚싯대뿐, 삼공의 자리도 이 강산과 바꿀 수 없네.〔萬事無心一釣竿, 三公不換此江山.〕"라고 한 말에서 인용하였다. 《石屛詩集 卷6》 《입재집》 권41에 황덕유의 묘지명 〈호조정랑황공묘지명(戶曹正郎黃公墓誌銘)〉이 있다.

156 사서(沙西) : 전식(全湜, 1563~1642)으로, 본관은 옥천(沃川), 자는 정원(淨遠), 호는 사서(沙西), 시호는 충간(忠簡)이다. 유성룡(柳成龍), 장현광(張顯光)의 문인이다. 황뉴(黃紐)와 사돈이며, 황덕유(黃德柔, 1596~1659)의 장인이다. 광해군의 실정으로 벼슬을 단념하고 정경세(鄭經世), 이준(李埈) 등과 산수를 유람해 세칭 상사(商社)의 삼로(三老)라 일컬어졌다. 저서에 《사서집》이 있다. 상주 옥동서원(玉洞書院)에 제향되었다.

157 축옹(畜翁) : 황효헌(黃孝獻, 1491~1532)으로, 본관은 장수(長水), 자는 숙

데, 사서(沙西) 외에는 모두 방촌(厖村)의 후손이다. 불환정(不換亭)은 반간(槃澗)의 맏아들 군수공(郡守公)[159]이 지은 정자이다. 우석당(于石堂)은 곧 군수공(郡守公)의 맏아들 진사공(進士公)의 당(堂)이다. 나는 어려서부터 백화산 아래에서 노닐었기에 정자와 서원의 경우는 대개 실컷 보았으나, 유독 이른바 우석당(于石堂)이란 것은 깊은 곳에 있었기 때문에 발걸음이 이르지 못했다.

하루는 진사공(進士公)의 증손 건중(建中) 사강(士剛)[160] 씨가 공의 일을 갖추어서 나에게 다음과 같이 말하였다.

> 공은 높은 재주가 있고 문장에 능하여 목재(木齋) 홍공(洪公 홍여하(洪汝河))과 지기지우(知己之友)가 되어 성현의 도를 강설함에 고아한 명망이 한 시대에 빼어났습니다. 그러나 벼슬에 나

공(叔貢), 호는 축옹(蓄翁)·현옹(玄翁)·신재(愼齋) 등이다. 한성 출신이며 영의정 황희의 현손이다. 1514년(중종9) 별시 문과에 을과로 입격하였다. 1530년 이행(李荇) 등과 함께 《신증동국여지승람》의 편찬에 참여하였다. 1532년 안동부사로 외보(外補)되었다가 갑자기 죽었다.

158 반간(槃澗) : 황뉴(黃紐, 1578~1626)로, 본관은 장수(長水), 자는 회보(會甫)이며, 반간은 그의 호이다. 황효헌(黃孝獻)의 증손이다. 정경세(鄭經世)의 문인이다. 1612년(광해군4) 생원이 되고, 이듬해 증광 문과에 을과로 입격하였다. 어릴 때부터 뜻이 높고 재능이 뛰어났으며, 관직생활 중에는 거취를 분명히 하였다.

159 군수공(郡守公) : 황덕유(黃德柔)로, 본관은 장수(長水), 자는 응곤(應坤)이다. 반간(槃澗) 황뉴(黃紐)의 아들이며, 전식(全湜)의 사위이다. 무재(茂才)로 천거되어 의령 현령(宜寧縣令)과 면천 군수(沔川郡守) 등을 지냈는데 모두 기민을 구제하고 잔폐한 마을을 소생시킨 공이 있어 거사비(去思碑)가 세워졌고 표리를 하사받았다.

160 건중(建中) 사강(士剛) : 황건중(黃建中)으로, 사강은 그의 자이다. 《입재집》 권7에 〈만황처사사강(輓黃處士士剛)〉이 있고, 권10에 그에게 보낸 편지가 있다.

아갈 뜻이 없어 이미 소과에 급제하자 곧 과거 공부를 그만두고 여기에 건물을 짓고 그 당을 우석이라 이름하였습니다. 문을 닫고 글을 읽으며 그 뜻을 구하였는데, 혹 조정에 천거하고자 하면 마치 장차 몸이 더러워질 것 같이 여겼습니다. 경조부판윤(京兆府判尹) 오시대(吳始大)[161] 공이 처음 경상도 절도사가 되어 공을 방문했으나 또한 피하고 만나지 않았습니다.

대개 이때는 숭정(崇禎) 연간 갑신년[162]과 시대가 아직 멀지 않았기 때문에 생활할 때 항상 개연히 잠들지 못하고 탄식함을 절로 그치지 못하였습니다. 그분이 회포를 읊조린 시에 "예악은 주대와 다르나 현가[163]는 노나라를 추억하네.〔禮樂殊周代, 絃歌憶魯邦〕"라고 하였으니, 그 뜻이 어찌 슬프지 않습니까.

당을 우석(于石)으로 이름한 것은 《주역》의 "돌처럼 견고하다."[164]라는 뜻을 취한 것입니다.

161 오시대(吳始大) : 자세하지 않다.

162 숭정(崇禎) 연간 갑신년 : 숭정은 명나라 의종(毅宗)의 연호이고 갑신년(1644, 인조22)은 명나라가 망한 해이다.

163 현가 : 금슬(琴瑟)을 연주하며 노래하는 것으로, 예악(禮樂)의 교화를 뜻한다. 공자의 제자 자유(子遊)가 무성(武城)이란 고을의 읍재(邑宰)로 있으면서 현가로 백성을 교화하는 수단을 삼았다. 《論語 陽貨》

164 돌처럼 견고하다 : 《주역》 〈예괘(豫卦) 육이(六二)〉에 나오는 말이다. 이에 대해 〈계사전 하(繫辭傳下)〉에서 풀이하기를, "군자는 기미를 보고 떠나면서 하루가 다하기를 기다리지 않는다. 《주역》에 '돌처럼 견고해서 하루가 다하기를 기다리지 않으니 정하고 길하다.'라고 하였다. 절개가 돌과 같으니 어찌 하루가 다하기를 기다리겠는가. 이를 통해서 군자가 결단하는 것을 알 수 있다.〔君子見幾而作, 不俟終日. 易曰 : 介于石, 不終日, 貞吉. 介如石焉, 寧用終日? 斷可識矣.〕"라고 하였다.

인하여 나를 이끌어 우석당에 올라 관람하게 하였다. 당은 모두 네 칸인데 지극히 맑고 깨끗하였다. 산 중턱의 너럭바위 위에 위치하였는데, 너럭바위가 그리 넓지 않아 겨우 주춧돌과 섬돌을 놓을 뿐이었다. 전면(前面)의 오른쪽은 골짜기를 마주하였는데 험준한 절벽이라 올라갈 수 없고, 왼쪽에는 돌벼랑이 있어 깎은 듯이 선 것이 마치 병풍 같은데 그 정상을 쪼아서 바둑판을 만들었고, 그 아래 조금 평평한 곳은 돌을 파서 어항을 만들었다. 옛날에는 벽도(碧桃)와 창송(蒼松)이 그 사이에 비쳤으나 지금은 없다. 그 중간에 당이 무너진 것이 또 오래되었더니, 사현손(嗣玄孫) 지희(趾熙)[165]가 문중 사람들과 모의하여 그 빈 터에 나아가 이와 같이 중건하였다고 한다.

내가 둘러보고는 곧 옷깃을 여미고 탄복하여 다음과 같이 말하였다.

이러함이 있었군요, 우석당이여. 대저 공은 여러 대에 걸친 덕과 집안의 공훈에 아름다운 재주와 기량을 더하였습니다. 만약 풍진 세상에 머리를 굽혔다면, 대과에 급제하고 높은 지위에 오를 것이 마땅히 티끌을 줍는 것처럼 쉬웠을 것입니다. 그러나 이에 초연히 뜻을 두지 않고 산수의 사이에 은둔하여 요행으로 오는 높은 벼슬 보기를 뜬구름과 같이 보았을 뿐만 아니라 오직 메마르고 적막함을 달게 여겼으니, 이는 마음속에 스스로 즐거워하는 바가 있는 사람이 아니면 할 수 없는 것입니다.

165 지희(趾熙) : 입재의 숙부 정지모(鄭智模)의 사위가 된다.

명나라가 망하자 우리 동방의 의리 있는 선비들 가운데 슬퍼하지 않은 이가 없었으니, 경천대(擎天臺)의 채공(蔡公)[166]과 표은(瓢隱) 김공(金公)[167] 같은 경우에 이르러서는 또한 모두 세상을 피해 나오지 않고 죽었습니다. 그렇다면 공의 뜻을 알 수 있으니, 비풍(匪風)과 하천(下泉)[168]의 생각을 또 어찌 시가(詩歌)에 표현하지 않을 수 있었겠습니까.

대저 이른바 '개(介)'라는 것은 분변(分辨)한다는 뜻이니, 사물이 확고함은 돌만 한 것이 없는 까닭으로 군자가 일을 처리하고 분변하는 지극함에 대해 확고함을 다하는 것을 《주역》에서는 "돌처럼 견고하다."라고 말하는데, 지금 공이 곧 그런 사

166 경천대(擎天臺)의 채공(蔡公) : 채공은 채득기(蔡得沂, 1605~ 1646)로, 본관은 인천(仁川), 자는 영이(詠而), 호는 우담(雩潭) 또는 학정(鶴汀)이며, 충청북도 충주 출생이다. 병자호란이 일어나자, 상주(商山)의 무지산(無知山)에 들어 두문불출하고 독서에 전심하였다. 상주 상의사(尙義祠)에 제향되었다. 경천대(擎天臺)는 상주시 삼덕리에 있는 경승지로, 원래 자천대(自天臺)였으나 채득기가 이곳에 무우정(舞雩亭)을 짓고 '대명천지(大明天地) 숭정일월(崇禎日月)'이란 글을 새긴 뒤 경천대로 바꿔 불렀다.

167 표은(瓢隱) 김공(金公) : 김시온(金是榲, 1598~1669)으로, 본관은 의성, 자는 이승(以承)이며 표은은 그의 호이다. 병자호란 이후로 은거하며 독서에 전념하여 인근 수령과 관찰사가 문학기덕(文學耆德)으로 조정에 천거하여 관직을 제수하였으나, 끝내 응하지 않고 숭정처사(崇禎處士)라고 자칭하였다. 도연서원(陶淵書院)에 제향되었고, 저서로는 《표은집》이 있다.

168 비풍(匪風)과 하천(下泉) : 비풍은 《시경(詩經)》 회풍(檜風)의 편명(篇名)이고 하천은 《시경》 조풍(曹風)의 편명이다. 이 두 편은 모두 주(周) 왕실이 점점 쇠약해지는 것을 현인이 개탄하며 옛 번성했을 때의 주 왕실을 생각하는 내용이다. 여기서는 멸망한 명(明)나라에 대한 감회를 말한다.

람이니, 돌에 느낌이 있음은 마땅합니다. 돌에 정자를 지어 '우석(于石)'이라 이름하고 어항과 바둑판도 또한 돌에 만들어 그 감홍을 붙였습니다. 비록 그렇지만 본래 공이 이와 같이 할 수 있었던 것은 반드시 강학(講學)의 힘일 것입니다.

나는 바라건대, 공의 자손과 선비들 가운데 이 당에서 노니는 사람들이 만약 공을 흠모하는 마음이 있어서 오직 마땅히 강학(講學)함에 급급하여 일에 따라 선을 택하고 굳게 지킨다면, 분변해서 확고해짐이 지극할 것입니다. 이것으로 세상에 대처하면 또한 장차 어디를 간들 돌처럼 견고하지 않겠습니까.

사강(士剛) 씨가 그렇다고 여기며 웃었다. 드디어 전말을 위와 같이 써서 우석당기로 삼는다.

심기당[169]기
審幾堂記

고 심기당(審幾堂) 황공(黃公)이 이미 돌아가심에 나는 보잘것없는 글로 그분의 행장을 지었다. 지금 그 막내 자제 상사(上舍) 반로(磻老)[170]가 또 나에게 심기당의 기문을 지어 줄 것을 부탁하면서 다음과 같이 말했다.

선공(先公)께서 비록 심기(審幾)라고 자호했으나 당(堂)에 걸어 스스로 표방(標榜)한 적이 없었습니다. 그런 까닭으로 당시에 세상에서 아는 사람이 없었습니다. 오직 이 불초한 자식들만 대략 그 뜻을 알았으나 진실로 드러내지 못했습니다. 선인께서 자호하신 뜻이 끝내 가려지고 드러나 밝혀지지 않아 비록 후손이라도 또한 능히 체득하여 진실로 계승할 수 없을까 그윽이 두려우니, 어찌 거듭 애통하고 한스럽게 여길 만하지 않겠습니까. 집사께서 이미 저의 선공에 대해 깊이 아시니, 원컨대 다시 한마디 말로 숨겨진 덕과 그윽한 빛을 세상에 더욱 드러

169 심기당 : 심기당 황계희(黃啓熙, 1727~1785)의 당이다. 그의 본관은 장수(長水), 자는 경초(景初), 호는 심기당이다. 상주에 거주하였으며, 이상정(李象靖)의 문인이다. 《입재집》 권47에 〈성균생원심기당장수황공행장(成均生員審幾堂長水黃公行狀)〉이 있다.

170 반로(磻老) : 황반로(1766~1840)로, 자는 숙황(叔璜), 호는 백하(白下)이다. 저서에 《백하집》이 있다.

내어서 자손들이 외우고 본받을 바탕으로 삼게 해 주십시오.

내가 다음과 같이 말했다.

예로부터 현인 군자가 경전(經傳)의 뜻에 절실하게 공부한다는 말에 대해 어떤 것인들 가슴에 새겨 힘써 실천하지 않겠습니까. 그러나 마음에 터득하여 종신토록 입명(立命)[171]하는 바탕으로 삼는 것의 경우는 각각 하나의 요지가 있지 않음이 없으니, 예를 들면 유병산(劉屛山)[172]의 '불원복(不遠復)'[173]과 이연평(李延平)[174]의 '아직 발하지 않았을 때의 기상을 체인함'[175]과

171 입명(立命) : 《맹자》 〈진심 상(盡心上)〉에 "일찍 죽고 오래 사는 것에 두 마음을 두지 말고서 자신의 덕을 닦아 천명을 기다려야 하니, 이것이 바로 천명을 지키는 방법이다.〔夭壽不貳, 修身以俟之, 所以立命也.〕"라고 하였다.

172 유병산(劉屛山) : 송나라 학자 유자휘(劉子翬, 1101~1147)로, 자는 언충(彦沖), 시호는 문정(文靖)이며, 병산은 그의 호이다. 복건성 숭안(崇安) 사람이며, 주희(朱熹)의 스승이다.

173 불원복(不遠復) : 《주역》 〈복괘(復卦)〉 초구(初九)에, "초구는 머지않아서 회복함이라, 뉘우침에 이르지 않으니, 원하고 길하니라.〔初九, 不遠復. 无祇悔, 元吉.〕" 한 데서 온 말이다. 주희(朱熹)의 초년 시절 스승인 병산(屛山) 유자휘(劉子翬)가 주희에게 "내가 《주역》에서 입덕(入德)의 문을 얻었으니, 이른바 '불원복(不遠復)'이란 것이 바로 나의 삼자부이다.〔吾於易, 得入德之門焉. 所謂不遠復者, 乃吾之三字符也.〕"라 하였다. 《心經 卷1》

174 이연평(李延平) : 송나라 학자 이통(李侗, 1093~1163)으로, 연평은 호이고 자는 원중(愿中), 시호는 문정(文靖)이며 검남(劍南) 사람이다. 나종언(羅從彦)이 양시(楊時)에게 낙학(洛學)을 전수받았다는 이야기를 듣고 나종언에게 가서 배워 양시와 나종언과 함께 '검남 삼 선생(劍南三先生)'으로 불렸다. 이정(二程)의 학문이 주희에게 이어지는 교량적 역할을 하였다. 저서에 주희가 편찬한 《이연평집》이 있다.

사마공(司馬公)[176]의 '성(誠)'[177] 한 글자 그리고 사상채(謝上蔡 사양좌(謝良佐))의 '상성성(常惺惺)'[178] 같은 것은 요컨대 모두 손아귀에 잡아 지키면서 잠깐 사이나 위급한 상황에서도 잃지 않

175 아직……체인함 : 주자(朱子)가 하호(何鎬)에게 답한 편지에 "연평(延平) 이 선생(李先生)이 사람을 가르칠 적에 '대체로 고요한 가운데에 대본(大本)인 미발(未發)일 때의 기상을 체인(體認)하기를 분명하게 하면 일을 처리하고 사물에 응함에 자연 절도에 맞는다.'라고 하셨으니, 이는 바로 구산(龜山 양시(楊時))의 문하에서 서로 전해 온 지결(旨訣)이다.〔李先生敎人, '大抵令於靜中, 體認大本未發時氣象分明, 卽處事應物, 自然中節.' 乃龜山門下相傳旨訣.〕"라고 하였다. 《心經附註·中庸天命之謂性章》

176 사마공(司馬公) : 사마광(司馬光, 1019～1086)으로, 송(宋)나라의 학자이자 명재상이다. 자는 군실(君實)이며 호는 우부(迂夫) 또는 우수(迂叟)이다. 온국공(溫國公)에 봉해졌으며, 시호는 문정(文正)이다. 전국 시대 주(周)나라 위열왕(威烈王)부터 오대(五代) 주나라 세종(世宗)까지 1362년간의 역사를 기록한 《자치통감(資治通鑑)》을 편찬하였으며, 《사마문정공문집》 등의 저술을 남겼다.

177 성(誠) : 유안세(劉安世)가 사마광(司馬光)에게 처신(處身)의 요점으로 평생토록 행할 만한 것이 무엇이냐고 묻자 사마광이 '성(誠)'이라고 대답하였는데, 성을 행하려면 무엇부터 시작해야 하느냐고 또 물었다. 사마광이 "말을 함부로 하지 않는 것〔不妄語〕부터 시작해야 한다."라고 대답하자, 유안세가 이 말을 7년 동안 실천하여 언행일치(言行一致)를 이루었다고 한다. 《소학(小學)》 〈선행(善行)〉 유안세(劉安世)는 성격이 강직하여 휘종(徽宗) 때 간신 장돈(章惇)과 채변(蔡卞)에게 미움을 받고 7번이나 유배를 당하여, 멀리 광주(廣州) 및 광서(廣西) 지방을 전전하였으나 하루도 병든 적이 없었다. 어떤 사람이 비결을 묻자 "성실함〔誠〕뿐이다."라고 대답하였는데, 이는 스승 사마광(司馬光)이 평생토록 마음을 다하고 몸가짐을 바르게 하는 요체로 꼽은 덕목이었다. 《宋史 卷345 劉安世列傳》 《宋元學案 卷20 元城學案》

178 상성성(常惺惺) : 성성은 마음이 혼매하지 않고 밝게 깨어 있음을 이르는 것으로, 유가의 수양법인 경(敬)을 말한다. 북송의 학자 사양좌는 말하기를, "경은 항상 성성하게 하는 법이다.〔敬是常惺惺法〕"라고 하였다.

아야 할 것입니다. 이런 까닭으로 주자(朱子) 또한 스스로 '나는 터득한 곳이 많은 데 있지 않고, 단지 한두 구절에 있었다'[179]라고 하였으니, 이른바 '한두 구절'이란 것은 비록 감히 망녕되이 헤아릴 수 없으나, 〈명당실기(名堂室記)〉를 보면 경이직내(敬以直內), 의이방외(義以方外) 같은 이 몇 마디 말[180]이 아니겠습니까. 대개 반드시 이와 같은 그런 뒤라야 비로소 도에 나아가 덕을 이루어 그 지극함을 다할 수 있습니다. 지금 공이 자호한 것은 참으로 이 뜻에서 터득함이 있는 듯합니다.

대저 심기(審幾)라는 두 글자는 《대학》과 《중용》에 나오는 신독(愼獨)[181]의 요지입니다. 선을 행하고 악을 없앰에 성실하고 성실하지 않음은 그 기미가 매우 은미하니, 이것이 바로 이른바 '고요한 물 가운데 한 점이 움직이는 곳'[182]입니다. 그런 까닭

179 나는……있었다 : 《주자어류(朱子語類)》 제115권 〈훈문인(訓門人)〉에 "스스로 보아 터득한 것이 매우 간약하니, 단지 이 한두 구절이다. 도리어 밤낮으로 이 한두 구절에 나아가 애써 완미함에 가슴속이 절로 산뜻해진다.〔自見所得處甚約, 只是一兩句上. 却日夜就此一兩句上, 用意玩味, 胸中自是洒落.〕"라고 하였다.

180 명당실기(名堂室記)를……말 : 주희(朱熹)가 41세 때인 1170년에 건양(建陽)의 운곡(雲谷)에다 회당(晦堂)과 경재(敬齋), 의재(義齋)라는 두 서재를 짓고, 〈명당실기〉를 지어 '경이직내(敬以直內)'와 '의이방외(義以方外)' 두 구절에서 유래한 것임을 밝혔다. 《朱子大全 卷78 名堂室記》

181 신독(愼獨) : 남들이 보지 않는 곳에 홀로 있을 때 삼가고 조심하는 군자(君子)의 자세를 말한다. 증자는 《대학장구》 성의장(誠意章)에서 "악을 미워하기를 악취를 미워하는 것과 같이 하며……군자는 반드시 홀로 있을 때 삼간다.〔如惡惡臭……故君子必愼其獨也.〕" 하였고, 자사(子思)는 《중용장구》 제1장에서 "숨겨진 곳보다 더 드러남이 없으며 은미한 일보다 더 나타남이 없다. 그러므로 군자는 홀로 있을 때 삼간다.〔莫見乎隱, 莫顯乎微. 故君子愼其獨也.〕" 하였다.

으로 이때를 당하여 남들 중에 진실로 아는 사람이 없지만 실로 사람의 현부(賢否)와 사정(邪正), 국가의 치란(治亂)과 흥망(興亡)이 모두 이에서 나뉩니다. 자세히 살펴서 성실하면 천덕(天德)이 마음에 채워지고 왕도가 밖에서 행해질 것이니, 이것이 현명하면서도 바르고, 다스려지면서도 흥하는 까닭입니다. 살피지 않아 성실하지 않으면 인욕이 마음에 교차하고 패도(覇道)가 밖에서 섞이니, 이것이 현명하지 못하고 사특하며, 혼란하고 망하는 까닭입니다. 이런 까닭으로 군자는 삼가고 또 삼가서 한 가지 생각도 그 기미를 살펴서 성실할 바를 생각하지 않음이 없으니, 이것이 《대학》과 《중용》 두 책의 요지입니다. 어떻게 생각하십니까.

나는 보잘것없는데도 공을 따라 공부할 수 있었던 것이 수십 년이 되었습니다. 처음 공의 모습을 뵈었을 때 옥 같은 나무가 바람을 맞고, 가을 연꽃이 물에 씻긴 듯하여 타고난 자질이 남보다 빼어나다고 여길 뿐이었습니다. 얼마 후 공을 뵈니, 안색의 수연(睟然)함[183]은 산택(山澤)이 빛나고 윤택함 같을 뿐만

182 고요한……곳 : 제자의 질문에 대해 "마음에 하나의 생각이 움직이는 곳이 있으면 아무리 지극히 은미하다 하더라도, 남들은 모르지만 나는 홀로 알고 있으니 더욱 신독의 공부를 해야 마땅하다. 이는 마치 한 조각 고요한 물에, 중간에 갑자기 한 점 움직이는 부분이 있는 것과 같으니 이곳이 가장 긴요하게 공부를 붙여야 할 곳이다.〔此又就中有一念萌動處, 雖至隱微, 人所不知而己所獨知, 尤當致愼. 如一片止水, 中間忽有一點動處, 此最緊要著工夫處.〕" 하였다. 원래 《朱子語類 卷62 中庸》 99조와 103조에 실린 말인데, 《중용장구》 제1장 3절 '막현호은(莫見乎隱)' 아래 소주에 인용되어 있다.

183 안색의 수연(睟然)함 : 덕성이 내면에 갖추어져 외면으로 드러난 모습을 형용한

아니었으며, 말씨의 성대함은 봄볕의 온화함 같을 뿐만 아니었습니다. 그래서 비로소 마음속에 길러진 바가 있어 발현한 것이 곧 이와 같음을 알고, 실로 비로소 그분에게 귀의하고자 하는 마음이 있었습니다. 비록 거리가 조금 멀어서 자주 그분의 책상에 직접 나아가지 못했으나 그분이 바르게 마음을 세움, 순수하게 행실을 제어함, 공정하게 일을 처리함, 공평하게 논의를 견지함 같은 것부터 어버이를 섬기고 형을 따르는 도, 남들을 대우하는 의(義)에 이르기까지 그 분수를 곡진하게 하지 않은 바가 없었습니다.

또 격물치지의 공부에 반드시 상하를 꿰뚫고서야 이에 그만두고자 하였습니다. 그분이 체인(體認)한 바는 대개 이미 큰 근원(根源)을 밝게 꿰뚫어 보았으니, 나는 더욱 마음으로 기뻐하고 정성으로 감복하여 이 학문의 독실함은 진실로 마땅히 이와 같아야 한다고 여겼으나, 오히려 어떻게 이와 같을 수 있었는지는 알지 못했습니다. 후에 이 물건〔정종로〕도 또한 나아갈 방향을 조금 안 뒤에야 비로소 공이 종사한 바가 실로 이런 요지를 얻어 '심기(審幾)' 두 글자의 부절로 삼아 마음과 가슴의 사이에 항상 잊지 않고 간직했기 때문임을 알았습니다.

대개 반드시 그 기미를 살필 수 있어야 비로소 '불원복(不遠復)'할 수 있고, 반드시 그 기미를 살필 수 있어야 비로소 '체미

것으로, 《맹자》 〈진심 상(盡心上)〉에, "군자의 본성은 인의예지가 마음에 뿌리를 두어 청화(淸和)하고 윤택하게 얼굴에 드러나며〔睟然見於面〕, 등에 가득 충일(充溢)하며, 사체(四體)에 베풀어져서, 사체가 말하지 않아도 저절로 깨달아 순종한다." 하였다.

발(體未發)'할 수 있으며, 마음을 세움이 이와 같으면 그 마음이 '성(誠)'하여 '상성성(常惺惺)'하지 않음이 없으니, 또 어찌 공의 도에 나아감이 이미 여러 공의 지위에 이르지 않을 줄 알겠습니까. 비록 이른바 '경직(敬直) 의방(義方)'은 바야흐로 경으로 말미암아 의롭게 되는 것이지만 '심기(審幾)'의 공부는 그 사이에 존재하지 않은 적이 없으니, 공의 학문이 주자에게서 얻었다는 것이 또한 어찌 분명하지 않겠습니까.

이런 까닭으로 이 두 글자를 공이 비록 당에 게시하여 스스로 표방하지 않았지만, 나는 그 뜻을 안 것이 대개 오래되었습니다. 만약 공이 때를 만나 세상에 등용되었다면, 다만 공이 기미를 살필 수 있었을 뿐만 아니라 장차 임금으로 하여금 또한 기미를 살필 수 있게 하여 나라가 도움을 받는 바가 반드시 많았을 것입니다. 설령 그렇게 하지 못했더라도 오래 장수해서 믿고 따르는 사람이 날로 많아지게 했더라면, 또 장차 사람으로 하여금 또한 기미를 살필 수 있게 하여 우리 유학이 힘입은 바도 또한 반드시 컸을 것입니다. 그런데 이에 한 번 과거 급제한 것으로 59세에 갑자기 돌아가시어 그런 일들을 모두 할 수 없었으니 애통함을 이길 수 있겠습니까.

또한 무릇 사람의 병통은 항상 '문밖에서 낮잠 잠〔攤飯門外〕'[184]

184 문밖에서 낮잠 잠 : 원문의 '탄반(攤飯)'은 낮잠을 말한다. 육유(陸游)의 〈춘만촌거잡부(春晩村居雜賦)〉에 "새벽 술을 거품 뜬 술잔 가득 마시고, 낮잠 자며 꿈 나비 침상에 가로누워 자네.〔澆書滿挹浮蛆甕, 攤飯橫眠夢蝶牀.〕"라고 한 구절의 자주(自注)에 의하면, "동파(東坡) 선생은 새벽에 술 마시는 것〔晨飮〕을 요서(澆書)라 하였고, 이 황문(李黃門)은 낮잠 자는 것〔午睡〕을 탄반(攤飯)이라고 했다." 하였다.

에 있으니, 진실로 씹어 먹고 자기 것으로 만들 수 있음이 드문 까닭으로 끝내 성취하는 바가 없습니다. 이것으로 말해 보면, 공이 당호를 내걸지 않은 것에서 자기 수양을 위한 공부에 독실했던 것이 다만 이 한 가지 일임을 더욱 잘 볼 수 있으니, 그분이 선악의 기미를 잘 살핀 것은 또한 분명합니다.

공의 자손이 진실로 공이 힘쓴 이 두 글자의 뜻을 깊이 체득하여 참으로 옛 현인들이 평소 품고 있던 이런 요지를 터득하여 거의 미칠 바를 생각하고, 또 항상 묵묵히 공부를 더하여 이름나기를 좋아하지 않고 오직 성실하기를 힘쓸 수 있다면, 또 어찌 공의 뜻을 잘 계승하는 것이 쉽지 않음을 근심하겠습니까.

공은 나보다 11살이 많으니 실로 선배가 되는 사람입니다. 평소 돌보아 주고 사랑해 주시는 은혜를 두터이 입었으니, '거경궁리(居敬窮理)'와 '행실의 검속을 먼저 함〔先行檢〕', '문예를 뒤에 함〔後文藝〕' 등의 설은 공이 실로 나에게 방향을 알려 준 것이며, 만날 때마다 이끌어 머무르게 하면서 즐거이 함께 강마(講磨)하였기 때문에 마땅히 항상 이와 같이 하면서 남은 생을 마칠 수 있다고 생각했습니다. 공이 돌아가신 지 이미 23년이 되었는데, 나는 마침내 함께 학문에 종사하여 그 학업을 끝까지 할 사람이 없을 줄 누가 생각인들 했겠습니까.

나도 모르게 서글퍼하고 크게 탄식하며 위와 같이 써서 심기당기로 삼는다.

산천재[185]기

山泉齋記

나의 벗 남종백(南宗伯)[186]이 그 자제와 후생을 가르치기 위하여 자신의 거처 곁에 서재 한 채를 짓고 나에게 이름 짓고 기문을 지어 줄 것을 부탁하였다.

나는 다음과 같이 말하였다.

서재는 산천(山泉)이라 이름하는 것이 괜찮을 것일세. 《주역》에 "산(山) 아래에서 샘물이 나옴이 몽(蒙)이다."[187]라고 하였네. 그대가 장차 여기에서 어리석은 선비를 가르치고자 하는데, 내가 서재의 앞을 봄에 샘이 산 아래에서 솟아남이 있으니 이 또한 몽괘의 형상일세. 몽(蒙)의 완전한 괘[188]에 나아가 그 뜻을 말해 보

185 산천재 : 남한조가 지은 서재로, 이곳에서 남한보(南漢普), 남한호(南漢皓), 조승수(趙承洙), 유식(柳栻) 등이 강학하였다. 이 서재와 관련하여 《손재집》 권1에 〈차천재제군영설운(次泉齋諸君詠雪韻)〉이 있다.

186 남종백(南宗伯) : 남한조(南漢朝, 1744~1809)로, 본관은 의령(宜寧), 호는 손재(損齋)이며, 종백은 그의 자이다. 그의 딸이 정종로의 막내 아들인 정상관(鄭象觀, 1776~1820)의 아내가 되었다. 저서로 《손재집(損齋集)》 15권이 있다. 《입재집》 권45에 〈손재남공행장(損齋南公行狀)〉이 있다.

187 산(山)……몽(蒙)이다 : 《주역》 〈몽괘(蒙卦) 상(象)〉에 "산 아래에서 샘이 나오는 것이 몽이니, 군자가 살펴보고서 과감하게 행하고 덕을 기른다.〔山下出泉, 蒙. 君子以, 果行育德.〕"라고 하였다.

188 몽(蒙)의 완전한 괘 : 〈몽괘〉의 전체 의미에 대해, 정전에 "산(山) 아래에 험함이 있으니, 험함을 만나 그쳐서 갈 바를 알지 못하는 것이 몽(蒙)의 상(象)이다. 물

겠네. 무릇 사람이 어릴 때에는 몽매하여 밝지 못함은 본디 그런 것이니, 오직 계발해 주는 이치가 그 가운데 있는 것일세. 그런 까닭으로 성인(聖人 문왕(文王))이 이 괘에 대해 풀이한 말에 '몽형(蒙亨)'이라 하였는데 형(亨)이란 것은 계발 해 줌을 말하며, 또 '이형행(以亨行)'[189]이라 하였는데 또한 계발해 주는 도로 시행함을 말하네. 그렇다면 그 계발해 주는 도가 마땅히 어떠하겠는가. 반드시 강명(剛明)함이 구이(九二)와 같아서[190] 와서 구하는 모든 동몽에게 알려 주는 바가 한결같이 오직 때를 얻고 중도에 맞게 하여 번독한 바가 없는 그런 뒤라야 비로소 계발해 주는 도를 다할 수 있을 것일세.

만약 그렇게 하지 않고 혹 마땅히 알려 주어야 하는데도 알려 주지 않고, 혹 마땅히 알려 주지 말아야 하는데도 알려 준다면 이

은 반드시 가는 물건이나 처음 나와서 갈 바가 없으므로 몽(蒙)이 된 것이니, 나아감에 미치면 형통하는 뜻이 된다.〔山下有險, 遇險而止, 莫知所之, 蒙之象也. 水必行之物, 始出, 未有所之. 故爲蒙, 及其進則爲亨義.〕"라고 하였다. 무지몽매함을 교육한다는 의미를 가지고 있다.

189 몽형(蒙亨)이라……이형행(以亨行) : 《주역》 〈몽괘(蒙卦) 단(彖)〉에 "몽형(蒙亨)은 형통함으로써 행함이니, 때를 얻었고 중도에 맞기 때문이다. 내가 동몽(童蒙)에게 구하는 것이 아니라 동몽이 나에게 구함은 뜻이 응함이다.〔蒙亨, 以亨行, 時中也. 匪我求童蒙, 童蒙求我, 志應也.〕"라는 구절을 가리킨다.

190 강명(剛明)함이 구이(九二)와 같아서 : 《주역》 〈몽괘(蒙卦)〉 구이(九二)에 "몽매함을 포용해 주면 길하고 부인의 말을 받아들이면 길할 것이니, 자식이 집안일을 잘하도다.〔包蒙吉, 納婦吉, 子克家.〕"라고 하였는데, 정자의 전에 "이(二)는 몽매한 세상에 처하여 강명한 재질이 있고 육오의 군주와 서로 응하며 중덕이 또 같으니, 시대의 임무를 담당한 자이다.〔二居蒙之世, 有剛明之才, 而與六五之君相應, 中德又同, 當時之任者也.〕"라고 하였다.

는 절로 그 강명(剛明)의 체(體)를 잃어 그 시중(時中)의 용(用)을 실천할 수 없는 것이니, 자신도 또한 몽매함을 면할 수 없으면서 오히려 어찌 몽매함을 계발해 준다고 말할 수 있겠는가. 그러나 동몽 가운데 와서 구하는 사람이 반드시 모두 육오(六五)의 순일(純一)[191]과 같을 수는 없고, 설령 육오(六五)처럼 순일(純一)한 사람이라도 또한 반드시 한두 번 알려 주는 사이에 갑자기 계발해 줄 수는 없네. 그러니 가르치는 사람이 또 물성(物性 재능(才能))이 가지런하지 않음과 그 학문의 진보가 점진적임을 마땅히 알아서 포용하고 인내하면서 관용으로 대우하는 것이 옳으니, 또 어찌 일괄적으로 기필할 것을 취하여 말하는 그 순간에 효과가 있기를 요구할 수 있겠는가. 진실로 이와 같이 하면 재주가 버려지는 사람이 많고 몽매함이 계발되는 사람은 적을 것이네. 성인〔주공〕이 이에 포몽(包蒙)[192]을 또 발한 뜻은 진실로 이 때문이리라.

초육(初六)의 '몽매함을 계발하되 사람을 형벌함이 이로우니 그대로 가면 부끄러움',[193] 상구(上九)의 '몽매함을 쳐야 하니, 침략

191 육오(六五)의 순일(純一) : 《주역》 〈몽괘(蒙卦)〉 육오(六五)에 "동몽이니, 길하다.〔童蒙, 吉.〕"라고 하였는데, 주희의 《본의》에 "유중(柔中)으로 존위(尊位)에 거하여 아래로 구이(九二)에 응(應)하니, 순일(純一)하고 개발되지 않아 남을 따른다.〔柔中居尊, 下應九二, 純一未發, 以聽於人.〕"라고 하였다.

192 포몽(包蒙) : 〈몽괘(蒙卦)〉 구이(九二)에 "몽매함을 포용해 주면 길하고 부인의 말을 받아들이면 길할 것이니, 자식이 집안일을 잘하도다.〔包蒙吉, 納婦吉, 子克家.〕"라고 하였다.

193 몽매함을……부끄러움 : 〈초육(初六)〉에 "몽매함을 개발하되 사람을 형벌하여 몽매한 질곡을 벗겨 줌이 이로우니 그대로 가면 부끄러우리라.〔發蒙, 利用刑人, 用說桎梏, 以往, 吝.〕"라고 한 것을 변용하였다.

을 막는 것이 이로우나 침략하지 못하게 할 수는 없음'[194] 같은 경우는 비록 그 뜻이 각각 마땅한 바가 있으나 끝내 경계가 없을 수 없으니, 이는 구이(九二)의 포몽(包蒙)과 비교하면 그 순박(純駁)이 어떠한가. 육사(六四)의 곤몽(困蒙)[195]은 육오(六五)의 원길(元吉)[196]과 함께 그 득실이 또 어떠하겠는가.

지금 종백은 구이강명(九二剛明)의 실상이 있고 종백에게 배우는 여러 사람도 또한 반드시 육오순일(六五純一)의 정성이 있으니, 그 가르치고 기르는 도에 대해 진실로 문제 삼을 것이 없으나 군자가 선을 행함에 지극할수록 더욱 그 지극함을 구한다네. 바라건대 종백은 항상 포몽(包蒙)으로 마음을 삼고 시중(時中)에 더욱 힘쓰며 함육(涵育)하고 훈도(薰陶)하여 반드시 계발한 뒤에야 그만두기를 기약하며, 종백에게 배우는 여러 사람은 항상 실상과

194 몽매함을……없음 : 상구(上九)에 "몽매함을 쳐야 하니, 침략을 하는 것은 이롭지 않고 침략을 막는 것은 이롭다.〔擊蒙, 不利爲寇, 利禦寇.〕"라고 한 것을 변용하였다.

195 육사(六四)의 곤몽(困蒙) : 〈몽괘(蒙卦)〉 육사(六四)에서 "몽(蒙)에 곤궁함이니 부끄러움이 없네.〔困蒙, 吝.〕"라고 하였는데, 전(傳)에 "사(四)는 음유(陰柔)로서 몽매하고 강명(剛明)한 이가 가까이에서 원조해 줌이 없어서 스스로 몽매함을 개발할 길이 없으니, 혼몽에 곤궁한 자이니 심히 부족하다.〔四以陰柔而蒙闇, 无剛明之親援, 无由自發其蒙, 困於昏蒙者也, 其可吝甚矣.〕"라고 풀이하였다.

196 육오(六五)의 원길(元吉) : 육오에 "동몽(童蒙)이니, 길하다.〔童蒙, 吉.〕"라고 하였는데, 전에 "오(五)는 유순함으로써 군위(君位)에 거하여 아래로 구이(九二)와 응(應)하니, 유중(柔中)의 덕(德)이 있으면서 강명(剛明)한 재질에게 맡기면 족히 천하의 몽매함을 다스릴 수 있다. 그러므로 길한 것이다.〔五以柔順居君位, 下應於二, 以柔中之德, 任剛明之才, 足以治天下之蒙. 故吉也.〕"라고 하였다.

멀어질 것을 두려워하고 정성을 다함에 더욱 힘써 가르침을 겸허히 받아들여 반드시 성취한 뒤에야 그만두기를 기약한다면, 바름을 길러 성인이 되는 방도에 거의 둘 모두를 극진히 하여 유감이 없을 것일세. 종백은 어떻게 생각하시는가.

대상(大象)에 이른바 "군자가 본받아 행실을 과감하게 하며 덕을 기른다.〔君子以果行育德〕"[197]와 같은 것은 가르치는 사람이나 배우는 사람을 따질 것 없이 무릇 이 서재에 생활하면서 산 아래 샘이 나오는 형상을 보는 사람은 모두 마땅히 이 말을 완미하고 마음에 새겨야 할 것일세. 그러나 또 가르치고 배움이 숭상하는 바를 제외하고 별도로 이른바 행(行)과 덕(德)이 있으니, 다만 여기에 그 '행실을 과감하게 하며 덕을 기르는' 공을 지극히 할 따름일세. 자신이 계발해 주고자 하는 것과 저들이 성취하고자 하는 것이 애초에 어찌 이것을 버리고 다른 것을 구하는 것이겠는가.

이로 기문을 삼는다.

197 군자가……기른다 : 《주역(周易)》 〈몽괘(蒙卦) 상(象)〉에 나온다.

흘남헌[198]기
屹南軒記

주흘산(主屹山)은 문희(聞喜 문경(聞慶)) 치소의 진산(鎭山)[199]인데 한 고을을 주장하여 우뚝한 까닭으로 주흘이라 하였으니, 이는 대개 조령 줄기의 가장 높은 산이다. 내가 북으로 문희에 들어갔을 때, 문득 상서로운 구름 한 무더기가 우뚝이 솟아 위로 날아 올라가자 층층의 붉은 빛과 흐르는 듯한 푸른 빛이 하늘 위에 비껴 있는 것을 바라보고 기이하게 여겨 자세히 보니 산이었다. 물어보니, 주흘산이라 하였다. 내가 이에 놀라 감탄하면서 다음과 같이 말하였다.

> 조물주가 재주를 드러냄이 이런 경지에 이르렀단 말인가. 우뚝이 솟은 형상과 기이하게 빼어난 빛은 또 다만 한 고을의 진산이 될 뿐만이 아니다. 조령 남북의 많은 고을 봉내(封內)의 산 가운데 주흘산과 맞설 수 있는 것이 거의 없다. 대저 "이 산에서 신령을 내려 보후와 신백을 내셨도다."[200]라는 것은 성인의

198 흘남헌 : 신치봉(申致鳳, 1743~?)이 거처한 집이다. 그의 본관은 평산(平山), 자는 문서(文瑞), 호는 흘남(屹南)이다. 문경에 거주하였으며, 정종로(鄭宗魯), 남한조(南漢朝)와 도의로 교우하였다.《입재집》 권10에 그에게 보낸 편지가 있다.

199 진산(鎭山) : 옛날 나라나 서울 또는 각 고을 뒤쪽에 있는 큰 산을 진호(鎭護)하는 주산(主山)으로 정하여 제사 지내던 산을 말한다.

200 이……내셨도다 : 《시경》 〈숭고(崧高)〉에 "높디높은 산악이 우뚝 하늘에 닿았

《시경》 가운데 나오는 말이다. 전하는 기록을 살펴보면, 명산이 사람에게 신령함을 모아 준 것이 또 분명하니, 반드시 위대하고 빼어난 사람이 그 사이에 태어남이 있다. 옛날 참판(參判) 신공(申公)[201]이 실로 그에 해당한다. 그러나 그 신령한 기운이 감발한 바가 마땅히 이에 그칠 뿐만 아닐 것이지만 항상 볼 수 없었던 것을 한으로 여겼는데, 지금 우리 흘남헌(屹南軒) 신문서(申文瑞) 군에게서 보았다.

문서는 그 전대부터 주흘산 아래에 살았으니, 참판공(參判公)이 실로 그의 고조가 된다. 그분의 식견과 국량은 당시에 유명하였으며, 지금까지도 훌륭한 덕이 있는 큰 인물로 일컬어진다. 지금 문서도 또한 능히 그분을 닮아 그 모습이 빼어나고 그 도량이 위대하며, 그 문장도 또한 위대하다. 그와 함께 말해보고 그의 행실을 보니, 무릇 마음속에 보존되어 밖으로 드러난 것이 법도에 어긋나지 않아 우뚝하고 빼어나 곧바로 옛 군자를 따라가 무리가 되고자 하였다. 비록 가난하고 또 곤궁하였으나 털끝만큼도 구차하게 취하거나 망녕되이 행동하지 않아

도다. 이 산에서 신령을 내려 보후와 신백을 내셨도다. 보후와 신백 두 사람은 주나라의 기둥이라, 사국의 번병(藩屛)이 되어 사국에 덕을 베풀도다.〔崧高維嶽, 駿極于天. 維嶽降神, 生甫及申. 維申及甫, 維周之翰. 四國于蕃, 四國于宣.〕"라고 하였다. 주(周)나라 선왕(宣王) 때 명신인 중산보(仲山甫)와 신백(申伯)이 모두 산악의 정기를 받고 태어났다는 전고를 끌어온 표현이다.

201 참판(參判) 신공(申公) : 신후명(申厚命, 1638~1701)으로, 자는 천휴(天休), 호는 임하당(林下堂)이다. 신치봉의 고조이며 신형구(申衡耉, 1610~1683)의 아들이다. 정종로의 증조인 정석교(鄭錫僑, 1646~1700)의 둘째 부인이 신형구의 딸이다. 이조 참판을 지냈다.

마음으로 대처하고 몸을 다스림이 가을 서리처럼 준엄하고 깨끗하였다. 대개 이른바 우뚝이 서서 홀로 실천하는 선비지만 또한 과격하거나 기이한 행동을 한 적은 없었다. 옷이 해지고 신이 뚫어져도 채색(菜色)이 얼굴에 가득하였으며, 뱃속에 만곡(萬斛)의 구슬과 천장(千丈)의 무지개가 있었다. 처음 보고 소홀히 대하던 사람들도 말이 끝나기 전에 용모를 고치고 감탄하지 않음이 없어 혹 국사(國士)라고 일컫기에 이르렀다.

나는 생각건대, 문서가 사람을 놀라게 함이 이전에 주흘산이 나의 눈을 놀라게 한 것만 못하겠는가. 내가 남북의 선비를 본 것이 많지만 그 빼어남이 모두 그대만 못한 듯하였다. 이상하도다, 주흘산의 신령함이 어찌 유독 그대의 집안에만 모였는가. 그렇다면 그대가 '흘남(屹南)'으로 헌(軒)에 이름한 것 또한 어찌 유독 바야흐로 주흘산의 남쪽에 살기 때문이겠는가.

어떤 이가 "문서는 가난하여 집이 없는데 어찌 이름 붙일 만한 헌(軒)이 있겠는가."라고 하기에 내가 "주흘산 남쪽에 만약이 사람이 없다면 주흘산 남쪽〔屹南〕이라고 일컬을 만하겠는가. 이 사람에 힘입어 흘남(屹南)이라 일컫게 되었으니, 누구의 집안인지 따질 것 없이 이 사람이 가는 곳을 곧 흘남헌으로 일컫는 것이 옳다. 어찌 반드시 그의 집이어야 하겠는가."라고 하였다.

얼마 후 문서가 나의 헌(軒)에 왔기에 내가 웃으며 "이 헌(軒)도 또한 흘남헌이다."라고 하니, 문서 또한 웃었다.

일락헌[202]기
一樂軒記

진산(晉山) 강청지(姜淸之)[203]는 나이 45세인데 부모가 모두 살아 계시고 형제가 무고하다. 그 아버지 평와공(萍窩公)[204]은 연세가 지금 70세인데도 신명(神明)의 기능이 조금도 쇠퇴하지 않았다. 마침 그 막내 아들 문거(文擧)[205]가 일찍이 시종신(侍從臣)을 지

202 일락헌 : 일락(一樂)은 부모가 모두 살아 계시고 형제가 무고한 즐거움이다. 맹자가 "군자가 세 가지 즐거움이 있으니, 천하에 왕 노릇 하는 것은 여기에 들지 않는다. 부모가 다 생존하고 형제가 무고한 것이 첫 번째 즐거움이다.〔君子有三樂, 而王天下不與存焉. 父母俱存, 兄弟無故, 一樂也.〕" 한 데서 온 말이다. 《孟子 盡心上》

203 강청지(姜淸之) : 강세백(姜世白, 1748~1824)으로, 본관은 진주(晉州), 호는 호린(皓隣)이며, 청지는 그의 자이다. 1792년(정조16)에 실시한 도산서원(陶山書院) 별시에 장원 급제하였는데, 정종로가 그 소식을 듣고 보낸 시로 《입재집》 권2에 〈문강청지등제 차신화경운의증(聞姜淸之登第, 次申和卿韻擬贈)〉이 있다. 홍문관 응교(弘文館應敎)를 역임하다가 사직 후 정종로(鄭宗魯)에게 학문을 강론받았다. 저서로 《진종성헌(晉宗成憲)》이 있다.

204 평와공(萍窩公) : 강필악(姜必岳, 1723~1795)으로, 본관은 진주(晉州), 자는 희원(希遠), 평와는 그의 호이다. 상주 봉대(鳳臺)에 거주하였다. 동지중추부사를 지냈고 이조 참판에 증직되었다. 《입재집》 권41에 〈가선대부진은군강공묘지명(嘉善大夫晉恩君姜公墓誌銘)〉이 있다.

205 문거(文擧) : 강세륜(姜世綸, 1761~1842)으로, 호는 지원(芝園) 또는 지포(芝圃)이며, 문거는 그의 자이다. 정종로의 문인이며, 1783년(정조7)에 문과에 급제하여 규장각 강제문신(講製文臣)에 뽑혔다. 벼슬이 병조 참판에 이르렀다. 저서로는 1821년(순조21)에 종성 부사로 임명되어 임지로 가는 도중에 지은 시를 모은 시집 《북정록(北征錄)》이 있다.

냈기 때문에[206] 이미 천작(天爵)[207]을 받아 머리에 옥관자를 달았으며, 조만간 다시 품계 한 등급이 더해지고 또 공훈이 있는 이의 주손으로 봉읍을 세습하여 군이 될 것이니,[208] 금자(金紫)[209]가 몸을 덮어 비치는 것이 반드시 더욱 빛날 것이다. 그 어머니는 연세가 지금 71세인데 그 기거가 아직 무탈하다고 들었다. 그분이 작위와 봉호를 받은 것도 또한 오직 남편의 지위에 따라서 차례대로 명부(命婦)[210]의 의장(衣章)을 갖추었으니, 이는 부모가 모두

206 시종신(侍從臣)을 지냈기 때문에 : 시종신(侍從臣)은 승지, 옥당, 한림, 주서, 춘방, 대간 등 임금의 측근에 있는 신하들을 말한다. 강필악은 70세에 강세륜이 시종관이었다는 것으로 첨지중추부사에 제수되었다.

207 천작(天爵) : 《맹자》 〈고자 상(告子上)〉에 "천작이라는 것도 있고 인작이라는 것도 있다. 인(仁), 의(義), 충(忠), 신(信)을 바탕 삼아 선(善)을 즐기며 게을리 아니함은 천작이고, 경, 대부(大夫)는 인작이다.〔有天爵者, 有人爵者. 仁義忠信, 樂善不倦, 此天爵也; 公卿大夫, 此人爵也.〕"라고 하여, 하늘에서 내려 준 작위, 즉 덕이 충만하여 저절로 존귀하게 되는 것을 말한다. 그러나 여기서는 조정에서 내려 준 높은 벼슬로, 73세 때 장수하였다는 것으로 동지중추부사(同知中樞府事)에 제수된 것을 말한다.

208 공훈이……것이니 : 5세조인 강신(姜紳, 1543~1615)이 1589년 문사랑(問事郎)으로 정여립 옥사(鄭汝立獄事)의 처리에 참여하여 평난공신(平難功臣) 3등에 책록되고 진흥군(晉興君)에 봉해졌으며, 강필악이 그 봉작을 세습하여 진은군(晉恩君)에 봉해진 것을 말한다. 강신의 본관은 진주(晉州), 자는 면경(勉卿), 호는 동고(東皐), 시호는 의간(毅簡)이다. 1577년(선조10) 별시 문과에 장원으로 급제하였다. 우참찬, 좌참찬 등을 역임했다.

209 금자(金紫) : 금인자수(金印紫綬)의 약자로, 황금 인장과 그것을 매는 자색의 끈이다. 고관의 복식을 상징한다.

210 명부(命婦) : 봉호(封號)를 받은 부인을 일컫는 말로 내명부(內命婦)와 외명부(外命婦)로 구분된다. 내명부는 궁궐 안에 거주하는 비(妃)·빈(嬪)·세부(世婦)·

살아 계신 가운데 그 강녕함과 존귀함이 또 어떠한가.

청지(淸之)는 아우 둘이 있다. 그 하나는 중렴(仲廉)[211]으로 조용하면서도 온아하여 가정에 있을 때 자제로서의 허물을 듣지 못하였다. 또 하나는 문거(文擧)로 약관의 나이에 벼슬하여 규장각에 들어갔고 몇 년 동안 초계문신이 되었으며,[212] 얼마 전에 또 서쪽 고을의 수령[213]이 되었으니, 벼슬하여 부모를 봉양함이 지극하였다. 받은 봉록을 나누어 백씨 집에 산업으로 주었으며, 또한 잘 다스렸다는 명성이 있었다. 청지가 올봄에 비로소 도산별시(陶山別試)에 등제하였는데, 당시에는 방에 불려지지 않았으나, 임금께서 이미 친히 발탁하여 장원으로 삼으셨다. 그리고 즉시 명하여 또 입격(入格)한 사람 네 명의 글을 초록하여 판에 새겨 도산서원에 보관하도록 하고, 한 부를 인쇄하여 하사하여 총애하였으니,[214] 대개 세상에 드문 특별한 은혜였다. 사람됨이 담대하고 국

여어(女御)를 가리키고, 외명부는 왕가나 종친의 딸 또는 관리의 부인으로서 남편의 작위에 따라 부 부인(府夫人)·군 부인(郡夫人)·현 부인(縣夫人)·숙 부인(淑夫人) 등의 봉호를 받은 부인을 말한다. 《周禮 天官 內宰 鄭玄注》《禮記 喪大記 鄭玄注》

211 중렴(仲廉) : 둘째인 강세위(姜世緯)로 중렴은 그의 자이며, 양자로 나갔다.

212 약관의……되었으며 : 정조 7년 계묘(1783) 4월 24일에 강제 문신(講製文臣)으로 뽑힌 것을 말한다.

213 서쪽 고을의 수령 : 강세륜이 평안남도 강동 현감(江東縣監)이 된 것을 말한다.

214 명하여……총애하였으니 : 《조선왕조실록》 정조 16년(1792) 4월 4일 조에 임금이 조칙을 내려 말하기를 "선비들에게 시험을 보인 일은 책으로 만들어 후세에 전해 보이는 것이 합당하니, 《경림문희록(瓊林聞喜錄)》의 예에 따라 본 도에서 간행하여 바치고, 도산서원에서 합격한 유생과 도내의 여러 고을에도 각각 한 부씩 나누어 준 뒤 판본(板本)은 도산서원에 보관하도록 하라."라고 하였다.

량이 크며, 사리를 익혀 통달하였으니 논하는 이들이 앞날을 헤아릴 수 없다고 하였다. 이는 형제가 무고한 가운데 그 빼어나고 높은 관직에 오른 것이 또 어떠한가.

청지가 이에 옛날 살던 곳에 나아가 새 집을 지어서 부모를 위해 베개를 받들고 이부자리를 제공하는 장소로 삼았다. 그 집을 이름하여 일락헌이라 하고 나에게 기문을 부탁하기에 나는 다음과 같이 말하였다.

이 일락은 맹자가 일찍이 다른 두 가지 즐거움보다 위에 두었고, 또 천하에 왕 노릇 하는 것은 여기에 들지 않는다고 여겼다. 대개 천하 가운데 서서 사해(四海)의 백성을 안정시켜 백성과 사물로 하여금 하나도 그 제자리를 얻지 못함이 없게 하는 것이 진실로 천하에 왕 노릇 하는 즐거움이다. 그러나 백성은 나의 동류에 불과하고, 사물은 나의 당여(黨與)에 불과하니 저들이 제자리를 얻은 바가 어찌 나의 부모 형제가 모두 살아 계시고 무고한 것만 하겠는가. 이것이 천하에 왕 노릇 하는 즐거움이 이 일락에 낄 수 없는 까닭이다. 그러나 혹 부모는 비록 모두 살아 계시더라도 병들고 또 곤궁하여 늘 병상에 있거나 진흙탕에서 욕을 당함을 면치 못하며, 형제가 비록 무고하더라도 어리석고 비천하여 일생 동안 형제끼리 싸우거나[215] 사방에서 호구지책(糊口之策)에 고생함을 면치 못한다면, 이는 그 즐거움이 또한 완전할 수 없다.

215 형제끼리 싸우거나 : 원문은 혁장(鬩墻)으로, 형제끼리의 다툼을 말한다. 《시경》 〈상체(常棣)〉에 "형제는 집안에서는 서로 다투지만 밖으로는 같이 침입을 막는다.〔兄弟鬩墻, 外禦其務.〕"라고 한 데서 유래하였다.

돌아보건대, 한 세상에 이와 같은 것이 대부분이다.

지금 청지는 부모가 모두 살아 계시면서 그 강녕하고 존귀함이 또 이와 같고, 형제가 무고하면서 빼어나고 벼슬에 오른 것이 또 이와 같으니, 이는 이 일락에 어찌 그 홀로 완전함을 얻은 것으로 천하에 매우 드문 바가 아니겠는가. 생각건대 곁에서 모실 때를 당하여, 위에는 부모님이 함께 늙어 상복(象服)[216]이 서로 비치니, 비유하자면 적송(赤松)[217]과 녹화(綠華)[218]가 선풍도골(仙風道骨)로 늙지 않고 성관(星冠)을 쓰고 월패(月佩)를 찬 채 엄연히 현포(玄圃)[219]에 임한 것과 같고, 아래에는 할미새[220]가 나란히 날며

216 상복(象服) : 법도에 맞는 옷을 말한다. 《시경》 〈용풍(鄘風) 군자해로(君子偕老)〉에 "군자와 백년해로를 해야 하는지라 비녀에 여섯 개의 옥을 더하니, 여유롭고 자연스러우며 산과 같고 황하 같아 상복이 어울리거늘 그대가 선하지 못함은 어째서인고.〔君子偕老, 副笄六珈, 委委佗佗, 如山如河, 象服是宜, 子之不淑, 云如之何?〕" 라고 하였는데, 주자(朱子)는 "상복은 법도에 맞는 의복이다." 하였다.

217 적송(赤松) : 고대 전설상의 선인(仙人)인 적송자(赤松子)를 말한다. 한(漢)나라가 건립되고 장량이 유후(留侯)에 봉해진 뒤에 속세의 미련을 버리고 신선술을 닦으면서 말하기를 "지금 세 치의 혀를 가지고 임금의 스승이 되었을 뿐만 아니라, 만호에 봉해지고 열후의 지위에 올랐으니, 이는 포의가 누릴 수 있는 최대의 영광으로서 나에게는 이미 충분하다고 하겠다. 따라서 이제는 인간 세상의 일을 버리고 적송자를 따라 노닐고 싶다.〔今以三寸舌爲帝者師, 封萬戶位列侯. 此布衣之極, 於良足矣. 願棄人間事, 欲從赤松子遊耳.〕"라고 하였다. 《史記 留侯世家》

218 녹화(綠華) : 고대 전설상의 선녀 악록화(萼綠華)를 말한다. 구의산(九嶷山)에서 득도(得道)한 여자 나욱(羅郁)이 진 목제(晉穆帝) 때에 양권(羊權)의 집에 밤에 내려와서 시 한 편과 선물을 주었다는 내용이 남조(南朝) 양(梁) 도홍경(陶弘景)의 《진고(眞誥)》 〈운상(運象)〉에 나온다.

219 현포(玄圃) : 현포(懸圃) 혹은 현포(縣圃)라고도 하며, 위로 천계(天界)와 통한다고 일컬어지는 곤륜산(崑崙山)의 정상에 있다는 신선의 거처를 말한다. 그 위에

빼어난 문채가 번갈아 일어나니 비유하자면, 순룡(荀龍)[221]과 서린(徐麟)[222]은 풍모가 비범하고 집안 대대로 훌륭한 문장이 진실로 옥서(玉署 홍문관(弘文館)의 별칭)에 부합함과 같다. 하늘로부터 타고난 그대의 효성과 우애로 이 영화로움에 세 형제가 함께 와서 〈남해(南陔)〉[223]를 읊조리고 〈상체(常棣)〉[224]를 노래하며, 고당

는 금대(金臺), 옥루(玉樓)와 기화요초(琪花瑤草)가 만발해 있다고 하는데, 보통 선경(仙境)의 뜻으로 쓰인다.

220 할미새 : 형제에 비유하는 새로, 《시경》 〈상체(常棣)〉에 "저 할미새 들판에서 호들갑 떨듯, 급할 때는 형제들이 서로 돕는 법이라오.〔鶺鴒在原, 兄弟急難.〕"라고 한 데서 유래하였다.

221 순룡(荀龍) : 후한(後漢) 순숙(荀淑)의 훌륭한 여덟 아들로, 앞의 주 142 '한나라 순씨 8형제' 참고.

222 서린(徐麟) : 서경(徐卿)의 훌륭한 아들로, 두보(杜甫)의 〈서경이자가(徐卿二子歌)〉에 "그대는 보지 못했나 서경의 두 아들 뛰어나게 잘난 것을, 길한 꿈에 감응하여 연이어 태어났다네. 공자와 석가가 친히 안아다 주었다니, 두 아이는 모두가 천상의 기린아일세. 큰 아이는 아홉 살에 용모가 맑고 깨끗해, 정신은 가을 물 같고 골격은 옥과 같으며, 작은 아이는 다섯 살에 소를 잡아먹을 기개라, 당에 가득한 손들이 다 머리 돌려 감탄하네. 나는 서공이 아무 걱정 없을 것을 아노니, 적선한 집엔 공후가 줄줄이 나오는 법일세. 장부가 이 두 아이만 한 아이를 낳기만 한다면, 후일 명성과 지위가 어찌 하찮은 데에 그치랴.〔君不見徐卿二子生絶奇? 感應吉夢相追隨. 孔子釋氏親抱送, 竝是天上麒麟兒. 大兒九齡色淸徹, 秋水爲神玉爲骨. 小兒五歲氣食牛, 滿堂賓客皆回頭. 吾知徐公百不憂, 積善袞袞生公侯. 丈夫生兒有如此二雛者, 異時名位豈肯卑微休.〕"라고 하였다.

223 남해(南陔) : 《시경》 〈소아(小雅)〉의 편명인데, 지금은 그 제목만 있고 가사는 없다. 그 〈소서(小序)〉에 의하면 "남해는 효자가 부모를 봉양할 일로써 서로 경계한 노래이다.〔南陔, 孝子相戒以養也.〕"라고 하였는데, 진(晉)나라 속석(束晳)이 지은 〈보망시(補亡詩)〉에 "남쪽 섬돌을 따라 올라가, 난초 캐어 어버이께 바쳐 올리리. 어버이 계신 곳 돌아보며 생각하느라, 마음이 편안할 틈이 없다오.〔循彼南陔, 言采

(高堂)에서 부모의 강릉(岡陵)[225]을 축원하고 한 집에서 형제가 훈지(壎篪)[226]로 조화하면서 서로 축하하고 또 다행으로 여기는 까닭은 그 즐거움이 혹 지극함이 있기 때문이리라.

융융(瀜瀜) 예예(洩洩)[227]하면서 우러러보면 천하가 오직 나의 부모이며, 기쁘고 즐거워하면서 돌아보면 천하가 오직 나의 형제이니, 세상에 다시 어떤 즐거움이 있어 이것과 바꿀 수 있을지를 더 이상 알지 못하겠다. 혹 이른바 천하에 왕 노릇 하는 것이 여기에 끼지 않는다는 것을 청지가 이에서 어찌 그 참된 실제를 더욱 잘 알지 않겠는가.

其蘭. 眷戀庭闈, 心不遑安.〕"라는 말이 나온다.

224 상체(常棣) : 《시경》 〈소아(小雅)〉의 편명으로, 형제간의 우애를 비유하여 읊은 시이다. 그 내용에 "활짝 핀 아가위꽃, 얼마나 곱고 아름다운가. 지금 어떤 사람들도 형제만 한 이는 없지.〔常棣之華, 鄂不韡韡? 凡今之人, 莫如兄弟.〕"라고 하였다.

225 강릉(岡陵) : 만수무강을 축원할 때 쓰는 표현이다. 《시경(詩經)》 소아(小雅) 〈천보(天保)〉에 "산과 같고 언덕과 같으며, 산등성이와 같고 큰 언덕과 같다.〔如山如阜, 如岡如陵.〕"라고 한 데서 유래하였다.

226 훈지(壎篪) : 형제 사이의 화목과 조화를 비유할 때 쓰는 표현으로, 《시경(詩經)》 소아(小雅) 하인사(何人斯)의 "맏형은 훈을 불고 둘째 형은 지를 분다.〔伯氏吹壎, 仲氏吹篪.〕"라는 말에서 나온 것이다.

227 융융(瀜瀜) 예예(洩洩) : 편안하고 화락하다는 말로, 《춘추좌씨전》 은공(隱公) 원년에 나오는 말이다. 정(鄭)나라 장공(莊公)이 아우 공숙단(共叔段)의 반란을 평정한 뒤에 그와 공모(共謀)한 어머니 강씨(姜氏)를 성영(城潁)에 유폐하고 다시 만나지 않겠다고 했다가, 영고숙(潁考叔)의 충언을 듣고 땅굴을 통해 들어가서 강씨를 만났다. 그때에 장공이 노래하기를 "대수 안에 그 즐거움이 화락하네.〔大隧之中, 其樂也融融.〕" 하였고, 그 어머니가 나와서 노래하기를 "대수 밖에는 그 즐거움이 펴지도다.〔大隧之外, 其樂也洩洩.〕" 하였다. 그 주석에 "융융은 화락(和樂)이고 예예는 서산(舒散)이다." 하였다.

나 같은 경우, 아버지를 여의고 형제도 드무니, 험난한 인생 비할 데가 없다. 다만 다행히 60년 동안 어머니만 모시고 동생 하나를 거느렸다. 어머니 연세 지금 78세가 되어 근력이 비록 쇠하였으나 보고 듣는 것과 자고 먹는 것이 아직 평상과 같으며, 동생 또한 아름다운 문장과 훌륭한 행실이 있다. 바야흐로 어머니 무릎에 둘러앉아 얼굴을 뵙고, 형제가 침상을 마주하고 이불을 함께할 때는 또한 스스로 천하의 지극한 즐거움을 다하여 다시 더할 것이 없다고 생각하였으나, 맹자가 말한 '부모가 모두 살아 계심과 형제가 무고함'이란 말을 외움에 이르면 곧 다시 그 즐거움이 완전하지 않음을 스스로 상심하였다.

지금 청지의 일에서 실로 매우 부러움을 이길 수 없어 마침내 이와 같이 기록하고 또 말하기를 "군자의 즐거움은 모두 세 가지인데, 청지가 이미 그 한 가지를 얻었다. 만약 또 그 두 가지를 아울러 얻어 이 집을 삼락헌(三樂軒)이 되게 한다면, 어찌 더욱 크게 좋지 않겠는가."라고 하였다.

사여재[228]기
四餘齋記

태학 상사(太學上舍)로 본관이 여양(驪陽 여주(驪州))인 이중장(李仲章) 씨가 그 집의 작은 방을 이름하여 사여재(四餘齋)라 하고 나에게 기문 지어 줄 것을 부탁하며 다음과 같이 말하였다.

대체로 사물은 손꼽는 것 외〔數外〕의 것을 '여(餘)'라고 하니, 나는 당세 사람들 사이에서 실로 수외(數外)가 되네. 지금 널리 배운 것으로 일컬어지는 이는 사람들이 모두 손가락을 꼽아 세는데 그 손가락이 반드시 나를 위해 꼽는 것은 아니며, 광대한 문장으로 일컬어지는 이도 사람들이 또한 종을 바꾸어 가며 셀 정도로 많지만[229] 그 종이 반드시 나를 위해 바꾸는 것은 아닐세. 이는 수외(數外)가 됨이 또한 매우 심하지 않은가. 나는 그래서 스스로 나를 남들의 나머지라고 여겨 노경에 남은 정력

228 사여재 : 이천섭(李天燮, 1730~1807)이 지은 서재이다. 그의 본관은 여주(驪州), 호는 죽하(竹下)이며, 중장(仲章)은 그의 자이다. 청대(淸臺) 권상일(權相一, 1679~1759)의 문인이며 1774년(영조50) 생원시에 합격하였다. 저서로 《용학도설(庸學圖說)》, 《관성록(觀省錄)》 등이 있다. 《입재집》 권7에 〈만죽하옹이중장(輓竹下翁李仲章)〉 다섯 수가 있다.

229 종을……많지만 : 원문의 '경복(更僕)'은 의기(意氣)가 서로 맞는 주객(主客)의 담화가 오랫동안 진진하여, 시중드는 하인이 너무 피로하기 때문에 하인을 자주 교체시킨다는 뜻이다. 《禮記 儒行》 그러나 여기서는 셈을 하기 위해 자신의 손가락 외에 종의 손가락을 빌려야 할 정도로 많음을 뜻한다.

을 수습하여 옛 학업을 익히고 정리하여 만분의 일이라도 가깝게 되기를 생각하였네. 집안이 본래 식량이 부족하여 오직 밭일에 힘쓰니, 생활함에 항상 김매는 데 힘쓰고 수확함을 감독하는 사이에 급급하느라 오직 미치지 못할까 두려워하였네. 그런 까닭으로 한 해를 들어 세어 보면, 봄부터 가을까지는 모두 학문에 힘을 오로지할 겨를이 없고, 오직 겨울이 수외(數外)가 되어 힘을 오로지할 수 있으니, 이 겨울이 한 해의 나머지일세. 하루를 들어 세어 보면, 아침부터 저녁까지 또한 학문에 힘을 오로지할 겨를이 없고, 오직 밤이 수외(數外)가 되어 힘을 오로지할 수 있으니, 이 밤이 하루의 나머지일세. 한 절기를 들어 세어 보면, 처음부터 끝까지 또한 학문에 힘을 오로지할 겨를이 없고, 오직 비바람을 만나 쉴 수 있는 것이 수외(數外)가 되어 힘을 오로지할 수 있으니, 이 비바람 불 때가 또 절기의 나머지일세.

나는 사람의 나머지로 이 세 가지 나머지를 훔쳐 조금이라도 그 공부를 하고자 하였으나 그 마땅한 장소가 없음을 근심하였네. 즉시 또 내 방을 들어 두루 세어 보니, 안채에 있는 방은 아내와 자식을 편안케 하는 곳이고 밖에 있는 것은 손님을 응접하는 곳인데, 오직 이 방이 유독 수외(數外)가 되어 공부를 오로지할 수 있으니, 이것이 또 방의 나머지일세. 세 가지 나머지와 이 방을 합하니, 그 수가 4가 되는 까닭으로 마침내 사여(四餘)로 내 방을 이름하였네. 지금부터 비록 남은 생이 얼마나 될지 모르겠지만 구구한 나의 밝은 마음은 바야흐로 앞으로 올 시간에 학문에 대한 남은 바람이 없지 않으니, 그대가 어찌 한마디 말로 나의 남은 공부를 면려해 주지 않겠는가.

나는 다음과 같이 말하였다.

중장 씨께서는 일찍 진사에 합격하여 우뚝히 200명의 반열[230]에 들었고, 지금은 노숙한 스승이 되는 선비로 우리 유학의 추중을 받으며, 문단의 모임에서 맹주가 되지 않는 경우가 적으니 그 문장과 학문이 광대하고 넓지 않으면 불가능합니다. 이로써 말해 보면, 오늘날 월조평(月朝評)[231]을 하는 사람들은 반드시 중장씨를 먼저 꼽는데도, 도리어 이에 겸손하게 오히려 수외(數外)에 있는 듯하여 여인(餘人)으로 자처하고 또 이 사여(四餘)로 그 공부를 더욱 독실히 하고 힘써 부지런히 하여 늙음이 장차 이름도 알지 못했습니다.[232] 이와 같이 하기를 그만두지

230 200명의 반열 : 과거 초시의 합격자 수를 대체로 든 것이다. 초시 합격 인원은 전국에서 총 240명을 선발하였는데 성균관에 등록한 후 300일 이상 기숙한 사람 중에서 50명, 한성부 40명, 경기도 20명, 충청도 25명, 전라도 25명, 경상도 30명, 강원도 15명, 평안도 15명, 황해도 10명, 함경도 10명 등 지역별로 정해져 있었다.

231 월조평(月朝評) : 인물평을 말한다. 후한(後漢)의 여남(汝南) 사람 허소(許劭)가 그의 종형 허정(許靖)과 함께 고을의 인물을 핵론하기를 좋아하여 매월 그 인물을 바꾸어 평가했던 까닭으로, 여남의 풍속에 '월조평'이 있게 되었다고 한다. 《後漢書 許劭列傳》

232 늙음이……못했습니다 : 공자가 일찍이 "터득하기 전에는 분심을 발하여 밥 먹는 것도 잊고, 이미 터득한 뒤에는 즐거워서 근심을 잊어, 늙음이 닥쳐오는 것조차도 모른다.〔發憤忘食, 樂以忘憂, 不知老之將至.〕"라고 한 데서 온 말로, 호학(好學)의 독실함을 의미한다. 《論語 述而》

않는다면 그 문장과 학문의 진보가 또 마땅히 어떠하겠습니까.

나는 당세에 이름난 사람들이 반드시 장차 도리어 여인(餘人)이 되었음을 압니다. 그 까닭을 궁구해 보면 이 사여(四餘)의 공부를 성실히 하여 이룰 수 있었으니, 중장씨가 '여(餘)'라는 한 글자에 마음이 부합함이 있어 그 서재를 이름하여 남은 생에 더욱 진보할 바가 있기를 기약함은 마땅합니다. 비록 그러나 중장씨는 학문이 이미 넓고 문장이 이미 광대하니, 또한 무엇 때문에 여기에 힘을 더하시는지요. 나는 학문함에 널리 함을 귀히 여기는 까닭은 장차 돌이켜서 요약되게 말하기[233] 위해서이며, 문장을 지음에 원대함을 귀히 여기는 까닭은 도를 실을 수 있기 때문이라고 들었습니다. 그러니 중장씨의 평소 뜻이 이미 다른 데 있지 않음을 참으로 알겠습니다. 그러나 지금 사여(四餘)의 공부를 혹 다시 이에서 전일하게 한다면, 노경에 학문에 대한 맛이 더욱 절로 특별한 바가 있어서 돌이켜서 요약하는 공부와 도를 싣는 문장이 비로소 참된 박학함과 참된 광대함이 됨을 장차 볼 것입니다.

돌이켜 생각함에 지난날 터득한 바는 혹 말로 표현하기 부족한 것이 있을 것이니, 만약 이와 같다면 또 어찌 다만 예원(藝苑)에 맹주가 될 뿐이겠습니까. 당세에 경행(經行)[234]으로 일컬

233 돌이켜서 요약되게 말하기 : 맹자가 이르기를, "널리 배우고 상세히 말하는 것은 장차 이를 돌이켜서 요약되게 말하기 위해서이다.〔博學而詳說之, 將以反說約也.〕"라고 하였다. 《孟子 離婁下》

234 경행(經行) : 경명행수(經明行修)의 약칭으로 경서에 밝고 행실이 바르다는 뜻이다.

어지는 사람은 아마 또한 반드시 먼저 손꼽히지 못하고 도리어 여인(餘人)이 됨을 장차 볼 것입니다. 중장씨는 어떻게 생각하시는지요.

중장 씨가 기쁘게 웃으며 말하기를, "그대가 나를 인정함이 지나치고, 나에게 기대함은 더욱 지나치도다. 그러나 사람을 면려함은 짐짓 마땅히 이와 같아야 하네."라고 하였다. 마침내 써서 사여재기로 삼는다.

효자 예안 이공 정려각[235]비기
孝子禮安李公旌閭閣碑記

공의 휘(諱)는 한오(漢伍), 자는 효승(孝承), 성은 이씨(李氏)이다. 그 선조가 전의(全義)에서 예안(禮安)으로 옮겨 왔으니, 인하여 관향으로 삼았다. 임진왜란 때 순절한 의병장 이홍인(李洪仁)[236]은 금상 신미년(1811, 순조11)에 정려(旌閭)를 내리는 명이 있었는데, 곧 공의 8세조이다. 아버지는 지관 좌시랑(地官左侍郎)[237]에 증직된 민정(敏政)이며, 어머니는 정부인(貞夫人)에 증직된 성산(星山) 여씨(呂氏)로, 숙종 기해년(1719, 숙종45) 6월

235 효자……정려각 : 경상북도 안동시 풍산읍 안교리에 있는 이한오(李漢伍, 1719~1792)의 정효각이다. 2003년 10월 27일 경상북도 문화재자료 제448호로 지정되었다. 이한오의 초명은 대윤(大胤), 자는 효승(孝承), 호는 용눌재(慵訥齋)이다. 이정국(李楨國)의 《우원집(尤園集)》 권7에 그의 행장 〈족형용눌재행록(族兄慵訥齋行錄)〉가 있다.

236 이홍인(李洪仁) : 1528~1594. 자는 경회(景會), 호는 풍은(豊隱)이다. 임진왜란이 일어나자 사재를 기울여서 장정 3백여 명을 모아 구담(九潭, 현 안동시 풍천면 구담리)에서 적을 막았다. 1594년 왜구와 싸우다가 결국 진중에서 사망하였다. 《입재집》 권39에 그의 묘갈명 〈포의순절향의장예안이공묘갈명(布衣殉節鄕義將禮安李公墓碣銘)〉이 있다.

237 지관 좌시랑(地官左侍郎) : 호조 정랑을 가리킨다. 지관은 원래 주나라의 관직제도에 대해 〈천관(天官)〉, 〈지관(地官)〉, 〈춘관(春官)〉, 〈하관(夏官)〉, 〈추관(秋官)〉, 〈동관(冬官)〉의 여섯 편을 두어 6부(六府)의 관직을 기록한 것에서 유래하였는데, 각각 조선의 이조, 호조, 예조, 병조, 형조, 공조에 해당한다. 좌시랑은 원래 명나라의 관직 이름으로, 조선의 정랑에 해당한다.

모일에 공을 낳았다.[238]

공은 어려서부터 지극한 성품이 있어서 항상 부모 곁을 떠나지 않았으며, 장가들어서도 오히려 날마다 잠자리를 보살피며 편하게 옷을 벗은 적이 없었다. 비록 한밤중이라도 부르시면 곧 대답하여 마치 잠들지 않은 듯하여 달려가 명을 받들기를 법령을 받들 듯하여 일의 어렵고 쉬움과 수고롭고 편함을 가리지 않고 한결같이 어버이의 마음에 맞게 하였다. 혹 정리에 벗어난 꾸지람을 듣더라도 또한 부드러운 모습으로 받아들이고 변명하는 뜻이 없었다. 집안에 본래 종들이 많았으나 새벽마다 반드시 직접 죽을 끓여 드렸으니, 감지(甘旨)[239]의 봉양에 대해 잘 알 수 있다. 또 어버이가 강의 물고기를 좋아하였기 때문에 집에서 강까지 거리가 5리였지만 날마다 직접 물고기를 잡아 제공하였다. 일찍이 밤에 홀로 가서 그물을 치다가 호랑이를 만나 모래 더미에 숨었는데, 호랑이가 모래 더미를 여러 번 돌다가 떠난 적이 있었다. 어머니가 병들어 꿩 구이를 생각하였기 때문에 장차 나가 잡고자 하였는데, 문득 날아가던 꿩이 동산으로 들어와 엎드렸기에 드디어 제공할 수 있

238 어머니는……낳았다 : 행록(行錄)에 의하면 "아내는 성산 여씨니, 문지평 증 대사헌 성거의 따님이다. 기해년 6월 6일에 공을 낳았다.……임자년 11월 9일 정침에서 돌아가시니 향년 74세였다.〔妣星山呂氏, 文持平贈大司憲聖擧之女. 以己亥六月六日生公.……壬子十一月九日, 考終于寢, 享年七十四.〕"라고 하였다. 저본에는 태어난 해를 '영묘기해(英廟己亥)'라고 하였으나 영조 재위 시에는 기해년이 없으며, 세상을 떠난 해가 정종로보다 늦을 수 없기 때문에, 숙종으로 바로잡았다.

239 감지(甘旨) : 효성스럽게 어버이를 받들어 모시는 것을 말하는데, 《예기(禮記)》 〈내칙(內則)〉의 "날이 샐 무렵에 아침 문안을 드릴 것이요, 감미롭고 맛 좋은 음식을 올려서 효심을 표시할 것이다.〔昧爽而朝, 慈以旨甘.〕"라는 말에서 나온 것이다.

었다. 그래서 사람들이 모두 효성에 감동한 소치라고 하였다.

아버지는 손님을 좋아하여 문밖에 항상 신발이 가득하였으나 응접함에 귀찮은 기색이 없었다. 아버지가 어떤 친구를 꿈꾼 적이 있는데, 공이 곧바로 가서 모시고 와 함께 며칠 동안 마주 보며 이야기하도록 하였다. 한 마을에 아버지의 친구인 노인이 있는데, 공이 맛있는 음식을 구하면 곧 소매에 넣어 가서 드렸다.

어머니가 돌아가시자 슬퍼함이 예에 지나쳐 거의 죽을 뻔하였다. 아버지가 고기를 권하자 울며 한 번 맛보고는 그만두었다. 장례를 치름에 묘소 곁에 여막을 지었으나 아버지가 매우 늙었음을 염려해서 돌아와 빈소를 지켰다. 오직 초하루와 보름에 성묘가는 것은 비가 세차게 내려도 또한 그렇게 하였다.

아버지가 돌아가실 때 공의 연세가 거의 60세였으나 여막을 지키며 삼 년을 마치도록 발걸음이 묘문(墓門 무덤 어귀) 밖을 벗어나지 않았다. 담제(禫祭) 때 자제들이 먼저 단술 마시기를 청했으나 공은 훌쩍이며 따르지 않고 말하기를, "내가 어버이에게 보답할 날은 다만 이달뿐이다."라고 하였다. 기일(忌日)을 만날 때마다 날짜보다 먼저 깨끗이 청소하고 세수한 뒤 빗질하고 꼿꼿이 앉아 새벽닭 울기를 기다렸다.

7대 선영(先塋)에 모두 상석(床石)을 설치하며, 종족과 돈독하고 가난한 이를 구휼하였다. 매서(妹婿) 한 사람이 더부살이한 것이 여러 해 되었지만 입고 먹는 것은 자신과 차별이 없게 하여 사람들이 흠잡을 것이 없었으니, 이것은 모두 효도를 잘 미루어 간 것이다.

정조 임자년(1792, 정조16) 11월 아무 날 돌아가시니 연세가

74세[240]였다. 유언에 따라 돌아가신 부모님 무덤 아래 장례 지냈다. 바야흐로 공이 살아 계실 때, 고을 사람들이 그 행의(行誼)를 아름답게 여겨 여러 번 사대(使臺)[241]에게 아뢰고자 하였으나, 공이 힘써 말렸기 때문에 결행하지 못했다. 의병장 공(公)의 정려가 내려진 이듬해 임신년(1812, 순조 12)에 전임 도백이 상소하여 아룀으로 인하여 공의 효성에 대한 정려를 명하였다. 조상과 후손의 충성과 효도가 한 해 건너 나란히 정려가 내렸으니, 아, 드문 일이로다.

공의 손자 병철(秉喆)[242]이 나에게 기문을 부탁하였다. 무릇 효라는 것은 온갖 행실의 근원이며 온갖 선의 근본이니, 선왕이 지극한 덕과 중요한 도를 가지고 천하를 다스렸다는 것은 아마 효를 말하는 것이 아니겠는가. 공의 효성 같은 것은 하늘로부터 타고나 세상을 교화한 것이니, 흥기한 자가 이미 적지 않은데, 성조에서 또 표장함이 이와 같으니, 지금부터 이후로 증삼(曾參)[243]과 민손(閔損)[244]을 집으로 하고 왕상(王祥)[245]과 맹종(孟宗)[246]을 문으로

240 74세 : 저본에는 '八十四'로 되어 있으나, 생몰년을 계산해 보면 74세의 잘못이다.

241 사대(使臺) : 감사(監司)나 사신(使臣)으로서 풍기를 단속하는 직무나 사헌부 관헌의 직무를 겸한 사람을 말한다.

242 병철(秉喆) : 자세하지 않다.

243 증삼(曾參) : 공자의 제자로 효성이 뛰어난 증삼(曾參)이 그 아버지 증석(曾晳)을 봉양할 때 반드시 술과 고기를 밥상에 올렸으며, 상을 치울 때 증석에게 "누구에게 주시겠습니까?"라고 여쭈고, 증석이 "남은 것이 있느냐?"라고 물으면 반드시 "있습니다."라고 대답하였는데, 이에 대해 맹자가 뜻을 봉양한 것이라 설명하였다. 《孟子 離婁上》 이한오의 효행이 어버이의 뜻을 봉양한 것임을 나타내기 위해 제시한 인물이다.

삼음을 장차 볼 것이니, 공의 정려에 예를 갖추는 사람은 "공 집안의 충효가 공의 조손에 그칠 뿐이다."라고 말하지는 마시라.

244 민손(閔損) : 공자(孔子)의 제자로 자는 자건(子騫)인데, 효행과 덕행으로 일컬어졌다. 민손은 일찍 모친을 잃고 아버지가 재취하여 아들 둘을 낳았다. 한번은 민손이 아버지의 수레를 몰다가 말고삐를 놓치자, 아버지가 그의 손을 잡고 보니 솜 대신 갈대꽃을 둔 옷이 매우 얇았다. 이에 아버지가 즉시 집에 돌아가 후처 소생의 아들을 불러 손을 잡아 보니, 그의 옷에는 솜을 두어 아주 두껍고 따뜻하므로 그 후처에게 말하기를 "내가 네게 장가를 든 까닭은 내 자식을 위해서였는데, 지금 네가 나를 속였으니 내 집에서 나가거라."라고 하자, 민손이 아버지에게 간하여 말하기를 "어머니가 계시면 한 아들만 홑옷을 입게 되지만, 어머니가 떠나시면 세 아들이 다 추위에 떨게 될 것입니다."라고 하므로, 아버지가 그 말에 감동되어 후처를 버리지 않았다는 고사가 있다. 이한오가 정리에 맞지 않는 꾸지람에도 변명하지 않고 순종했음을 나타내기 위해 제시한 인물이다.

245 왕상(王祥) : 184~268. 삼국 시대 위(魏)나라 말엽부터 서진(西晉) 초기까지의 인물로 자는 휴징(休徵)이다. 일찍 어머니를 잃고 계모 슬하에서 자랐는데, 계모의 구박이 심했으나 지성으로 봉양하였다. 한번은 한겨울에 계모가 생선을 먹고 싶어 하여 왕상이 얼음을 깨고 물에 들어가려고 하자 얼음이 저절로 깨지면서 잉어 두 마리가 튀어나왔고, 또 계모가 참새 구이를 먹고 싶어 하자 참새들이 그 집으로 날아들었다. 《小學 善行》《晉書 卷33 王祥列傳》 어버이가 즐기시는 것을 구해 드림에 하늘도 감동한 것을 나타내기 위해 언급한 인물이다.

246 맹종(孟宗) : 삼국 시대 오(吳)나라 강하(江夏)의 효자로 자는 공무(恭武)이며, 벼슬이 사공(司空)에 이르렀다. 어머니가 겨울철에 죽순을 먹고 싶어 하였는데 맹종이 눈밭에 나가 죽순이 없음을 슬퍼하자 갑자기 죽순이 솟아났다는 고사가 있다. 《三國志 卷48 吳書 三嗣主傳》 어버이가 즐기시는 것을 구해 드림에 하늘도 감동한 것을 나타내기 위해 언급한 인물이다.

강고초려[247]기

江皐草廬記

강고초려(江皐草廬)는 우리 익찬(翊贊) 유군(柳君)의 선인(先人)[248]이 지은 초가인데, 유군이 강고(江皐)로 이름한 것이다. 군은 타고난 자질이 단정하고 중후하며 과묵하여 도에 가까웠다. 어려서부터 옛 선철의 남긴 가르침을 받들어 실행하여 돈후하면서도 매우 삼가고 겸손하면서도 검약하였으며, 청렴하고 공평하여 위엄이 있었고 말할 때는 그릇된 말이 없어 항상 모두 남들의 모범이 될 만하였다. 그런 까닭으로 나는 항상 옛날의 용백고(龍伯高)[249]로 일컬었으나 용백고가 학문에 종사했다는 것은 듣지 못했

247 강고초려 : 유심춘(柳尋春, 1762~1834)의 초려이다. 그의 본관은 풍산(豐山), 자는 상원(象遠), 시자(始字)는 상수(象叟), 호는 강고(江皐)이다. 유성룡의 7대손으로 학행으로 천거되어 삼조(三朝)에 걸쳐 시강원에 소속되어 있었는데, 성리학에 조예가 깊었으며 사림의 유고를 정리하는 일에도 많은 노력을 기울였다.

248 선인(先人) : 유발(柳潑)이다. 유심춘의 생부는 유광수(柳光洙)인데, 유발(柳潑)의 양자가 되었다.

249 용백고(龍伯高) : 중국 후한(後漢)의 문신인 용술(龍述)로, 백고는 그의 자이다. 후한(後漢)의 복파장군(伏波將軍) 마원이 조카 마돈(馬敦)에게 글을 보내어, "용술(龍述)은 신중하고 위엄 있는 사람이다. 따라서 그를 본받으면 행검(行檢) 있는 선비는 될 수 있으니, 이른바 '고니를 새기다가 완성을 못하더라도 집오리처럼 될 수는 있다.〔刻鵠不成 尙類鶩〕'는 것이다. 하지만 두보(杜保)는 호협(豪俠)한 사람이다. 따라서 그를 본받다가는 천하의 경박한 사람이 될 것이니, 이른바 '범을 그리다가 완성하지 못하면 도리어 개같이 되어 버린다.〔畫虎不成 反類狗〕'는 것이다." 라고 하였다. 광무제(光武帝)가 마원의 글을 보고 용백고를 영릉 태수(零陵太守)로

다. 이에 군의 집안 같은 경우, 우리 서애(西厓) 선생이 퇴도(退陶) 부자의 적전을 얻어 후손을 훌륭하게 하는 가르침을 남김으로부터 수암(修巖)[250]과 장령(掌令)[251] 2대를 거쳐 군의 선인에 이르렀으니, 평소 생활할 때 가르침에 물들고 훈도(薰陶)되어 그 덕을 이룬 것이 하나도 우리 유학이 대대로 지켜 온 지결이 아님이 없다. 그러니 저 일시의 좋은 인물이 됨에 다만 그 본성의 자연스러움에 맡긴 사람인 용백고와 현격하게 다를 뿐만이 아니다.

군은 또 선대왕에게 총애를 받아 발탁되어 내직으로 백의주서(白衣注書) 계방(桂坊)의 요속(僚屬)이 되었으며,[252] 외직으로 나가 장수(長水)와 청양(靑陽) 두 현을 다스렸는데,[253] 조정 선비들의 칭예와 고을 백성들의 칭송이 한 입에서 나온 듯하였다. 현달해서 능력을 펴는 것이 곤궁할 때 자신을 수양함에서 근본함이

삼았다. 《後漢書 馬援列傳》《小學 外篇 嘉言》

250 수암(修巖) : 유진(柳袗, 1582~1635)으로, 자는 계화(季華), 수암은 그의 호이며, 유성룡(柳成龍, 1542~1607)의 아들이다. 1610년(광해군2) 사마시에 합격하였다. 천거로 나아가 현감, 군수 등을 지냈다. 저술로 《임진록(壬辰錄)》이 있다.

251 장령(掌令) : 유천지(柳千之, 1616~1689)로, 자는 자강(子强), 호는 어은(漁隱)이며 상주에 살았다. 유진(柳袗)의 아들이다.

252 백의주서(白衣注書)……되었으며 : 백의주서는 벼슬하지 않은 평민의 신분으로 주서(注書)가 된 것을 말하는데, 학행이 뛰어나다는 것으로 1796년(정조20) 정조가 특별히 승정원 가주서(承政院假注書)에 임명한 일을 말한다. 계방은 조선 시대 세자익위사(世子翊衛司)의 별칭으로, 주로 왕세자를 배종(陪從)하여 호위(護衛)하는 일을 관장하였다. 1800년(정조24)에 세자익위사에 임명되었다.

253 장수(長水)와……다스렸는데 : 1797년(정조21) 1월, 장수 현감이 되었고, 이듬해 4월, 청양 현감이 되었다.

있고 선조를 잘 닮은 자손이 됨도 또한 이와 같음이 있음을 믿을 만하도다.

이미 벼슬을 그만두고 전원으로 돌아와 거문고 타고 학과 노니는 것으로 호젓이 지내며 단사표음(簞食瓢飮)도 없었으나 여전히 냉담(冷淡) 공부[254]의 계획을 세움에 이르러서는 그 빙벽(氷蘗) 같은 지조[255]가 집안의 명성을 떨어뜨리지 않았음을 또한 볼 수 있다. 그런 까닭으로 내가 비록 사는 곳이 조금 떨어져 있어 끊임없이 만날 수 없었으나, 한결같이 생각할 때마다 마음에 기특하고 사랑스럽지 않은 적이 없었다. 하루는 유군이 와서 나에게 다음과 같이 말했다.

> 우리 선조 수암공(修巖公)께서 우복(愚伏) 선생께 배웠는데, 선생께서 기대하고 허여하심이 매우 중하여 더불어 친교(親交)를 맺고 서로 종유할 것을 허락함에 이르렀음은 당시 왕복한 서찰을 보면 또한 알 수 있습니다. 이에 우리 선조께서 선생을

254 냉담(冷淡) 공부 : 경서 공부를 말한다. 주희가 말하기를 "사서는 혼잡하고 경서는 냉담하니, 후생들은 마음과 뜻이 아직 안정되지 않아 외면으로 향하지 않는 이가 적다.〔史書鬧熱, 經書冷淡, 後生心志未定, 少有不偏向外去者.〕"라고 하였다. 《朱子大全 卷33 答呂伯恭》 이황(李滉)이 말하기를 "배우는 사람은 먼저 모름지기 심신을 수렴하여 냉담한 가계로써 고되고 힘든 공부를 해야 한다. 이에 연찬하고 되씹되 오래도록 그만두지 않아야 바야흐로 그 맛이 좋은 줄을 참으로 알아 힘을 얻게 될 것이다.〔惟學者, 先須收斂身心, 以冷淡家計, 作辛苦工夫. 於此鑽研咀嚼, 久久不輟, 方始眞知其味之可悅, 而得其力也.〕"라고 하였다. 《退溪集 卷19 答黃仲擧 別紙》

255 빙벽(氷蘗) 같은 지조 : 빙벽은 얼음과 황벽나무라는 뜻으로, 춥고 괴로운 가운데에서도 굳게 절조를 지키며 청백하게 사는 것을 비유할 때 쓰는 말이다.

가까이하기 위하여 거처를 하상(河上 하회(河回))에서 옮겨 상주의 시리촌(柴里村)에 집을 지었으니, 이곳이 곧 이른바 강고(江皐)라는 곳입니다. 그런 까닭으로 선생께서 강 언덕은 필시 일찍 추울 것이라는 안부 편지[256]가 있었습니다. 그 뒤에 조금 옮겨 이사한 곳이 지금 초가를 지은 곳인데, 강 언덕과 거리가 또한 얼마 되지 않습니다. 대개 배산임수의 장소이며 우리 선인이 또 여기에서 생을 마치셨으니, 지금 강고라는 두 글자를 취하여 이름하여 강고초려라 하더라도 불가함은 없을 듯합니다. 원컨대, 집사께서 한마디 말을 내려 주시어 아침부터 밤까지 보고 살피면서 선조의 남긴 뜻에 조금이나마 걸맞는 바를 구할 수 있게 해 주십시오.

나는 다음과 같이 말하였다.

또한 좋지 않은가. 그대가 선조의 남긴 뜻에 걸맞음이 이미 그 많음을 다 헤아릴 수 없는데도 더욱 그 걸맞기를 구함이 이와 같으니, 참으로 이른바 "있으면서도 없는 듯, 가득하면서도 텅 빈 듯하여 그 진보함을 헤아릴 수 없다."라는 것이네. 그대가 여기서 나고 자람으로부터 지금 이미 40여 년이 된 사이, 강 언덕 위에서 소요함이 얼마나 되는지 알지 못하겠으나 소요하

256 강……편지 : 《우복집(愚伏集)》 권11 〈여유계화(與柳季華)〉에 "겨울철이 이미 시작되어 강 언덕은 필시 일찍 추울 것인데, 요즘 동정이 어떠한지 모르겠습니다.〔冬節已屆, 江皐必早寒, 未委比日動靜何似.〕"라고 하였다.

는 즈음에 멀리 옛일을 기억하여 선조의 훌륭한 모범을 상상하지 않음이 있었겠는가. 강물은 끝없이 흘러가고 언덕의 모습은 또한 바뀌지 않지만 선조의 훌륭한 모습은 이에 아득히 다시 볼 수 없으니, 그대는 이에 서글픔이 많을 것일세. 선조의 훌륭한 모범은 진실로 아득히 다시 뵐 수 없으나, 도덕이 백세에 드러난 것의 경우는 실로 강물의 흐름과 언덕의 모습과 함께 다함이 없고 변함이 없음은 동일하다는 것을 자못 알지 못하고 있으니, 그대가 여기에서 그 마음에 느끼고 이해한 것이 또 마땅히 어떠하겠는가.

저 가는 것이 이와 같아 밤낮을 쉬지 않는 것[257]은 도체(道體)의 본연(本然)이며, 그칠 곳에 편안하여 중후하여 옮겨 가지 않는 것은 덕성(德性)의 자연(自然)일세. 이런 까닭으로 군자는 물을 보면 스스로 힘써 노력하여 그만두지 않는 방법을 터득할 수 있고, 산을 만나면 돈후하고 진중함이 서로 합치되는 실정을 둘 수 있으니, 물에 물결과 파도가 있고 산에 봉우리와 골짜기가 있는 것도 또한 빛나는 문채와 동일한 이치이네. 이것으로 말해 보면, 그대가 강 언덕의 위를 통해서 옛사람을 크게 흠모하고, 지금을 이해하는 바가 또한 마땅히 절로 특별한 것이 있을 것일세. 초가 안의 깨끗한 책상과 밝은 창, 좌우의 도서는 또 그대의 선인께서 기대어 읊조리고 완미한 바가 아님이 없네.

257 가는……것 : 《논어》 〈자한(子罕)〉에 공자가 일찍이 냇가에서 이르기를, "가는 것이 이러하구나, 밤낮을 쉬지 않도다.〔逝者如斯夫, 不舍晝夜!〕"라고 하였다.

그대는 실천하고 궁리격물(窮理格物)하는 공부가 본디 있는 데다가 아침 일찍부터 밤늦도록 이곳에서 생활하며 더욱 참되고 절실한 공부를 하여 날마다 광대고명(光大高明)한 경지로 나아가 화순(和順)함이 마음속에 쌓이고 영화(英華)가 밖으로 드러난다면, 앞서 말한바 "강의 흐름과 언덕의 모습과 함께 다함이 없고 변함이 없다."라는 것을 또 어찌 그대의 몸에 이르러 다시 그렇게 되지 않겠는가.

나 같은 이는 황폐하여 실추함이 매우 심하니, 지금 따라할 수 있는 것은 오직 "마땅히 강 언덕은 필시 일찍 춥겠지."라는 것으로 안부를 물을 뿐, 그대에게 조금도 도움이 될 만한 것이 없네. 그러나 그대에게 기대하고 허여하는 중함의 경우, 실로 나의 선조가 수암(修巖) 어른에게 했던 것보다 못하지는 않을 것일세. 그런 까닭으로 마침내 이렇게 써서 돌려보내며 강고초려기(江皐草廬記)로 삼으니, 그대는 이 사람이 보잘것없기 때문에 내 말마저 폐하지 말고 더욱 면려하여 나의 바람에 부응하는 것이 좋겠네.

사성재[258]기

思誠齋記

맹자가 "성은 하늘의 도이고, 성하길 생각하는 것은 사람의 도이다.〔誠者, 天之道也. 思誠者, 人之道也.〕"[259]라고 하였으니, 대개 성(誠)이란 진실하여 거짓됨이 없음을 이르는 것으로 이와 같은 것은 오직 하늘이며, 하늘 외에는 오직 성인이라야 이와 같이 할 수 있다. 그런 까닭으로 《중용장구》에서 "성한 자는 힘쓰지 않고도 도에 맞고, 생각하지 않고도 알아서 여유롭게 도에 맞으니 성인이다."[260]라고 하였다. 진실하여 망녕됨이 없을 수 없으나 그 진실하여 망녕됨이 없음을 하고자 하는 것이 곧 '성하길 생각하는 것'이어서 반드시 선을 택한 뒤에 성을 밝혀 생각하지 않아도 얻는 데 이를 수 있으며, 반드시 굳게 지킨 뒤에 몸을 성실하게 하

258 사성재 : 유휘문(柳徽文, 1773~1827)의 서재이다. 그의 본관은 전주(全州), 자는 공회(公晦), 호는 호고와(好古窩)이며, 유장원(柳長源)의 문인이다. 일생을 학문과 후진양성에 바쳤으며 경서와 제자서에 두루 밝았고, 《호고와집》, 《주역경전통편(周易經傳通編)》, 《근사보록(近思補錄)》, 《가례고증(家禮攷證)》 등 방대한 저술을 남겼다. 《호고와집》 권18에 〈사성재설(思誠齋說)〉이 있다.

259 성은……도이다 : 《맹자》 〈이루 상(離婁上)〉에 나온다.

260 성한……성인이다 : 《중용장구》 제20장에서 "성은 하늘의 도이고 성하려는 것은 사람의 도이다. 성한 자는 힘쓰지 않고도 도에 맞고 생각하지 않고도 알아서 여유롭게 도에 맞으니 성인이며, 성하려는 자는 선을 택하여 굳게 지키는 자이다.〔誠者天之道也, 誠之者人之道也. 誠者不勉而中, 不思而得, 從容中道, 聖人也. 誠之者, 擇善而固執之者也.〕"라고 하였다.

여 힘쓰지 않아도 도에 맞는 데 이를 수 있다. 그런 까닭으로 《중용장구》에서 "성하려는 자는 선을 택하여 굳게 지키는 자이다."라고 하였는데, 선을 택하여 굳게 지키는 자는 현인이지만 그 지극함에 이르게 되면, 진실하여 망녕됨이 없음은 또한 성인이나 하늘과 동일하다.

사람의 도가 애초에 하늘의 도가 될 수 없는 것은 아니니, 이와 같이 성실함을 생각함이 성학의 종지가 된다. 비록 그러나 혹이 마음이 우뚝이 서서 곧바로 성인이 되기를 스스로 기약하여 생각하고 면려하여 잠시도 그 공부를 그만두지 않는 사람이 아니라면, 그 누가 이에 참여하여 말할 수 있겠는가. 또 선을 택하는 조목에는 4가지가 있는데, 요약해서 말하면 하나의 '지(知)' 자일 뿐이다. 굳게 지키는 조목에는 1가지가 있는데, 그 귀결처를 요약하면 하나의 '인(仁)' 자일 뿐이다. 지(知)와 인(仁)이 그 지극함을 다하게 하는 것의 경우는 하나의 '용(勇)' 자일 뿐이다. 이 세 가지는 모두 하나의 '성(誠)' 자가 그렇게 하는 것이다. 그런 까닭으로 정자(程子)는 말하기를, "이른바 성(誠)이라는 것은 다만 이 세 가지를 성실하게 하는 것이니, 세 가지 밖에 다시 별도로 성이 없다."[261]라고 하였으며, 주자(朱子)는 말하기를, "세 가지 가운데 하나라도 그만두면, 도에 나아가고 덕을 이룰 수 없다."[262]라고 하

261 이른바……없다 : 《중용장구》 제20장의 "천하에 공통된 도(道)가 다섯 가지이고 이를 행하는 수단이 세 가지이니, 군신(君臣)·부자(父子)·부부·형제·붕우 간의 도리 등 다섯 가지가 천하의 공통된 도이고, 지·인·용 세 가지가 천하에 통행되는 덕이다.〔天下之達道五, 所以行之者三. 曰君臣也父子也夫婦也昆弟也朋友之交也五者 天下之達道也, 知仁勇三者, 天下之達德也.〕"라고 한 곳의 주에 보인다.

여 성을 그 핵심으로 보았으니, 아, 지극하도다. 천하의 이치가 이에 더할 것이 있겠는가.

삼현(三峴)[263] 유휘문(柳徽文) 군이 그 서재를 사성(思誠)이라 이름하고 나에게 한마디 말을 부탁하기에 드디어 이것으로 답한다. 그러나 이는 모두 그대가 이미 아는 바이고, 나는 또 매우 실상이 없는 사람이니 설령 그 말이 모두 성현의 가르침에 근본했다 하더라도 그 어찌 만분의 일이라도 도움이 될 수 있겠는가. 다만 다시 그윽이 해 줄 말이 있으니, 대저 성실함을 생각하는 것이 진실로 지극하지만 우리가 덕에 나아가고 학업을 닦는 바탕에 있어서는 끝내 하나의 경(敬) 자가 그 주재(主宰)가 되는 것만 못하네. 그것으로 처음 우뚝이 세운 뜻을 지키고 그것으로 오늘날 성실함을 생각하는 공부를 이루게 된다면, 성(誠)과 경(敬)이 타성일편(打成一片)[264]함을 볼 수 있다. 다만 이 경이 조금도 중간에 끊어지는 때가 없어야 이른바 성이라는 것이 어느덧 이미 그 지극함을 다할 것이다. 그대는 어떻게 생각하시는가.

262 세……없다 : 《중용장구》 제11장의 "군자가 중용을 따라 세상을 피하여 인정을 받지 못해도 후회하지 않으니, 오직 성자(聖者)만이 그렇게 할 수 있다.〔君子依乎中庸, 遯世不見知而不悔. 唯聖者能之.〕"라고 한 곳의 주에 보인다.

263 삼현(三峴) : 경상북도 안동시 예안면(禮安面)의 지명으로, 삼산(三山)을 말한다.

264 타성일편(打成一片) : 불교(佛敎)의 용어로, 피아(彼我)·주객(主客)·선악(善惡)·호오(好惡) 등 모든 상대적 대립 관념을 타파하여 차별이 없는 평등의 세계로 조화시키는 것을 말한다.

양졸당[265]기

養拙堂記

나는 '선비가 스스로 수양하는 법은 졸(拙)함보다 나은 것이 없다' 라고 생각한 적이 있다. 졸함이란 그 본분(本分)을 삼가 지켜 감히 넘어가지 않음을 말한다. 이런 까닭으로 이것으로 마음을 다스리면, 생각이 그 지위를 벗어나지 않으며, 이것으로 몸을 다스리면 행동이 그 규범을 어기지 않으며, 이것으로 학문을 하면 단계를 건너뛰고 절차를 업신여기는 근심이 없으며, 이것으로 일을 처리하면 제도를 뛰어넘는 폐단이 없다. 무릇 하는 바가 있으나 처리하는 바에 합당하지 않음이 없다면, 그 지위, 규범, 단계, 절차, 제도가 앞에서 이른바 본분(本分)이라는 것이 아니겠는가. 그러나 이 본분이란 두 글자는 반드시 먼저 밝혀 모두 분명하여 어긋나지 않도록 할 수 있은 뒤라야 비로소 삼가 지켜서 그 졸함을 이룰 수 있다. 그러니 밝히는 방도를 또 어찌 혹 소홀히 할 수 있겠는가.

대개 생각이 그 지위를 벗어나지 않으면 그 마땅히 생각해야 할 바에 어떤 것인들 정밀하지 않으며, 행동이 그 규범을 어기지 않으면 그 마땅히 행해야 할 바에 어떤 것인들 극진하지 않으며, 단계와 절차를 건너뛰지 않는다면 순서에 따라 점점 진보하여 학

265 양졸당 : 장한신(張漢信)의 당(堂) 이름이다. 그의 본관은 옥산(玉山), 자는 오겸(五兼), 호는 양졸당(養拙堂)이다. 섬계(剡溪)에 살았다.

문을 이룰 수 있으며, 제도를 뛰어넘지 않는다면 이치에 따라 터득함이 넉넉하여 일에 잘못이 없을 수 있다. 이러함이 있도다, 졸함이 스스로 수양하는 법이 됨이여. 옛사람은 혹 졸함을 읊어서 그 뜻을 밝히거나 혹 졸함을 써서 그 도를 보존하였으나, 수준 낮은 선비로 만년에 도를 들은 사람은 또한 다만 졸함으로 수양할 뿐이다.

어느 날 우리 섬계(剡溪) 장오겸(張五兼) 군이 양졸(養拙)로 그 당에 편액을 하고 나에게 한마디 말을 청하였다. 오겸의 사람됨은 겸손하면서도 돈후하며 고요하면서도 우아하여 평소에 담박하여 외물에 대해 사모함이 없고, 오직 일상생활의 떳떳한 윤리 사이에 분수를 다하고자 하였다. 대개 타고난 자질이 선량하고 일생 동안 행동을 삼간 사람이다. 생활할 때는 항상 옛 성현의 글을 읽어 착실하게 하나의 심(心) 자에 대해 공부하여, 심(心) 자를 운으로 삼아 100여 구를 압운하여 시를 지어 나에게 보낸 적이 있다. 그 시가 무릇 천리(天理)와 인사(人事) 가운데 심(心) 자에 관련된 것은 두루 예로 들지 않은 바가 없어 말마다 절실하니, 심상하게 주워모아 남의 귀와 눈을 과장되게 놀라게 하는 것에 비할 바가 아니었다. 그런 까닭으로 나는 그대가 졸(拙)이라는 한 글자에 깊이 터득함이 있으리라고 진실로 생각하였는데 지금 이와 같도다. 아, 그대 같은 사람은 아마 참으로 그 본분을 삼가 지켜 그 진보함이 다하지 않는 사람이리라.

내가 남으로 노닐 때 섬계에 들러 군(君)이 사는 곳을 보았으니, 골짜기가 그윽하여 속세의 때가 전혀 없고, 창문이 산뜻하여 또 매우 고요하고 편안했다. 군은 대나무 상과 부들 자리로 그 가운데 자리했으며, 좌우의 도서가 항상 외우고 완상하던 바가 아님이 없었다. 말하고 행동하는 사이에 공부한 것이 미간에 나타나고 말투에 드러나니, 온화하고 공경하며 겸양하고 공손한 모습이 모두 졸(拙) 자에서 양성(養成)하여 이렇게 된 것이었다. 이와 같이 해서 마음을 다스리고 몸을 닦으며 학문을 하고 일을 처리함에 혹 그 본분을 잃어 진보할 수 없었던 적은 없었다. 그러나 이 네 가지는 반드시 모두 먼저 그 이치를 밝힌 뒤라야 비로소 진보할 수 있다. 바라건대 그대는 내 말에 나아가 더욱 힘써서 만약 끝내 이 당의 주인이 됨에 부끄럼이 없게 한다면, 더욱 어찌 크게 좋지 않겠는가. 이에 기문으로 삼는다.

성헌[266]기
誠軒記

반계옹(磻溪翁) 김자경(金子敬)이 자호를 성헌(誠軒)이라 하고 나에게 기문 지어 줄 것을 부탁하였다. 나는 진실로 그 어른에 대해 익숙히 알고 있다. 옹은 키가 크고 눈썹이 길며, 얼굴은 윤택하고 눈동자는 빛나며, 가슴속에는 지식과 도량이 넉넉하였다. 온화하고 유순하면서도 잡아 지킴이 있었고, 관대하면서도 해이하지 않았으며, 지론(持論)이 명백하고 곧으면서도 규각(圭角)을 드러낸 적이 없고 처신(處身)이 평범하면서도 또한 잘못된 것에 부합하지 않았다. 대개 그 지모와 기개가 충후하고 노성함은 진실로 이미 하늘에서 타고난 것이다.

이런 까닭으로 집에서 생활함에 선조를 위하는 도리(道理)와 친족 간에 화목한 정의(情誼)에 그 정성을 다하였으니, 바야흐로 그 선조 일묵재(一默齋)[267]가 효곡서원(孝谷書院)[268]에 배향됨에

266 성헌 : 김상흠(金相欽)이 거처하는 헌의 이름이다. 그의 자는 자경(子敬), 호는 반계로인(磻溪老人)이다. 《입재집》 권4에 〈중보관자증반계노인김자경상흠(重步關字贈磻溪老人金子敬相欽)〉이 있다.

267 일묵재(一默齋) : 김광두(金光斗, 1562~1608)로, 본관은 상주(尙州), 자는 여우(汝遇), 일묵재는 그의 호이다. 유성룡(柳成龍)의 문인이다. 임진왜란이 일어나자 정경세(鄭經世), 이준(李埈), 전식(全湜) 등과 같이 경상도 함창(咸昌)·황령(黃嶺) 등지에서 의병을 모집하여 왜적과 싸웠다. 전쟁이 끝난 1599년에 정경세 등 상주 선비들과 함께 사설 의료원인 존애원(存愛院)을 설립하였다. 1606년 45세의 나이로 사마시에 합격하였으며, 상주의 효곡서원(孝谷書院)에 제향되었다.

마음과 힘을 다하여 의물(儀物)을 제공하고 제전(祭田)을 바쳤다. 또 대대로 거처하던 송령(松嶺)[269]의 옛터에 나아가 만취당(晩翠堂)과 사옥(祠屋)을 짓고 그 조상을 합사(合祀)한 사당의 신주를 높이고 제사 지냈으며, 또 그들을 위해 무민재(无悶齋) 별묘(別廟)를 세우고 증상(烝嘗)[270]의 제사를 정결하게 받들었다. 맨손으로 백지(白地)[271]를 일구어 구원(邱園 은자가 거처하고 있는 산곡과 농원)을 만들고 종손(宗孫) 및 지친(至親)들이 모두 한 구역 가운데 빙 둘러 살게 하여 보호하고 두루 구휼함에 곡진하지 않음이 없었다. 호령을 내리고 명령을 시행함에 항상 의리를 따랐기 때문에 비록 소원한 친족이라도 모두 즐거이 달려와 일하여 우뚝이 옛집의 동량(棟樑)과 합문(闔門)의 장막을 만들었다.

고을에 살 때는 현인을 높이는 도리와 일을 기술하는 정의에 그 정성을 다하였다. 나의 선조 문장공(文莊公 정경세(鄭經世))이 아직 본원(本院)[272]이 없다는 것으로 문장공의 문하에서 배운 여

268 효곡서원(孝谷書院) : 경상북도 상주시 공성면 용신리에 있는 서원으로, 1685년(숙종11)에 지방유림의 공의로 송량(宋亮, 1534~1618)의 학문과 덕행을 추모하기 위해 창건하여 위패를 모셨다. 그 뒤 김충(金沖), 고인계(高仁繼, 1564~1647), 김광두(金光斗)를 추가 배향하였다. 1868년(고종 5)에 대원군의 서원철폐령으로 훼철되었다가 1957년 지방유림에 의하여 복원되었다.

269 송령(松嶺) : 자세하지 않다.

270 증상(烝嘗) : '증(烝)'은 겨울에 올리는 제사이고, '상(嘗)'은 가을에 올리는 제사인데, 널리 제사의 의미로 쓰인다. 《시경》 〈천보(天保)〉에 "봄 제사, 여름 제사, 가을 제사, 겨울 제사를 선공과 선왕에게 올리니.〔禴祠烝嘗, 于公于先.〕"라고 하였다.

271 백지(白地) : 농사(農事)가 제대로 되지 아니하여 거두어들일 것이 없게 된 땅을 말한다.

러 선배들이 띠풀을 베어 초가를 지어 귀의할 장소로 삼고자 하였다. 그래서 공의를 일으켜 계가(契家)의 후손들에게 재물을 모아 서실의 뒤에 나아가 강당을 설치하여[273] 때를 기다려 신령을 봉안할 터전으로 삼았는데, 옹은 팔순의 나이에도 수십 리의 먼 길을 따지지 않고 전후로 모두 7번이나 우산 동천에 들어왔다. 끝내 건물의 날 듯한 기둥이 우뚝하고, 현송하는 학생들이 공부할 터전을 가지게 된 것은 또 사람들이 미칠 바가 아니라 크게 고을에서 삼가 감복한 바이니, 이는 모두 하나의 성(誠) 자가 그렇게 한 것이다. 전(傳)에 "성은 사물의 끝과 시작이니 성하지 않으면 사물이 없다."[274]라고 하지 않았던가. 옹 같은 경우 하늘이 참으로 성(誠)을 부여하여 그분이 가는 곳마다 문득 일이 있음이 이와 같으니, 그 시종(始終)을 궁구해 보면 과연 하나의 성(誠) 자가 아니고 무엇이겠는가.

이는 비록 성(誠)하려는 공부에 옛 군자가 한 것과 같음은 있지 않더라도 이에 어떤 일이든 막론하고 줄곧 질박하고 성실하게 해

272 본원(本院) : 주벽으로 모시는 서원을 말한다. 1796년(정조20)에 지방유림의 공의로 경상북도 상주시 외서면 우산리에 정경세(鄭經世)의 학문과 덕행을 추모하기 위해 우산서원(愚山書院)을 창건하여 위패를 모셨다. 그 뒤 1836년(헌종2) 정종로(鄭宗魯)를 추가 배향하였다. 1868년(고종5) 대원군의 서원철폐로 훼철되어 복원하지 못하였으며, 현재는 부속건물인 대산루(大山樓)만 남아 있다.

273 서실의……설치하여 : 강당은 도존당(道存堂)이며, 《입재집》 권4에 강당 건립과 관련하여 〈수계소강당역향흘차동인운(修稧所講堂役向訖次同人韻)〉 등 몇 수의 시가 실려 있다.

274 성은……없다 : 《중용장구》 제25장에 나온다.

나간다면, 이 또한 성(誠)일 따름이다. 게다가 나는 또 가만히 감탄할 점이 있으니, 옹이 사람을 대우하는 도는 모두 대체(大體)로써 포용하여 비록 화낼 만한 일이 있어도 더불어 다투지 않았으니, 위대하게 장자의 도량이 있다. 생활할 때는 항상 성현의 글 보기를 좋아하여 비록 공사를 감독하는 중에 있더라도 날마다 선현의 문집을 가져다가 한 질을 끝까지 잠심하고 완미하기를 한가한 때와 다름이 없었으니, 이는 깊이 그 학문의 맛에 터득함에 있어 마음이 참으로 좋아하는 것이 아니라면 그렇게 할 수 있겠는가.

논하는 이는 만약 옹이 순조로운 삶을 살면서 도협(倒峽)의 문장[275]이 있었다면, 반드시 우리 유학의 도에 도움이 없었을 것이라고 생각한다. 그러나 이는 다만 외면으로 보고 듣는 것에 의거해 말한 것일 뿐이니, 실제로 행한 위대한 자취가 한결같이 성(誠)에서 나왔음은 진실로 속일 수 없다. 옹이 성(誠)으로 자호하여 그것으로 그 뜻을 붙임은 마땅하다. 나는 여기에 또한 말하기에 부끄러움이 없을 만하다. 그러나 수년 이래로 옹이 병들어 바깥출입을 할 수 없어 헛되이 하나의 성(誠) 자만 가슴에 품고 있을 뿐 다시 시행할 만한 도가 없으니, 이것이 매우 개탄할 만하다. 그런 까닭으로 위와 같이 상세히 기록하여 후세 사람들이 모두 알 수 있게 하니, 대개 다만 옹의 뜻에 답할 뿐만 아니다.

275 도협(倒峽)의 문장 : 골짜기에 쏟아져 흐르는 물처럼 거침없는 문장을 말한다. 송(宋)나라 구양철(歐陽澈)의 〈세필화수인계운이증지(世弼和酬因繼韻以贈之)〉에 "가슴속 기염은 하늘의 별에 닿고 붓 아래 문장은 골짜기에 쏟아져 흐르는 물이어라.〔胸中氣焰摩星斗, 筆下詞源倒峽流.〕" 하였다.

지은이 정종로(鄭宗魯)

1738(영조14)~1816(순조16). 본관은 진주(晉州), 자는 사앙(士仰), 호는 입재(立齋)이다. 우복(愚伏) 정경세(鄭經世)의 6대손으로 외가 함창(咸昌 : 지금의 문경군 영순면) 태어나 상주 우산(愚山)에서 살았다. 그는 가학을 전수받는 한편 당시 영중삼로(嶺中三老)로 불리던 대산(大山) 이상정(李象靖), 남야(南野) 박손경(朴遜慶), 백불암(百弗菴) 최흥원(崔興遠)의 문하에 나아가 영남학파의 학통을 계승하였다. 그 중에 특히 이상정에게 배운 호문삼종(湖門三宗 : 鄭宗魯, 李宗洙, 金宗德)에 속하는 사람으로, 영남학파의 퇴계학통을 잇는데 중추적 역할을 하였다. 관직에 뜻이 없어 학문에만 매진하다가 만년에 천거로 광릉 참봉(光陵參奉)과 함창 현감 등을 역임하였다. 이후 벼슬에서 물러나 향리에서 성리학의 연구와 후학양성 및 저술에 힘썼다. 그는 또 상주(尙州) 지역에서 일정한 학맥을 세웠는데, 서애와 우복에서 내려오는 학맥을 서애의 후손인 강고(江皐) 유심춘(柳尋春)→낙파(洛坡) 유후조(柳厚祚)→계당(溪堂) 유주목(柳疇睦)으로 잇게 하는 중추적 역할을 하였다. 사후에 우산서원(愚山書院)에 배향되었으며 저서로는 《입재집》이 있다.

옮긴이 김숭호(金崇浩)

1969년 대구의 속칭 갓바위에서 태어났다. 한문학 전공으로 박사학위를 받았다. 현재 한국고전번역원 권역별거점연구소 경북대학교 영남문화연구원 선임연구원으로 재직하고 있다. 한문 공부 모임인 주덕회(周德會) 회원이다. 역서로 《전쟁은 속임수다》가 있고, 《주자대전》, 《목재집》, 《구사당집》, 《입재집》 등의 번역에 참여하였다. 편서로 《초결가·초천자》가 있다.

한국고전번역원 권역별거점연구소협동번역사업
경북대학교 영남문화연구원 연구진

연구책임자 정병호(경북대학교 한문학과 교수)
공동연구원 황위주(경북대학교 한문학과 교수)
책임연구원 송희준
선임연구원 김영옥
김승호
보조연구원 이미진
자문 이갑규(한국국학진흥원 대구강원 주임교수)

입재집 7
정종로 지음 | 김승호 옮김
2019년 12월 31일 초판 1쇄 발행
편집・발행 경북대학교출판부 | 등록 1973년 10월 10일 ㉯97호
주소 대구시 북구 대학로 80
전화 053-950-6741~3 | 팩스 053-953-4692 | 이메일 press@knu.ac.kr

값 30,000원

ISBN 978-89-7180-528-2 94810
978-89-7180-469-8 (세트)